# ΚΟΝΤΑ ΣΤΑ ΟΡΙΑ

Τίτλος πρωτοτύπου:
DE MÅSKE EGNEDE

από τις εκδόσεις ROSINANTE, Κοπεγχάγη 1993

Τίτλος βιβλίου:
**Κοντά στα όρια**

Συγγραφέας:
Peter Høeg

Μετάφραση:
Σωτήριος Σουλιώτης

Εξώφυλλο:
Από τη δανέζικη έκδοση

Επιμέλεια κειμένων:
Μ. Βλαχοπούλου

Στοιχειοθεσία:
Μ. Λεοντακιανάκος

Εκτύπωση:
Δ. Τουμαζάτος



Πρώτη έκδοση: Σεπτέμβριος 1997

ISBN 960-274-225-9

Η παρούσα έκδοση έγινε με τη συμβολή της Ευρωπαϊκής Επιτροπής

ΕΚΔΟΣΕΙΣ ΨΥΧΟΓΙΟΣ Α.Ε.
Μαυρομιχάλη 1
106 79 Αθήνα
Τηλ.: 3602535 - 3618654
Telefax: 01/3640683

PSICHOGIOS PUBLICATIONS S.A.
1, Mavromichali Str.
106 79 Athens-Greece
Tel.: 3602535 - 3618654
Telefax: 01/3640683

# ΠΕΤΕΡ

## ΚΟΝΤΑ ΣΤΑ ΟΡΙΑ

# ΧΟΕ

*Μετάφραση από τα δανέζικα:*
ΣΩΤΗΡΗΣ ΣΟΥΛΙΩΤΗΣ

*Θεώρηση μετάφρασης:*
ΔΗΜΟΣΘΕΝΗΣ ΚΟΥΡΤΟΒΙΚ

ΨΥΧΟΓΙΟΣ

ΑΛΛΑ ΕΡΓΑ ΤΟΥ ΠΕΤΕΡ ΧΟΕ

Όραμα για τον εικοστό αιώνα, 1988
Αφηγήσεις για τη νύχτα,1990
Η γυναίκα και ο πίθηκος, 1995

---

Στις εκδόσεις ΨΥΧΟΓΙΟΣ κυκλοφορεί επίσης
*Η δεσποινίς Σμίλλα διαβάζει το χιόνι*
σε μετάφραση Δημοσθένη Κούρτοβικ

# ΜΕΡΟΣ ΠΡΩΤΟ

# 1

Τι είναι ο χρόνος;

Ανεβαίναμε πέντε πατώματα προς το φως και χωριζόμασταν σε δεκατρείς σειρές, στραμμένοι προς το Θεό που ανοίγει τις πύλες του πρωινού. Ακολουθούσε μια παύση και μετά ερχόταν ο Μπίελ.

Γιατί αυτή η παύση;

Όταν μια από τις καλές μαθήτριες τον ρώτησε ευθέως για τις παύσεις του, ο Μπίελ στη αρχή σώπασε τελείως. Και μετά, αυτός που άλλες φορές ποτέ δεν έλεγε «εγώ» για τον εαυτό του, είπε τότε, αργά αργά και δίνοντας βάρος στα λόγια του, σαν να του είχε προκαλέσει έκπληξη η ερώτηση και ίσως και η δική του απάντηση: «Όταν εγώ μιλάω, πρώτα απ' όλα πρέπει ν' ακούτε τις παύσεις που κάνω. Αυτές λένε πιο πολλά από τα λόγια μου».

Το ίδιο γινόταν και στο διάστημα που μεσολαβούσε από τη στιγμή που στην αίθουσα επικρατούσε απόλυτη ησυχία, μέχρι να μπει μέσα ο Μπίελ και να ανέβει στο βήμα. Μια παύση που μιλούσε. Με τα δικά του λόγια.

Μετά τραγουδούσαμε μια πρωινή προσευχή, που την ακολουθούσε μια παύση, ο Μπίελ έλεγε το «Πάτερ Ημών», παύση, ένας σύντομος ψαλμός, παύση, ένα πατριωτικό τραγούδι, παύση και μετά τέλος, και τότε εγκατέλειπε την αίθουσα όπως είχε έρθει, σβέλτα, σχεδόν τρέχοντας.

Ποια συναισθήματα επικρατούσαν στην αίθουσα ενώ γίνονταν αυτά;

Δεν υπήρχαν και ιδιαίτερα συναισθήματα, είπα, ήταν

άγρια χαράματα, όλοι νυστάζαμε, και θα ήθελα να τελειώσουμε τώρα, μου ερχόταν πονοκέφαλος, είχε περάσει η ώρα, το κουδούνι είχε κιόλας χτυπήσει, της υπενθύμισα την ώρα.

Όχι ακόμα, είπε εκείνη, υπήρχε ακόμα ένα ζήτημα στο οποίο θα ήθελε να μου επιστήσει την προσοχή, και ήταν το ζήτημα του πόνου. Όταν σ' ένα πείραμα κάνει την εμφάνισή του κάποιος πόνος, όπως τώρα καλή ώρα ο πονοκέφαλος, δεν πρέπει ποτέ να τον διακόπτεις και να τον παρατάς. Αντίθετα, πρέπει να στρέφεις επάνω του τα φώτα της προσοχής.

Αυτά έλεγε εκείνη. Τα φώτα της προσοχής.

Τότε η συζήτηση στράφηκε προς το φόβο.

Ο Μπίελ είχε γράψει τα απομνημονεύματα του με τίτλο: *Στα ίχνη του Γκρούντβιγκ.* Εκεί ήταν γραμμένα τα ονόματα όλων των καθηγητών που είχαν δουλέψει στο σχολείο, όλες οι μετακομίσεις του σε μεγαλύτερες και καλύτερες αίθουσες, μια μακριά σειρά αξιέπαινων πράξεων και η ανταμοιβή τους.

Όμως δεν υπήρχε ούτε λέξη για τη σχέση με τους μαθητές και έτσι ούτε για το φόβο. Ούτε λέξη, ούτε στις παύσεις, ούτε καν υπονοούμενα.

Στην αρχή δεν μπορούσες να το καταλάβεις, γιατί αυτό ήταν το πιο σημαντικό. Όχι ο σεβασμός ή ο θαυμασμός. Αλλά ο φόβος.

Αργότερα φάνηκε καθαρά ότι αυτή η αποσιώπηση ήταν μέρος του ευρύτερου σχεδίου. Και τότε κατάλαβα.

Επικρατούσε απόλυτη ησυχία στην πρωινή προσευχή, ήταν το πρώτο πράγμα που προσπάθησα να της δώσω να καταλάβει.

Μια ορισμένη ώρα κάθε μέρα κλεινόμασταν στην αίθουσα ωδικής, διακόσια σαράντα άτομα με είκοσι έξι καθηγητές και τον Μπίελ, και ξέραμε ότι για ένα τέταρτο δεν έπρεπε να κουνιέται φύλλο.

Ήταν μια καθολική απαγόρευση, γι' αυτό και απλωνόταν στην αίθουσα ένταση. Λες και ο ίδιος ο κανόνας, περικλείοντας τα πάντα χωρίς να ανέχεται τίποτα, σε προκαλούσε να τον παραβιάσεις. Σαν να ήταν η ένταση στην αίθουσα μέρος του σκοπού.

Εδώ και πολλά χρόνια είχε αποδειχτεί αδύνατο να γίνει η απαγόρευση απόλυτα σεβαστή. Όμως οι λιγοστές παραβιάσεις που έγιναν χρησίμευαν τελικά στο να επιβεβαιώνεται και να ενισχύεται ο κανόνας.

Τις λίγες φορές που έγιναν τέτοιες παραβιάσεις, ήταν ένας ελαφρός θόρυβος μεταξύ των μαθητών, ένα βήξιμο και ένα μουρμουρητό, που κολλούσε από τον ένα στον άλλον και για αρκετή ώρα δεν έλεγε να σταματήσει. Μια κρίσιμη κατάσταση, από τις πιο δύσκολες για κάποιον με τη θέση του Μπίελ. Η παθητική αντίσταση πολλών μικρών ανθρώπων.

Σ' εκείνα τα περιστατικά ο Μπίελ ήταν άψογος. Δεν προσπαθούσε να δείξει ότι δε συνέβη τίποτα. Έσκυβε προς το μέρος μας και έπαιρνε την κατάσταση στα χέρια του. Στεκόταν έτσι όρθιος με σκυμμένο το κεφάλι προς εμάς, ενώ η ένταση αυξανόταν στην αίθουσα, και στο τέλος ο φόβος έπνιγε την ανησυχία.

Ποτέ δεν κοίταξε κάποιον συγκεκριμένα και έτσι η πρωινή προσευχή γινόταν όπως πάντα. Ωστόσο ήξερα ότι εκείνος ήξερε ποιος είχε αρχίσει. Ότι είχε εντοπίσει τον πρωταίτιο και ήξερε πώς να τον κάνει να σταματήσει.

Ήταν να έρθει ένας άλλος καθηγητής, που δεν ήρθε ποτέ. Αντί γι' αυτό, η πόρτα της τάξης ήταν ανοιχτή και περίμενε, σε μια παύση που κράτησε τόσο πολλή ώρα ώστε μας έκανε να σιγουρευτούμε γι' αυτό που πάντοτε ξέραμε. Τότε ήρθε και ο Μπίελ, πολύ γρήγορα και σβέλτα.

«Καθίστε», είπε, «ο Γιες να μείνει όρθιος».

Του χρειάστηκε κάποιος χρόνος για να πει όλα όσα ήθελε. Όχι πολύς, αν και μου φαινόταν πολύς αφότου αρρώστησα. Καναδυό λεπτά μόνο. Αρκετός χρόνος για να μας τα ξαναπεί όλα γι' αυτό που έγινε, ότι δηλαδή ο Γιες παρενοχλούσε τους συμμαθητές του στην πρωινή προσευχή, διατάραξε το πρόγραμμα του σχολείου, που εκ των προτέρων ήταν αυστηρό, καταχράσθηκε την εμπιστοσύνη που του έδειξε το σχολείο, και ξαφνικά έπεσε το χαστούκι.

Πολύ γρήγορα και ωστόσο τόσο βαριά, που τίναξε το σώμα του Γιες από το θρανίο και τον έριξε στο διάδρομο.

Λίγο μετά το χτύπημα έγινε μια μικρή παύση, και μολονότι εκεί βρισκόταν το κλειδί του φόβου, ήταν τόσο σύντομη που δεν έγινε αισθητή, είπα, και δε θέλω να μιλήσουμε άλλο γι' αυτό.

«Απεναντίας», είπε εκείνη, «ακριβώς γι' αυτό θα μιλήσουμε».

Έτσι λοιπόν προσπάθησα: Όταν έπεσε το χαστούκι, στην αρχή επικράτησε για λίγο ησυχία, γιατί το σοκ είχε παραλύσει τα πάντα. Έπειτα ένιωσα ταυτόχρονα δυο πράγματα. Ανακούφιση για το ότι όλα είχαν μπει πια στη θέση τους και κάτι άλλο, βαθύτερο, πιο παρατεταμένο, που γεννιέται κάθε φορά που ένας μεγάλος χτυπά δυνατά ένα παιδί, και που δεν είχε πια καμιά σχέση με τον πόνο από το χτύπημα.

Δίπλα στον πίνακα ο Μπίελ τακτοποίησε τα ρούχα του. Σαν κάποιος που μόλις έχει πάει στην τουαλέτα. Ή σε πόρνη. Και που τώρα έχει τελειώσει κάτι ενοχλητικό, αλλά αναγκαίο.

Εκείνη δε με κατάλαβε και πήγαμε παρακάτω.

«Πόσο συχνά συμβαίνει αυτό;» με ρώτησε.

Πριν από την αρρώστια δεν είχα κανένα λόγο να σκέφτομαι πόσο συχνά συνέβαινε. Αλλά τώρα που ήταν ανάγκη να σκέφτομαι το χρόνο συνέχεια, μου φάνηκε ότι συνέβαινε αρκετά σπάνια, λιγότερο από μια φορά την εβδομάδα σε κάθε τάξη. Με την ακρίβεια μιας δοσολογίας.

«Πώς κι έτσι;»

Ήταν νωρίς για να αρχίσω να την οδηγώ στις βαθύτερες αλήθειες, όμως παρ' όλα αυτά το έκανα. Υπήρχε ένας νόμος, η Κάριν Έροε τον είχε ανακαλύψει, που είχε ρίζες στην αρχαιότητα. Για να επιχρυσώσεις μια επιφάνεια δεν είναι σκόπιμο να την καλύψεις εκατό τοις εκατό με χρυσό, απεναντίας το αποτέλεσμα θα ήταν ιδανικό αν κάλυπτες λίγο παραπάνω από εξήντα τοις εκατό. Μια παραλλαγή του κανόνα της χρυσής τομής.

Το ίδιο και με τη σχέση χρόνου και τιμωρίας. Από το σύνολο των παραβιάσεων που σημειώνονταν, τιμωρούνταν μονάχα λίγο παραπάνω από τις μισές.

Κάτι δηλαδή σαν τη χρυσή τομή της βίας.

Πόσες φορές έδειραν εμένα τον ίδιο;

Εδώ μπορούσα να απαντήσω αρνητικά, γιατί όσο ήμουν στο σχολείο, ένα χρόνο και δυο μήνες, όλο αυτόν τον καιρό δε με είχαν χτυπήσει ούτε μια φορά, ούτε με κράτησαν μέσα μετά το μάθημα, και μέχρι που αρρώστησα ούτε επίπληξη μου έκαναν ούτε μου σημείωσαν ποτέ «Αρ.», δηλαδή «Αργοπορημένος».

«Ναι», είπε εκείνη, «όταν φοβάται κανείς, τότε είναι ίσως ένα είδος ελευθερίας, να μην τιμωρηθεί».

Δεν το είπε με κακία, της ξέφυγε, πιο πολύ στον εαυτό της το έλεγε. Αλλά κατάλαβα ότι ένιωθε για μένα μια φυσική αντιπάθεια. Αφού λοιπόν δεν είχα τίποτα να χάσω, πρόσθεσα ότι πριν έρθω στου Μπίελ, στο παρελθόν, ειδικά στο Χίμελμπιέργκχους και στο Μπουντρούμι, έφαγα και έδωσα το περισσότερο ξύλο από τους πιο πολλούς. Ίσως να μην έβρισκε σ' αυτό το σχολείο μεγαλύτερο σπεσιαλίστα στις φάπες. Θα μπορούσε, βέβαια, αν πήγαινε στον ίδιο τον Μπίελ.

Με ρώτησε τι θα έλεγε εκείνος γι' αυτό.

Είχε δημιουργηθεί ένα θέμα στο σχολείο, ένα χρόνο πριν. Ένας μαθητής, ο Γιες Γιέσεν, με τον οποίο μοιραζόμασταν το δωμάτιο και που αργότερα τον έδιωξαν από το σχολείο, παρουσίασε προβλήματα ακοής ύστερα από την τιμωρία του από τον Μπίελ.

Δεν αποδείχτηκε ποτέ ότι τα δυο αυτά πράγματα είχαν σχέση μεταξύ τους, όμως αυτό έγινε αφορμή να πιεστεί πάρα πολύ ο Μπίελ να δώσει μια εξήγηση. Είχε πει ότι το σχολείο σεβόταν όσο το δυνατόν περισσότερο την απαγόρευση της σωματικής τιμωρίας, που ίσχυε γενικά στα δημοτικά σχολεία της Δανίας, αλλά σύμφωνα με την πείρα του κανείς ποτέ δεν έπαθε τίποτα από μια σφαλιάρα.

Το είπε με τόση βαρύτητα που τους καθησύχασε όλους. Είχε βέβαια και την πείρα, εδώ και σαράντα χρόνια είχε χτυπήσει παιδιά πολλές φορές.

Άλλωστε δεν ήταν και ψέμα. Το σημαντικότερο δεν ήταν το χτύπημα. Ήταν αυτό που συνέβαινε λίγο πριν και λίγο μετά. Αλλά που φυσιολογικά δεν μπορούσες να το δεις, τουλάχιστον όχι με τα μάτια. Γιατί κρατούσε πολύ λίγο. Και ωστόσο πολύ καιρό μετά.

Για να περιγράψει αυτή τη σύντομη, αλλά βαθιά επίδραση, εκείνη πρότεινε τη λέξη «ταπείνωση», που τη δέχτηκα. Τελικά είχε καταλάβει.

# 2

Οι εξωτερικές πληροφορίες, εκείνες που βρίσκονται εκτός εργαστηρίου, ήταν πάντα προσιτές σε όλους. Το Μάιο του 1971, ύστερα από σχεδόν δυο χρόνια, στη διάρκεια των οποίων δεν είχε γίνει τίποτα που να μου λέει πως γράφτηκε στο μητρώο μου ότι ήμουν σε καλή κατάσταση και με φυσιολογική ευφυΐα, ξαφνικά, άρχισα να δυσκολεύομαι να έρχομαι στην ώρα μου τα πρωινά. Τα Σάββατα και τις Κυριακές, όταν οι άλλοι ήταν σπίτι και εγώ μόνος μου στο σχολείο, κοιμόμουν την ημέρα ή δεν κοιμόμουν και καθόλου, και ήμουν ξύπνιος τη νύχτα, και αυτό μεταδιδόταν και σε όλη την υπόλοιπη εβδομάδα.

Απευθύνθηκα στο σχολίατρο, για να μην υπάρξει υποψία τεμπελιάς ή έλλειψης καλής θέλησης, και να επιβεβαιωθεί ότι επρόκειτο για αρρώστια, που για να γίνει καλά δεν μπορούσες να κάνεις τίποτα μόνος σου, ακόμα και με δυο ξυπνητήρια, το ένα μάλιστα τεράστιο.

Ο γιατρός που είχε υπό την εποπτεία του το σχολείο, είχε δώσει εντολή να με ξυπνά κάθε πρωί ο Φλάκενταμ, και για μια περίοδο ερχόμουν στο μάθημα, όμως ήμουν πτώμα στην κούραση. Τότε ήταν που είχα δει το μεγάλο σχέδιο και άρχισα να φοβάμαι μια καταστροφή.

Γι' αυτό έστειλα το γράμμα. Ήταν το πρώτο γράμμα που έστειλα στη ζωή μου, δεν είχα ποτέ κάποιον να του γράψω.

Την είχα δει στην αυλή μαζί με τον Μπίελ κάτω από το «Soli Deo Gloria».*

Ο Μπίελ το πρωί στεκόταν πάντα κάτω από την επιγραφή της πύλης, για να χαιρετήσει όλους όσοι έρχονταν στην ώρα τους και να εντοπίσει αυτούς που αργούσαν. Από την ώρα που ξυπνούσαμε ξέραμε ότι θα ήταν εκεί, θαρρείς και ήταν παρών ανάμεσα στον ύπνο και τον ξύπνιο.

Οι τάξεις δε συνδέονταν μεταξύ τους, ειδικά οι μεγαλύτερες τάξεις ήταν πολύ μακριά. Εκείνη με περνούσε δυο τάξεις. Κάποτε είχε απουσιάσει, ίσως γύρω στους έξι μήνες, όταν ξαναγύρισε την είχαν βάλει εσωτερική, κανείς δεν ήξερε γιατί, τότε ήταν που την είχα δει, αλλά συνέχισα να βρίσκομαι σε απόσταση από αυτή.

Ένα πρωί την είδα στην αυλή, είχε αργήσει, μου φάνηκε παράξενο, δεν ήταν τέτοιος τύπος.

Όταν άργησε ξανά, μια δυο μέρες αργότερα, άρχισα να μετράω. Μέτρησα ότι είχε αργήσει έξι φορές σε δεκατέσσερις μέρες. Τότε κατάλαβα ότι κάτι δεν πήγαινε καλά.

Την έκτη φορά ο Μπίελ την είχε πάρει κατά μέρος.

Την είχε πάει στον τοίχο της αυλής και άφησε όλους τους άλλους να περάσουν. Ήταν σκυμμένος από πάνω της, είχε στυλώσει πάνω της το βλέμμα του. Αυτό σου έδινε τη δυνατότητα να έρθεις πολύ κοντά τους και να δεις τα πρόσωπά τους. Εκείνη στεκόταν γέρνοντας λίγο προς το μέρος του και τον κοίταζε κατευθείαν στα μάτια. Ήμουν αρκετά κοντά για να δω τα μάτια της. Έμοιαζε σαν να έψαχνε κάτι.

Μου ήρθε η σκέψη ότι ίσως μπορούσαμε να φανούμε χρήσιμοι ο ένας στον άλλον.

* «Μόνον τω Θεώ δόξα».

Πέρασε πολύς καιρός που δεν είχα νέα της, στο τέλος ήμουν έτοιμος να εγκαταλείψω τις προσπάθειες. Την είχα βρει στις φωτογραφίες της τάξης στην επετηρίδα του σχολείου, τη λέγανε Καταρίνα. Μια μέρα, στο δρόμο για την πρωινή προσευχή, κατέβαινε τη σκάλα ακριβώς από πίσω μου.

«Στη βιβλιοθήκη», είπε.

Ήταν η πρώτη φορά που άκουγα τη φωνή της. Μόνο αυτές τις δυο λέξεις είπε.

Από τη στιγμή που χτυπούσε το κουδούνι, απαγορευόταν να είσαι στην αυλή, η μόνη εξαίρεση ήταν η βιβλιοθήκη, που ήταν δίπλα στο γραφείο των καθηγητών, εκεί μπορούσες να κάτσεις στο μεγάλο διάλειμμα, αν ήθελες να το παίξεις σπασίκλας.

Εκείνη την ώρα δεν ήταν κανείς μέσα, εκτός από την Καταρίνα και εμένα.

Καθόταν εκεί πολλή ώρα και προσπαθούσε να συγκεντρωθεί και να μου πει κάτι.

«Επίτηδες το κάνω», είπε, «αργώ επίτηδες».

Αυτό άλλωστε φαινόταν πεντακάθαρα στην αυλή.

Όταν ο Μπίελ πλησίαζε κάποιον, εκείνος προσπαθούσε να τραβηχτεί, ήταν κάτι που γινόταν από μόνο του, ήταν κανόνας. Εκείνη ήταν σκυμμένη προς το μέρος του και τον κοίταζε κατάματα. Σαν να ήθελε να βγάλει από εκείνη τη στιγμή όσο πιο πολλά μπορούσε.

Διάβασε δυνατά από ένα κομμάτι χαρτί που έμοιαζε με γράμμα.

«... Εκτός από την περίπτωση του ύπνου και της προσήλωσης σε κάτι, υπάρχουν και άλλα πράγματα που δεν αναφέρονται. Μέρες ολόκληρες που χάνονται και σύντομες στιγμές που κρατάνε αιώνια».

«Πες μου γι' αυτό», είπε εκείνη.

Φυσικά δε σκεφτόμουν να αρνηθώ, αλλά όποιος και αν είχε γράψει αυτό το γράμμα, είπα, διέτρεχε σίγουρα μεγάλο κίνδυνο με το να παραδέχεται ότι δεν ήταν καθόλου καλά. Τι θα μπορούσαμε λοιπόν να κάνουμε για να λιγοστέψει αυτός ο κίνδυνος, θα μπορούσε μήπως και αυτός να μάθει κάτι από εμάς;

«Κάνω ένα πείραμα», είπε εκείνη.

Αυτό μου είπε. Ότι έκανε πείραμα.

«Σίγουρα δηλαδή θα μπορώ μετά να έρχομαι στην ώρα μου;»

Σ' αυτό απάντησε αρνητικά.

Αν είχε δώσει κάποια υπόσχεση, δε θα την πίστευα, και έτσι θα ήταν αδύνατο να συνεχίσουμε. Όμως τώρα έλεγε την αλήθεια και γι' αυτό συνέχισα την προσπάθεια.

Το πρώτο πράγμα που προσπάθησα να της εξηγήσω ήταν η πρωινή προσευχή, αυτό εξαιτίας ενός νόμου που είχε ανακαλύψει η Κάριν Έροε.

Δεν ήταν φυσιολογικό το ότι η Κάριν Έροε μιλούσε, το φυσιολογικό ήταν ότι μας έβαζε να τραγουδήσουμε και έπειτα προχωρούσε ανάμεσα στα θρανία, για να ακούσει ποιος τραγουδούσε σωστά και ποιος φάλτσα, και να δει έτσι ποιος θα συμμετείχε στη χορωδία, ποιος δε θα συμμετείχε και ποιος ήταν στο όριο. Όμως μερικές φορές, ενώ άκουγε, μιλούσε κιόλας, και τότε συνήθως αυτό που έλεγε ήταν κάτι πολύ σημαντικό, ήταν κάποιος από τους θεμελιώδεις νόμους, όπως εκείνος της χρυσής τομής. Σε μια παρόμοια περίσταση είχε πει ότι η αρχή ενός μουσικού κομματιού, αν το κομμάτι ήταν φτιαγμένο έξυπνα και με ακρίβεια, καθόριζε πολύ συνοπτικά και αμετάκλητα το υπόλοιπο περιεχόμενο του τραγουδιού.

Έτσι ακριβώς και η πρωινή προσευχή. Σε συνοπτική μορφή έκλεινε μέσα της όλη την υπόλοιπη μέρα. Την υπόλοιπη σχολική περίοδο. Ίσως και την υπόλοιπη ζωή.

Γι' αυτό και άρχισα τότε, όμως στην αρχή ήταν αδύνατο.

Μου φαινόταν απίστευτο να την κάνω να καταλάβει, και επειδή ήταν κορίτσι, αλλά κυρίως επειδή ήταν μέσα στο σύστημα και πάντα θεωρούσε το χρόνο δεδομένο.

Τότε χτύπησε το κουδούνι.

Δε φορούσε ρολόι, ήταν κάτι που δύσκολα περνούσε απαρατήρητο. Όμως αυτό δεν ήταν το πιο σημαντικό. Το πιο σημαντικό ήταν που δεν άκουσε το κουδούνι. Εμένα με ξάφνιασε, αλλά το άκουσα.

Εκείνη δεν το άκουσε. Και αυτό γιατί άκουγε εμένα. Άρα δεν είχε έτοιμες όλες τις απαντήσεις.

Τότε της μίλησα για την πρωινή προσευχή και για το φόβο. Ενώ η ώρα περνούσε και μεγάλωνε ο κίνδυνος να μας βρουν.

# 3

Το «Ιδιωτικό Σχολείο Μπίελ» ήταν η ανταμοιβή μου ύστερα από την τρίτη απόπειρα βιασμού, στην οποία δεν ήμουν ο δράστης, αλλά το θύμα.

Τότε πήγαινα στο «Βασιλικό Ορφανοτροφείο», που λέγεται και «Ίδρυμα Τόρουπ», όμως οι μαθητές το έλεγαν «Μπουντρούμι». Βρίσκεται στην οδό Στράντβάι 109.

Επειδή ο Βάλσανγκ, που το έκανε, ήταν δάσκαλος εκεί και επειδή πίσω από αυτό το περιστατικό κρύβονταν πολλά, η διεύθυνση του σχολείου ήταν πολύ ανήσυχη, και έτσι αποφάσισα λίγο να τους πιέσω.

Εκείνο τον καιρό είχε φανεί καθαρά ότι δεν ήταν καλό να είσαι εκεί, ο Όσκαρ Χούμλουμ, που με είχε σώσει στον τηλεφωνικό θάλαμο και που ήταν ο μοναδικός μου φίλος, κι αυτός παιδί ορφανοτροφείου και μάλιστα ένα χρόνο παραπάνω από μένα, για να τα βγάλει πέρα έτρωγε διάφορα πράγματα επί πληρωμή, μια κορόνα για ένα σκουλήκι, ένα τάλιρο για ένα βάτραχο, ήταν λοιπόν ολοφάνερο πού πήγαινε το πράγμα.

Εκείνο τον καιρό είχα τις πρώτες μου δυσκολίες με το χρόνο και το βράδυ της ημέρας που εκείνος με είχε σώσει, προσπάθησα να του πω ότι ο χρόνος στο σχολείο τραβούσε το ελατήριο προς τα κάτω.

Αφού και οι δυο μας ήμασταν μάρτυρες, έπρεπε να προσπαθήσουμε να παζαρέψουμε μαζί τους, για να φύγουμε από εκεί και οι δυο.

Εκείνος έμοιαζε να μην καταλαβαίνει, το όνειρό του ήταν να γίνει μάγειρας στα βαποράκια για τη Σουηδία, σκέφτηκα πως ίσως πίστευε ότι όπου να 'ναι θα κατάφερνε να τον πάρουν κάπου μαθητευόμενο. Δε μου απάντησε, κουνούσε μόνο το κεφάλι του, και ούτε είπε τίποτα αργότερα, στο γραφείο, αλλά τους πίεσε κάπως, απλώς και μόνο με την παρουσία του. Υποσχέθηκαν να προσπαθήσουν να με στείλουν στο «Ιδιωτικό Σχολείο Μπίελ», που τα τελευταία χρόνια έπαιρνε παιδιά με προβλήματα συμπεριφοράς και είχε καλό όνομα.

Αυτό το είπα στην Καταρίνα, τη δεύτερη φορά που μιλήσαμε στη βιβλιοθήκη, την ώρα που μας βρήκαν και μας χώρισαν.

«Σε θυμάμαι όταν ήρθες», είπε εκείνη. «Ήσουν τόσος δα».

Τότε της εξήγησα ότι όταν με πήγαν στην πέμπτη τάξη, στο «Ιδιωτικό Σχολείο Μπίελ», δηλαδή μια τάξη πίσω, ζύγιζα είκοσι τρία κιλά με τα ρούχα, αλλά χωρίς παπούτσια. Είχα ύψος 1,28 και ο γιατρός είπε ότι δεν ήταν επειδή είχα κάποια εκ γενετής ανωμαλία, αλλά επειδή στο Μπουντρούμι το φαγητό έφτανε ίσα ίσα για να μην πεθάνουμε. Άλλωστε η ιεραρχία ήταν τέτοια που όσοι είχαν μπει τελευταίοι και ήταν παιδιά ιδρυμάτων, ήταν πιο κάτω απ' όλους τους άλλους, ακόμα και από τους εξωτερικούς, και το μεσημέρι που είχε ζεστό φαγητό έτρωγαν τελευταίοι, κάτι που με τον καιρό έγινε δύσκολο, γιατί αυτό ήταν το μεγάλο γεύμα, που έπρεπε να μας κρατήσει και τη νύχτα.

Στο «Ιδιωτικό Σχολείο Μπίελ» ψήλωσα είκοσι πέντε πόντους και έβαλα δεκαεφτά κιλά. Και παρόλο που αυτό μου προξενούσε αρκετούς πόνους στο σκελετό, αλλά και πυρετό, εκείνον τον καιρό δεν παραμέλησα ποτέ το φαγητό μου.

Διάβαzε δυνατά από το γράμμα που κρατούσε: «Σύντομες στιγμές που κρατάνε αιώνια». Μου zήτησε να το εξηγήσω.

Τι ήθελε να πει αυτό;

Δεν πρέπει να είχαμε δική μας γλώσσα όταν ήρθαμε στο Μπουντρούμι. Στο Χίμελμπιέργκχους και στα προηγούμενα ιδρύματα τα βγάzαμε πέρα με ελάχιστες λέξεις.

Τους πρώτους έξι μήνες δε λέγαμε κουβέντα στο μάθημα, μετά μάθαμε τα βασικά. Και στου Μπίελ τα πράγματα πήραν την οριστική τους μορφή.

Παίρναμε τη δική τους γλώσσα, των δασκάλων και των σχολείων, δεν είχαμε δική μας. Στην αρχή ήταν σαν μια απελευθέρωση, σαν κλειδί, σαν δρόμος. Ο μοναδικός δρόμος.

Αργότερα όμως ανακαλύπτεις ότι εκεί που μπήκες δεν είναι παρά ένα τούνελ. Απ' όπου σε όλη σου τη zωή δε θα μπορέσεις να βγεις ποτέ.

«Σύντομες στιγμές που κρατάνε αιώνια». Τι άραγε ήθελε να πει; ρώτησε εκείνη. Αυτός που έγραψε το γράμμα, βέβαια.

Αυτό που ήθελε να πει ήταν ότι ο χρόνος είναι κάτι από το οποίο πρέπει να κρατιέσαι σφιχτά, και αυτό το δοκιμάσαμε πρώτη φορά εκεί που ο σιδηροδρομικός σταθμός του Χόρνμπεκ περνούσε μέσα από το χώρο του σχολείου. Ο Όσκαρ Χούμλουμ το είχε ανακαλύψει, στην αρχή πίστευα ότι ήταν παιχνίδι, μετά κατάλαβα ότι ήταν άρρωστος, ότι και οι δυο ήμασταν άρρωστοι.

Το παιχνίδι του ήταν να αφαιρείται.

Το Μπουντρούμι ήταν σχολείο για παιδιά ικανά για σχολική μόρφωση, που όμως αντιμετώπιζαν δυσκολίες, επειδή δεν είχαν σταθερούς κανόνες και πλαίσια στη ζωή τους. Επειδή οι γονείς τους ήταν χωρισμένοι ή αλκοολικοί. Το σχολείο λοιπόν τους έθετε τα πλαίσια που τους έλειπαν, όπως για παράδειγμα να κοιμούνται στους κοιτώνες ανάμεσα σε δυο σεντόνια και μια κουβέρτα χωμένη κάτω από το στρώμα, δυο παράθυρα ανοιχτά όλο το χρόνο και μόνο μια έξτρα κουβέρτα το χειμώνα.

Οι περισσότεροι μετά από λίγο καιρό μπορούσαν να αντέξουν απίστευτα πράγματα. Το ότι για μένα οι δυσκολίες συνεχίστηκαν για πολύ καιρό ακόμα, οφειλόταν στο ότι έτρωγα ίσα ίσα για να κρατιέμαι ζωντανός.

Είχαμε βρει τρόπο να πηγαίνουμε κρυφά στην τουαλέτα, όπου υπήρχε αναμμένο καλοριφέρ. Περιμέναμε μέχρι να κοιμηθούν οι φύλακες και οι άλλοι και μετά καθόμασταν στο καλοριφέρ και μας έπαιρνε εκεί ο ύπνος. Μια νύχτα ο Χούμλουμ καθόταν εκεί όταν ήρθα εγώ, είχε πάρει και την κουβέρτα του μαζί του και κοιμόταν, ήταν ουσιαστικά η πρώτη φορά που τον πρόσεξα.

Μερικές φορές καθόμασταν και μιλούσαμε λίγο, μέχρι να μας πάρει ο ύπνος. Καθόμασταν ο καθένας στην τουαλέτα του με ένα μεσότοιχο ανάμεσά μας. Ωστόσο ακούγαμε ο ένας τον άλλο, ακόμα και όταν μιλούσαμε χαμηλόφωνα. Τότε ήταν που μου είπε ότι είχε για παιχνίδι του το να αφαιρείται.

Δενόμασταν σε ένα σχοινί πάνω σ' ένα δέντρο, που βρισκόταν πάνω από τις γραμμές του τρένου, και κουνιόμασταν πέρα δώθε μπροστά στην ατμομηχανή όταν ερχόταν το τρένο, κρεμιόμασταν για μια στιγμή μπροστά στο παράθυρο, κοιτάζαμε τον οδηγό και κάναμε στην άκρη την τελευταία στιγμή, έτσι που να φαίνεται καθαρά ότι παρά τρίχα γλιτώσαμε.

Κανονικά, όση ώρα κρεμιέσαι, έχεις στο νου σου συνέχεια ότι πρέπει να κάνεις εγκαίρως στην άκρη. Αντί γι' αυτό εμείς κοιτάζαμε να αφαιρεθούμε, δηλαδή να χαλαρώσουμε και να νιώσουμε το τρένο και το σχοινί στα χέρια μας, και τότε ήταν πολύ γεμάτη η στιγμή, ο χρόνος άρχιζε να απλώνεται έτσι που μετά δεν μπορούσες να πεις πόσο είχε κρατήσει. Τις στιγμές που κράτησαν πιο πολύ από όλες τις άλλες, τις δυο φορές που το τρένο πέρασε ξυστά πλάι μου, ο χρόνος είχε πάψει να υπάρχει.

Από τότε κιόλας ένιωσα ότι πρέπει να υπάρχει ένας κανόνας. Ότι ο χρόνος δεν είναι κάτι που περνάει από μόνο του, αλλά κάτι που πρέπει να κρατιέσαι από αυτό και, όταν τον αφήνεις από τα χέρια σου, η στιγμή εκείνη αποκτά μεγάλη σημασία.

Κατά κάποιον τρόπο βοήθησε αυτή η ανακάλυψη. Συγχρόνως όμως αυτή ήταν και η αρρώστια.

Αυτό το διηγήθηκα στην Καταρίνα, ενώ εκείνη με άκουγε με προσοχή.

Στο Μπουντρούμι ποτέ δε σε άκουγε κανείς, τουλάχιστον οι μεγάλοι.

Δεν το λέω για να τους κατηγορήσω, το σχολείο έθετε τα πλαίσια που έλειπαν στα παιδιά, εκεί είχε φοιτήσει και ο Άνκερ Γιόργκενσεν, μέχρι και πρωθυπουργός βγήκε από αυτό το σχολείο.

Αν και αυτό δεν ήταν ο κανόνας. Ο κανόνας ήταν ότι από τους δεκαπέντε που έρχονταν σε μια καινούργια τάξη, οι μισοί έφευγαν τα πρώτα τέσσερα χρόνια περίπου, γιατί δεν μπορούσαν να τα βγάλουν πέρα με τα μαθήματα ή να τα βγάλουν πέρα γενικώς.

Αν και ήμουν μόνο δώδεκα χρονών όταν έφυγα από εκεί, ήταν φανερό ότι οι περισσότεροι από αυτούς που έμειναν δε θα περνούσαν καθόλου καλά, οι πιο πολλοί είχαν πάρει πια την κάτω βόλτα.

Οι άνθρωποι του σταθμού του Χόρνμπεκ ήρθαν μαζί με τη Φαλκ* και έκοψαν το δέντρο. Με υποπτεύονταν, αλλά την άλλη μέρα θα έφευγα από το σχολείο και δεν ήθελαν δημοσιότητα, γι' αυτό και δεν το έκαναν θέμα.

Σταμάτησα, ένιωθα μεγάλο κενό, ήταν απαραίτητο να μου πει και εκείνη κάτι.

Στο Μπουντρούμι μάς έδιναν τρεις κορόνες το μήνα και τρεις βάζαμε στην άκρη, ωστόσο ό,τι χρωστούσαμε το πληρώναμε, ήταν νόμος απαράβατος, ακόμα και για τον Τσίχλα, που μπορούσε να μην τρώει καραμέλες για πολύ καιρό και στο τέλος του μήνα τις πουλούσε πανάκριβα. Τις λίγες φορές που κάποιος είχε παραβεί αυτόν τον κανόνα, τον βάζανε να πηδήξει από την ιτιά στη λίμνη, που απείχε δέκα μέτρα από την ιτιά και είχε βάθος μόνο ένα μέτρο, δεν έσπαγες τίποτα, αλλά βούλιαζες στη λάσπη μέχρι το στήθος και μετά η λίμνη σε ρουφούσε σιγά σιγά και δε σε βγάζανε έξω παρά μόνο όταν είχες μείνει κάμποση ώρα με το κεφάλι μέσα.

Έτσι όλοι ήξεραν και πλήρωναν όσα χρωστούσαν. Ήταν κανόνας που δε σήκωνε αστεία. Η Καταρίνα πρέπει να γνώρισε αυτόν τον κανόνα. Στην αρχή περίμενε να πω πιο πολλά, όμως εγώ σώπαινα, δεν μπορούσα να μιλήσω, και είπε: «Που λες, η μητέρα και ο πατέρας μου πέθαναν πέρσι».

Στο Μπουντρούμι προσπάθησα να φανταστώ πώς είναι να έχεις οικογένεια. Φανταζόμουν τον εαυτό μου να βγαίνει έξω στη Στράντβαϊ και να έρχεται με το ποδήλατο ένα από τα κορίτσια της κουζίνας, να σταματάει και να με παίρνει μαζί της στο ποδήλατο, μιλούσαμε ελεύθερα και αβίαστα και πηγαίναμε εκεί που έμενε. Εκεί ήταν ένα σπίτι, ήταν

* Η υπηρεσία «Άμεσης Βοηθείας» της Δανίας. (Σ.τ.Μ.)

εκεί και ο πατέρας της και η μητέρα της, καθόμασταν στο τραπέζι και υπήρχε άφθονο φαγητό. Κυρίως έτσι φανταζόμασταν την οικογένεια. Ένα μέρος όπου δε λείπει το φαγητό.

Όταν η Καταρίνα μίλησε για τη μητέρα και τον πατέρα της για πρώτη φορά, έμαθα ότι υπήρχε και κάτι άλλο, που στην αρχή δεν κατάλαβα τι ήταν.

Ποτέ δε μου είπε κουβέντα για το πώς ήταν το σπίτι της. Ωστόσο το φανταζόμουν. Είχανε, λέει, βιβλία, πορτατίφ και ξύλινα πατώματα, που εύκολα πάθαιναν ζημιά, όμως κανείς δε σου έβαζε τις φωνές, ακόμα και αν λέρωνες λιγάκι, απλώς το σκούπιζαν, γιατί στον καθένα μπορούσε να συμβεί.

«Μιλούσαν συχνά για το χρόνο», είπε.

Μιλούσαν για το χρόνο, δεν ήταν και παράξενο, απεναντίας ήταν απόλυτα φυσιολογικό. Όμως όχι τόσο για το χρόνο στο ρολόι, αλλά για το χρόνο στο σύμπαν, τους είχε ακούσει η Καταρίνα να μιλάνε, να αναρωτιούνται αν πηγαίνει μπρος ή πίσω. Τότε η μητέρα της αρρώστησε βαριά, οι γιατροί είχαν πει ότι είχε λιγότερο από τρεις μήνες ζωής, και τότε ενδιαφέρθηκε για το συνηθισμένο χρόνο.

«Ανέπτυξε μια επιστημονική θεωρία», είπε η Καταρίνα.

Γιατί επιστημονική;

Πρώτη φορά άκουγα αυτή τη λέξη να χρησιμοποιείται για σκέψη συνηθισμένου ανθρώπου. Γιατί είχε σημασία που η θεωρία ήταν επιστημονική, για τη μητέρα της, ύστερα για την Καταρίνα και κατόπιν για μένα και τον Άουγκουστ;

Ίσως υπάρχουν στη ζωή μόνο δυο ειδών ερωτήσεις.

Αυτές που σου κάνουν στο σχολείο και που η απάντησή τους είναι εκ των προτέρων γνωστή, και που δε γίνονται για να μάθεις περισσότερα, αλλά για άλλους λόγους.

Και ύστερα οι άλλες, στο εργαστήριο. Εκεί που δεν

ξέρεις τις απαντήσεις και πολλές φορές ούτε και την ερώτηση, πριν σου την κάνουν.

Υπάρχουν ερωτήσεις όπως τι είναι χρόνος, γιατί ο Όσκαρ Χούμλουμ είπε «Σώσε τον εαυτό σου» και γιατί ο Άξελ Φρέδχοϊ ξάπλωσε δίπλα στη μόνωση.

Ερωτήσεις που όταν τις κάνεις πονάνε πολύ. Και γίνονται μόνο όταν κάποιος πιέζεται. Όπως όταν έδωσαν στη μητέρα της τρεις μήνες ζωής.

Αυτό εννοούσαμε λέγοντας «επιστημονική». Ότι και οι ερωτήσεις και οι απαντήσεις συνδέονται με την αβεβαιότητα, και ότι, όταν τις κάνεις, πονάνε. Αλλά δεν μπορείς να τις αποφύγεις. Και ότι τίποτα δε μένει κρυφό, και όλα παρουσιάζονται ξεκάθαρα.

«Άρχισε να λέει ότι ο χρόνος περνάει μόνο όταν δεν του δίνεις σημασία», είπε η Καταρίνα.

Η μητέρα της είχε αρχίσει να πιστεύει ότι ο χρόνος λες και προχωράει με ρυθμό αργών συσπάσεων, όταν είσαι αφηρημένος. Ότι της έμεναν μόνο τρεις μήνες, με την προϋπόθεση ότι δεν ήταν συγκεντρωμένη. Έτσι άρχισε να προσέχει τα πάντα γύρω της.

Σύντομα αυτό έγινε κουραστικό. Έπαψε να κοιμάται τη νύχτα, και έτσι ούτε η Καταρίνα ούτε ο πατέρας της κοιμόνταν πολύ, και όταν τελικά κοιμόνταν, μετά ξυπνούσαν και την έβλεπαν να κάθεται και να τους κοιτάζει, μη τυχόν και αφήσει ένα δευτερόλεπτο να πάει χαμένο.

Όταν πέρασαν οι τρεις μήνες ένιωθε σίγουρη ότι τώρα πια ζούσε μια ζωή όπου πρόσεχε τα πάντα και έτσι είχε σταματήσει το χρόνο. Μερικές φορές, όταν πήγαινε στο νοσοκομείο για εξετάσεις, έπαιρνε και την Καταρίνα μαζί της.

«Οι γιατροί κάθονταν», είπε η Καταρίνα, «και εκείνη πήγαινε πάνω κάτω και τους έλεγε ότι ο χρόνος περνάει χωρίς καθόλου τάξη». Ζύγιζε λιγότερο από σαράντα κιλά και της είχαν πέσει σχεδόν όλα τα μαλλιά της.

Πέθανε ύστερα από ενάμιση χρόνο, δε θέλησε να πάρει χάπια, έλεγε ότι την αποχαύνωναν, ότι έπρεπε να στρέψει κατά του πόνου τα φώτα της προσοχής.

Η Καταρίνα τώρα πήγαινε πάνω κάτω μπροστά στα παράθυρα. Ίσως είχε σκεφτεί να μιλήσει και για τον πατέρα της, όμως τώρα ήταν κάτι πάνω από τις δυνατότητές της.

«Τους είδα μετά και τους δυο», είπε. «Ο πατέρας μου έζησε μόνο μισό χρόνο παραπάνω. Δεν ήταν πια οι ίδιοι. Δηλαδή ήταν, αλλά δεν υπήρχε πια ζωή μέσα τους. Είχε φύγει. Κανονικά δε σκέφτεσαι ότι υπάρχει ζωή σ' έναν άνθρωπο. Αν όμως τους ξέρεις και ξέρεις πώς θα έπρεπε να είναι, τότε καταλαβαίνεις κάτι. Ότι η ζωή δε φεύγει έτσι απλώς. Ότι πρέπει κάπου να έχει πάει. Έτσι έκανα μια υπόθεση».

Ήρθε προς το μέρος μου.

«Εκείνη προσπάθησε να μακρύνει τα δευτερόλεπτα κοιτάζοντάς τα, θαρρείς, κατάματα. Και εκείνος ύστερα να τα μικρύνει για να περνάνε πιο γρήγορα. Δεν πρέπει να ζούσαν στον ίδιο χρόνο. Ο καθένας τους θα είχε δικό του, αλλιώτικο από αυτόν του υπόλοιπου κόσμου. Μετά ο χρόνος άλλαξε και για μένα, συχνά σκεφτόμουν ότι τώρα τα πράγματα είναι πιο άσχημα από ποτέ και θα είναι έτσι για πάντα. Όπως έγραψες και εσύ: "Στιγμές που κρατάνε αιώνια". Όταν τους είδα ξαπλωμένους εκεί, το κατάλαβα. Ότι δηλαδή δεν υπάρχει ένας και μοναδικός χρόνος, αλλά πολλοί διαφορετικοί χρόνοι που συνυπάρχουν».

Τώρα μιλούσε τόσο σιγά που έπρεπε να σκύψω προς το μέρος της για να την ακούσω. Όχι επειδή φοβόταν, νομίζω ότι είχε ξεχάσει πόσο κοντά ήμασταν στο γραφείο των δασκάλων, αλλά επειδή ήταν τόσο σημαντικό για εκείνη που δυσκολευόταν να το πει.

«Θα το εξετάσω επιστημονικά», είπε. «Θα προσπαθήσουμε να αγγίξουμε το χρόνο».

Να αγγίξουμε το χρόνο. Μάλλον τελικά αυτό ήταν που έφερε στη ζωή μου τα πάνω κάτω.

Εδώ είναι το εργαστήριο. Είναι πολύ κοντά στην κρεβατοκάμαρα. Εκεί μέσα κοιμούνται η γυναίκα και το παιδί, φοβάμαι.

Κάποτε πίστευα ότι αυτό που φοβόμουν ήταν μήπως με χωρίσει κάτι από το παιδί. Όμως δεν ήταν αυτό. Αυτό που φοβάμαι είναι μήπως το παιδί και ο κόσμος δεν πρόκειται να έχουν τίποτα κοινό, μήπως δηλαδή πεθάνει το παιδί. Ή ο κόσμος. Για να μη γίνει αυτό, θα έκανα ό,τι μπορεί κανείς να φανταστεί.

Το είπα τελείως αόριστα. Όμως περισσότερα δεν μπορώ να πω. Για το φόβο που νιώθεις για τον εαυτό σου, μπορείς να κάνεις κάτι, μπορείς να στρέψεις πάνω του τα φώτα της προσοχής. Όταν όμως πάψεις πια να ανησυχείς για τον εαυτό σου, φοβάσαι για τους άλλους και ύστερα για τον κόσμο.

Δεν υπάρχουν άφοβοι άνθρωποι, μόνο στιγμές που δε φοβάμαι. Όπως τώρα στο εργαστήριο. Όταν δουλεύω και ύστερα νιώθω θαρρείς μια ηρεμία.

Η Καταρίνα θα μου έλεγε και για τον πατέρα της, όμως δεν πρόλαβε.

Μάλλον κανείς από τους δυο μας δεν άκουσε το κουδούνι και αυτή τη φορά βγήκε ανακοίνωση να μας ψάξουν. Ήρθε ο Φρέδχοϊ και μας βρήκε. Μπήκε μέσα, στάθηκε λίγη ώρα κοντά στην πόρτα χωρίς να πει λέξη και μας κοίταξε. Ύστερα παραμέρισε και βγήκαμε έξω.

# 4

Το «Ιδιωτικό Σχολείο Μπίελ» είχε καλή φήμη. Πάντα έλεγαν ότι στο σχολείο αυτό γινόταν μάθημα υψηλού επιπέδου. Ωστόσο έπαιρναν μερικές φορές και προβληματικότερους μαθητές που, για παράδειγμα, θα ακολουθούσαν ειδικό πρόγραμμα μαθημάτων και με τον καιρό το επίπεδό τους θα έφτανε το επίπεδο των άλλων.

Αυτό ήταν γενικώς γνωστό, ήταν μια από τις αρχές του σχολείου. Τα τελευταία χρόνια ωστόσο είχαν πάρει μαθητές για τους οποίους ίσχυαν ειδικοί κανόνες. Σ' αυτό δεν υπήρχε εξήγηση. Έτσι ήρθα εγώ. Το ίδιο και ο Άουγκουστ.

Ήρθε στις 3 Οκτωβρίου. Εκείνο τον καιρό η Καταρίνα και εγώ, για λόγους ασφαλείας, είχαμε μια εβδομάδα και δυο μέρες να μιλήσουμε.

Τον είδα το πρωί, την πρώτη ώρα, στο γραφείο του Μπίελ. Με κάλεσαν επάνω, ήταν εκεί ο Μπίελ, ο Φρέδχοϊ και ο Φλάκενταμ. Ο Άουγκουστ στεκόταν μπροστά στον Φλάκενταμ, ήταν ένα κεφάλι πιο κοντός από μένα.

«Από δω ο Άουγκουστ», είπε ο Μπίελ.

Κατόπιν ο Φλάκενταμ τον οδήγησε έξω.

Ο Μπίελ στεκόταν όρθιος κρατώντας στο χέρι του το φάκελο του Άουγκουστ.

«Είχε ένα ατύχημα», είπε. «Από τότε δε θυμάται καλά. Θα πάει στη δική σας τάξη. Θα καθίσετε μαζί».

Κάτι μαγειρευότανε, τα πρόσωπά τους ήταν γεμάτα ένταση και προσοχή.

«Έχασε τον πατέρα του», είπε ο Μπίελ. «Η μητέρα του είναι ακόμα στο νοσοκομείο. Μην του μιλήσει κανείς γι' αυτό». Τη στιγμή που βγήκα έβαλε το φάκελο στη θέση του.

Ξέραμε ότι υπήρχαν τα μητρώα και ότι υπήρχε ένα για κάθε μαθητή. Όμως δεν ξέραμε πού τα φύλαγαν, ούτε τώρα ήθελα να μάθω, όμως δεν μπορούσες να μην το δεις.

Ήταν ένα σκρίνιο, στο κάλυμμά του ήταν χαραγμένο το σήμα του σχολείου, ο Χούγκιν και ο Μούνιν, τα κοράκια του Όντιν, που πετάνε από τη Βαλχάλα κάθε πρωί, γυρίζουν το βράδυ, κάθονται στους ώμους του Όντιν και του ψιθυρίζουν στο αφτί τι είδαν.

Όταν βγήκα από την πόρτα, το ανοιχτό κάλυμμα του σκρίνιου άνοιξε προς το μέρος μου. Ήταν αναπόφευκτο να δω ότι δεν είχε παρά μόνο μια δίπτερη κλειδαριά επίπλου.

Και τα κοράκια τα πρόσεχες. Έμοιαζαν με αρπακτικά. Δεν υπήρχε καμιά πρόθεση σ' αυτό. Εκεί που υπήρχε πρόθεση ήταν στο να σκέφτεσαι ότι τα κοράκια, ακριβώς όπως τα παιδιά και οι νέοι στα σχολικά τους χρόνια, μάζευαν γνώσεις και εμπειρίες και μετά τις χρησιμοποιούσαν με αφοσίωση στις σχέσεις τους με τους ανωτέρους τους. Συγχρόνως ήταν το πέταγμα των πουλιών και η σκανδιναβική μυθολογία, μια επιβλητική εικόνα.

Ωστόσο, τη στιγμή που ο Μπίελ ξανάβαλε τα χαρτιά του Άουγκουστ στο έπιπλο, δεν μπορούσες να αποφύγεις τη σκέψη ότι τα δυο κοράκια σήμαιναν ακόμα επαγρύπνηση και έλεγχο. Και κάποιες φορές τιμωρία ή ανταμοιβή.

Την ίδια μέρα ήρθα σε επαφή με την Καταρίνα.

Το σχολείο είχε διακόσιους σαράντα μαθητές, όχι παραπάνω, και αυτό για να κρατήσουν υψηλό το επίπεδο της διδασκαλίας και για να υπάρχει στενή σχέση μεταξύ δασκάλων και μαθητών.

Αυτό σήμαινε ότι οι περισσότεροι δάσκαλοι ήξεραν σχεδόν όλους τους μαθητές και ήταν πολύ δύσκολο να αποφύγεις τον έλεγχο. Ακόμα και σε μέρη σαν το Χίμελμπιέργκχους, που είχαμε επιθεωρητές και υποεπιθεωρητές, έξι βοηθούς, ένα δάσκαλο, μια νοσοκόμα και έναν επιστάτη για είκοσι τέσσερα παιδιά, επειδή είχαμε όλοι μας σοβαρά προβλήματα, ακόμα κι εκεί η επιτήρηση δεν ήταν τόσο στενή όπως στο σχολείο του Μπίελ, εκεί ήταν πολύ δύσκολο να μείνεις μόνος σου.

Η μόνη στιγμή που η χαλάρωση ήταν αναπόφευκτη, ήταν όταν πηγαίναμε από το ένα μέρος στο άλλο. Όπως όταν χτυπούσε το κουδούνι.

Δυο καθηγητές μάς επιτηρούσαν όταν ανεβαίναμε στις τάξεις, ένας κάτω από την πύλη και ένας στη μέση της σκάλας ανάμεσα στο πρώτο και το δεύτερο πάτωμα, από εκεί έβλεπαν τα πιο πολλά ή σχεδόν τα πάντα, όχι όμως τη σκάλα ανάμεσα στο ισόγειο και τον πρώτο όροφο. Εκεί συναντήθηκα με την Καταρίνα.

Στο πλατύσκαλο, στη μια από τις δυο γωνίες, υπήρχε ένα κάθισμα τριγωνικό, κολλημένο στον τοίχο. Αν ανέβαινες πάνω του, οι φύλακες δε σε έβλεπαν και ο χείμαρρος των μαθητών που ανέβαιναν στις τάξεις δε σε παρέσερνε.

«Πρέπει να σου μιλήσω», είπε εκείνη. «Θα μου έλεγες κάτι για το ορφανοτροφείο».

Μιλούσε σαν να μας είχαν μόλις διακόψει. Στεκόμασταν πολύ κοντά ο ένας στον άλλο, δεν είχα να πω τίποτα το ιδιαίτερο για τότε, μόνο κουνούσα το κεφάλι μου.

Έσκυψε προς το μέρος μου, γύρω μας περνούσε κόσμος που ανέβαινε, ήταν αδύνατο να ακουστεί κανείς με τόσο θόρυβο, εκείνη δεν έδειξε να ενοχλείται.

«Για τον πατέρα μου λέγαμε», είπε.

Δεν ήθελα να το ακούσω, ωστόσο μου το είπε.

«Δεν άντεξε στην ιδέα ότι εκείνη δεν υπήρχε πια, πήγε και κρεμάστηκε. Τι έχεις να πεις γι' αυτό;»

Δεν είχα να πω τίποτα, είπα, αλλά τι γίνεται με όσους εγκαταλείπουμε, τι γίνεται μ' αυτούς, πώς το ξεπερνάνε, ποιος θα τους σκεφτεί;

«Εσύ δεν εγκατέλειψες ποτέ σου κάποιον;» είπε εκείνη. «Εκείνον το φίλο σου που ήσασταν τότε μαζί, τον βλέπεις καθόλου; Γιατί δεν ήρθε και εκείνος εδώ;»

Τον Χούμλουμ εννοούσε. Είχαμε μείνει μόνοι μας στη σκάλα. Σύντομα θα μας έψαχναν.

Θα προτιμούσα να μην της το έλεγα και όταν της το είπα δεν υπήρχε ιδιαίτερος λόγος. Εκτός από το ότι εκείνη άκουγε και ότι ήρθε από μόνο του. Δεν μπορούσε να γίνει αλλιώς.

Στο ορφανοτροφείο είχαμε στάνταρ υποχρεώσεις μετά από το μάθημα, δηλαδή δουλειά στην κουζίνα, άδειασμα των σκουπιδοτενεκέδων, διάφορες περίεργες εσωτερικές δουλειές και δουλειά στον κήπο, και ακόμα ειδικά καθήκοντα, ένα από τα οποία ήταν να κουρεύουμε το γρασίδι του Βάλσαγκ.

Κατά κανόνα αυτή τη δουλειά μάς την πρότειναν όταν πηγαίναμε στην έκτη τάξη, εμένα με ρώτησε εκείνος στα μισά της πέμπτης, δηλαδή μισό χρόνο πριν αλλάξω σχολείο.

Όταν δούλευες εκεί, μπορούσες να φας από το ψυγείο του, δεν ήταν καθόλου παράτυπο.

Μετά το μάθημα πηγαίναμε εκεί, κουρεύαμε το γρασίδι και τρώγαμε από το ψυγείο.

Αυτό που γινόταν μετά, ήταν ότι μας έλεγε να μείνουμε αν θέλαμε και να κοιμηθούμε εκεί, κάτι το οποίο δεχόμασταν.

Ποτέ δε μιλούσε κανείς γι' αυτό, ούτε καν οι μαθητές μεταξύ τους, κοιμόμασταν εκεί, κανείς δεν έπαθε ποτέ τίποτα.

Στην αρχή δεν ήθελα, όμως ήταν κάτι που όλοι έπρεπε να κάνουν.

Ήταν φιλόλογος, τα βράδια μού έβαζε το γραμμόφωνό του κι έπειτα πήγαινα στο δωμάτιο των ξένων, όπου το κρεβάτι ήταν ήδη στρωμένο.

Ενώ ήμουν ξαπλωμένος και τον περίμενα να έρθει, άρχιζαν οι σπασμοί, τους είχα και πριν αλλά όχι τόσο έντονα.

Τότε ήταν που άρχισε να μου φεύγει ο χρόνος, δεν ήξερα αν είχε περάσει ένα λεπτό ή μια ώρα, τότε κατάλαβα ότι ήμουν άρρωστος.

Στο τέλος έφυγα πριν έρθει εκείνος. Με είχε κλειδώσει μέσα, αλλά η κλειδαριά ήταν μια απλή εσωτερική κλειδαριά, με ένα λυγισμένο σύρμα άνοιγε άνετα.

Από τότε κατάλαβα ότι ήμουν πολύ αδύναμος για να τα βγάλω πέρα στο σχολείο.

Έπειτα από αυτό ήταν πολύ προσεκτικός, δεν ήταν θυμωμένος μαζί μου, αλλά ερχόταν πολύ συχνά κοντά μου εκεί που βρισκόμουν. Δυο φορές, στα ντους, λίγο έλειψε να με βιάσει.

Δεν μπορούσα να μιλήσω με κανένα γι' αυτό, ήταν κάτι που δε γινόταν να το πεις πουθενά, είχαν πάει και οι άλλοι εκεί, ακόμα και ο Χούμλουμ, και κανείς τους δεν είχε πάθει τίποτα.

Τώρα θα έρθω και σ' αυτό.

Περνούσα έξω από τον τηλεφωνικό θάλαμο, στο πρώτο πάτωμα, ήταν απόγευμα, εκείνος άνοιξε την πόρτα, με τράβηξε μέσα και με έσπρωξε στο ράφι με τους τηλεφωνικούς καταλόγους. Μου ζήτησε να του βρω ένα νούμερο, είχε ξεχάσει τα γυαλιά του.

Δε γίνεται να συνεχίσω, ούτε στην Καταρίνα δε γίνεται να το πω, όχι τώρα αμέσως, πρώτα πρέπει να πω κάτι άλλο.

Αγωνιζόμασταν για το «άριστα», ήταν ο μεγαλύτερός μας στόχος, πιο μεγάλος από το να μπούμε στην ομάδα του σχολείου ή να μας δουν μαζί με μια από τις κοπέλες της κουζίνας.

Για τους περισσότερους το σχολείο ήταν η τελευταία ευκαιρία, ήξεραν ότι δεν ήθελε και πολύ για να τους πάρει η κάτω βόλτα. Δεν είχαν οικογένεια ή τους είχαν δώσει οι γονείς τους από τα πέντε τους το κλειδί του σπιτιού στο χέρι και πήγαιναν όπου ήθελαν ή ήταν σαν τον Τσίχλα, που ούτε κλειδί δεν του δίνανε, ήταν αναγκασμένος να κοιμάται στο κατώφλι και είχε πάθει πνευμονία τόσες φορές, που τώρα πια του ήταν αδύνατο να κάνει αθλητισμό ή να υπερασπίζει τον εαυτό του και τα έβγαζε πέρα με το να κρύβει τις καραμέλες του και να τις πουλάει ακριβά στο τέλος του μήνα, το Μπουντρούμι ήταν η τελευταία ευκαιρία, ύστερα ερχόταν το θεραπευτικό κέντρο και τέρμα.

Η ευκαιρία τούς είχε δοθεί επειδή ήταν επιδεκτικοί σχολικής μόρφωσης, τώρα έπρεπε να γαντζωθούν πάνω σ' αυτή την ευκαιρία, γι' αυτό είχαμε συνέχεια μαζί μας χαρτί μιλιμετρέ, δυο πρόχειρα τετράδια και τετράδιο καλλιγραφίας, ακόμα και στην αριθμητική. Αυτό που ήθελαν να μας τονίσουν ήταν τα πλαίσιά μας, που πριν παραήταν χαλαρά και που τώρα έπρεπε να μείνουμε μέσα στα όριά τους. Με ακρίβεια και τυπικότητα. Αυτή ήταν η τελευταία και μοναδική ευκαιρία που είχαμε.

Όπως το να ψάχνουμε με ακρίβεια στα λεξικά ή στους καταλόγους. Είχαμε ασκηθεί στο να βρίσκουμε νούμερα στον τηλεφωνικό κατάλογο, αυτό γινόταν όποτε μας έκανε μάθημα ο Βάλσαγκ.

Προσπαθούσα να ψάξω, στ' αλήθεια προσπαθούσα. Αν και ήξερα ότι έτσι το είχε πει, προσπαθούσα στ' αλήθεια. Παρόλο που είχε ξεκουμπώσει το παντελόνι του και τον είχε βγάλει έξω και η ένταση στο χώρο αυξανόταν και άρχιζαν οι σπασμοί μου.

Δεν μπορείς να ξεφεύγεις συνέχεια. Δεν έβλεπα άλλη λύση από το να προσπαθώ να τον κρατήσω μακριά και με το άλλο χέρι να ψάχνω και να κάνω αυτό που μου είπε. Η πόρτα του τηλεφωνικού θαλάμου αποτελούνταν από μια ατσαλένια κάσα με μουντό γυαλί, ο Βάλσανγκ την έκλεινε με το χέρι που είχε ελεύθερο, ο Χούμλουμ την έσπασε με έναν πυροσβεστήρα· τους γέμιζαν με νερό μια φορά το χρόνο, έπαιρναν σαράντα λίτρα συν το βάρος της μπουκάλας.

Το τζάμι της πόρτας, που ήταν διπλό, θαρρείς διαλύθηκε και μας περιέλουσε σαν κομμάτια χοντρής άμμου.

Απ' έξω στέκονταν μερικοί μαθητές, τριάντα σαράντα τον αριθμό. Καναδυό από τους μεγαλύτερους ήταν παθόντες, δεν ήθελαν να μπούνε μέσα γιατί είχε να κάνει με τον Βάλσανγκ· τότε ο Χούμλουμ τούς πίεσε, για να υπάρχουν μάρτυρες. Δεν ήθελαν να βλέπουν, προσπάθησαν να γυρίσουν αλλού το βλέμμα τους. Παρ' όλα αυτά μας έβλεπαν θέλοντας και μη.

Στέκονταν χωρίς να βγάζουν λέξη, τους χώριζε ένα στενό άνοιγμα από το θάλαμο, από εκεί βγήκαμε, πρώτα ο Βάλσανγκ και εγώ, μετά ο Χούμλουμ με τον πυροσβεστήρα, σιγά σιγά μας ακολούθησαν και οι άλλοι, και πήγαμε στο γραφείο.

Στο συνηθισμένο χρόνο, αυτόν του ρολογιού, υπάρχουν ορισμένα πράγματα που καταλαβαίνεις. Αν αφήσεις το χρόνο ελεύθερο, καταλαβαίνεις κάποια άλλα.

Αυτή τη δυνατότητα σου έδινε η αρρώστια. Όταν επρόκειτο να συμβεί κάτι σημαντικό, τότε μπορούσες να αφήσεις το χρόνο ελεύθερο και να ζήσεις μια γεμάτη στιγμή, πλούσια σε κατανόηση. Είναι όπως όταν πλησιάζεις μια μαύρη τρύπα. Αν πας πάρα πολύ κοντά της, σε ρουφάει. Αν όμως γυρίζεις γύρω γύρω από αυτή, τότε έρχεται η κατανόηση.

Πριν ακόμα φτάσουμε στο γραφείο, μου ήρθε η ιδέα να χρησιμοποιήσουμε αυτό που έγινε για να κερδίσουμε κάτι. Να τους πιέσουμε και να φύγουμε από εκεί.

Αυτό είπα στην Καταρίνα. Ενώ ήμασταν ολομόναχοι στη σκάλα.

«Και γιατί δεν ήρθε κι αυτός μαζί σου;» ρώτησε.

«Δεν ήθελε», είπα εγώ. «Όταν ήρθε η ώρα, μου είπε μονάχα: "Σώσε τον εαυτό σου"».

Με ρώτησε αν τον έβλεπα ακόμα.

«Έρχεται και με βλέπει», της είπα. «Όμως δεν το ξέρει κανείς».

# 5

Καθόμασταν στην τάξη, χωρισμένοι σε τρεις σειρές, απέναντι στην έδρα. Άκρη άκρη, δίπλα στα παράθυρα, στο φως, κάθονταν μόνο κορίτσια. Στη μεσαία σειρά κορίτσια και αγόρια, κοντά στην πόρτα μόνο αγόρια.

Εκεί είχανε αδειάσει τρία θρανία. Το μεσαίο ήταν το δικό μου και του Άουγκουστ. Μπροστά και πίσω μας είχαμε άδεια θρανία. Στο άδειο θρανίο που βρισκόταν πίσω μας, καθόταν ο Φλάκενταμ.

Είχανε επιβάλει στον Άουγκουστ κάποιους περιορισμούς, που μου πήρε κάποιο χρόνο να τους ανακαλύψω. Του είχαν απαγορεύσει να σηκώνεται χωρίς να πάρει άδεια, και να κάνει απότομες κινήσεις. Όποτε δε συμμορφωνόταν, ο Φλάκενταμ ερχόταν από πίσω του αστραπιαία.
Καθόμασταν λοιπόν μόνοι μας, με άδεια θρανία μπροστά και πίσω, σύρριζα στον τοίχο. Ακόμα του είχαν απαγορεύσει να κουνιέται. Δεν μπορούσες να μη σκεφτείς ότι είχε το λιγότερο και ταυτόχρονα τον περισσότερο χώρο από οποιονδήποτε άλλο στο σχολείο.

Δε δόθηκε καμιά εξήγηση γι' αυτό.

Το «Ιδιωτικό Σχολείο Μπίελ» ήταν σχολείο όπου πλήρωνες δίδακτρα.

Ήταν γενικώς γνωστό ότι διάλεγαν τους καινούργιους καθηγητές με απόλυτη σχολαστικότητα. Υπήρχαν πάντα πολλοί που ζητούσαν να δουλέψουν εκεί και καλούσαν τον καθένα τους σε συνέντευξη επί παντός επιστητού. Βέβαια, ο Φρέδχοϊ, που ήταν υποδιευθυντής, μας είπε μια φορά στο μάθημα πως κάποιοι απορρίφθηκαν πριν καν περάσουν από συνέντευξη, από τον προθάλαμο κιόλας, γιατί δεν είχαν καθώς πρέπει εμφάνιση ή δεν είχαν έρθει στην ώρα τους. Ύστερα από αρκετές συνεντεύξεις διάλεγαν ένα για τη θέση που υπήρχε. Αυτό είχε σημασία για το σχολείο. Οι καθηγητές να έχουν υψηλή κατάρτιση και να έχουν επιλεγεί προσεκτικά. Κάτι παρόμοιο ίσχυε και για τους μαθητές. Κάτι που αναφερόταν συχνά ήταν οι λίστες αναμονής.

Για κάθε τάξη υπήρχε μια λίστα αναμονής. Ήταν τόσο μεγάλη, που μπορούσαν ανά πάσα στιγμή να διπλασιάσουν τον αριθμό των μαθητών. Αυτό όμως δε συνέβαινε. Σύμφωνα με το σκεπτικό του Γκρούντβιγκ, τα σχολεία έπρεπε να είναι σχετικά μικρά. Αυτό άλλωστε ήταν και προϋπόθεση για τη διατήρηση του υψηλού επιπέδου διδασκαλίας.

Οι λίστες αναμονής απλώς υπήρχαν. Και όταν η Διεύθυνση αναγκαζόταν να ζητήσει από τους γονείς ενός μαθητή να τον πάρουν από το σχολείο ή συνέβαινε κάτι άλλο, συμπλήρωνε τον αριθμό από τη λίστα.

Μέχρι να φτάσει τους δεκαοχτώ μαθητές. Εκεί που στο δημόσιο δημοτικό κάθε τάξη είχε τριάντα έξι μαθητές, στου Μπίελ είχε μόνο δεκαοχτώ. Ήταν μια προϋπόθεση για τη διατήρηση του επιπέδου. Οι λίστες αναμονής σήμαιναν ότι το σχολείο δεν είχε ανάγκη να κρατάει μαθητές, ήταν κάτι που όλοι ήξεραν, ότι το σχολείο δεν είχε λόγους να κρατάει κανέναν. Για το ότι εισέπρατταν δίδακτρα, ο Φρέδχοϊ είχε πει ότι ήταν ένας τρόπος για να είναι σίγουροι ότι οι γονείς των παιδιών που έρχονταν στο σχολείο είχαν ξεχωριστό και κάπως πιο βαθύ ενδιαφέρον για τα παιδιά τους. Ωστόσο, για να εξασφαλίσουν τη δυνατότητα πρόσβασης στο σχολείο και σε φτωχές οικογένειες, με παιδιά ικανά για σχολική μόρφωση, τους έδιναν τη δυνατότητα να κάνουν αίτηση για πλήρη ή μερική απαλλαγή από τα δίδακτρα.

Διάλεγαν λοιπόν τους μαθητές ανάλογα με το πόσο ενδιαφέρονταν οι γονείς τους γι' αυτούς. Και πέρα από αυτούς που φοιτούσαν σε κάθε τάξη, στις λίστες περίμεναν τουλάχιστον άλλοι δεκαοχτώ για να πάρουν τις θέσεις τους. Αυτό το ήξεραν όλοι.

Γι' αυτό και δεν μπορούσα να καταλάβω πώς πήρανε τον Άουγκουστ.

Ήταν σαν οιωνός.

Γιατί τον δέχτηκαν;

Δυσκολευόμουν να το καταλάβω ακόμα και για έναν τύπο σαν τον Κάρστεν Σάτον. Ή εμένα, που η ευφυΐα μου ήταν στο φυσιολογικό ή λίγο πιο κάτω και είχα απαλλαγεί από τα δίδακτρα, και που είχα αρχίσει να μην έρχομαι στην ώρα μου, αν και ακόμα δεν ήξεραν πόσο άσχημα ήταν τα πράγματα.

Όμως το ότι πήραν τον Άουγκουστ δεν μπορούσα να το εξηγήσω. Αφού είχαν λίστες αναμονής και δεν είχαν ανάγκη να κρατάνε κανέναν. Γιατί τότε πήρανε κάποιον σαν αυτόν;

Αυτή η απορία με έπεισε ότι έπρεπε να υπήρχε κάποιο σχέδιο. Όμως πολύ καιρό πριν, πολλές φορές, είχα νιώσει κάτι τέτοιο.

Τα πρώτα σημάδια ήρθαν ύστερα από ένα χρόνο στο σχολείο, όταν μας μίλησαν για το λανθάνοντα δαρβινισμό. Όταν πήρα αυτό το μήνυμα, η μέχρι τότε ζωή μου ξεκαθάρισε εντελώς.

Ο Όσκαρ Χούμλουμ και εγώ ακολουθούσαμε ο ένας τον

άλλον πολύ καιρό πριν γνωριστούμε, αν και δεν το ξέραμε. Αυτό δεν ήταν παράξενο, ήταν απόλυτα φυσιολογικό και οφειλόταν στο ότι, αν ήσουν ορφανός στη Δανία, το μέλλον σου ήταν ένας μονόδρομος. Τη χώρα διέσχιζαν κάποια αόρατα τούνελ, πήγαιναν δίπλα δίπλα το ένα με το άλλο, τελείως παράλληλα. Έτσι, όταν ο Χούμλουμ κι εγώ γνωριστήκαμε, δεν είπαμε πολλά πράγματα για το παρελθόν. Αφ' ενός για να μην πατήσουμε ο ένας τον κάλο του άλλου, αλλά και επειδή ξέραμε ότι κατά κάποιον τρόπο είχαμε ακολουθήσει ο ένας τον άλλο, παρόλο που δεν είχαμε ποτέ συναντηθεί.

Πρώτα το βρεφοκομείο. Εκεί ήσουν τόσο μικρός που δε θυμόσουν τίποτα, όμως το μητρώο μου έλεγε ότι είχα περάσει από δυο διαφορετικά βρεφοκομεία.

Μετά πήγα στο ορφανοτροφείο. Και εγώ και ο Χούμλουμ ήμασταν στο «Ίδρυμα Διακονισσών», εγώ στην Εστία, στην Πέτερ Μπάνγκσβάι, ανάμεσα στο γήπεδο της ΚΒ και την Εκκλησία Φλίντχολμ, ο Χούμλουμ στο Έσμπιεργκ. Νιώθεις ότι θα έπρεπε να θυμόσουν ένα σωρό πράγματα από τότε, αλλά το μόνο που θυμάσαι είναι η ανάγνωση και η τιμωρία όταν λέρωνες το στόμα σου με βρισιές – η διευθύντρια, η Αδελφή Ράουνα, κρατούσε το κεφάλι σου μέσα στη λεκάνη του καμπινέ, αφού την είχε χρησιμοποιήσει προηγουμένως.

Θα έπρεπε να θυμόσουν πιο πολλά. Όμως αυτό ήταν το μόνο που σου έμενε.

Στο ορφανοτροφείο σε κρατούσαν όσο περισσότερο μπορούσαν, μονάχα αν έβλεπαν ότι δε γινόταν αλλιώς σε άφηναν να φύγεις. Μόνο σ' ένα μέρος μπορούσες να πας από εκεί, ήταν το κέντρο προσαρμογής για προσωρινή παρακολούθηση, εγώ πήγα στο Μπρόγκορντσβαίνγκε στο Γκεντόφτε, το '66 ήταν, δε θυμάμαι για ποιο λόγο, στο μητρώο μου η διευθύντρια, η Αδελφή Ράουνα, είχε γράψει: «Αντιδραστικό στοιχείο, αρνείται να φορέσει κοντά παντελόνια».

Αυτό έλεγε εκεί, εγώ δε θυμάμαι τίποτα.

Μια φορά το έδειξα στον Χούμλουμ. Ήταν χειμώνας, νύχτα, καθόμασταν στην τουαλέτα, πάνω στο καλοριφέρ. «Τα θυμάμαι», είπε, «παντελονάκια μέχρι τα γόνατα και μακριές καρό κάλτσες, τα άλλα παιδιά φορούσαν μποτάκια και πλεχτό ισλανδέζικο πουλόβερ. Δεν είχε άλλα ρούχα να βάλεις, ήταν σαν το δέρμα σου, στο τέλος ήθελες να τα σκίσεις και να τα πετάξεις, να γδάρεις το δέρμα σου, καλά δε λέω;»

Δε μου είπε αν κι εκείνος είχε αρνηθεί.

Από το κέντρο προσαρμογής και μετά τα πράγματα χειροτέρεψαν, επειδή τώρα ήμουν πιο μεγάλος και υπήρχαν πιο πολλά μέρη να με στείλουν. Πήγα στο ίδρυμα για παιδιά που η ανάπτυξή τους δε συμβαδίζει με την ανάπτυξη ενός φυσιολογικού παιδιού και από εκεί στο θεραπευτικό κέντρο Ναίδεμπόγκορντ.

Αυτό έγινε το '67, πρέπει να ήμουν δέκα χρονών τότε. Εκείνη την εποχή είχαν σημειωθεί εκεί διάφορα μικροεγκλήματα, κυρίως αλητεία και διαρρήξεις, αλλά και άλλα πράγματα, στα οποία δε θέλω να αναφερθώ, ακόμα και κρούσματα βίας.

Εκείνη την εποχή μπορούσες να δεις λίγο και το μητρώο σου, ήταν ένα δείγμα των νέων παιδαγωγικών ρευμάτων της εποχής, μου το έδειξε ο εκπρόσωπος της Διεύθυνσης, το έβλεπα για πρώτη φορά στη ζωή μου. Εκεί το έλεγε ξεκάθαρα, χωρίς περιστροφές: «Διαταραχές στη συμπεριφορά», «κακή σχολική προσαρμογή», «προβλήματα ανατροφής», «αντικοινωνικότητα», «αλητεία».

«Τι να κάνω, μου λες σε παρακαλώ;» μου είπε. «Θα πας στο Ναίδεμπόγκορντ, μέχρι να βρεθεί θέση σε κάποιο αναμορφωτήριο στη Γιουτλάνδη».

Η λέξη «αναμορφωτήριο» δεν ήταν επίσημος χαρακτηρισμός, όμως ανεπίσημα καταλάβαινες με την πρώτη τι ήταν. Ήταν τα σχολεία και τα κέντρα ψυχικής υγιεινής που είχαν προσωπικό με βαρύ χέρι, πείρα και τεχνικά μέσα για να δέχονται νεαρούς παραβάτες του νόμου από όλες τις ηλικίες, μέχρι και τις πιο μικρές. Αφού έμεινα δυο μήνες στο Ναίδεμπόγκορντ, βρέθηκε θέση στο Χίμελμπιέργκχους και έφυγα από εκεί. Ο Χούμλουμ και εγώ πολλές φορές μιλούσαμε για το πώς θα ήταν αν και εκείνος είχε αλλάξει σχολείο την ίδια χρονιά με εμένα και συναντιόμασταν στο Χίμελμπιέργκχους και όχι την επόμενη χρονιά στο Μπουντρούμι.

Αυτό όμως δε συνέβη, αφού δυο χρόνια πριν είχε σταματήσει να μιλάει.

Μ' εμένα ήταν πάντα σίγουροι ότι δεν ήμουν διανοητικά ανάπηρος. Κανείς δεν υποψιαζόταν ότι μπορεί να ήμουν κατάλληλος για σχολική μόρφωση, όμως κανείς δεν έλεγε κοφτά ότι ήμουν αργόστροφος. Με τον Χούμλουμ δεν ήταν και τόσο σίγουροι. Έπειτα σταμάτησε και να μιλάει, για ενάμιση χρόνο δεν είπε ούτε λέξη.

Ποτέ δεν έλεγε πολλά, ούτε τότε έλεγε, ούτε για ποιο λόγο σταμάτησε να μιλάει, το μόνο που μου είπε ήταν ότι τον πονούσε το στόμα του.

Δεν έλεγε ψέματα, το έβλεπες πάνω του. Το να μιλάει πολύ του έκανε κακό. Έτσι κάποια στιγμή σταμάτησε τελείως.

Τον έστειλαν πρώτα σε θεραπευτική κοινότητα και μετά στην Κοπεγχάγη όπου υπήρχαν παιδοψυχολογικές κλινικές. Πρώτα πήγε στην κλινική για νέους στην οδό Λαίσαιγκάδε, στο Ημερήσιο Κέντρο Προσαρμογής, εκεί όπου βρίσκονταν τα πιο βαριά περιστατικά. Εκεί βγήκε 3.

Αν ήσουν ιδρυματικό παιδί, μπορούσες να είσαι τέσσερα πράγματα και τίποτα άλλο. Μπορούσε να είσαι: «Φυσιολογικής ευφυΐας», αυτό ήταν το 1. «Ελαφρά καθυστερημένος» ήταν το 2. Το 1 και το 2 άλλοτε συνοδεύονταν και άλλοτε όχι από «συνήθεις δυσκολίες προσαρμογής». Ύστερα ήταν το 3, όπως ο Χούμλουμ: «Δυσκολίες στη συμπεριφορά με νευρωτικές ή άλλες νοσηρές διαταραχές». Το 4 ήταν «μωρός, κάτω του ορίου της αμβλύνοιας».

Το 3 ήταν πολύ επικίνδυνο. Αν ήσουν σε αναμορφωτήριο ή σε θεραπευτικό κέντρο για ελαφρά καθυστερημένα παιδιά, και σε βγάζανε γύρω στο 3 με τάση προς το 4, μόνο μια λύση υπήρχε, η μέριμνα για διανοητικώς ανάπηρα παιδιά. Στα υπόγεια του κέντρου υπήρχε ξεχωριστό τμήμα προληπτικού εγκλεισμού ψυχοπαθών, όπου σε δένανε χειροπόδαρα και σου ρίχνανε τρεις ενέσεις την ημέρα.

Ωστόσο ο Χούμλουμ πήγε εκεί από μόνος του και βγήκε 3 επίτηδες. Μου έλεγε ότι ήταν καλά εκεί, του κάνανε εξετάσεις Δευτέρα και Τετάρτη και μετά τον άφηναν ήσυχο, πήγαινε σχολείο μόνο δυο μέρες την εβδομάδα και είχε ειδική δίαιτα, επιδόρπιο μετά το φαγητό και, αν ήθελε, του έδιναν κι άλλο.

Δεν ήξερα ακριβώς πόσο καιρό είχε μείνει εκεί, σίγουρα ενάμιση χρόνο, ήταν στο παιδοψυχολογικό κέντρο υγείας της οργάνωσης «Σώστε το Παιδί» και στο τέλος στην Παιδοψυχολογική Κλινική του Πανεπιστημίου της Κοπεγχάγης. Εκεί του κάνανε διάφορα τεστ και τον βγάλανε κάτω από το όριο της αμβλύνοιας, δηλαδή 4, και τότε φοβήθηκε και ξανάρχισε να μιλάει. Τον προόριζαν για το Κέντρο Υποδοχής Διανοητικώς Ανάπηρων Παιδιών της Κεντρικής Ιεραποστολής, στην οδό Γκέρσονσβάι στο Χέλερουπ. Για να γλιτώσει έκανε τα αδύνατα δυνατά και εκείνοι ξαφνικά ανακάλυψαν ότι ήταν ικανός για σχολική μόρφωση, και αντί να πάει εκεί που τον προόριζαν, τον έστειλαν να δώσει εξετάσεις για να μπει στο ορφανοτροφείο. «Χρειάστηκε να βάλω τα δυνατά μου», είπε. Πέρασε τις εξετάσεις και τον πήρανε, ένα χρόνο πριν από μένα.

Με το να μη μιλάει τόσο καιρό, ανακάλυψε το παιχνίδι της αφηρημάδας. Μου έλεγε ότι ήταν η μοναδική περίοδος της ζωής του που μπορούσε να κοιμηθεί τη νύχτα σαν άνθρωπος, ο κόσμος ήταν αλλιώς, «ο χρόνος», είπε, «άρχισε να χάνεται, όπως όταν είσαι αφηρημένος».

Πρώτος αυτός μού έβαλε την ιδέα ότι υπάρχει κάποιο σχέδιο. Κατά κάποιον τρόπο όλα τα ιδρύματα μοιάζανε. Κάποια ήταν περιφραγμένα και κάποια άλλα είχαν ένα ορισμένο είδος εργαστηρίων, ενώ άλλα είχαν άλλου είδους. Ωστόσο η αίσθηση που σου έδιναν ήταν η ίδια. Όλα, μα όλα φαινόταν να τα διαπερνάει ένας αυστηρά καθορισμένος χρόνος.

Αυτό το είχα αντιληφθεί, αλλά δεν μπόρεσα να το πω ο ίδιος. Μέχρι που το είπε ο Χούμλουμ.

«Πρέπει να υπάρχει κάποιο σχέδιο», είπε. «Αλλιώς γιατί έχει τόση σημασία να είμαστε ακριβείς, ε;»

Εγώ τον άκουγα μόνο, δεν είχα τίποτα να πω.

«Όταν είσαι αφηρημένος», είπε, «ή πάψεις να μιλάς για πολύ καιρό, τότε κάτι συμβαίνει· ο χρόνος αλλάζει, φεύγει, και ξανάρχεται μόνο όταν αρχίζεις πάλι να λες κάτι».

Αφότου το είπε αυτό, για τρία χρόνια δε μίλησε κανείς για το χρόνο, παρά μόνο η Καταρίνα, όταν μου πρότεινε στο εργαστήριο να εξετάσουμε το θέμα.

Είχε περάσει ένας χρόνος από τότε που ο Μπίελ έδωσε

τα πρώτα μηνύματα και αποκάλυψε το σχέδιο της βοήθειας για εκείνους που ήταν κοντά στο όριο.

Έγινε σε μια εποχή που δε φαινόταν να υπάρχει διέξοδος. Στο Μπουντρούμι μάς υποχρέωναν να πηγαίνουμε σπίτι μας για το σαββατοκύριακο μια φορά στις τρεις εβδομάδες, εμένα με έστελναν στο Χαίβε, σε παιδική θεραπευτική κοινότητα. Εκεί δεν ήταν και τόσο καλά, το μέρος χρησιμοποιούνταν για την παρακολούθηση παιδιών που πριν ανήκαν σε συμμορίες οι οποίες διαλύθηκαν στην Κοπεγχάγη. Στην κοινότητα έκαναν καινούργιες συμμορίες, έτσι είχαν μάθει να δουλεύουν. Την τελευταία φορά που γύρισα από εκεί, μου είχανε σπάσει τέσσερα κάτω δόντια και είχα κακοποιηθεί σεξουαλικά· μου έφτιαξαν χρυσά δόντια, δεν ήθελα με τίποτα να ξαναγυρίσω εκεί.

Στο σχολείο του Μπίελ είδα μια ευκαιρία να γλιτώσω από αυτά. Μια φορά, στο μεγάλο διάλειμμα, έκατσα και έγραψα ένα γράμμα στον εαυτό μου από την κηδεμόνα μου σε μια από τις γραφομηχανές που χρησιμοποιούσαμε στο μάθημα από την πρώτη λυκείου. Το γράμμα έγραφε ότι με προσκαλούσε να την επισκεφθώ στο σπίτι της, τους το έδειξα και μου δώσανε άδεια. Έφυγα την Παρασκευή το βράδυ, μετά το φαγητό, και πήγα στην Κοπεγχάγη. Μπορούσες να κάνεις ό,τι σου έκανε κέφι, να παίρνεις τον κόσμο από πίσω ή απλώς και μόνο να γυρίζεις στους δρόμους ελεύθερα· ήταν άλλο πράγμα. Τη νύχτα μπορούσες να γυρίσεις στο σχολείο.

Παρ' όλα αυτά δεν μπορούσα να κοιμηθώ, δεν ξέρω γιατί, απλώς δεν μπορούσα, μερικές φορές περνούσε ολόκληρο σαββατοκύριακο χωρίς να κλείσω μάτι. Τη Δευτέρα το πρωί ήμουν πτώμα στην κούραση και αυτό κρατούσε όλη την υπόλοιπη εβδομάδα.

Δεν είναι αλήθεια αυτά που λέω για τα σαββατοκύριακα. Πολλές φορές δεν πήγαινα στην πόλη. Πολλές φορές στεκόμουν στην αυλόπορτα και κοίταζα τα αυτοκίνητα που περνούσαν. Το σχολείο και το βοηθητικό κτίριο είχαν αδειάσει, ο κόσμος ήταν στα σπίτια τους, μόνο εγώ είχα μείνει εκεί. Και αυτό δε μου άρεσε πολύ.

Την επόμενη εβδομάδα δεν είχα προετοιμάσει απολύτως τίποτα και ένιωθα μέσα μου σχεδόν νεκρός.

Ακριβώς τότε ήρθε το πρώτο σημάδι.

Έγινε στο μάθημα της βιολογίας. Ο Μπίελ επανέλαβε τη θεωρία του Δαρβίνου, τη θεωρία της επιβίωσης των πιο κατάλληλων. Ισχύει, είπε, ακόμα και στην κοινωνία, αλλά πιο ήπια, γιατί εμείς μετριάζουμε τις συνέπειες.

Αφού το είπε αυτό, έγινε παύση. Ήταν μια γεμάτη στιγμή.

Δεν κοίταξε κάποιο συγκεκριμένα, γενικά ποτέ δεν απευθυνόταν σε κάποιον προσωπικά. Ίσως πάντως εκείνη τη στιγμή εγώ τον κατάλαβα καλύτερα απ' όλους.

Όσοι ήταν μέσα στο παιχνίδι, οι περισσότεροι δηλαδή, δυσκολεύονταν να πιάσουν το νόημα των όσων έλεγε, χαίρονταν πιο πολύ που συμμετείχαν και ήταν οι πιο κατάλληλοι.

Για όσους είναι απ' έξω, ο φόβος ή η παραίτηση πλημμυρίζει σχεδόν όλη τους την ύπαρξη, είναι γνωστό αυτό.

Αυτοί που καταλαβαίνουν καλύτερα είναι εκείνοι που βρίσκονται στο όριο.

Καταλάβαιναν ότι υπήρχε ένας νόμος. Ο νόμος αυτός διάλεγε κάποιους, κάποιους άλλους τους έστελνε στο χαμό. Όμως για όσους ήταν στο όριο, γινόταν προσπάθεια να μετριαστούν οι συνέπειες. Γι' αυτούς υπήρχε μια ευκαιρία. Το «Ιδιωτικό Σχολείο Μπίελ» ήταν αυτή η ευκαιρία.

Αυτό το καταλάβαιναν καλύτερα εκείνοι που η ικανότητά τους να επιβιώνουν είχε χαρακτηριστεί «οριακή».

Ο Μπίελ σπάνια έκοβε τις φράσεις του στη μέση. Όμως όταν τα είπε αυτά, έμεινε σιωπηλός. Δεν το έκανε σκόπιμα, ήταν ένα ακούσιο σταμάτημα. Πλησιάζαμε σε μια σημαντική αποκάλυψη.

«Ακούτε τις παύσεις μου. Λένε περισσότερα από τα λόγια μου».

Ο λανθάνων δαρβινισμός. Το σχέδιο που κρύβεται πίσω από το χρόνο ήταν η επιλογή. Ο χρόνος ήταν ένα όργανο επιλογής. Ένιωθες μεγάλη ανακούφιση, επειδή όλα είχαν μπει στη θέση τους.

Όμως πολύ αργότερα, όταν γνώρισα την Καταρίνα, άρχισα να σκέφτομαι ότι υπήρχε κάτι που έμενε αδιευκρίνιστο.

# 6

Τι είναι ο χρόνος; Θα προσπαθήσω να το εξηγήσω, αλλά όχι ακόμα, είναι φοβερά μπερδεμένο, πρέπει να αρχίσω πιο απλά.

Τι σημαίνει να μετράς το χρόνο, τι είναι το ρολόι;

Ο Φρέδχοϊ είχε ρολόι και το κοίταζε συχνά. Ο Μπίελ είχε ρολόι τσέπης, ποτέ μου δεν τον είδα να το κοιτάζει, ούτε μια φορά.

Η Καταρίνα δεν είχε ρολόι, ούτε ο Άουγκουστ, ούτε κι εγώ είχα ποτέ. Στην αρχή επειδή δε βρέθηκε κανείς να μου χαρίσει ένα, και ύστερα δεν ένιωσα ποτέ μου την επιθυμία να έχω και εγώ ρολόι.

Διάβασα ότι ποτέ δε φτιάχτηκε ρολόι που να λειτουργεί με απόλυτη ακρίβεια. Δεν το λέω για να μειώσω την επιστήμη. Όμως ποτέ δε φτιάχτηκε ένα απόλυτα ακριβές ρολόι.

Στην πορεία του αιώνα μας ανακάλυψαν ότι οι κινήσεις των ουρανίων σωμάτων δεν ακολουθούν κάποια σταθερή τάξη, όπως πίστευα μέχρι τότε. Ότι η τροχιά της Γης γύρω από τον ήλιο είναι κάθε χρόνο διαφορετική.

Χρειάστηκε να διαλέξουν ένα συγκεκριμένο έτος, τουλάχιστον για να έχουν μια αφετηρία. Διάλεξαν το έτος 1900. Το 1956 η χρονική μονάδα του ενός δευτερολέπτου επαναπροσδιορίστηκε ως το 1/31.556.925,9747 του τροπικού έτους 1900.

Δυστυχώς αυτό το έτος δε θα ξαναγυρίσει και η Γη δεν πρόκειται ποτέ να κινηθεί ακριβώς όπως τότε, λόγω σεισμών και άλλων ανωμαλιών που επηρέασαν την τροχιά της. Αυτό δυσκολεύει το συγχρονισμό των ρολογιών όλου του κόσμου, είναι δύσκολο να ρυθμίσεις το ρολόι με βάση κάτι που έγινε τον περασμένο αιώνα.

Γι' αυτό και συμπλήρωσαν αυτόν τον ορισμό το 1967 με τον ατομικό χρόνο, όπου ένα δευτερόλεπτο αντιστοιχεί σε 9.192.631.770 περιόδους ακτινοβολίας μιας συγκεκριμένης μετάπτωσης του καισίου 133 σε αυτό που ονομάζουν «ρολόι καισίου». Ο Φρέδχοϊ μάς το είχε πει στη φυσική, υπήρχαν δυο μέθοδοι να οριστεί με ακρίβεια ο χρόνος, έλεγε, η μια συμπλήρωνε την άλλη.

Αργότερα διάβασα ότι δυστυχώς αυτά τα δυο συστήματα βρίσκονται σε ασυμφωνία, η μόνη εξαίρεση ήταν αμέσως μετά που τα συγχρόνισαν, κάτι που τώρα πρέπει να κάνουν συνέχεια.

Αυτό δεν το λέω από μικροψυχία. Τα πιο ακριβή χρονόμετρα που κατασκευάστηκαν μέχρι τώρα παρουσιάζουν μια απόκλιση $10^{-8}$ του δευτερολέπτου. Σε 300.000 χρόνια η απόκλιση αυτή δε θα είναι μεγαλύτερη τους ενός δευτερολέπτου, κανείς δεν μπορεί να αρνηθεί ότι πρόκειται για ακριβή χρονόμετρα, όλοι έκαναν ό,τι μπορούσαν.

Αλλά πάντως δεν είναι απολύτως ακριβή.

Το πρόβλημα δε θα ήταν τόσο μεγάλο, αν δεν έδιναν τόσο βάρος στο χρόνο.

Όχι βέβαια ότι μίλησε ποτέ κανείς γι' αυτόν, απεναντίας, ο Χούμλουμ και η Καταρίνα ήταν οι πρώτοι άνθρωποι που άκουσα να μιλάνε για το χρόνο. Όμως ήταν η βάση όλων των πραγμάτων. Καθόριζε τη ζωή. Σαν ένα είδος εργαλείου.

Δεν ήταν μόνο τα μαθήματα και η πρωινή προσευχή που άρχιζαν στην ώρα τους. Ήταν και οι υποχρεωτικές ασκήσεις για το σπίτι, τα γεύματα, οι διάφορες δουλειές που έπρεπε να κάνουμε, η εθελοντική συμμετοχή στα σπορ, η ώρα που σβήνανε τα φώτα, η ώρα που έπρεπε να σηκωθείς για να προλάβεις να πλυθείς καλά, η ώρα που κάθε τρεις εβδομάδες μοίραζαν πράσινα χαπάκια, βιταμίνες για τις επόμενες τρεις εβδομάδες, τι ώρα έπρεπε να δηλωθείς στον Φλάκενταμ την Κυριακή το βράδυ, όταν ερχόσουν ύστερα από το σαββατοκύριακο που περνούσες στο σπίτι, όλα ήταν προσαρμοσμένα σε ένα πρόγραμμα που τηρούνταν με ευλάβεια· η απόκλιση από αυτό έφτανε το πολύ τα δύο λεπτά.

Ποτέ δε σου εξηγούσαν το χρόνο. Όμως ήξερες ότι ήταν κολοσσιαίος, μεγαλύτερος από οτιδήποτε ανθρώπινο ή γήινο. Το να έρχεσαι στην ώρα σου στο μάθημα δεν το έκανες μόνο για τους συμμαθητές σου, για σένα ή για το σχολείο. Αλλά και για τον ίδιο το χρόνο. Για το Θεό.

Για το Θεό.

Πάντα προσευχόμασταν και ψέλναμε πολύ. Όμως ποτέ δεν προσπαθήσαμε να φτάσουμε τον ίδιο το Θεό. Αυτό γιατί ο Θεός ήταν πάντα πολύ κοντά στον Μπίελ ή το διευθυντή του Ορφανοτροφείου ή τον επιθεωρητή του Χίμελμπιέργκχους, πολύ κοντά τους για να τον φτάσουν οι προσευχές μας.

Να προσεύχεσαι σημαίνει να ομολογείς κάτι, να δέχεσαι ότι χρειάζεσαι βοήθεια. Φοβόμασταν ότι κάθε ομολογία, ακόμα και στο Θεό, μπορούσε να χειροτερέψει την κατάστασή μας και να χρησιμοποιηθεί εναντίον μας.

Ο Γκρούντβιγκ είχε πει ότι η ημέρα δημιουργήθηκε για τα έργα και το σκότος για την ανάπαυση, γι' αυτό και η ακρίβεια ήταν απόλυτα επιβεβλημένη.

Επειδή ο ίδιος ο χρόνος ήταν ακριβής, έπρεπε να είμαστε και εμείς, αυτός ήταν ο σκοπός, η ακρίβεια ήταν μια ιδιότητα, ίσως η πιο σημαντική στο σύμπαν. Στην πρωινή προσευχή έπρεπε να ψέλνουμε με απόλυτη ακρίβεια και να μη βγάζουμε κιχ. Απόλυτος χρόνος και απόλυτη ησυχία. Αυτός ήταν ο στόχος. Για να πλησιάσεις αυτόν το στόχο, υπήρχε η επίδοση. Και για να οδηγηθείς στην επίδοση, υπήρχε η τιμωρία.

Προσπαθείς να είσαι απόλυτα ακριβής, επειδή ο χρόνος και ο κόσμος είναι έτσι. Προσπαθείς αδιάκοπα όσο είσαι νέος, και δεν μπορείς, φτάνεις στο τσακ να τα παρατήσεις. Και από την άλλη ποτέ δεν μπόρεσαν να φτιάξουν ένα ρολόι που να είναι απόλυτα ακριβές. Δεν κατάφεραν ποτέ να δείξουν ότι ο χρόνος ήταν από μόνος του σταθερός και ακριβής.

Κατά βάθος ούτε οι ίδιοι μπόρεσαν να είναι απόλυτα ακριβείς. Και ούτε μπόρεσαν να δείξουν ότι ο κόσμος είναι έτσι.

# 7

Την πρώτη βδομάδα ο Άουγκουστ κοιμόταν στο αναρρωτήριο, μετά τον έφεραν στο δωμάτιό μου. Αφότου είχαν διώξει τον Γιες Γιέσεν, έμενα μόνος μου.

Στο Μπουντρούμι είχαν για λίγους μήνες μια αλεπού. Σαν φυσικό δείγμα για το μάθημα της φυσικής ιστορίας, την είχανε δανειστεί από το Ζωολογικό Κήπο Σβίννιγκε. Πότε πότε ο Χούμλουμ και εγώ στεκόμασταν μπροστά στο κλουβί της· δε μας έβλεπε. Καθώς έτρεχε πάνω κάτω απ' τη μια άκρη του φράχτη ως την άλλη χωρίς σταματημό, το βλέμμα της περνούσε από μέσα μας και έβγαινε έξω στον κόσμο. Την καταλαβαίναμε πολύ καλά. Πώς, δηλαδή, η θανάσιμη απελπισία που την είχε πιάσει εξαιτίας του εγκλεισμού της συμπυκνώθηκε σε μια ατελείωτη, σταθερή, ρυθμική μονοτονία.

Σαν αυτή την αλεπού ήταν και ο Άουγκουστ.

Έπαιρνε φάρμακο στις εννιά, ο Φλάκενταμ ερχόταν με δυο Μογκαντόν και τον έβλεπε που τα κατέβαζε με ένα ποτήρι νερό, και μετά τού έβαζε το δάχτυλο στο στόμα για να δει μήπως τα είχε κρύψει κάτω από τη γλώσσα.

Κατά κανόνα το φάρμακο άρχιζε να δρα ύστερα από τρία τέταρτα. Σ' αυτό το χρονικό διάστημα ο Άουγκουστ ήταν πολύ ανήσυχος, γυρνούσε από τοίχο σε τοίχο, δε σε άκουγε όταν του μιλούσες. Μετά γινόταν όλο και πιο αργός, στο τέλος αναγκαζόταν να ξαπλώσει και αποκοιμιόταν χωρίς να πει λέξη.

Κατάφερα να τον πλησιάσω, όταν ανακάλυψα πως το κλειδί για να έρθεις κοντά του ήταν οι κινήσεις του. Την τρίτη μέρα άρχισα να κάνω μαζί του το γύρο του δωματίου, περάσαμε από το κρεβάτι, την πόρτα, το άλλο κρεβάτι, κάτω από το νιπτήρα, από το παράθυρο, την ντουλάπα και ξανά από την αρχή, και εγώ συνέχισα, ακόμα και όταν προσπάθησε να με διώξει. Το βλέμμα του με προσπερνούσε όπως το βλέμμα εκείνης της αλεπούς. Κάποια στιγμή, λίγο πριν τον πιάσει το φάρμακο, πήγα κοντά του. Είχα ρουφήξει όλη του την ανησυχία και με είχε συνηθίσει, ύστερα το φάρμακο του είχε χαλαρώσει τα νεύρα.

Δεν υπήρχε προσωπικός λόγος από μέρους μου γι' αυτό, δεν του χρωστούσα τίποτα. Όμως τον είχαν αναθέσει σ' εμένα, δε μου το είπαν στα ίσια, αλλά τον έφεραν σε επαφή μαζί μου, αν τα έβγαζε πέρα και γινόταν να μείνει στο σχολείο, τουλάχιστον για λίγο καιρό, αυτό θα μας βοηθούσε και τους δυο.

Την έκτη νύχτα, τα τελευταία λεπτά πριν τον πάρει ο ύπνος, μου έδειξε τη ζωγραφιά του. Την είχε διπλώσει και την είχε χώσει μέσα στην μπλούζα του, δε γινόταν να μην τη δω εκεί που την είχε βάλει, όμως δεν τον ρώτησα τι ήταν. Τώρα μου την έδειξε ο ίδιος. Την έβγαλε και την ξεδίπλωσε, ήταν ένα σκίτσο πάνω σε ένα μεγάλο άσπρο φύλλο χαρτί, από αυτά που δεν πρέπει να φεύγουν από το ατελιέ. Ήταν ζωγραφισμένο με μολύβι, έδειχνε μια σειρά σκηνές, δυο ανθρωπάκια κινούνταν από εικόνα σε εικόνα, όπως στα μίκι μάους, ήταν μια αλυσίδα βίας.

Το σκίτσο έδειχνε κάποιους που τους σκότωναν με πιστόλια, ανάμεσά τους έναν άντρα και μια γυναίκα σε ένα δωμάτιο, ίσως ήταν σαλόνι ή ίσως και τάξη σχολείου.

Πέρα από το ότι οι σκηνές ήταν σκληρές, το σχέδιο ήταν καλύτερο από ό,τι περίμενα, έτσι που να μην πιστεύεις ότι το έφτιαξε εκείνος· τελικά δεν ήταν τελείως άσχετος.

Θα συνέχιζε να πηγαίνει τοίχο τοίχο, αλλά τα Μογκαντόν είχαν αρχίσει να τον πιάνουν.

«Πήρα μηδέν αστεράκια», είπε.

Τα αστεράκια ήταν από χρυσόχαρτο και η Κάριν Έροε τα κολλούσε στο μάθημα των καλλιτεχνικών στα σχέδια των μαθητών, ανάλογα με την ποιότητά τους. Κάποιοι παίρνανε μηδέν αστεράκια, πολλοί ένα, άλλοι δυο. Κάποιοι, ελάχιστοι, παίρνανε τρία. Αν έπαιρνες τρία, εκτός από τον έπαινο σου έδιναν μια καφετιά σακούλα με φρούτα. Στα δυο χρόνια που λειτουργούσε το σύστημα, μόνο ο Ράιναρ Γκραστέν, που αργότερα έγινε παραγωγός ταινιών και μάλιστα πολύ γνωστός, μόνο αυτός πήρε φρούτα, και μόνο μία φορά.

Τώρα ο Άουγκουστ είχε ξαπλώσει για τα καλά, έτρεμε, προσπαθούσα να τον καταλάβω, γιατί είχε μεγάλη σημασία, όμως δεν μπορούσα να το εξηγήσω.

«Είμαι πολύ αρνητικός», είπε. «Το είπε η αστυνομία».

«Πάντα αυτό λένε», είπα εγώ, «δεν είναι κάτι παράξενο, το ίδιο λέγανε πάντα και για μένα».

Δεν του ζήτησα να μου εξηγήσει τι ήταν αυτό που αρνιόταν.

«Αλλά οι ψυχολόγοι λένε ότι δε θυμάμαι», είπε.

Τον ρώτησα τι πίστευε εκείνος, δε μου απάντησε.

«Προσπάθησε να γεμίσεις το φόντο», του είπα. «Στην Κάριν Έροε δεν αρέσει να είναι άδειο το φόντο, δεν πρέπει ν' αφήνεις πολύ άσπρο χαρτί όταν τελειώνεις».

# 8

Το σχολείο ήταν χτισμένο έτσι που το κτίριο είχε πέντε πατώματα και ένα δώμα στην ταράτσα, και βρισκόταν ανάμεσα σε δυο ασφαλτοστρωμένες αυλές. Στη βορινή αυλή περνούσαμε τα διαλείμματα, στην άλλη μεριά ήταν το βοηθητικό κτίριο. Στη μεσημβρινή αυλή δεν επιτρεπόταν η είσοδος στους μαθητές, εκεί στάθμευαν τα αμάξια των καθηγητών, των επισκεπτών, καθώς και τα φορτηγά που έφερναν ό,τι χρειαζόταν το κτίριο.

Γύρω από το κτίριο και τις αυλές ήταν το πάρκο, στην άκρη του βρίσκονταν τα σπίτια των καθηγητών. Προς τα κάτω, απ' την άλλη πλευρά της πόλης, άρχιζε η Κοπεγχάγη.

Η βορινή αυλή είχε δυο κόκκινες γραμμές, η μια οριοθετούσε μια ζώνη δέκα μέτρων προς την έξοδο και η άλλη χώριζε την αυλή στη μέση.

Η τελευταία έβγαζε στο γήπεδο ποδοσφαίρου και χρησίμευε επίσης για να χωρίζει τον έναν από τον άλλον τους μαθητές στους οποίους είχαν απαγορεύσει να μιλάνε μεταξύ τους. Για να μη συναντιούνται στο διάλειμμα, τους υποχρέωναν να κάθεται ο καθένας στο ένα από τα δυο μέρη της αυλής. Αυτό διευκόλυνε τον επιτηρητή να τους προσέχει για να μην πλησιάσουν ο ένας τον άλλον.

Η ζώνη των δέκα μέτρων άφηνε μια έρημη περιοχή μπροστά στη μοναδική έξοδο από την αυλή. Απαγορευόταν να φύγεις από την αυλή στο διάλειμμα. Όσοι πάλι, παρ' όλη την απαγόρευση, προσπαθούσαν να βγουν, έπρεπε να περάσουν από μια περιοχή τελείως έρημη από ανθρώπους και αναπόφευκτα θα τους έβλεπε ο επιτηρητής.

Το κτίριο του σχολείου χώριζε τις δυο αυλές. Απαγορευόταν να είσαι μέσα στο κτίριο στα διαλείμματα. Επίσης απαγορευόταν να φύγεις από τη βορινή αυλή.

Την άλλη μέρα που ο Άουγκουστ μου είχε δείξει τη ζωγραφιά του, με πλησίασε η Καταρίνα στο μεγάλο διάλειμμα, μέχρι τότε αποφεύγαμε ο ένας τον άλλον στην αυλή, όπου μπορούσαν να μας δουν πολλοί, τώρα είχε πλησιάσει πολύ κοντά μου. «Έλα κάτω όταν η ώρα πάει μισή», είπε. «Στο γυμναστήριο, θα σου δείξω κάτι στη μεσημβρινή αυλή».

«Εκείνη την ώρα έχουμε μάθημα», είπα.

«Δεν είναι κανείς στο γυμναστήριο».

Στεκόταν στο πλάι μου, έτσι δε μας βλέπανε που μιλούσαμε.

«Η πόρτα στο ισόγειο», είπα, «είναι κλειδωμένη».

«Θα φέρουν το γάλα την άλλη ώρα, την αφήνουν ανοιχτή».

Χτύπησε το κουδούνι, ο Φλάγιε Μπίελ ήταν επιτηρητής, ήταν αδερφός του Μπίελ, κοίταζε τριγύρω, αναγκαστήκαμε να χωρίσουμε.

Εκείνη φορούσε μπλε μπλουζάκι. Τα μαλλιά της χάνονταν μέσα στο μπλουζάκι στο ύψος του λαιμού. Φαντάστηκα ότι το είχε φορέσει πάνω από το κεφάλι και τα μαλλιά της τα σκέπασε το ύφασμα. Δεν τα έβγαλε έξω, μόνο τα έλυσε. Ανάμεσα στα μαλλιά και το ύφασμα βρισκόταν ο λαιμός της. Κάτασπρος. Έκανε κρύο.

Τις δυο βδομάδες που δεν την είχα δει παρά μόνο από μακριά, εκτός από εκείνη τη φορά στη σκάλα, έβλεπα ένα όνειρο, τη νύχτα, όσο ήμουν ξύπνιος.

Το είδα για πρώτη φορά αμέσως μόλις ησύχασε ο Άουγκουστ και πριν αποκοιμηθώ κι εγώ. Ήταν, λέει, ένα δάσος, σκοτεινό, παγωμένο, δεν υπήρχε ψυχή, ούτε κάτι να φας είχε. Παρ' όλα αυτά ήξερα ότι όλα θα πήγαιναν καλά, είχα ένα σλίπινγκμπαγκ και ένα αδιάβροχο σεντόνι, ήταν περίπου σαν πόντσο. Η ώρα περνούσε, ήταν αργά, άπλωσα το σεντόνι μου.

Ήρθε μια κοπέλα. Ήταν μόνη της, κρύωνε. Της έκανα νόημα από μακριά, για να μην τρομάξει. Την έβλεπα, ωστόσο δεν ήταν κάποια συγκεκριμένη κοπέλα, θα πήγαινε πολύ να ήταν.

Της πρότεινα να κοιμηθεί στο σλίπινγκμπαγκ μου κι εγώ να φυλάω σκοπιά. Της το είπα στα ίσια, για να καταλάβει ότι δεν ήθελα να της κάνω κακό. Εκείνη ξάπλωσε και ύστερα μου ζήτησε να ξαπλώσω δίπλα της. Για να μην κρυώνουμε. Έτσι και έκανα. Ξάπλωσα δίπλα της μέσα στο σλίπινγκμπαγκ και τράβηξα το φερμουάρ μέχρι πάνω από τους ώμους μας. Έξω η νύχτα ήταν κρύα και θεοσκότεινη. Όμως εμείς δεν κρυώναμε.

Εκεί τελείωνε το όνειρο. Δεν προχωρούσε. Δε γινόταν τίποτα άλλο. Το έβλεπα όσο ήμουν μακριά της, πριν δεν το είχα δει ποτέ. Από τότε ποτέ δεν έπαψα να το βλέπω. Σήμερα είναι η πρώτη φορά που το λέω σε κάποιον.

Κανονικά δε θα μπορούσα να φύγω από το μάθημα. Από την τρίτη τάξη και μετά δε γινόταν να φύγεις σε ώρα μαθήματος. Όμως λόγω του ότι ήρθε ο Άουγκουστ, άλλαξε κάπως η κατάσταση, ακόμα και οι καθηγητές. Είχαμε τον Φλάγιε Μπίελ στην αριθμητική, σήκωσα το χέρι μου και ζήτησα άδεια να πάω στην τουαλέτα, και μου την έδωσε χωρίς δεύτερη κουβέντα.

Αλλιώς ποτέ δε συνέβαινε να είσαι στην ώρα του μαθήματος κάπου αλλού και όχι στην τάξη. Δεν ξέραμε πώς ήταν το κτίριο εκείνη την ώρα, έμοιαζε εγκαταλειμμένο, ο θόρυβος στη σκάλα ήταν αλλιώτικος, μπορούσες να ακουστείς από την άλλη άκρη.

Οι πόρτες της σκάλας που έβγαζαν στους διαδρόμους

με τις τάξεις ήταν πάντα κλειδωμένες, όμως του ισογείου ήταν ανοιχτή, είχε δίκιο η Καταρίνα. Στην τραπεζαρία υπήρχαν τρία σκαλοπατάκια που οδηγούσαν στο υπόγειο, εκεί ήταν τα ψυγεία με το γάλα που μας μοιράζανε σ' ένα από τα διαλείμματα.

Στο γυμναστήριο δεν ήταν κανείς, έτσι ακριβώς όπως είχε πει και εκείνη, με περίμενε πίσω από τα όργανα γυμναστικής, υπήρχε μια πόρτα που έβλεπε στη μεσημβρινή αυλή, ήταν μισάνοιχτη, εκείνη την είχε ανοίξει.

Ήταν ανήσυχη, στην αρχή νόμιζα ότι φοβόταν μην τη βρούνε. Όμως δεν ήταν αυτός ο λόγος. Σκεφτόταν κάτι. Τη ρώτησα για το γάλα και για το πώς ήξερε ότι δεν ήταν κανείς στο γυμναστήριο.

Μου έδειξε ένα χαρτί, ένα φύλλο χαρτί, σαν κι αυτό που είχε πάρει ο Άουγκουστ από το ατελιέ.

«Αντέγραψα το πρόγραμμα όλων των τάξεων», είπε. «Υπάρχει πρόγραμμα για όλους τους μαθητές».

Κοίταξε έξω από την πόρτα.

«Ποιανού είναι το αμάξι;»

Στην αυλή ήταν παρκαρισμένο το *Ρόβερ* του Φρέδχοϊ, η *Βόλβο* του Μπίελ και τα αμάξια κάποιων άλλων καθηγητών. Δίπλα στην κόκκινη *Μασκότ* της γραμματέα ήταν ένα γκρι *Τάουνους*, δεν ήταν κανενός από τους καθηγητές, αυτό ήθελε να πει.

«Τα παράθυρα της τάξης μας βλέπουν εδώ έξω», είπε. «Έρχεται κάθε Τετάρτη. Τον έχω δει στο διάδρομο με τον Μπίελ, κάνουνε βόλτα μαζί».

Ο Μπίελ είχε ένα δικό του τρόπο να περπατάει, άφηνε τους άλλους να προχωρήσουν, πρώτοι πήγαιναν οι μαθητές, πιο πίσω οι δάσκαλοι, ακόμα πιο πίσω ο Φλάκενταμ. Ο μόνος που ο Μπίελ πήγαινε δίπλα του ήταν ο Φρέδχοϊ. Και πάλι όχι εντελώς στην ίδια ευθεία.

«Θα 'ναι κανένας επιθεωρητής», είπα εγώ.

Έρχονταν κάπου κάπου, κάθονταν μια ώρα και άκουγαν το μάθημα, μετά ο Φρέδχοϊ μάς έλεγε ότι έμειναν, όπως πάντα, ευχαριστημένοι από το υψηλό επίπεδο διδασκαλίας.

«Είναι η έβδομη Τετάρτη στη σειρά», είπε εκείνη. «Τον είδα να βγαίνει από την κλινική, μιλάει κάθε φορά και με τον Μπίελ και με την Έσεν».

Την ίδια στιγμή εκείνος ξεπρόβαλε από την κάτω σκάλα. Μπήκε στο *Τάουνους* και έφυγε αμέσως, τον είδαμε μόνο από πίσω.

Προσπάθησα να κάνω στην άκρη, όμως εκείνη έγειρε προς το μέρος μου, δε γινόταν να της ξεφύγω.

«Τον είδα μια φορά», είπα, «στο Στάδιο του Γκλαδσάξε, όταν νικήσαμε το Καθολικό Κεντρικό Σχολείο τρία δύο, εγώ έβαλα το γκολ και κερδίσαμε, αυτός μου είχε δώσει το κύπελλο. Τον λένε Μπάουνσμπακ-Κωλ. Είναι ο επιθεωρητής των σχολείων της Κοπεγχάγης».

Με κοίταξε χωρίς να βλέπει τίποτα.

«Άραγε μπορεί κανείς να μπει στο αμάξι χωρίς το κλειδί;»

Στην αρχή δεν απάντησα, το στόμα μου είχε στεγνώσει. Άνθρωπος που ρωτάει μ' αυτόν τον τρόπο, κινδυνεύει από στιγμή σε στιγμή να γκρεμιστεί στην άβυσσο.

«Όχι», είπα.

Δεν ήταν αλήθεια. Το αμάξι ήταν *Τάουνους*, είχε λαμάκια στην κλειδαριά της πόρτας και του τιμονιού, είπα «όχι» για να την προστατέψω, για το δικό της καλό.

«Τον καινούργιο», είπε εκείνη, «γιατί τον πήραν;»

Την πρώτη φορά που ο Άουγκουστ πήρε πίσω μια ζωγραφιά του, δεν ήμουν εκεί. Όμως την επόμενη φορά έγινε μέσα στο μάθημα, ένιωσα ότι κάτι θα γινόταν και έμεινα εκεί κοντά.

Πρέπει να άκουσε τη συμβουλή μου, είχε γεμίσει το φόντο της ζωγραφικής του. Η Κάριν Έροε του το έδωσε πίσω, στην κάτω αριστερή γωνία είχε κολλήσει ένα αστεράκι, του είπε ότι είχε βελτιωθεί.

Εκείνος έκανε ένα βήμα προς το μέρος της.

«Μόνο λίγο χρώμα έχω βάλει τώρα», είπε. «Αυτό είναι όλο».

Καθόμουν ακριβώς από πίσω του. Δεν είχαν περάσει παρά μόνο δυο μέρες από τότε που ο Φλάκενταμ έπαψε να κάθεται πίσω μας στα μαθήματα και ήταν η πρώτη μέρα που δεν ακολούθησε τον Άουγκουστ, όταν εκείνος ανέβαινε τη σκάλα, και που δεν ήταν στην αυλή στα διαλείμματα. Ο Άουγκουστ κι εγώ δε μιλήσαμε για την κατάστασή του, ωστόσο τα είχαμε ξεκαθαρίσει όλα. Ένα βράδυ, ύστερα από τη βόλτα μου μαζί του, λίγο πριν τον πιάσουν τα φάρμακα, με ρώτησε για μένα και του απάντησα χωρίς πολλές περιστροφές: δεν είχα γονείς, δεν πλήρωνα δίδακτρα, μου είχαν ορίσει κηδεμόνα και η υπόθεσή μου είχε υποβληθεί στην επιτροπή κοινωνικών υπηρεσιών του Δημοτικού Συμβουλίου, που με είχε δώσει επ' αόριστο στο Χίμελμπιέργκχους με τη συγκατάθεση επιτρόπου.

«Γι' αυτό λοιπόν κλείσανε εσένα στο κλουβί», είπε. «Δε χάνεις και τίποτα σπουδαίο».

Με το που τα είπε αυτά, έγειρε προς τα μπρος και ακούμπησε το κεφάλι του στα γόνατα. Και μετά χαμογέλασε.

Πρώτη φορά τον έβλεπα να χαμογελάει. Τον έκανε να δείχνει τόσος δα.

Η Κάριν Έροε ήταν ήδη όρθια όταν εκείνος προχώρησε προς το μέρος της, θα την είχαν προειδοποιήσει, όμως της φάνηκε τελείως ακίνδυνος και γενικά ποτέ της δε φοβήθηκε, έπρεπε να της το αναγνωρίσω, την είδα να κατεβάζει με δύναμη ένα μεγάλο πινέλο στο πρόσωπο του Κάρστεν Σάτον πριν τον διώξουν, έξω στο διάδρομο όπου ήταν και άλλοι καθηγητές και μαθητές.

Παρά λίγο να τη φτάσει ο Άουγκουστ. Τον έπιασα από τα μπράτσα, ήταν μικρά, αλλά σκληρά σαν μέταλλο. Έτρεμε λες και είχε πυρετό, αλλά ήταν δροσερός. Τον τράβηξα στην αίθουσα όπου στέγνωναν τα κεραμικά. Έπαψε να τρέμει και ησύχασε πιο πολύ από άλλες φορές.

Είχε αρχίσει να με ξυπνάει το πρωί. Δε μιλήσαμε γι' αυτό, αλλά πρέπει να είχε καταλάβει πόσο δυσκολευόμουν να ξυπνήσω το πρωί χωρίς να έχω κοιμηθεί τη νύχτα. Έτσι λοιπόν άρχισε να κάθεται στο κρεβάτι μου και να με σκουντάει για να σηκωθώ πριν έρθει ο Φλάκενταμ.

Ο Φλάκενταμ σε ξυπνούσε με τη μέθοδο της οδοντόπαστας, σε χτυπούσε με την ανάστροφη του χεριού του πρώτα στις πατούσες και ύστερα σε όλο σου το σώμα, από κάτω προς τα πάνω, μέχρι να σηκωθείς όρθιος στο πάτωμα. Όμως τώρα είχα μισοσηκωθεί όταν ήρθε· ας είναι καλά ο Άουγκουστ.

Μέχρι τότε πίστευα ότι ο Άουγκουστ που με ξυπνούσε το πρωί, ήταν ο μοναδικός Άουγκουστ. Μετά είδα ότι υπήρχε και άλλος ένας. Μπροστά στην Κάριν Έροε και όταν τον πήρα από κοντά της, ήταν άλλος άνθρωπος. Μέσα του, ταυτόχρονα και ωστόσο με εναλλαγές, έπρεπε να ζούσαν δυο πρόσωπα. Δεν μπορούσα να μη σκεφτώ ότι εξαιτίας του άλλου, αυτού που είχα τραβήξει μακριά από την Κάριν Έροε, είχαν και οι δυο τους πάρει την κάτω βόλτα.

# 9

Πολλές φορές δεν μπορώ να φτάσω το παιδί. Τη βλέπω να παίζει, είναι κορίτσι, την ακούω να με φωνάζει. Όμως δεν μπορώ να τη φτάσω.

Φοβάμαι μήπως ο δικός μου φόβος μεταδοθεί και σ' εκείνη, μήπως κι εκείνη αρχίσει να φοβάται σαν κι εμένα. Τότε βάζω ανάμεσά μας τη γυναίκα σαν προστατευτικό φίλτρο.

Μπορείς να προστατέψεις ένα παιδί από τον κόσμο;

Πάντως σίγουρα δε μαθαίνεις τίποτα για το εργαστήριο. Για το εργαστήριο μαθαίνουν μόνο εκείνοι που τους ρουφάει.

Όταν η γυναίκα τραγουδάει στο παιδί, ησυχάζεις, μερικές φορές υπάρχουν στιγμές σχεδόν χωρίς καθόλου φόβο. Θα της το έλεγα, ήθελα πολύ να της το πω, και έσκυψα προς το μέρος της.

Η Κάριν Έροε έσκυβε καμιά φορά από πίσω μας όταν τραγουδούσαμε, καθώς περιδιάβαινε στην τάξη. Και ύστερα, πολύ διακριτικά, έτσι που να την ακούει μόνο αυτός στον οποίο απευθυνόταν, έλεγε: «Πολύ καλά».

Αυτός ήταν ο έπαινος. Λένε ότι είναι μια μικρή ένδειξη καλοσύνης.

Την επόμενη φορά που ξαναπερνούσε και στεκόταν ακριβώς πίσω σου, ένιωθες το φόβο που γεννιόταν σε όσους είχε άλλοτε επαινέσει. Δεν ήταν και κανένας μεγάλος φόβος, δεν είχε να κάνει με σωματική ποινή. Αλλά ένας λεπτός, αδιόρατος φόβος, που ίσως γινόταν πιο ξεκάθαρος μόνο για όσους δεν είχαν ακούσει πολλούς επαίνους. Ο φόβος μη τυχόν δεν είσαι το ίδιο καλός όπως την τελευταία φορά, μήπως αυτή τη φορά δε φανείς αντάξιος.

Ξέραμε ότι κάθε φορά που ερχόταν πίσω μας η Κάριν Έροε, ερχόταν και ένας κριτής.

Βλέποντας τη γυναίκα, θυμήθηκα την Κάριν Έροε. Έτσι δεν είπα τίποτα.

Να κρίνεις και να βαθμολογείς. Στο μεγάλο σχέδιο, αυτό είχε μεγάλη σημασία. Έτσι δε γινόταν να μην αναρωτηθείς αν η Κάριν Έροε ήξερε τι έκανε. Ήξερε άραγε; Το ότι αν επαινείς κάποιον, τον κρίνεις κιόλας. Και αυτό που κάνεις τότε, έχει βαθιά επίδραση.

Πόσα άραγε ήξεραν οι ίδιοι οι καθηγητές; Τι ήξερε ο Μπίελ;

Ο ζωντανός λόγος ήταν μια από τις αρχές του Γκρούντβιγκ. Αυτό σήμαινε ότι πριν από την έκτη δε μας δίνανε βιβλία, αλλά οι δάσκαλοι και οι καθηγητές μάς μιλούσαν για την ιστορία της Δανίας, την ιστορία της Σκανδιναβίας, την παγκόσμια ιστορία, την ελληνική και σκανδιναβική μυθολογία, την ιστορία της Βίβλου, την Ιλιάδα και την Οδύσσεια, κάθε μέρα, πέντε μέρες την εβδομάδα.

Ήταν ένα τεράστιο πλήθος λέξεων που απαιτούσε απόλυτη προσοχή, συχνά δεν μπορούσες να θυμηθείς τίποτα άλλο πέρα από το ότι σου είχαν μιλήσει.

Από τη στιγμή που ήρθα στο σχολείο, έψαξα να βρω τον κανόνα που κρυβόταν πίσω από τις λέξεις και στο τέλος τον βρήκα. Αυτό έγινε δυο εβδομάδες μετά από τη μέρα που ήρθε στο σχολείο ο Άουγκουστ.

Ο Μπίελ δίδασκε παγκόσμια ιστορία, την ήξερε απέξω, κάτω από κανονικές συνθήκες καθόμασταν χωρίς να μιλάμε, ο ζωντανός λόγος ήταν ένα ρεύμα που ξεπηδούσε από την έδρα και απλωνόταν στην τάξη. Μέχρι να ρωτήσει κάτι τελείως ξαφνικά.

Ρωτούσε απροειδοποίητα, έκανε λίγες σύντομες ερωτήσεις, και είχε μεγάλη σημασία να απαντήσεις. Όταν ρωτούσε ήταν σάμπως εσύ και αυτός να πλησιάζατε κάτι μεγάλο.

Οι ερωτήσεις αφορούσαν πάντα ένα γεγονός και μια χρονολογία. Όσοι ήταν μέσα στο παιχνίδι τα θυμόντουσαν σχεδόν πάντα, όσοι ήταν απ' έξω σήκωναν φοβισμένα το χέρι τους χωρίς να θυμούνται τίποτα και βυθίζονταν ακόμα πιο βαθιά στο σκοτάδι.

Κι εγώ ο ίδιος έφτασα πολύ κοντά να τα παρατήσω. Προσπάθησα να αντιγράψω τις χρονολογίες που ζητούσε, όμως ήταν δύσκολο, δεν ήξερες ποιες θα σου χρειάζονταν και απαγορευόταν να κρατάς σημειώσεις στο μάθημά του.

Δε θα το ανακάλυπτα χωρίς την Καταρίνα. Αν και δεν είχαμε μιλήσει πολύ, ειδικά τις τελευταίες εβδομάδες. Όμως εκείνη έψαχνε να βρει κάτι. Όταν συναντάς κάποιον που ψάχνει, η παραίτησή σου παίρνει αναβολή.

Και έπειτα ο Άουγκουστ, κι αυτός δεν είχε καλή μνήμη. Τις πρώτες δυο εβδομάδες δεν μπορούσε ούτε μια λέξη να συγκρατήσει. Ένιωθα την ανάγκη να τον στηρίξω. Αν θες να στηρίξεις άλλους, πρέπει κι εσύ να στέκεσαι όρθιος.

Βρήκα τον κανόνα παρατηρώντας τον Μπίελ. Είχα προσπαθήσει πιο πριν, λίγο αφότου ήρθα στο σχολείο, αλλά δεν τα είχα καταφέρει. Να τον καταλάβεις, γινόταν μόνο αν άφηνες λιγάκι το χρόνο να σου ξεφύγει και αν έπαυες να ακούς αυτά που έλεγε και αντί γι' αυτά παρατηρούσες τη φωνή, το πρόσωπο και το σώμα του. Και τότε ο κίνδυνος ήταν μεγάλος, το βλέμμα σου έμοιαζε απόμακρο, έχανες την αίσθηση του χρόνου, δεν άκουγες τι έλεγαν οι άλλοι και δεν μπορούσες να ξανασυγκεντρωθείς γρήγορα, αν ο Μπίελ σού απηύθυνε το λόγο. Την πρώτη φορά είχα χάσει το θάρρος μου, μετά είχα δει στο μεταξύ την Καταρίνα που έψαχνε και ξαναπροσπάθησα.

Όταν ο Μπίελ πλησίαζε στην ουσία του θέματος, θαρρείς πως συμπυκνωνόταν. Ακολουθούσε σύντομη παύση. Ύστερα την έλεγε χωρίς ιδιαίτερη έμφαση, με σχεδόν καθημερινό ύφος. Αλλά συμπυκνωμένα. Όταν το παρατήρησα αυτό, ήμουν σίγουρος ότι δεν έκανα λάθος. Ύστερα κατάλαβα.

Ο κανόνας ήταν η μάχη του Πουατιέ το 732.

Στο Πουατιέ ο Γάλλος βασιλιάς Κάρολος Μαρτέλος αναχαίτισε τους Μαυριτανούς επιδρομείς και έσωσε έτσι την Ευρώπη. Μια μοναδική προσωπικότητα έκανε μια ορθή πράξη, ακριβώς την κατάλληλη στιγμή. Αυτό ήταν το μοντέλο των ερωτήσεων του Μπίελ. Από τότε ήξερα πού να ψάξω. Τι να θυμάμαι από τις τεράστιες ποσότητες λέξεων που φορτώνονταν στο μυαλό μου. Ο Κολόμβος το 1492, ο Λούθηρος στο Βορμς το 1521, η «Απάντησις της Εκκλησίας» του Γκρούντβιγκ το 1825, όπου δηλώνεται ότι η αλήθεια δε στηρίζεται σε βιβλία, αλλά στο ζωντανό λόγο από το στόμα του ίδιου του Θεού, με τη βάπτιση και τη θεία κοινωνία, όπως διατυπώνεται στο Σύμβολο της Πίστεως.

Από τότε θυμόμουν πολύ συχνά το σωστό, αυτό μου έδωσε πίστωση χρόνου, έγινε αιτία να αργήσει κάπως να με πάρει είδηση εκείνος.

# 10

Από την ημέρα που η Καταρίνα μού έκανε την ερώτηση για το αμάξι, την απέφευγα ακόμα και στην αυλή. Στην αρχή της τρίτης εβδομάδας από τότε που ο Άουγκουστ ήρθε στο σχολείο, εκείνη με πλησίασε στη σκάλα, πέρασε από δίπλα μου και όταν απομακρύνθηκε, είχα στην τσέπη μου ένα γράμμα.

Ήταν το πρώτο γράμμα που έπαιρνα στη ζωή μου. Είχα πάρει και άλλα, ήταν όμως τυπωμένα.

Δεν έλεγε για ποιον ήταν και από ποιον. Είχε μόνο μια ερώτηση: «Γιατί τα δικά τους παιδιά τα πήραν από εδώ;»

Στην αυλή δεν επιτρεπόταν στον Άουγκουστ να απομακρύνεται από τον τοίχο περισσότερο από το μήκος του χεριού του, όταν το άπλωνε για να τον φτάσει. Την πρώτη εβδομάδα ο Φλάκενταμ καθόταν λίγο πιο έξω από την προβλεπόμενη απόσταση και τον πρόσεχε, μετά ανέλαβε ο επιστάτης, και τώρα πια δεν ήταν απαραίτητο, περιοριζόταν μόνος του στον τοίχο και ούτε του μιλούσε κανείς πια.

Μόνο όταν ήθελε να πάει στην τουαλέτα μπορούσε να φύγει από εκεί, και τότε εγώ έπρεπε να πάω μαζί του και να περιμένω έξω μέχρι να τελειώσει. Εκείνη την ημέρα μπήκα κι εγώ μέσα μαζί του. Δεν υπήρχε πάρα ελάχιστος χώρος, είχαμε πιάσει ο καθένας από μια πλευρά της λεκάνης και στεκόμασταν όρθιοι, ενώ εκείνος κάπνιζε.

«Είχα γράμμα», είπα εγώ.

Του το έδειξα. Δε με ρώτησε πώς ήμουν σίγουρος ότι ήταν για μένα. Με πίστεψε, αφού το έλεγα εγώ, ήταν αλήθεια. Ούτε ρώτησε από ποιον ήταν. Μάλλον νόμισε ότι έτσι θα ήταν σαν να έμπαινε στα χωράφια μου. Το μόνο που είπε ήταν: «Τι λέει αυτή;»

Τον Απρίλιο του 1971 όλα τα παιδιά των καθηγητών τα πήραν από το σχολείο. Μέχρι τότε η Βέρα Χόφσταϊτερ, η καθηγήτρια των γερμανικών, είχε δυο αγόρια στη δευτέρα και την τετάρτη, ο Μπίελ είχε δυο εγγόνια στην πρώτη, ο Στούους, των λατινικών, είχε μια κόρη στην τρίτη γυμνασίου και ο Γιέρλανγκ είχε δυο αγόρια στην ογδόη και στην εβδόμη, και ένα κορίτσι, την Άννε, στη δική μας τάξη, και βέβαια ήταν και ο γιος του Φρέδχοϊ, ο Άξελ Φρέδχοϊ, εννιά όλοι όλοι. Μετά τις διακοπές του Πάσχα δεν ξαναγύρισαν, κανείς δεν είπε τίποτα γι' αυτό. Όλοι σκέφτηκαν ότι η αιτία ήταν αυτό που συνέβη με τον Άξελ Φρέδχοϊ.

Ο Φρέδχοϊ ήταν υποδιευθυντής και αρκετά αγαπητός. Είχε λεπτό χιούμορ που έκανε τους άλλους να του ανοίγονται, ακόμα και τους παραβάτες των κανονισμών, σε κλίμα καλής διάθεσης ομολογούσαν αυτό που είχαν κάνει, ο Φρέδχοϊ είχε πάντα μια στερεότυπη απάντηση, γρήγορη και καλή, και το περιστατικό ξεχνιόταν. Μια δυο μέρες αργότερα, ο Μπίελ καλούσε τους παραβάτες στο γραφείο του ή καλούσε τους γονείς τους, ή ξαφνικά δεν τους βλέπαμε πια στην τάξη, δεν προλάβαιναν να βρουν από πού τους ήρθε.

Ούτε μια φορά δεν τον είδα να τιμωρεί κάποιον ο ίδιος, το μόνο που έκανε ήταν να αφήνει τα πράγματα να πάρουν το δρόμο τους, ήταν εντυπωσιακό.

Ήταν δύσκολο ή και αδύνατο να καταλάβεις ότι ο Άξελ

ήταν γιος του, ποτέ δεν τους έβλεπες να μιλάνε μαζί, ειδικά ύστερα από εκείνο το περιστατικό στους διαδρόμους των μηχανικών. Ο Άξελ πήγαινε μια τάξη πιο κάτω από μας, συνήθως δεν άνοιγε το στόμα του να πει λέξη, εκτός και αν τον ρωτούσε ο καθηγητής, και πάλι περιοριζόταν στα απολύτως αναγκαία.

Ο Φρέδχοϊ μάς έκανε φυσική και χημεία, έφερνε στο μάθημα χάρτες, το περιοδικό σύστημα, την ατομική θεωρία του Μπορ, προωθητικά μηχανήματα, από την ατμομηχανή μέχρι τον κινητήρα V6, τις μεγάλες επιστημονικές ανακαλύψεις. Όλα αυτά ήταν στις χαρτοθήκες, κάτι ξύλινες κάσες, βαμμένες άσπρες, με ενάμισι μέτρο ύψος και άλλο τόσο μήκος, στενές, με μια λεπτή κλειδαριά.

Ο Φρέδχοϊ είχε πάντα τα κλειδιά του στο χέρι, πιασμένα σε μια μεγάλη αρμαθιά, με το μεσαίο δάχτυλο του αριστερού του χεριού περασμένο στον κρίκο· τα κλειδιά ακουμπούσαν στην ανάστροφη του χεριού του. Στον κρίκο ήταν τα κλειδιά για τις χαρτοθήκες.

Έγινε απροειδοποίητα, ήταν μια συνηθισμένη ώρα μαθήματος, είχε περάσει μισός χρόνος από το ατύχημα στους διαδρόμους των μηχανικών.

Ο Φρέδχοϊ ζήτησε από μια από τις καλές μαθήτριες, την Άννε-Ντόρτε Φέλντσλεβ, να φέρει το περιοδικό σύστημα – ήταν η επιμελήτρια για τη φυσική. Η τάξη μας είχε ένα συνηθισμένο επιμελητή, που έφερνε το γάλα και άλλαζε κάθε εβδομάδα, ήταν κάτι που γινόταν αυτόματα, δεν ήταν τίποτα το ιδιαίτερο. Όμως υπήρχε και επιμελητής ειδικά για τη φυσική, που βοηθούσε στα πειράματα και τα συναφή, και που ο Φρέδχοϊ τον διάλεγε από τα μαθηματικά ταλέντα, τότε ήταν η Άννε-Ντόρτε. Ήταν λίγο ασθενική και είχε απαλλαγεί από τη γυμναστική, και σε πρώτη φάση δεν την έπαιρνες είδηση. Ο Φρέδχοϊ τής ζήτησε να φέρει το περιοδικό σύστημα και της έδωσε τα κλειδιά, εκείνη βγήκε στο διάδρομο και άνοιξε το κουτί. Κατόπιν το ξανάκλεισε, μπήκε μέσα, κάθισε στη θέση της και πέταξε κάτω τα κλειδιά. Αμέσως μετά έκανε εμετό. Ξέρασε πάνω στο θρανίο, ενώ άλλοι ίσως θα έκαναν μια προσπάθεια να φτάσουν στο νεροχύτη ή στο καλάθι των αχρήστων. Όμως δε σηκωνόταν ποτέ χωρίς να πάρει άδεια.

Ο Φρέδχοϊ πρέπει να κατάλαβε ότι κάτι δεν πήγαινε καλά, βγήκε από την τάξη και σήκωσε το καπάκι που ήταν μόλις έξω από την πόρτα.

Μέσα στην κάσα καθόταν ο Άξελ, κοίταζε προς τα πάνω, σαν να περίμενε να έρθει κάποιος να του ανοίξει. Είχε προσπαθήσει να κόψει τη γλώσσα του με ξυραφάκι, παρά λίγο να τα καταφέρει. Τις λεπτομέρειες τις μάθαμε αργότερα, και όχι όλες, όμως το ξυραφάκι το είδαμε. Αργότερα κάποιος είπε ότι είχε πάρει αναισθητικό χάπι πιο πριν.

Πάντως ο Φρέδχοϊ ενήργησε με αποφασιστικότητα και ακρίβεια, όπως θα έκανε με καθένα που λόγω τραυματισμού χρειαζόταν τις πρώτες βοήθειες και ένα νοσοκομειακό. Μόνο η δική μας τάξη δεν έκανε μάθημα και την άλλη μέρα κιόλας, στην πρωινή προσευχή, μας ανακοίνωσαν ότι ο Άξελ ήταν εκτός κινδύνου.

Δεν τον ξαναείδαμε, δεν έγιναν ανακρίσεις ή κάτι παρόμοιο και δεν ξαναμίλησε κανείς γι' αυτό. Όμως μετά από τις διακοπές του Πάσχα, που ήρθανε σε τρεις βδομάδες, τα παιδιά των καθηγητών δεν ξανάρθαν στο σχολείο, και τότε όλοι ήξεραν ότι αυτός ήταν ο λόγος, ήταν φως φανάρι.

Αυτό είπα στον Άουγκουστ, στην τουαλέτα, για να του εξηγήσω τι έλεγε το γράμμα.

«Αν είναι φως φανάρι», είπε εκείνος, «τότε αυτή γιατί ρωτάει;»

Ήταν ένα κεφάλι πιο κοντός από μένα και, σαν να μην έφτανε αυτό, καμπούριαζε λιγάκι, ακόμα και τώρα. Έτσι μαζεμένος σήκωνε τα μάτια του και με κοίταζε από την άλλη μεριά της τουαλέτας. Κάπνιζε λιγάκι και ύστερα έσβηνε το τσιγάρο παίρνοντας με προσοχή την καύτρα, για να μην ξοδέψει άσκοπα καπνό. Λίγο αργότερα το ξανάναβε.

Κάπνιζε όπως μόνο μεγάλους είχα δει να καπνίζουν, και πάλι σπάνια. Σαν διψασμένος. Ήταν παράξενο θέαμα. Τόσος δα και τόσο διψασμένος για τσιγάρο.

Ήταν δυο χρόνια μικρότερος από μένα, ένα χρόνο μικρότερος από όλους τους άλλους στην τάξη, γιατί είχα χάσει μια χρονιά, όπως έχω πει, με βάλανε μια τάξη παρακάτω όταν ήρθα από το Μπουντρούμι. Δε μας είπαν από πού ήρθε, φαινόταν ότι δυσκολευόταν να παρακολουθήσει, αν και όλα τα έπιανε γρήγορα, παρ' όλα αυτά τον βάλανε μια τάξη παραπάνω.

Δε βρήκα ευκαιρία να του απαντήσω, η πόρτα άνοιξε απ' έξω, αργά αργά, σαν να την άνοιγε κάποιος καθηγητής, είχαμε καθίσει πολλή ώρα εκεί μέσα, και ίσως μας ψάχνανε, σκουπίσαμε τη στάχτη πολύ καλά, ξεπλύναμε το νεροχύτη και φύγαμε από την τουαλέτα.

Εκείνο το βράδυ ζήτησε ένα έξτρα Μογκαντόν, αλλά δεν του έδωσαν.

Δεν είπε τίποτα, μόνο γυρνούσε λιγάκι πάνω κάτω, και μετά ξάπλωσε και έκανε ότι κοιμόταν.

Δεν τον πίστεψα.

Αλλά να που παρά λίγο να μην τον άκουγα, μια ώρα ήμασταν ξαπλωμένοι, το είδα στο ξυπνητήρι, και ανοίγει η πόρτα. Δεν άκουσα τίποτα, αλλά ένιωσα το ρεύμα που έγινε, είχε κινηθεί πολύ αθόρυβα.

Η έξοδος ήταν κλειδωμένη τη νύχτα, εκείνος πήγε από το διάδρομο στη σκάλα που οδηγούσε στο υπόγειο, η κουζίνα ήταν στο υπόγειο, σκέφτηκα ότι είχε πεινάσει, αλλά ο κόπος του θα πήγαινε χαμένος, υπήρχαν λουκέτα στα ψυγεία και τους καταψύκτες.

Όμως δεν ήταν έτσι τα πράγματα. Δεν άναψε το φως, λες και έβλεπε στο σκοτάδι, σαν άγριο ζώο. Στεκόμουν στην κορυφή της σκάλας, στην αρχή δεν ακουγόταν τίποτα, μετά άνοιξε ο φούρνος. Κατέβηκα κάτω να τον βρω και άναψα το φως.

Είχε ανοίξει την πόρτα του φούρνου και είχε καθίσει επάνω της. Έμοιαζε να κοιμάται, είχε το κεφάλι γερμένο στο πλάι, στη σκάρα πάνω από τη φωτιά. Με το ένα χέρι στηριζόταν, ενώ με το άλλο πατούσε το κουμπί. Είχε κλείσει τα μάτια. Στην αρχή δεν πήρε είδηση το φως. Καθώς στεκόμουν και τον κοίταζα, άνοιξε το γκάζι, μια ιδέα μονάχα, σαν να έπινε νερό από τη βρύση. Μετά το ξανάκλεισε. Άνοιξε τα μάτια του και με κοίταξε.

«Δεν το έφτανα», είπε.

«Είναι φούρνος εργοστασίου», είπα εγώ. «Μισό μέτρο πιο ψηλός από αυτούς που έχουν τα σπίτια».

Δεν ήταν σε θέση να περπατήσει μόνος του, τον πήρα στην πλάτη. Ήταν ελαφρύς σαν πούπουλο, ακόμα και στο ανέβασμα. Το στόμα του μύριζε γκάζι.

Τον έβαλα στο κρεβάτι του.

«Μπορώ και το κουμαντάρω», είπε. «Κοιμάμαι στη σκάλα, όταν τους παίρνει όλους ο ύπνος, πηγαίνω στην κουζίνα, παίρνω όσο μου χρειάζεται για να κοιμηθώ. Όχι όμως τόσο που να μην μπορώ να ξαναγυρίσω στο κρεβάτι».

Εδώ και λίγο καιρό το παιδί μιλάει για το γύρω χώρο. Χρησιμοποιεί λέξεις όπως «εκεί μέσα», «έξω», «εδώ μέσα», «από κάτω», μιλάει με λεπτομέρειες για το περιβάλλον, είναι είκοσι μηνών.

Αλλά όχι για το χρόνο, οι λέξεις «αύριο», «χθες», «σε ένα μήνα», δεν έχουν ακόμα νόημα γι' αυτή. Λέει «σε καμιά ώρα» και εννοεί μ' αυτό όλες τις μορφές του μέλλοντος.

Κατανοούμε το χώρο πριν από το χρόνο.

Σύντομα όμως θα αρχίσει να μιλάει για το χρόνο. Και θα πει ότι περνάει.

Λέμε ότι ο χρόνος περνάει. Ότι τρέχει. Ότι είναι σαν το μεγάλο ποτάμι. Τον φανταζόμαστε να έχει κατεύθυνση και μήκος, να περιγράφεται όπως περιγράφεται ο χώρος.

Είναι όμως στ' αλήθεια χώρος, ο χρόνος; Ό,τι κάνω τώρα, στο εργαστήριο, το έκανα και χθες, τα δυο γεγονότα ανήκουν στον ίδιο τόπο, δεν έχουν ξεχωριστό χώρο. Όμως έγιναν σε διαφορετικό χρόνο.

Υπάρχει και μια άλλη διαφορά. Το να σκέφτεσαι το χώρο, δε θέλει και πολλή ποσπάθεια. Όμως το να σκέφτεσαι το χρόνο, σε κάνει πάντα να πονάς.

Ίσως συμβαίνει το αντίστροφο, δηλαδή πρώτα έρχεται ο πόνος. Γιατί αυτό θέλεις να εξηγήσεις, πόνος χωρίς αιτία δε θεραπεύεται. Και προσπαθείς να το εξηγήσεις με το χρόνο. Αυτό έπρεπε να είχα σκεφτεί, όταν καθόμουν στο κρεβάτι και ο Άουγκουστ μύριζε γκάζι σαν να ήταν γεμάτος μέχρι τ' αφτιά. Έπρεπε να δεχτώ ότι το έκανε επειδή δυσκολευόταν να κοιμηθεί, αυτό καθαυτό δεν ήταν κάτι ανησυχητικό, ήταν μόνο μια δύσκολη στιγμή της ημέρας γι' αυτόν. Μπορούσες να πεις ότι το δύσκολο ήταν ο χρόνος.

Λες και ήταν αυτό εξήγηση.

Καμιά φορά το παιδί έρχεται σ' εμένα, παρόλο που βρίσκομαι στην απομόνωση του εργαστηρίου, αυτό είναι φυσιολογικό, είναι ένα μέρος της συμφωνίας που κάναμε. Μερικές φορές μού μιλάει, άλλες φορές δε λέει τίποτα, παρά μόνο πλησιάζει, διστακτικά, προσεκτικά, αβίαστα.

Καμιά φορά με αγγίζει, απλώνει το χέρι της ή σκύβει προς το μέρος μου. Δεν είναι το χάδι που χαρίζουν οι μεγάλοι ο ένας στον άλλο. Δείχνει πιο πολύ σαν να θέλει, αγγίζοντας με, να σιγουρευτεί ότι υπάρχω. Ή σαν να θέλει να μου μεταδώσει ένα μήνυμα.

Καθόμουν δίπλα στο κρεβάτι του Άουγκουστ μέχρι να τον πάρει ο ύπνος. Καθόμουν σταυροπόδι, για να μην είμαι πολύ κοντά του και τον ενοχλήσω.

Περνούσε λίγη ώρα μέχρι να τον πάρει ο ύπνος, ακόμα και τώρα. Λες και ένα κομμάτι του είχε ανάγκη να κοιμηθεί, ενώ ένα άλλο φοβόταν τρομερά να ενδώσει στον ύπνο.

Τα χέρια του ακουμπούσαν στο πάτωμα, ήταν σφιγμένα. Μου ήρθε η ιδέα. Πήρα το ένα του χέρι, το άνοιξα και μετά έβαλα μέσα σ' εκείνο το δικό μου. Είχε μικρό χέρι, το τύλιξα γύρω από τρία δάχτυλά μου. Μ' αυτόν τον τρόπο ήθελα να δω αν τον είχε πάρει ο ύπνος, σ' αυτή τη περίπτωση το χέρι του θα άνοιγε. Σαν μήνυμα.

# 11

Στο Μπουντρούμι, αν είχες προσωπικά προβλήματα, απευθυνόσουν στον υπεύθυνο καθηγητή, εμείς είχαμε τον Βίλυ Όερσκοου, που ήταν αγαπητός και σεβαστός σε όλους, είχε ένα κόκκινο *MG* και έτρεχε σαν διάβολος, μισό χρόνο αφότου είχα έρθει εγώ, σκοτώθηκε.

Στου Μπίελ υπήρχε ψυχολόγος, που ερχόταν κατά καιρούς, ένας ηλικιωμένος άνδρας που τον είχα επισκεφτεί δυο φορές, δε θυμόταν καλά καλά πώς με λένε, μετά τη δεύτερη επίσκεψη είπε ότι γενικά όλα πάνε μια χαρά, από τότε δεν τον ξαναείδα.

Πέρασαν τρία χρόνια και τρεις μήνες, και έμαθα ότι από τώρα και στο εξής είχε οριστεί για μένα επίσκεψη κάθε δεκατέσσερις μέρες, τις ώρες που είχαμε μάθημα, μπορούσα άνετα να φύγω στις ώρες της χειροτεχνίας ή της ανάγνωσης. Σε έπαιρνε ένας από τους καθηγητές και σε κλείδωνε έξω στη μεσημβρινή σκάλα, όπου η είσοδος απαγορευόταν. Μετά ο καθηγητής κλείδωνε την πόρτα πίσω σου κι εσύ ανέβαινες στο τέταρτο πάτωμα, και μετά συνέχιζες από μια μικρότερη σκάλα, ώσπου έφτανες στην ψυχολογική κλινική του σχολείου.

Εκεί ήταν η Έσεν.

Την πρώτη φορά με ρώτησε αν σκέφτομαι συχνά τον Χούμλουμ.

«Σκέφτεσαι συχνά τον Όσκαρ;» είπε.

Κανονικά το μόνο που θυμόντουσαν ήταν το όνομά σου και πολλές φορές ούτε αυτό. Η Έσεν μιλούσε για το Χίμελμπιέργκχους και το Βασιλικό Ορφανοτροφείο, και για τότε που ο επίτροπος είχε εισηγηθεί την επ' αόριστο εισαγωγή μου σε αναμορφωτήριο, καθώς και για τον Χούμλουμ, σαν να γνωριζόμασταν από πριν.

Εκείνη τη στιγμή ήμουν σχεδόν έτοιμος να της τα πω όλα. Ωστόσο αποφάσισα να περιμένω.

Κανονικά δε μιλούσαμε για το πού θα έβγαζαν οι επισκέψεις. Μιλούσαμε για άλλα πράγματα, κάναμε και αρκετά τεστ Ρόρσαχ, τεστ αντιδράσεων και πολλά τεστ νοημοσύνης.

Στο δωμάτιο δεν υπήρχε τίποτα άλλο, εκτός από ένα τραπέζι και κάτι καρέκλες, δεν υπήρχε ποτέ κάτι πάνω στο τραπέζι μπροστά της, ούτε καν ένα μολύβι.

Ωστόσο ήταν πάντα προετοιμασμένη και θυμόταν χρονολογίες και ημερομηνίες. Καλύτερα κι από μένα τον ίδιο.

Κάθε τρίμηνο κάναμε μαζί γενική ανασκόπηση. Σύγκρινα τις δικές μου εντυπώσεις με τις δικές της και με ό,τι άλλες πληροφορίες ήταν διαθέσιμες.

Τότε ήταν που άρχισα να την καταλαβαίνω.

Οι ερωτήσεις της το αποκάλυψαν, ήταν φοβερά ακριβείς.

Όλο αυτόν τον καιρό που με έστελναν σ' αυτή, μόνο σε μια απροσεξία υπέπεσε, όταν δηλαδή ανέφερε την Καταρίνα. Κατά τ' άλλα δεν είχε κάνει ούτε ένα λάθος.

Σκεφτόμουν πώς μπορούσε να ξέρει όλα όσα ήξερε και

στο τέλος μόνο μια πιθανή εξήγηση έβρισκα. Θα είχε όλα τα χαρτιά, αυτό ήταν, πρώτη φορά γνώριζα άνθρωπο που είχε σχεδόν όλες τις πληροφορίες για μένα.

Στο Μπουντρούμι μερικά πράγματα τα ήξερε η κοινωνική λειτουργός και ο δάσκαλός μου, ο Βίλυ Όερσκοου, ήξερε κι αυτός κάτι πριν σκοτωθεί με το αμάξι, και ειδικά στο γραφείο είχαν πολλά χαρτιά. Όμως πουθενά δεν τα είχαν όλα μαζί.

Η Έσεν είχε όλες τις παρατηρήσεις, τους βαθμούς και τα σχόλια από τον καιρό που ήμουν στο Μπουντρούμι. Επιπλέον είχε και το μητρώο μου, όχι μόνο το συνηθισμένο, αλλά και τα συμπληρωματικά έντυπα από την παιδοψυχιατρική κλινική του Κρατικού Νοσοκομείου, που δεν τα είχα δει ποτέ μου. Ακόμα είχε τις γνωματεύσεις του γιατρού, καθώς και αυτές από την οδοντοθεραπεία που πραγματοποιούσε ο Δήμος στο σχολείο Νυμπόδερ. Ακόμα, τους περισσότερους φακέλους από το Γενικό Προεδρείο και μια συνοπτική αναφορά για το πόσες φορές είχα αργήσει, πότε ήμουν επιμελητής, ποιες δουλειές μου αναθέτανε και αν ήταν ικανοποιημένοι μαζί μου.

Με τον καιρό κατάλαβα ότι ήξερε και πόσες φορές με φώναξαν μέσα για ανάκριση. Αυτό στην αρχή δεν μπορούσα να το καταλάβω. Αν ήσουν κάτω των δεκαπέντε δε σε γράφανε στο ποινολόγιο, ήταν κανόνας, από πού λοιπόν το ήξερε, δεν το καταλάβαινα. Αργότερα, όταν ερεύνησα τη δοκιμαστική περίοδο του Άουγκουστ, το κατάλαβα. Όμως τότε δεν το χωρούσε το μυαλό μου.

Ένα τσουβάλι πληροφορίες. Για πολλά πράγματα εκείνη ήξερε πιο πολλά κι από μένα τον ίδιο.

Πρώτη εκείνη ανακάλυψε ότι είχα δυσκολίες με το χρόνο. Αυτό έγινε όταν κάναμε μαζί ανασκόπηση ύστερα από το τρίτο τρίμηνο. Μάλλον θα είχε μετρήσει τις φορές που δεν ήρθα στην ώρα μου στο μάθημα ή που είχα αργήσει να παραδώσω το τετράδιο μου, είχε δει τι είχε γράψει ο Φλάγιε Μπίελ στον έλεγχό μου, ότι δηλαδή έκανα ό,τι μπορούσα, αλλά δυσκολευόμουν να συγκεντρωθώ και να διαθέσω σωστά το χρόνο μου. Έπειτα είχε και τα αποτελέσματα από τα τεστ που κάναμε.

Μου έλεγε ότι υπάρχουν άνθρωποι που γεννιούνται γρήγοροι, και άλλοι λιγότερο γρήγοροι, όμως δεν υπήρχε λόγος να είμαι αργός όταν δε χρειαζόταν τι θα μπορούσαμε λοιπόν να κάνουμε γι' αυτό; Συμφωνήσαμε να κοιτάξω να μαζέψω τα μυαλά μου. Από τότε κάθε φορά ξαναγύριζε σ' αυτό.

Πήγα σ' αυτή τέλη Οκτωβρίου, τρεις εβδομάδες ύστερα από τον ερχομό του Άουγκουστ, και περίμενα να μου ξαναμιλήσει για την έλλειψη ακρίβειας που με χαρακτήριζε. Σίγουρα μόνο εγώ ήξερα πόσο άσχημα ήταν τα πράγματα, αλλά δεν είχε γίνει καμιά βελτίωση,

Δεν είπε τίποτα γι' αυτό. Για τον Άουγκουστ ρωτούσε, στην αρχή μάλιστα αποκλειστικά. Αν έμενε ξύπνιος τη νύχτα, αν είχα δυσκολίες που μοιραζόμουν μαζί του το δωμάτιο, αν μιλούσε για τους γονείς του, σ' όλα αυτά απάντησα αρνητικά.

Ήταν πολύ προσεκτική. Προσπάθησα να καταλάβω πού το πήγαινε, όμως δεν άφηνε κανένα περιθώριο.

Τότε είπε: «Ξέρεις την Καταρίνα από τη β' γυμνασίου;»

Ήταν λάθος ερώτηση. Η πρώτη απροσεξία της από τότε που την ήξερα.

Το σχέδιο που κρυβόταν πίσω από τις ερωτήσεις το είχα ανακαλύψει εδώ και πολύ καιρό, άρχισε να με ρωτάει για τους πόνους που ένιωθα κατά τη διάρκεια της εφηβείας ή για το πώς τα περνούσα γενικώς ή αν μου συνέβη κάτι που θα ήθελα να της το πω. Ερωτήσεις όπου οι απαντήσεις είναι εκ των προτέρων γνωστές και που τις έκανε μόνο για να απαντήσω κάτι, ό,τι να 'ναι, πράγμα που πάντα έκανα, αν και ποτέ δεν έλεγα πολλά. Μετά άρχισαν οι ερωτήσεις για το παρελθόν μου και τι όνειρα έβλεπα τη νύχτα.

Όταν με ρώτησε για την Καταρίνα, τα πράγματα ήταν διαφορετικά. Ήταν μια παγίδα, η πρώτη παγίδα που μου έστηνε.

Σίγουρα ήξερε ότι σε κάποιο μάθημα εγώ και η Καταρίνα είχαμε συναντηθεί. Ωστόσο ρώτησε. Για να δει αν θα το αρνιόμουν.

«Συναντηθήκαμε στη βιβλιοθήκη», είπα εγώ. «Δυο φορές».

Με ρώτησε για τι πράγμα μιλήσαμε. Της είπα ένα ψέμα. Δεν το είπα από κακία, αλλά μου είχε στήσει παγίδα, ήμουν αναγκασμένος να το κάνω για να της ξεφύγω.

«Είπε ότι θα σου το πει η ίδια όταν έρθει εδώ».

Έγινε μια μικρή παύση μέχρι να μου απαντήσει.

«Δε μου είπε τίποτα».

Έτσι αποκαλύφθηκε ότι η Καταρίνα είχε έρθει εδώ, ότι και εκείνη την είχανε στείλει στην ψυχολόγο. Και δεν είχε πει κάτι ιδιαίτερο για μας.

Μετά με ρώτησε πώς πιάσαμε κουβέντα, ήξερε ότι έπρεπε να απαντήσω.

«Εγώ άρχισα», είπα. «Ήθελα να δω πώς είναι να είναι κανείς μόνος με ένα κορίτσι».

Δεν ήταν ψέμα. Και φάνηκε να την ικανοποιεί. Αυτό ήταν ένας κανόνας που ανακάλυψα γι' αυτή: όταν ομολογούσες ένα όχι και τόσο σημαντικό παράπτωμα, αποσπούσες ένα είδος ανταμοιβής.

# 12

Στην κλινική «Μνήμη Λαρς Όλσεν» υπήρχε ένα βιβλίο, το δανείστηκα από τον αρχίατρο, για τα θαυμαστά ρολόγια της ιστορίας.

Στην Κίνα, πριν από τη γέννηση του Χριστού, το ρολόι ήταν ομόκεντροι κύκλοι θυμιάματος, που ανάμεσά τους έκαιγε μια κάφτρα, και έτσι, με ολοένα καινούργια αρώματα, προχωρούσε η μέρα.

Την ίδια εποχή στην Αίγυπτο, ήταν ένα δίχτυ εκατόν πενήντα μέτρα μακρύ, σκαλισμένο πάνω στην πέτρα, και από πάνω του προχωρούσε η σκιά ενός οβελίσκου, ακολουθώντας την κίνηση του ήλιου.

Στην Ευρώπη, το Μεσαίωνα, ήταν ένας μπρούντζινος δίσκος με στερεογραφική προβολή του έναστρου ουρανού όπως τον είχαν φανταστεί, και από πάνω του περιστρεφόταν ένα μηχανικό μοντέλο των ουράνιων σωμάτων από χαλκό και ξύλο. Αυτή η συσκευή λεγόταν αστρολάβος, θύμιζε ένα άλλο ρολόι που έλεγε το βιβλίο, το ουράνιο ρολόι της κινεζικής δυναστείας των Σουνγκ· παρίστανε το ηλιακό σύστημα εγκατεστημένο σε έναν πύργο δέκα μέτρα ψηλό, που τον κινούσε ένας υδραυλικός τροχός, ενώ εκείνο έδειχνε τη θέση των πλανητών, τις κινήσεις πάνω στον ουράνιο θόλο, το ημερολόγιο, τις ώρες και τα τέταρτα.

Το βιβλίο είχε εικόνες.

Φαινόταν πεντακάθαρα. Ότι πάντα δηλαδή τα ακριβή ρολόγια ήταν πρώτα απ' όλα θαύματα τεχνικής. Δεν εξυπηρετούσαν κάποιον άλλο σκοπό τόσο πολύ όσο το να δείχνουν το χρόνο. Αυτά τα ίδια ήταν ο σκοπός.

Στο τέλος του 13ου αιώνα, πολλές σχετικά μεγάλες ευρωπαϊκές πόλεις απέκτησαν δημόσιο ρολόι.

Το 1370, για παράδειγμα, ο Γάλλος δούκας Ζαν ντε Μπερύ πλήρωσε το εβδομήντα τοις εκατό των εξόδων που απαιτούνταν για να χτιστεί ένας τεράστιος ωρολογιακός πύργος στο Πουατιέ. Εκεί που ο Κάρολος Μαρτέλος είχε σταματήσει τους Μαυριτανούς.

Αυτή ήταν μάλλον η πρώτη φορά στον κόσμο που γινόταν λόγος για ένα χρονόμετρο, το οποίο κατέγραφε την πορεία των ωρών και ήταν προσιτό στο πλατύ κοινό.

Αλλά ακόμα και τότε ο χρόνος που μετρούσε το ρολόι φαινόταν να μη χρησιμεύει σε τίποτα. Για τη συντριπτική πλειονότητα του πληθυσμού της Ευρώπης, δηλαδή όσους έμεναν έξω από τις πόλεις, και μάλλον κι εκείνους που ζούσαν μέσα σ' αυτές, η μέρα άρχιζε με την ανατολή του ήλιου και τελείωνε όταν έπεφτε το σκοτάδι, και οι δουλειές ρυθμίζονταν σύμφωνα με την εναλλαγή των εποχών.

Αυτό που απασχολούσε τους ανθρώπους, στο μέτρημα του χρόνου, δεν ήταν αυτός καθαυτός ο χρόνος, γιατί αυτός καθοριζόταν από άλλες συνθήκες.

Αυτό που τους απασχολούσε ήταν το ρολόι.

Η κανονικότητα και η τάξη του ρολογιού ήταν μια εικόνα της ακρίβειας του σύμπαντος. Της ακρίβειας με την οποία ο Θεός δημιούργησε τον κόσμο. Τελικά, δηλαδή, το ρολόι ήταν πρώτα απ' όλα εικόνα.

Σαν έργο τέχνης. Έτσι λειτούργησε. Το ρολόι ήταν σαν έργο τέχνης, προϊόν εργαστηριακής έρευνας, μια ερώτηση.

Κάποια στιγμή αυτό άλλαξε. Κάποια στιγμή το ρολόι έπαψε να είναι ερώτηση. Και έγινε απάντηση.

Στο σχολείο του Μπίελ, σε κάθε διάδρομο κρεμόταν ένα ηλεκτρικό κουδούνι. Ήταν φτιαγμένο έτσι που όταν χτυπούσε ακουγόταν το ίδιο δυνατά σε όλο το σχολείο. Το κουδούνι κρεμόταν στην είσοδο του διαδρόμου, τόσο ψηλά που ήταν αδύνατο να το φτάσεις, όμως το έβλεπες μια χαρά.

Ήταν ένα μαύρο κουτί που μέσα είχε έναν ηλεκτρομαγνήτη, από το κουτί ξεπρόβαλλε ένα μικρό γλωσσίδι που χτυπούσε ένα καμπανάκι.

Το καμπανάκι ήταν από χρώμιο και γυαλιζόταν τακτικά από τον επιστάτη, τον Άντερσεν, που τον φωνάζαμε Λέμυ όταν δεν άκουγε. Ήταν διακοσμημένο. Η απόσταση ήταν πολύ μεγάλη για να μπορεί κανείς να δει τις λεπτομέρειες. Όμως φανταζόσουν ότι ταίριαζε με την υπόλοιπη διακόσμηση του σχολείου, θα μπορούσε να είναι μαίανδρος ή ίσως κάποια ρουνική επιγραφή σε ελικοειδή μορφή.

Τα κουδούνια έδειχναν να κρατάνε από την εποχή της αλλαγής του αιώνα. Όπως το ρολόι τσέπης που είχε ο Μπίελ. Αυτά τα δυο μαζί περνούσαν το σχολείο μέσα από ένα πυκνοπλεγμένο δίχτυ χρόνου.

Την άνοιξη του '71 έβγαλαν τα κουδούνια. Στη θέση τους, σε κάθε τάξη, στον τοίχο πίσω από την έδρα, δίπλα στον πίνακα, βάλανε ένα μεγάφωνο. Αυτό έβγαζε έναν ήχο σαν χτύπημα κουδουνιού, που ήταν πιο χαμηλός από τον ήχο των προηγούμενων κουδουνιών, και ακόμα πιο μηχανικός, αλλά παρ' όλα αυτά πεντακάθαρος.

Από αυτό το μεγάφωνο, μέσω ενός κεντρικού μικροφώνου στο γραφείο του διευθυντή, μπορούσαν ακόμα να στέλνονται μηνύματα σε κάθε τάξη, και με τη σειρά σου απαντούσες μιλώντας στο μεγάφωνο.

Αποδείχτηκε επίσης ότι το γραφείο μπορούσε να συνδεθεί με τις τάξεις, έτσι που ο Μπίελ να μπορεί να ακούει τι γινόταν σε κάθε τάξη, χωρίς εσύ να το ξέρεις, για να σιγουρευτεί ότι δε γινόταν φασαρία, ακόμα και όταν, για παράδειγμα, μια τάξη έπρεπε να περιμένει τον καθηγητή λιγάκι παραπάνω.

Το μεγάφωνο βρισκόταν πίσω από ένα άσπρο περίβλημα και έτσι ήταν σχεδόν αόρατο.

Τα παλιά κουδούνια γυαλίζονταν τακτικά. Τα καινούργια δε φαίνονταν καθόλου. Δεν είδαμε κανέναν να έρχεται να τα βάζει ή να παίρνει τα παλιά. Ήρθαμε μια μέρα στο σχολείο και όλα ήταν έτοιμα.

Το έκαναν στις διακοπές του Πάσχα. Εκείνου του Πάσχα που έφυγαν και τα παιδιά των καθηγητών.

# 13

Μετά το βραδινό, από τις επτά μέχρι τις οχτώ και τέταρτο, οι εσωτερικοί ήταν υποχρεωμένοι να διαβάζουν τα μαθήματά τους στη μεγάλη σάλα, υπό την επίβλεψη του Φλάκενταμ. Εκείνη την ώρα απαγορευόταν να φύγεις από τη σάλα, ήταν δύσκολο για τον Άουγκουστ, και την ημέρα ακόμα δυσκολευόταν να κάτσει ήσυχα, όμως το βράδυ ήταν χειρότερα, όταν πλησίαζε η ώρα που θα έπαιρνε το φάρμακο.

Κατάλαβα πόσο άσχημα ήταν τα πράγματα, μπήκα στο δωμάτιο του επόπτη και ζήτησα άδεια από τον Φλάκενταμ να πάμε με τον Άουγκουστ λίγο έξω. Για να κλίνουμε μαζί τα ανώμαλα ρήματα στα γερμανικά, χωρίς να ενοχλούμε τους άλλους. Του εξήγησα ότι τον είχαν βάλει μια τάξη παραπάνω και γι' αυτό δεν είχε κάνει ποτέ του γερμανικά. Μου έδωσε την άδεια.

Ήταν σκοτάδι. Το ένιωθες ότι έξω αισθάνθηκε λίγο καλύτερα, αλλά και εδώ έψαχνε τους τοίχους, δεν ήθελε να πάει από τα μονοπάτια ή από το γρασίδι, τραβιόταν στην άκρη των θάμνων.

Περπατήσαμε λίγο δίπλα δίπλα, περπατούσε και με κοίταζε.

«Πώς είναι το ορφανοτροφείο;» με ρώτησε.

«Μια χαρά», είπα εγώ.

«Πώς επιβιώνεις;»

«Μόνο του γίνεται», είπα. «Κανένα πρόβλημα, ας πάμε στη σάλα τώρα, η ώρα πέρασε».

«Όχι ακόμα», είπε. «Πρώτα θα μου πεις, δεν πάω μέσα». Συνεχίσαμε το περπάτημα. Εκείνος πήγαινε αργά, με άκουγε πρώτη φορά από τότε που γνωριστήκαμε.

«Πρέπει να έχεις μια στρατηγική», είπα εγώ.

Έτρεμε, είχε βγει χωρίς να βάλει τίποτα από πάνω. Έβγαλα την μπλούζα μου και του την πέρασα πάνω από το κεφάλι του, όπως ντύνεις τα παιδιά. Αν κρυολογούσε, θα με ρωτούσαν γιατί δεν τον φρόντισα. Δεν αντιστεκόταν, δεν έβαζε τα χέρια του στα μανίκια, τα άφησε να κρέμονται και να κουνιούνται πέρα δώθε.

«Είχα ένα φιλαράκι που έτρωγε βατράχια», είπα.

Ήταν και επικίνδυνος, αλλά αυτό δεν είχε και τόση σημασία, αν είσαι μόνος σου δεν παίζει ρόλο πόσο επικίνδυνος είσαι. Αυτό που είχε σημασία ήταν τα βατράχια. Το ήξεραν και οι μεγάλοι. Είναι δύσκολο να απλώσεις χέρι σε κάποιον που τον έχεις δει να τρώει βατράχια. Αυτή ήταν η στρατηγική του.

Δεν περίμενα να καταλάβει.

«Αν σταματούσες να θυμάσαι», είπε, «αν έτσι απλώς κάποιος έσβηνε το φως στο μυαλό σου, αυτό δε θα ήταν καλή στρατηγική;»

Άρα είχε καταλάβει.

Γυρίσαμε στο βοηθητικό κτίριο.

«Γιατί ρωτάει εκείνη», είπε, «γιατί σου γράφει γράμματα και σε ρωτάει γιατί πήραν από εδώ τα παιδιά των καθηγητών;»

Ήταν νωρίς ακόμα να του μιλήσω γι' αυτό, όμως γυρνούσαμε μαζί πίσω, πρώτη φορά γυρνούσαμε μαζί και είχαμε απόλυτο συγχρονισμό στο βήμα. Έτσι του είπα.

Είχε περάσει ένας μήνας, αυτό ήταν το παράξενο της υπόθεσης. Από τη μέρα που βρήκαν τον Άξελ στη χαρτοθήκη μέχρι τη μέρα που πήραν από το σχολείο τα παιδιά των καθηγητών, πέρασε ένας μήνας. Μια ανεξήγητη παύση ανάμεσα στην καταστροφή και τις συνέπειές της.

Ακόμα, τότε ήταν που βάλανε μεγάφωνα στις τάξεις, που άρχισαν να μας στέλνουν στον ψυχολόγο σταθερά κάθε δεκατέσσερις μέρες και που πρώτη φορά βλέπαμε την Έσεν και τις δυο βοηθούς της, και ήταν και άλλα πράγματα. Ήταν παρατραβηγμένο να πει κανείς ότι η αιτία για όλα αυτά ήταν ο Άξελ.

«Τι άλλα πράγματα;» ρώτησε εκείνος.

Ήταν ο Φλάκενταμ, τότε ήταν που διόρισαν τον Φλάκενταμ στο σχολείο.

Πριν από αυτό, στο σχολείο του Μπίελ και στο ορφανοτροφείο και στο Χίμελμπιέργκχους, πάντα υπήρχε ένας καθηγητής που είχε υπό την εποπτεία του τους εσωτερικούς. Αυτός έλεγχε αν γίνονταν οι δουλειές που έπρεπε να γίνουν, καθόταν μαζί με τα παιδιά στην τραπεζαρία, μας επέβλεπε στο διάβασμα και έκλεινε το φως στις δέκα η ώρα. Μπορεί να τον βοηθούσαν και άλλοι, αλλά ο κύριος υπεύθυνος γι' αυτό το πόστο ήταν πάντα ο καθηγητής.

Ο Φλάκενταμ δεν ήταν καθηγητής.

Στο ορφανοτροφείο και στο Χίμελμπιέργκχους υπήρχαν άτομα που δεν ήταν καθηγητές. Στις πιο χαμηλές θέσεις, κάτω από το διευθυντή, τον υποδιευθυντή, τους υπεύθυνους τμημάτων, τους καθηγητές, τους πρώτους βοηθούς και τους παιδαγωγούς, υπήρχαν βοηθοί ή φύλακες. Αυτοί ήταν βοηθοί κηπουρού ή υπαξιωματικοί ή πρώην λογιστές, που για διάφορους λόγους δεν μπόρεσαν να τα βγάλουν πέρα εκεί που ήταν πριν.

Με τον Φλάκενταμ τα πράγματα ήταν διαφορετικά.

Ποτέ δεν τον έβλεπες να πίνει αλκοόλ και ποτέ, μα ποτέ, ούτε μια φορά, δεν τον είδαμε να χτυπάει. Έφτανε μονάχα να έρθει και όλοι πάγωναν από το φόβο τους.

Στους διαδρόμους πήγαινε λιγάκι πιο μπροστά από τον Μπίελ, στο ημερολόγιο για το '71 ήταν γραμμένο ότι το σχολείο από τον Απρίλιο είχε καλωσορίσει τον επιθεωρητή Γιόνας Φλάκενταμ.

«Επιθεωρητής». Δεν έδινε άλλη εξήγηση.

«Μου πατάει το πόδι», έλεγε ο Άουγκουστ. «Όταν θέλει να δει αν πήρα το φάρμακό μου, μου πατάει το πόδι. Έτσι δεν μπορώ να κουνηθώ. Είναι καλός».

## 14

Εκείνη τη νύχτα με πήρε ο ύπνος, όμως πρέπει να τον άκουσα, ενώ κοιμόμουν· όταν τον έψαξα με το μάτι μου είχε φύγει. Είχε τελειώσει όταν τον βρήκα, σκούπιζε το φούρνο με το μανίκι του, το φως ήταν αναμμένο, εκείνος τρίκλιζε. Τον πήρα στην πλάτη. Από εκεί πάνω μου μιλούσε.

«Ποτέ δεν πλέναμε πιάτα».

Του είπα να σωπάσει, θα τον άκουγε ο Φλάκενταμ.

«Έπρεπε να σκουπίζουμε τις δαχτυλιές», είπε. «Αλλιώς εκείνη θα τις έβλεπε αμέσως».

Τον έβαλα στο κρεβάτι.

«Πρέπει να υπάρχει άλλος τρόπος», είπα, «όχι μόνο το γκάζι».

Τα μάτια του ήταν μισάνοιχτα, αλλά κοιμόταν. Έβαλα το χέρι μου στο δικό του.

«Εκείνη έμοιαζε πάντα με ένα εκατομμύριο», είπε.

Μετά από λίγη ώρα άνοιξε το χέρι του, όμως κοιμόταν ανήσυχα. Τον κούνησα λιγάκι και ησύχασε κάπως.

Μου ήρθε η σκέψη ότι αν ποτέ είχα δικό μου παιδί, θα μπορούσε κι αυτό να ήταν έτσι. Ήταν αδιανόητο, αλλά λέω αν.

Θα το πρόσεχα, αν ήταν ανήσυχο δε θα κοιμόμουν τη νύχτα, θα τα 'βγαζα πέρα χωρίς ύπνο, θα κοιμόμουν δίπλα του, και καμιά φορά, όταν θα στριφογύριζε και θα αναστέναζε ανήσυχα, όπως τώρα ο Άουγκουστ, θα άπλωνα το χέρι και θα το κουνούσα.

Δεν ήταν κάτι προσωπικό. Αλλά αν με όριζαν υπεύθυνο για ένα παιδί, θα το πρόσεχα.

Το δωμάτιο μύριζε γκάζι. Σκέφτηκα ότι ο Άουγκουστ είχε πάρει πια την κάτω βόλτα. Όσο περνούσε η νύχτα, αυτή η σκέψη ολοένα και μεγάλωνε μέσα μου. Ήταν γύρω στα μεσάνυχτα, όταν αποφάσισα να μιλήσω γι' αυτό με την Καταρίνα.

Η πτέρυγα των κοριτσιών χωριζόταν από αυτή των αγοριών με μια γυάλινη πόρτα, εφοδιασμένη με ένα κουδούνι που ενεργοποιούνταν όταν άνοιγε η πόρτα. Το δωμάτιο του επόπτη, όπου κοιμόταν ο Φλάκενταμ, ήταν ακριβώς από πάνω, θα μπορούσα να ξεμοντάρω το κουδούνι, αλλά μόνο αν είχα εργαλεία.

Αντί γι' αυτό πήδηξα από το παράθυρο στην αποθήκη με τα εργαλεία καθαριότητας, μαζί μου είχα μια κουβέρτα, το γάντζο μιας κρεμάστρας και είχα κολλήσει στην κοιλιά μου ένα φάκελο από χαρτόνι με χανζαπλάστ.

Λίγο μετά τον ερχομό του Φλάκενταμ στο σχολείο και με την ευκαιρία κάποιων μετατροπών στο χώρο γύρω από το κτίριο, έγιναν κάποια πράγματα για να δημιουργήσουν στο βοηθητικό κτίριο πιο σπιτική ατμόσφαιρα. Τότε ήταν που έφτιαξαν ένα παρτέρι με τριαντάφυλλα, κανείς δε σκέφτηκε γιατί ο Φλάκενταμ είχε κάποια σχέση με τα λουλούδια, είχε διαλέξει ο ίδιος τις γλάστρες και είχε φέρει ένα σωρό πόστερ που χρησίμευαν για να κάνουν τους εσωτερικούς χώρους πιο χαρούμενους, τα πιο πολλά έδειχναν λουλούδια, μια μαραμένη και μια ανθισμένη τουλίπα ήταν προειδοποίηση για τις συνέπειες της κατάχρησης ναρκωτικών.

Το παρτέρι το σκαλίζαμε κάθε απόγευμα, ακόμα και ανάμεσα στα τριαντάφυλλα, ήταν ένα από τα καθημερινά μας καθήκοντα· ένα πρωί που είχα καθίσει και κοίταζα από το παράθυρο, επειδή είχα μείνει ξάγρυπνος τη νύχτα, είδα τον Φλάκενταμ, χαράματα, να περπατάει κατά μήκος του παρτεριού και να κοιτάζει κάτω στο χώμα. Αν κάποιος είχε αφήσει ίχνη, θα τα είχε δει αμέσως.

Το παρτέρι είχε φάρδος τρία μέτρα και έφτανε μέχρι το κτίριο. Ήταν πολύ δύσκολο, σχεδόν αδύνατο, να πηδήξεις από κάποιο παράθυρο χωρίς να αφήσεις ίχνη στο χώμα που συν τοις άλλοις ήταν και φρεσκοσκαλισμένο. Το είχαν σχεδιάσει μια χαρά.

Γι' αυτό έπρεπε να πηδήξεις από το παράθυρο στην αποθήκη, απ' όπου μπορούσες να πηδήξεις λοξά στη σκάλα που ανέβαζε στην είσοδο. Η προσγείωση στη σκάλα ήταν δύσκολη, όμως ήταν ο μόνος τρόπος, η κύρια είσοδος ήταν κλειδωμένη.

Έκανε κρύο και ο ουρανός ήταν πεντακάθαρος, δεν υπήρχαν παρά ελάχιστα φύλλα στα δέντρα, φαίνονταν τα αστέρια και τα φώτα της Κοπεγχάγης.

Στο Χίμελμπιέργκχους είχαμε κανονίσει πότε να το σκάμε, το σχέδιό μας δεν επιδεχόταν αλλαγές, δυο άτομα τη φορά κάθε δεκατέσσερις μέρες, κάναμε οτοστόπ και βλέπαμε ποιος θα πήγαινε πιο μακριά και θα κατάφερνε να μείνει έξω πιο πολύ καιρό. Το κάναμε για να ζορίσουμε τους μεγάλους, αλλά και για να αλητεύουμε ελεύθερα.

Τις πρώτες ώρες, όταν είχες φύγει από το κτίριο και ήταν νύχτα, ήταν πάντα όμορφα. Ακόμα και όταν κατάλαβα ότι αν το έκανες αυτό συνέχεια ήσουν χαμένος και το έκοψα και γι' αυτό είχα προβλήματα με τους άλλους, και άρχισα να την ψάχνω για να με πάρουν στο Μπουντρούμι, ακόμα και τότε μου έλειπε. Η αίσθηση ότι είναι νύχτα, ο φύλακας κοιμάται, ο κόσμος απλώνεται μπροστά σου και μπορείς να κάνεις ό,τι θέλεις, είσαι ελεύθερος, ήταν άλλο πράμα.

Τώρα ήταν αλλιώς. Το συναίσθημα αυτό υπήρχε και πάλι, αλλά ήταν αλλιώτικο. Κάπου από πάνω και πίσω μου κοιμόταν ο Άουγκουστ, αυτή ήταν η διαφορά. Το ήξερα ότι ήταν εκεί, ξαπλωμένος και ανήσυχος. Ήταν σαν να άρχισε να δουλεύει ένα ρολόι, όταν τον άφησα μόνο του, και τώρα είχε αρχίσει η αντίστροφη μέτρηση.

Σκεφτόμουν πώς άραγε μπορούν κάποιοι άνθρωποι να εγκαταλείψουν τα παιδιά τους. Πώς μπορείς να εγκαταλείψεις ένα παιδί;

Ανέβηκα σκαρφαλώνοντας από το σωλήνα της υδρορρόης, ήταν τελείως ακίνδυνο, το κτίριο είχε ανακαινιστεί εξωτερικά, τον ίδιο καιρό που έγινε το παρτέρι και οι μετατροπές στο γύρω χώρο. Τότε ήταν επίσης που έβαλαν στα παράθυρα διπλά τζάμια, αλλά μονάχα αυτά με τη λαβή, που δεν κλειδώνουν, μόνο κλείνουν· το άνοιξα με το γάντζο.

Κάθισα στο περβάζι του παραθύρου και προσπάθησα να ακούσω, άκουγα τρία διαφορετικά άτομα που ανάσαιναν. Κάτω από το παράθυρο κοιμόταν εκείνη που έμενε μαζί με την Καταρίνα στο δωμάτιο, την ξέραμε καλά, ήταν από οικογένεια διπλωματών, ο πατέρας της ήταν πρέσβης και ταξίδευε. Μέσα στο σκοτάδι κοιμόταν η Καταρίνα, πίσω από τη δική της αναπνοή ακουγόταν μια άλλη.

Ήταν του Φλάκενταμ, βαθιά, απόλυτα ήρεμη και διαπεραστική. Μάλλον θα κοιμόταν στο διπλανό δωμάτιο, σύρριζα στον τοίχο, όμως από την άλλη πλευρά.

Τράβηξα το παράθυρο προς τα μέσα, χωρίς όμως να το κλείσω με τη λαβή. Ύστερα πέρασα πάνω από την κόρη του διπλωμάτη και προχώρησα προς την Καταρίνα. Δίπλα στο κρεβάτι της κοντοστάθηκα.

Στο Χαϊβε, στην παιδική θεραπευτική κοινότητα, μπορούσα τη νύχτα να μπω στους κοιτώνες των κοριτσιών, στεκόμουν μόνος στο σκοτάδι και τις έβλεπα. Αλλά εκεί ήταν ογδόντα κορίτσια, πάρα πολλά θα έλεγα, τώρα ήταν διαφορετικά.

Άπλωσα το χέρι μου και τη σκούντησα προσεχτικά, εκείνη ξύπνησε. Όταν πήρε βαθιά ανάσα για να φωνάξει, ακούμπησα το χέρι μου στο στόμα της και σταμάτησα τη φωνή της. «Εγώ είμαι», είπα. Εκείνη σηκώθηκε, όμως δεν την άφησα παρά μόνο όταν πια είχε ησυχάσει.

«Ήρθα για τον Άουγκουστ», είπα.

Έπρεπε να μιλάω ψιθυριστά, μόλις να ακούγομαι, τα χείλη μου κόντευαν να ακουμπήσουν το αφτί της. Δεν τραβήχτηκε.

«Πίσω από το σχολείο κρύβεται ένα σχέδιο», είπα. «Ο Άουγκουστ δε θα τα βγάλει πέρα μ' αυτό, το αποτέλεσμά του είναι να σε σηκώνει ο χρόνος».

Μέχρι εκείνη τη στιγμή το είχα κρατήσει μυστικό από όλους, ακόμα και από εκείνη, τώρα ήμουν αναγκασμένος να της έχω εμπιστοσύνη.

«Αν τυφλωνόσουν», είπα, «αν είχες συνηθίσει να περνάς μέσα από ένα σπίτι και μια μέρα ξαφνικά σου συνέβαινε κάποιο ατύχημα, κάποιος σου ριχνόταν ή κάτι τέτοιο, και τυφλωνόσουν, τότε για πρώτη φορά θα ανακάλυπτες πραγματικά τα έπιπλα. Πάντα βρίσκονταν εκεί, όμως δε θα τα πρόσεχες ποτέ, απλώς θα περνούσες δίπλα τους. Μόνο όταν κάτι είναι δύσκολο να το ξεπεράσεις, τότε το βλέπεις. Έτσι προσέχεις και το χρόνο, δηλαδή όταν είναι δύσκολο να τον ξεπεράσεις.

Τα μαλλιά της με εμπόδιζαν, τα παραμέρισα απαλά και συνέχισα να τα κρατάω για να μην ξαναπέσουν μπροστά μου. Το σημείο όπου ακουμπούσα στο κρεβάτι ήταν εκεί που μόλις πιο πριν ήταν ξαπλωμένη, ήταν ακόμα ζεστό. Ήξερα τι ήθελα να πω, το είχα σκεφτεί από πριν.

«Αν καταφέρεις να μείνεις στο σχολείο, αν δεν κάνεις χοντρά παραπτώματα ή χοντρές παραλείψεις, μπορείς να μείνεις εδώ δέκα χρόνια. Σ' αυτά τα δέκα χρόνια ο χρόνος σου είναι πάντα αυστηρά καθορισμένος, πολύ λίγες φορές θα αμφιβάλλεις για το τι πρέπει να κάνεις ή πού πρέπει να είσαι, συνολικά είναι πολύ λίγες οι ώρες που θα αποφασίζεις εσύ για κάτι. Ο υπόλοιπος χρόνος έχει καθοριστεί αυστηρότατα. Χτυπάει το κουδούνι, μπαίνεις στην τάξη, χτυπάει ξανά, βγαίνεις έξω, χτυπάει για να φας, χτυπάει για τις δουλειές, χτυπάει-τρως, χτυπάει-κάνεις μαθήματα, χτυπάει για τις ελεύθερες ώρες, χτυπάει-πας για ύπνο. Είναι σαν να έχουν χτίσει στενά τούνελ και πρέπει να πας από εκεί και όχι από αλλού, είναι αόρατα, σαν γυαλί που μόλις το καθάρισαν, δεν το βλέπεις αν δεν πέσεις πάνω του. Αλλά αν τυφλωθείς ή δε βλέπεις τόσο καλά, τότε πρέπει να προσπαθήσεις να καταλάβεις το σύστημα, προσπάθησα πολύ καιρό, τώρα το ξέρω».

Το άλλο κορίτσι ακουγόταν πολύ κοντά, ο Φλάκενταμ κοιμόταν από την άλλη μεριά, άκουγα τις ανάσες τους όλη την ώρα δίπλα μας, μιλούσαμε στο χρονικό διάστημα που μεσολαβεί ανάμεσα σε δυο αναπνοές ή καλύτερα ανάμεσα σε τρεις, γιατί κάπου πιο κάτω από μας ήταν ο Άουγκουστ και ανάσαινε ανήσυχα, δεν ακουγόταν, όμως για μένα ήταν εκεί.

Εκείνη σκέπασε τα κεφάλια μας με το πάπλωμα, για να χαμηλώσουν οι φωνές μας, καθόμασταν σαν σε σκηνή ή σε σλίπινγκμπαγκ. Εγώ δεν έδωσα σημασία, συνέχισα για να με καταλάβει.

«Γίνεται μια επιλογή, οι άνθρωποι διαλέγονται σύμφωνα με τους νόμους της φύσης. Το σχολείο είναι όργανο βελτίωσης. Το πράγμα λειτουργεί έτσι που αν κάνεις ό,τι πρέπει, ο χρόνος σε σηκώνει πιο ψηλά. Γι' αυτό οι τάξεις είναι εκεί που είναι. Από πρώτη μέχρι τρίτη στο ισόγειο, μετά έρχεσαι στον πρώτο όροφο, ύστερα στο δεύτερο, μετά στο γυμνάσιο στον τρίτο, και τέλος παίρνεις το απολυτήριό σου από τον Μπίελ στην αίθουσα ωδικής, τέρμα πάνω, και είσαι έτοιμος να πετάξεις».

Τώρα πια το είχα πει. Ήμασταν κοντά στο τέρμα.

«Σκέφτηκα γιατί δυσκολεύονται τόσο πολύ, γιατί υπάρχουν τόσο πολλοί κανόνες. Και σκέφτηκα ότι είναι έτσι επειδή θέλουν να κρατήσουν μακριά τον έξω κόσμο. Γιατί ο έξω κόσμος δε σε ανεβάζει, πολλές φορές μάλιστα ο χρόνος σε καταστρέφει. Αυτό είναι που πρέπει να κρατάνε μακριά, δεν πρέπει να αμφιβάλλεις ότι ο κόσμος σε ανεβάζει ψηλά, έτσι και αμφιβάλλεις, τότε είναι αδύνατο να ανταποκριθείς στις προσδοκίες. Για να το κάνεις αυτό πρέπει πάνω απ' όλα να πιστεύεις στο χρόνο. Να πιστεύεις ότι όλος ο κόσμος είναι μια συσκευή με την οποία βελτιώνεσαι, φτάνει μόνο να βάζεις τα δυνατά σου, αυτό θέλει το σχολείο, απίθανη ιδέα».
Το πρόσωπό της άλλαξε θέση, μέχρι που τα χείλη της σχεδόν άγγιζαν το αφτί μου.

«Εσύ τι λες;» είπε.

Η φωνή της ήταν βραχνή από τον ύπνο, την είχα ξυπνήσει άλλωστε. Δεν κατάλαβα και πολύ καλά τι με ρώτησε, παρ' όλα αυτά της απάντησα. Της είπα ότι όσο αφορά εμένα, ίσχυαν ιδιάζουσες συνθήκες, όσο ήμουν άρρωστος, αλλά είχα και ίδια αντίληψη της αρρώστιας μου, φαινόταν στο μητρώο μου, το έβγαλα, αυτό είχα κρυμμένο στην μπλούζα μου. Της είπα να το διαβάσει, αν πίστευε ότι θα έβγαζε κάποια άκρη, ήταν το κομμάτι που είχα βγάλει φωτοτυπία στο θεραπευτικό κέντρο Ναίδεμπόγκορντ, δεν ήταν βέβαια ολοκληρωμένο, τις παραγράφους εμπιστευτικού χαρακτήρα δε γινόταν να τις δω, ωστόσο ήταν αρκετά διαφωτιστικό. Εκεί φαινόταν ξεκάθαρα, είπα, ότι, αν έχεις μεγαλώσει σε ορφανοτροφείο, για να έχεις μια ευκαιρία έπρεπε να έχεις στενές σχέσεις με κάποιον από τους μεγάλους, στην περίπτωσή μου αυτό δεν έγινε, για διάφορους λόγους, είχα περάσει από τέσσερα ιδρύματα στα πρώτα δέκα χρόνια της ζωής μου και ήμουν προβληματικός. Το μητρώο μου το έλεγε καθαρά ότι μου ήταν δύσκολο ή αδύνατο να συνάψω σταθερούς συναισθηματικούς δεσμούς, δηλαδή, να νιώσω κάτι ιδιαίτερο για κάποιον. Το ότι ήρθα εδώ απόψε δεν ήταν για προσωπικούς λόγους, μπορούσε να το δει και στο μητρώο μου. Για τον Άουγκουστ είχα έρθει.

«Ρουφάει γκάζι», είπα.

Δε θα της το έλεγα έτσι, θα της έλεγα ότι εκείνος ήταν σαν αγρίμι που το κλείσανε σε κλουβί, ένα αρπακτικό πουλί που πέφτει ολοένα πάνω στο αόρατο γυαλισμένο τζάμι, αλλά δε μου έβγαινε, είχα μιλήσει πολύ. Τελικά έδειχνε να έχει καταλάβει.

«Ρουφάει γκάζι στην κουζίνα για να κοιμηθεί», είπα, «δεν κολλάει με το σχολείο, δε θα μπορούσε ποτέ να τα καταφέρει, τι πρέπει να γίνει;»

Δε μου απάντησε. Ούτε και περίμενα απάντηση. Αυτό που ρωτούσα ήταν ασαφές. Ο Άουγκουστ κοιμόταν στο δωμάτιό μας, έπρεπε να φύγω, ήμουν και εγώ πολύ κοντά της.

Με πρόλαβε στη μέση του δωματίου.

«Κάτι δεν καταλαβαίνω», είπε.

Στεκόταν ακριβώς πίσω μου, ξεχάστηκε και μίλησε δυνατά.

«Είναι χαμένος στον κόσμο του», είπε. «Αν ο σκοπός τους είναι η τάξη, γιατί τον πήραν στο σχολείο;»

Η τάξη.

Όταν το παιδί ήταν περίπου ενός έτους, άρχισε να μιλάει. Στην αρχή έλεγε μόνο λέξεις, αλλά γρήγορα πέρασε στις λίστες. Στις ομάδες ασύνδετων μεταξύ τους λέξεων.

Ήρθε και κάθισε πλάι μου, ένιωθα ότι ήθελε να μου εξηγήσει κάτι, δεν είπα τίποτα.

Μετά άρχισε να λέει τις λέξεις που ήξερε. Πρώτα τα αντικείμενα γύρω μας, αλλά μετά άλλα πράγματα που κάποτε είδε ή άκουσε να γίνεται λόγος γι' αυτά, για κάποια από αυτά μονάχα μία και μοναδική φορά. Σπάνια με ρωτούσε για κάτι, έμοιαζε περισσότερο να θέλει να πει κάτι, και αυτό το κάτι ήταν αυτές οι μακριές σειρές λέξεων.

Είχαν δυο μορφές. Το απόγευμα περιείχαν αντικείμενα, το βράδυ πρόσωπα. Πριν κοιμηθεί, πριν έρθει κοντά της η γυναίκα, καθόμουν καμιά φορά στο κρεβάτι της. Ήταν ξαπλωμένη ανάσκελα, λίγο ήθελε να την πάρει ο ύπνος. Τότε άρχιζε να λέει τα ονόματα των ανθρώπων που ήξερε ή που τους είχε δει μια φορά ή αυτά που μόνο τα είχε ακούσει, ένα τεράστιο πλήθος από ονόματα.

Θα μπορούσε να συνεχίσει για πολύ ακόμα, ίσως και για μισή ώρα, μου ήταν αδύνατο να καταλάβω πώς στο μυαλό ενός παιδιού χωρούσαν τόσοι άνθρωποι.

Το ήξερα από την αρχή ότι σ' αυτό που μου έλεγε κρυβόταν ένα μήνυμα.

Το πρώτο πράγμα που ανακάλυπτες ήταν ότι το έκανε μόνη της, δεν υπήρχε κάποια εξωτερική αφορμή, ούτε πρόκληση ή ανταμοιβή, αυτό ήταν το πρώτο πράγμα που έπεφτε στην αντίληψή σου.

Πρέπει να υπάρχει κάποια ευχαρίστηση στην απλή, χωρίς λόγο χρήση των λέξεων, πρώτη φορά το καταλάβαινα. Ότι αν έναν άνθρωπο δεν τον σταματάς ή δεν τον βαθμολογείς, ίσως τότε αυτός χαίρεται όταν μπορεί να χρησιμοποιεί τις λέξεις, έτσι απλώς. Γι' αυτή τη χαρά δεν υπάρχει εξήγηση, είναι σαν τις ερωτήσεις στο εργαστήριο, αβέβαιη και χωρίς καμιά δυνατότητα για ακριβέστερες εξηγήσεις.

Εκτός από αυτή τη χαρά υπήρχε ένα ακόμα βαθύτερο μήνυμα. Το κατάλαβα όταν βρέθηκα μόνος μαζί της για πρώτη φορά.

Η γυναίκα είχε φύγει. Καθώς έφευγε, γύρισε μια στιγμή και με κοίταξε, και κατάλαβα ότι αυτό, δηλαδή το να μας αφήσει μόνους, το έκανε για μένα. Το παιδί κάθισε δίπλα μου στον καναπέ. Την κοίταζα και σκεφτόμουν ότι τώρα είχα εγώ την ευθύνη, για πρώτη φορά.

Χρειάστηκε να προσέξω και άλλους παλιότερα, κάποιους που πηγαίναμε μαζί σχολείο. Τότε ήταν πιο εύκολο. Εκείνοι ήταν αρκετά μεγαλύτεροι και οι περισσότεροι τα πήγαιναν πολύ άσχημα. Ήξερα πως ό,τι και να έκανα, χειρότερα δε θα γινόταν. Ακόμα και με τον Άουγκουστ ήταν πιο εύκολο, το μόνο που είχα να κάνω γι' αυτόν ήταν να κοιτάξω να βρω μια τελευταία λύση.

Με το παιδί ήταν αλλιώς. Πιστεύεις ότι ίσως έχει μια ευκαιρία. Ότι ακόμα κανείς δεν της έχει καταστρέψει τίποτα. Ότι μπορεί να τρώει ό,τι θέλει, έχει τη γυναίκα δίπλα της, είναι σε οικογένεια και δεν την έδειραν ποτέ.

Κάποια στιγμή μένεις μόνος μαζί της. Και τότε δεν ξέρεις τι να κάνεις.

Ξέρεις ότι το μόνο που σημαίνει κάτι στη ζωή της είναι η γυναίκα, και αυτή τώρα έχει φύγει. Και απέμεινες μόνο εσύ, εσύ που, αν το καλοσκεφτείς, δεν αξίζεις και πολλά. Και που δεν έχεις να δώσεις στους άλλους τίποτα το ιδιαίτερο.

Κάτι τέτοιο μου έκοβε τα πόδια, δεν ξέρεις τι να κάνεις. Φοβήθηκα πολύ.

Στην αρχή ούτε είπα, ούτε έκανα τίποτα.

Εκείνη είχε φτάσει στην πόρτα απ' όπου είχε φύγει η γυναίκα. Από εκεί με φώναξε. Προχώρησα προς το μέρος της. Η έκφρασή της ήταν πολύ σοβαρή. Το δέρμα του προσώπου της φαινόταν λεπτό και διάφανο, έτοιμο να σκάσει σαν χαρτί. Πίσω από αυτό κρυβόταν απέραντη θλίψη. Όμως δεν έκλαιγε. Έδειχνε να κάνει προσπάθεια.

«Να περιμένουμε εδώ», είπε.

Καθίσαμε κάτω, με την πλάτη στην πόρτα. Στην είσοδο έκανε κρύο. Καθόμασταν δίπλα δίπλα. Τότε σήκωσε τα μάτια της και με κοίταξε.

«Η μαμά μου θα έρθει σε λίγο».

Σε λίγο. Πρώτη φορά που έκανε λόγο για το χρόνο. Τότε κατάλαβα το μήνυμα που κρυβόταν πίσω από τις σειρές των λέξεων που μου έλεγε.

Ήταν η τάξη, το μήνυμα ήταν η τάξη. Και αυτό που μου είπε ήταν ότι προσπαθούσε να βάλει τον κόσμο σε τάξη. Στο πάτωμα, εκεί που καθόμουν δίπλα της, είδα θαρρείς τον κόσμο με τα δικά της μάτια. Μεγάλο και αξεπέραστο. Με τις λέξεις προσπαθούσε να χτίσει μέσα σ' αυτό το χάος σήραγγες τάξης.

Να τακτοποιείς σημαίνει να αναγνωρίζεις. Να ξέρεις ότι μέσα στην απέραντη άγνωστη θάλασσα υπάρχει ένα νησί, όπου έχεις πάει και πρωτύτερα. Τέτοια νησιά μού είχε δείξει. Με τις λέξεις είχε φτιάξει ένα δίχτυ από γνωστούς ανθρώπους και αντικείμενα.

«Η μαμά μου θα έρθει σε λίγο».

Στη χαώδη θλίψη του αποχωρισμού από τη γυναίκα είχε βάλει τάξη, λέγοντας ότι η θλίψη αυτή είχε ημερομηνία λήξεως, ότι ήταν προσωρινή και κάποτε θα σταματούσε. Για να ξεπεράσει τον πόνο του αποχωρισμού, χρησιμοποίησε το χρόνο.

Γύρω από ένα παιδί πηγαινοέρχονται άνθρωποι, αντικείμενα εμφανίζονται και εξαφανίζονται, περιβάλλοντα συγκρούονται και διαλύονται. Και δεν υπάρχει κάποια εξήγηση σ' αυτό, άλλωστε πώς να εξηγήσεις τον κόσμο σ' ένα παιδί;

Τότε χρησιμοποίησε τις λέξεις. Οι λέξεις φέρνουν και κρατούν κοντά μας κάτι που έχει φύγει. Με τις λίστες από λέξεις που έκανε, είχε εξασφαλίσει την επιστροφή αυτού που ήξερε κάποτε.

Γύρισε και με κοίταξε. Τα μάτια της ήταν γεμάτα δάκρυα, όμως δεν έκλαιγε, έδειχνε να έχει ξεπεράσει τη θλίψη.

Χωρίς να πει τίποτα, το πρόσωπό της μου έλεγε ότι ταιριάζαμε. Ότι και οι δυο μας ξέραμε πώς είναι να χάνεις κάτι, ακόμα και εκείνη, που είχε πολύ περισσότερα από όσα εγώ είχα ποτέ, ακόμα και εκείνη ήξερε κιόλας ότι σ' αυτόν τον κόσμο σού παίρνουν ανθρώπους και πράγματα, σε παίρνουν από εκεί που θέλεις να είσαι, σου σβήνουν το φως και βυθίζεσαι στο φόβο, και όχι απαραίτητα από κακία, αλλά επειδή δεν μπορεί να γίνει αλλιώς.

Σίγουρα πριν από εκείνη τη στιγμή δεν είχα καταλάβει ότι κι εκείνη ήταν άνθρωπος σαν και εμένα. Πιο πολύ πίστευα ότι ήταν κάτι υπερπολύτιμο που έπρεπε να το προστατεύεις έτσι όπως ποτέ δεν προστάτεψες τον εαυτό σου.

Τώρα έβλεπα ότι κατά κάποιον τρόπο ήταν κι εκείνη σαν εμένα. Πολύ πιο αγνή και πολύτιμη, αλλά κατά κάποιον τρόπο σαν εμένα.

Τότε μου ήρθε η σκέψη ότι ίσως τελικά μπορούσα να τη βοηθήσω, ότι τελικά θα μπορούσα να έρθω κοντά της.

Δε θυμάμαι πόση ώρα καθόμασταν. Στο τέλος διπλώθηκε αργά αργά στα δυο και αποκοιμήθηκε. Τη σήκωσα και την πήγα στο κρεβάτι. Καθόμουν και την κοίταζα. Σκεφτόμουν αυτό που μου είχε πει και γιατί μου το είπε.

Το είπε για να ξεπεράσει τη θλίψη της που η γυναίκα είχε φύγει.

Όμως το είπε σ' εμένα.

Περίμενα λίγες ώρες στο πάρκο, κρύωνα πολύ παρόλο που είχα μαζί μου την κουβέρτα. Ο Φλάκενταμ ήρθε πριν ακόμα αρχίσει να ξημερώνει, ξεκλείδωσε την πόρτα της εισόδου και την άφησε ανοιχτή, και ύστερα ξεκίνησε τη συνηθισμένη βόλτα γύρω από το παρτέρι. Όταν έφυγε, μπήκα μέσα. Ο Άουγκουστ κοιμόταν βαριά. Το παράθυρο είχε μείνει ανοιχτό, δε μύριζε πια γκάζι.

# 15

Η Καταρίνα περίμενε τρεις μέρες μετά από την επίσκεψή μου, ήξερα ότι δε μας είχε ξεχάσει, ούτε τα είχε παρατήσει. Όταν ήρθε, δεν την είδα, ήρθε εντελώς ξαφνικά από πίσω μου, όταν ήμουν στην αυλή.

«Μη γυρίσεις το κεφάλι σου», μου είπε.

Ωστόσο γύρισα και είδα τον εφημερεύοντα.

«Μάλλον μας ξέχασαν», είπε.

Το ίδιο σκέφτηκα κι εγώ. Έτσι ήταν ο κανόνας. Είχαν τόσους και τόσους να επιτηρούν. Αν κάποιος περνούσε απαρατήρητος, με τον καιρό τον ξεχνούσαν, ό,τι καλύτερο μπορούσε να σου συμβεί.

«Έχετε συχνά κενό την τρίτη ώρα», είπε. «Να βρεθούμε στην Κλινική».

Η κλινική ήταν η Κλινική της Έσεν. Εκεί που απαγορευόταν και δε γινόταν να μπεις.

«Σήμερα είναι Τετάρτη», είπε εκείνη. «Είναι ανοιχτά στο ισόγειο, θα φέρουν το γάλα».

Στα κενά μπορούσες να διαβάσεις για το σπίτι ή να διαβάσεις κάτι που εσύ το διάλεξες, όμως όχι και να φύγεις από την τάξη. Ζήτησα να πάω στην τουαλέτα, έτσι που, αν ο διάδρομος προς το γραφείο ήταν ανοιχτός, να με ακολουθήσει ο Άουγκουστ, μου είχαν δώσει εντολή να μην τον αφήνω μόνο του στην τάξη.

Όταν βγήκαμε, δεν του είπα πού πηγαίναμε, θα αρνιόταν να με ακολουθήσει, απλώς τον σήκωσα και τον κουβάλησα, αφού προηγουμένως του έστριψα το χέρι πίσω από την πλάτη. Δε μου αντιστάθηκε.

Η πόρτα που έβγαζε στη μεσημβρινή σκάλα ήταν ανοιχτή, ανεβήκαμε μέχρι το πέμπτο πάτωμα χωρίς να δούμε άνθρωπο.

Η κλινική δεν ήταν κλειδωμένη, δε γινόταν να κλειδωθεί. Είχα μιλήσει γι' αυτό με την Έσεν, ήταν στο πλαίσιο της συνείδησης που είχα για την αρρώστια μου, να μιλάμε στα ίσια για τέτοια πράγματα, όταν φτιάξανε την κλινική εκείνη είχε ζητήσει επανειλημμένα να βγάλουν την κλειδαριά, για να μη νιώθουν φυλακισμένοι όσοι βρίσκονταν εκεί. Είχε πει ότι αυτή η αίθουσα θα έπρεπε να μας κάνει να νιώθουμε όσο πιο ελεύθερα και άνετα γινόταν.

Άνοιξα την πόρτα και μπήκα μέσα. Η Καταρίνα καθόταν σε μια καρέκλα κοντά στο παράθυρο.

Στον τοίχο κρεμόταν ένας μεγάλος καθρέφτης ανάμεσα στην πόρτα του διπλανού δωματίου και το ηχείο του μεγαφώνου. Η Έσεν μού είχε πει ότι ήταν προπονήτρια στη γυμναστική Μένσεντικ, μερικές φορές οι επισκέψεις μας τελείωναν με το να βγάζω το πουκάμισο και τη φανέλα μου και να κάθομαι δίπλα της φάτσα στον καθρέφτη, και τότε έπρεπε να κουνάω τα χέρια, τους ώμους και το κεφάλι μου με διαφορετικούς τρόπους, μου εξήγησε ότι αν τα έκανα αυτά πολύ καιρό, θα διορθωνόταν η κακή μου στάση.Τώρα ο καθρέφτης έμοιαζε σαν τρύπα ή σαν κάτι που σε παρατηρούσε, είχε κουρτίνες στο πλάι, τις έκλεισα.

Έβγαλα παπούτσια και κάλτσες, έβγαλα το κάλυμμα του μεγαφώνου και ακούμπησα τις κάλτσες μου κολλητά στη μεμβράνη, δεν ήταν σίγουρο εκατό τοις εκατό, αλλά θα χαμήλωνε τον ήχο.

Δε γινόταν να καθίσω στο τραπέζι όπου είχαμε καθίσει τόσες φορές με την Έσεν, πήρα την καρέκλα που ήταν δίπλα στο παράθυρο και έβαλα εκεί τον Άουγκουστ, ενώ εγώ στεκόμουν όρθιος.

Εκείνος κοίταζε έξω απ' το παράθυρο, φαινόταν αδύνατο να την ακούσει, ακόμα και αν του φώναζε, εγώ είχα τρεις εβδομάδες μαζί του και η επαφή μεταξύ μας μετριόταν συνολικά σε λίγα λεπτά, την υπόλοιπη ώρα ήταν κλεισμένος στον εαυτό του. Έπειτα, συναντιόνταν για πρώτη φορά.

«Πίσω από το σχολείο κρύβεται κάποιο σχέδιο», είπε εκείνη. «Γίνονται τόσα πράγματα, χωρίς ποτέ να σου εξηγούν το γιατί. Θα το ερευνήσουμε επιστημονικά, όπως στο εργαστήριο».

Δεν τον κοίταξε κατευθείαν στα μάτια, θα κατάλαβε ότι εκείνος δεν το άντεχε. Ούτε εμένα κοίταζε και, για να είμαι ειλικρινής, ούτε εμένα θα μου πολυάρεσε αυτό, κοίταζε κάπου ανάμεσά μας, η φωνή της, όταν μίλησε, ήταν χαμηλή. Ξεδίπλωσε δυο κομμάτια χαρτί.

«Το πρόγραμμα των καθηγητών», είπε, «και της Έσεν μαζί. Τα αντέγραψα».

Μιλούσε στον Άουγκουστ χωρίς να τον κοιτάζει στα μάτια.

«Άργησα στο μάθημα πέντε φορές. Σ' αυτή την περίπτωση σε στέλνουν στον Μπίελ. Πήγα επίτηδες πιο νωρίς και περίμενα στον προθάλαμο. Το πρόγραμμα είναι κρεμασμένο στον τοίχο, όταν η γραμματέας βγήκε, το αντέγραψα, όσο πρόλαβα. Το υπόλοιπο το έβγαλα ρωτώντας στις τάξεις. Όταν το είχα έτοιμο, μπόρεσα να φτιάξω ένα σχέδιο για το πότε χρησιμοποιούνται οι αίθουσες. Τα δυο προγράμματα, μαζί με το πρόγραμμα των μαθητών, που το είχα φτιάξει πιο πριν, είναι το συνολικό πρόγραμμα όλου του σχολείου. Αυτό μόνο ήθελα να πω. Άμα δε θέλεις να συνεχίσεις μαζί μας, μπορείς να φύγεις τώρα».

Στην αρχή εκείνος δεν έλεγε κουβέντα. Μετά σήκωσε το πουκάμισό του, είχε από κάτω κρυμμένα χαρτιά, τα ξεδίπλωσε, ήταν δυο σκίτσα, αυτό που έγινε αφορμή να του πουν «μπράβο», και το πρώτο, που το φόντο του δεν ήταν γεμάτο. Δεν πετούσε τις ζωγραφιές του όπως οι άλλοι.

«Ζωγραφίζεις κάτι», είπε, «και δε σου λένε τίποτα. Μετά κάνεις το ίδιο, αλλά τώρα σου λένε "μπράβο" και σου κολλάνε κι ένα αστεράκι· γιατί αυτό;»

Μιλούσε σαν υπνωτισμένος, χωρίς να την κοιτάζει, τη δοκίμαζε. Αν εκείνη έκανε λάθος, θα τον έχανε.

Εκείνη κοίταξε τις ζωγραφιές, φαινόταν να ακούει με προσοχή, όπως ακριβώς άκουγε κι εμένα, το ήξερα ότι θα τον κέρδιζε.

«Έχει να κάνει με το χρόνο», του είπε. «Σου κόλλησαν το αστεράκι γιατί διέθεσες πιο πολύ χρόνο στη δεύτερη ζωγραφιά και με συγκεκριμένο τρόπο. Πιστεύουμε ότι έχουν ένα σχέδιο για το χρόνο».

«Δηλαδή το άλλο δεν ήταν καλύτερο;»

Τώρα την κοίταζε ίσια στα μάτια, εκείνη πρόσεχε να μη συναντήσει το βλέμμα του.

«Δεν υπάρχει καλύτερο και χειρότερο», είπε εκείνη. «Απλώς το δεύτερο ταίριαζε καλύτερα στο σχέδιό τους».

Πώς μπορούσε να το ξέρει αυτή, μόνο δεκάξι χρονών ήταν, πώς μπορούσε να το ξέρει και να το λέει κιόλας;

Πότε είναι κάτι καλύτερο από κάτι άλλο; Μια ερώτηση με μεγάλη σημασία.

Αν και όταν σκέφτεσαι για κάτι, συνήθως σκέφτεσαι ότι δεν είναι καθόλου καλό. Ο Όσκαρ Χούμλουμ για παράδειγμα δεν ήταν αρκετά καλός, ο Άξελ Φρέδχοϊ έλεγε ότι ούτε αυτός ήταν. Ούτε εγώ ήμουν, το μητρώο μου έλεγε «φυσιολογική ευφυΐα», όμως από την αρχή κιόλας δέχτηκαν ότι είχαν υπερεκτιμήσει κάπως τις δυνατότητές μου.

Το ότι τελικά απέμεινα εγώ και μπορώ τώρα να κάνω ερωτήσεις, εδώ, στο εργαστήριο, και όχι για παράδειγμα ο Χούμλουμ, δεν οφειλόταν στο ότι εγώ ήμουν καλύτερος, ποτέ δεν είπα κάτι τέτοιο. Απλώς, ήθελα με όλη μου την καρδιά να ζήσω.

Στο Μπουντρούμι, όταν τρέχαμε τετρακοσάρι, φαινόταν πάντα ποιος έτρεχε πιο γρήγορα και ποιος όχι. Το ίδιο και στο ποδόσφαιρο, εύκολα ξεχώριζες μια καλή πάσα από μια όχι και τόσο καλή. Αλλά και πάλι πιο σπάνια από ό,τι θα πίστευε κανείς. Και κυρίως σε απλές καταστάσεις, που οι δυνατότητες μεταβίβασης της μπάλας ήταν μετρημένες.

Στο μάθημα του Μπίελ ξέραμε πότε μια απάντηση ήταν σωστή.

Με την Κάριν Έροε τα πράγματα ήταν κάπως πιο ρευστά, αλλά γενικά δε γινόταν να αμφιβάλλεις στα σοβαρά για το ποιος ήταν κατάλληλος για τη χορωδία. Έπρεπε, βλέπεις, να σου μείνει η εντύπωση ότι το να βαθμολογείς τους ανθρώπους όταν τραγουδούν, απαντούν στο μάθημα ή παίζουν ποδόσφαιρο, ήταν απλό, κάτι που δεν επιδεχόταν αμφισβητήσεις.

Όμως παντού υπήρχε μια έτοιμη λύση. Να βάζεις γκολ, να θυμάσαι μια συγκεκριμένη χρονολογία, να τραγουδάς με καθαρή φωνή και να τρέχεις σε ορισμένο χρόνο. Υπήρχε ένα συγκεκριμένο τετράγωνο γνώσης, σαν τη σκακιέρα ή το γήπεδο ποδοσφαίρου. Γι' αυτό και δεν ήταν δύσκολο να ξεχωρίσεις το σωστό από το λάθος, το καλύτερο από το χειρότερο. Όμως λίγο παραπάνω να μπλέκονταν τα πράγματα, όπως στην αρχή μιας επίθεσης ή στο κέντρο του γηπέδου, δεν ήταν πια σίγουρο ποια είναι η σωστή απάντηση. Και όσο για τη ζωγραφιά του Άουγκουστ, εκεί θα έλεγες πως ήταν σχεδόν αδύνατο, αφού ήταν δικιά του, πώς να βρεθεί εκ των προτέρων κανόνας για το πώς θα έπρεπε να είναι;

Όταν βαθμολογείς κάτι, είσαι υποχρεωμένος να το φανταστείς σε μια γραμμική βαθμολογική κλίμακα, αλλιώς η βαθμολόγηση είναι αδύνατη. Κάθε άνθρωπος που λέει ότι κάτι είναι καλό ή κακό ή λίγο καλύτερο από χτες, δέχεται την ύπαρξη ενός βαθμολογικού συστήματος, ότι μπορείς με κάποιον σαφή και ξεκάθαρο τρόπο να υπολογίσεις με αριθμούς την ποιότητα μιας επίδοσης. Όμως ποτέ δεν υπήρξε μια μέθοδος βαθμολόγησης. Και δεν το λέω αυτό για να τρομάξω κανέναν. Ποτέ κανείς στην παγκόσμια ιστορία δεν μπόρεσε να βρει, για κάτι λιγάκι πιο περίπλοκο από απλές καταστάσεις στο ποδόσφαιρο ή το τετρακοσάρι, μια μέθοδο που να τη μάθουν και να την εφαρμόζουν λογιών λογιών άνθρωποι και μ' αυτόν τον τρόπο να φτάσουν όλοι στην ίδια επίδοση. Ποτέ δε συμφώνησαν σε μια μέθοδο που να καθορίζει πότε μια ζωγραφιά, ένα φαγητό, μια πρόταση, μια βρισιά, μια παραβίαση πόρτας, ένα χαστούκι, ένα πατριωτικό τραγούδι, μια έκθεση, μια αυλή σχολείου, ένας βάτραχος ή μια συζήτηση, είναι καλή ή κακή, ή καλύτερη ή χειρότερη από μια άλλη.

Ποτέ, ούτε καν κάτι που να πλησιάζει μια τέτοια μέθοδο.

Όμως η μέθοδος έχει σημασία, αυτή σου εξασφαλίζει το δικαίωμα να μιλάς καθαρά και τίμια για κάτι, αυτή τη μέθοδο πρέπει να μάθουν και οι άλλοι, ίσως όχι κάποιοι σαν τον Γιες Γιέσεν ή εμένα, αλλά τουλάχιστον σαν την Καταρίνα ή και οι καθηγητές ακόμα.

Αλλά δε βρέθηκε σε όλη την παγκόσμια ιστορία καμιά μέθοδος που να βαθμολογεί τα σύνθετα φαινόμενα.

Και όσο γι' αυτά που εμφανίζονται στο εργαστήριο, εκεί είναι που δεν υπάρχει μέθοδος.

Παρ' όλα αυτά όλοι μιλάνε για το τι είναι καλό και κακό. Και καμιά φορά συμφωνούν κιόλας. Για παράδειγμα, όλοι ήταν σύμφωνοι ότι αυτό που έγινε με τον Όσκαρ Χούμλουμ, και που ακόμα δεν μπόρεσα να διηγηθώ, δεν ήταν και καμιά μεγάλη ζημιά. Ούτε και αυτό που έγινε με τον Άξελ Φρέδχοϊ και με τίποτα αυτό που έγινε με τον Γιες Γιέσεν. Όλοι, εκτός ίσως από μένα και κάποιους άλλους ακόμα, εμείς δε συμφωνούσαμε. Για μένα, αυτό που έγινε με τον Χούμλουμ δεν ήταν καθόλου καλό, και όχι μόνο επειδή με είχε σώσει τότε, αυτό είχε γίνει πολύ καιρό πριν. Από τότε κάθε μέρα τον σκέφτομαι, πάνε είκοσι χρόνια τώρα, συχνά στέκεται κάπου ανάμεσα στον ύπνο και στον ξύπνιο, συχνά μπαίνει στο εργαστήριο και μου μιλάει. Κόντευε να μου στρίψει. Μερικές φορές ένιωθα έτσι που ευχόμουν να μου στρίψει στ' αλήθεια.

Όμως δεν πάει έτσι το πράγμα, μόνος σου δεν τρελαίνεσαι. Και όταν λοιπόν σε χαρακτηρίζουν φυσιολογικό ή έστω στο όριο του φυσιολογικού, πρέπει να κάνεις κάτι άλλο για να αντέξεις, να αναπτύξεις μια στρατηγική.

Γι' αυτό τελικά είμαι εναντίον των βαθμολογήσεων.

Αν δεν υπάρχει μέθοδος για να κρίνει κανείς τι είναι καλό ή κακό, γιατί τότε μιλάνε λες και υπάρχει; Πώς μπορούσαν να είναι τόσο σίγουροι, όταν κολλούσαν αστεράκια και έβαζαν βαθμούς, έγραφαν στο μητρώο και αποφάσιζαν ποιοι είχαν ταλέντο στα μαθηματικά ή στα καλλιτεχνικά και πρότειναν να πάει ο Χούμλουμ στο ίδρυμα καθυστερημένων παιδιών της Κεντρικής Ιεραποστολής στην οδό Γκέρσονσβάι και στείλανε εμένα επ' αόριστο στο Χίμελμπιέργκχους, επειδή υπήρχαν σοβαρές ενδείξεις ότι είχα φυσιολογική ευφυΐα; Αφού δεν υπάρχει μέθοδος, πώς είναι όλοι τόσοι σίγουροι;

Η Καταρίνα μού έδωσε μια εξήγηση.

Την πρώτη φορά, στην κλινική, είπε μονάχα για τα αστεράκια και το χρόνο. Όμως κι αυτό ήταν αρκετό· για μένα τουλάχιστον ήταν αρκετό για την υπόλοιπη ζωή μου μέχρι τώρα.

Πώς μπορούσε να το ξέρει αυτή, να ξέρει ότι ποτέ κανείς δεν μπόρεσε να δείξει πως κάτι είναι καλύτερο από κάτι άλλο;

Προφανώς δε θα το σκέφτηκε εκείνη. Αν το καλοεξετάσει κανείς, νομίζω ότι εγώ σκεφτόμουν πιο πολύ από εκείνη. Όσο πιο πολύ φοβάσαι, τόσο πιο πολύ σκέφτεσαι. Ωστόσο έφτασε πιο κοντά στην αλήθεια από οποιονδήποτε άλλο.

Ίσως αυτό που είναι πιο κοντά στην αλήθεια δεν το σκέφτεσαι, δεν είναι κάτι που το πετυχαίνεις με την προσπάθεια, απλώς το νιώθεις. Και το να νιώθεις δεν είναι δύσκολο, ακόμα και όταν είσαι μονάχα δεκαέξι.

Ενώ εκείνη μιλούσε για τις ζωγραφιές του, εκείνος είχε ήδη σηκωθεί.

«Το ήξερα ότι ήταν συνωμοσία», είπε.

Τον ξανάβαλα στην καρέκλα.

«Όπου να 'ναι να πηγαίνουμε», είπα εγώ. «Υποτίθεται ότι είμαστε στην τουαλέτα».

Δε με άκουσε.

«Κι εσύ, φιλενάδα», της είπε, «τι ρόλο παίζεις σε όλα αυτά;»

Κατάλαβα τι εννοούσε, ότι αυτή ήταν από υψηλότερους κύκλους και αποκλείεται να γνώρισε δυσκολίες, τι δουλειά είχε λοιπόν μ' αυτά, αυτό ήθελε να πει.

Ωστόσο τον κατάλαβε. Κατάλαβε ότι έπρεπε κι εκείνη να του δώσει κάτι, αν ήθελε να τον έχει μαζί μας.

«Όταν ακούνε ότι κάποιος κρεμάστηκε, νομίζουν πως είναι κάτι βίαιο, πως έπεσε από ψηλά, αλλά δεν είναι απαραίτητα έτσι».

Μίλησε σαν να ξέραμε περί τίνος επρόκειτο, σαν να ήξερε και ο Άουγκουστ για τη μητέρα της. Είπε ότι εξωτερικά ο πατέρας της φαινόταν μια χαρά, όταν πέθανε η μητέρα της, θαρρείς πως μίσησε το φως της μέρας, αν μπορούσε κανείς να το φανταστεί, πολλές φορές δε σηκωνόταν το πρωί και, όταν σηκωνόταν, περίμενε να έρθει η νύχτα. Συχνά καθόταν και κοιτούσε το ρολόι. Σαν να προσπαθούσε να κάνει τα δευτερόλεπτα να περάσουν πιο γρήγορα. Στο τέλος πήγε στο εξοχικό τους στη Σουηδία, εκεί που πήγαιναν τα καλοκαίρια, και κρεμάστηκε στην τραπεζαρία.

«Από το χερούλι της πόρτας», είπε. «Δεν είναι απαραίτητο να είσαι και σε μεγάλο ύψος, έδεσε ένα σκοινί στο λαιμό του και μετά κάθισε κάτω, το σκοινί τεντώθηκε και σταμάτησε την κυκλοφορία του αίματος, εκείνος έχασε τις αισθήσεις του, όλο του το βάρος τραβήχτηκε προς τα κάτω και πέθανε. Όταν συμβεί», συνέχισε εκείνη, «σε ακολουθεί παντού, και πρέπει να κάνεις κάτι γι' αυτό».

«Γιατί τότε όλη αυτή η ιστορία με το εργαστήριο;»

Εκείνη άρχισε να τραγουδάει. Μια στροφή μόνο, στην αρχή φαινόταν ότι είχε τρελαθεί, ήξερα τους στίχους, τους είχαμε τραγουδήσει πολλές φορές στην πρωινή προσευχή, ωστόσο ακούγονταν διαφορετικά τώρα.

«Η καρδιά μου ταξιδεύει μες στη φάτνη του Χριστού και της σκέψης μου τα πλήθη προς Αυτόν θα μαζευτούν».

Ήταν στη χορωδία, αλλά και πάλι ήταν απίστευτο που τραγουδούσε μόνη της.

«Εκεί μου ήρθε η ιδέα», είπε. «Χρειάζεται ένας χώρος για να μαζεύεις τις σκέψεις σου. Αυτό είναι το δύσκολο σ' αυτό το σχολείο. Ο Πέτερ λέει ότι είναι σαν τούνελ από γυαλί. Δεν έχεις τη δυνατότητα να σκεφτείς μόνος σου. Το εργαστήριο είναι κλειστό για τους άλλους και έτσι έχεις ησυχία να σκεφτείς και να κάνεις τα πειράματά σου».

Είχε σηκωθεί και πήγαινε πάνω κάτω.

«Το πείραμα έχει κιόλας αρχίσει. Στη μέση του μαθήματος εμείς βγήκαμε έξω από το γυάλινο τούνελ. Το πείραμα έχει κιόλας αρχίσει. Κάτι πάει να γίνει με μας, το νιώθετε; Και αυτό που γίνεται είναι ότι αρχίζεις να είσαι ανήσυχος, θες να πας πίσω, νιώθεις την ώρα να φεύγει. Αυτό το συναίσθημα είναι η μεγάλη μας ευκαιρία, αν το ακολουθήσουμε θα μάθουμε κάτι που υπό άλλες συνθήκες δε θα το είχαμε φανταστεί καν. Όπως όταν άργησα επίτηδες, βγήκα έξω από το τούνελ όπου είχα μπει, είδα τον Μπίελ και παρατήρησα κάτι».

Ο Άουγκουστ καθόταν με τεντωμένα τα αφτιά, δεν έλεγε τίποτα, αλλά το σώμα του μας άκουγε.

«Κι αυτός φοβάται», είπε εκείνη.

«Γιατί εμένα;» είπε ο Άουγκουστ.

Εκείνη στεκόταν στην άλλη πόρτα, δίπλα στον καθρέφτη, την κλειδωμένη πόρτα, δεν ξέραμε πού έβγαζε. Του απάντησε ειλικρινά.

«Πρέπει να βρούμε γιατί φέρανε εσένα εδώ. Μου είναι αδύνατο να το καταλάβω».

Δεν το είπε με κακία. Απλώς το είπε έτσι ακριβώς όπως το είχε σκεφτεί. Ακούστηκε ένας θόρυβος στο μεγάφωνο, έκανα νόημα στους άλλους και μετά πήρα τις κάλτσες μου από εκεί. Ο ήχος ήταν πολύ αδύναμος, το μόνο που καταλάβαινες ήταν ότι είχαν ανοίξει τη σύνδεση.

Φόρεσα τις κάλτσες μου, η Καταρίνα έβαλε τις καρέκλες στη θέση τους, τελείως αθόρυβα. Μετά βγήκα στη σκάλα και κοίταξα κάτω.

Έρχονταν από το δεύτερο όροφο. Ξαναμπήκα μέσα και έκλεισα την πόρτα. Ήταν ο Φρέδχοϊ και ο Φλάκενταμ, τους κατάλαβα από τα μανίκια του σακακιού του Φρέδχοϊ και το πουκάμισο του Φλάκενταμ. Θα μπορούσε να ήταν χειρότερα, να είχαν μαζί τους και τον ίδιο τον Μπίελ, εκείνος ερχόταν μόνο σε σοβαρά ατυχήματα, όπως με τον Άξελ Φρέδχοϊ ή όταν ήταν να διώξουν κάποιον από το σχολείο αμέσως.

Πάντως πίστεψα ότι είχε έρθει το τέλος, τουλάχιστον

για μένα και τον Άουγκουστ, ήδη ήμασταν πολύ κοντά στο όριο.

Χτύπησαν την πόρτα. Θα μπορούσαν να την ανοίξουν, όμως στο σχολείο του Μπίελ πάντα χτυπούσες πρώτα. Στις μικρές τάξεις υπήρχαν ψηλά στις πόρτες γυάλινα τζάμια, πριν έρθουν τα μεγάφωνα, ο Μπίελ γυρνούσε στις τάξεις των καινούργιων δασκάλων και κοίταζε από τα τζάμια για να δει αν μπορούσαν να κουμαντάρουν τους μαθητές, αν υπήρχε πρόβλημα, έμπαινε μέσα. Αλλά και τότε χτυπούσε την πόρτα πρώτα.

Η Καταρίνα έκανε να πει κάτι, δεν πρόλαβε, άνοιξαν την πόρτα.

Κανονικά θα μας χώριζαν για ένα διάστημα, ας πούμε για δυο μήνες, αλλά στη δική μας περίπτωση ίσχυαν ειδικές συνθήκες, που επιβάρυναν τη θέση μας.

Μας ανέκριναν τον καθένα χωριστά, μετά μας απομόνωσαν επ' αόριστο. Όρισαν στον καθένα μας το μέρος της αυλής που του αντιστοιχούσε, πήραν τον Άουγκουστ από το δωμάτιό μου και τον πήγαν πίσω στο αναρρωτήριο, όμως στην τάξη πάλι καθόμασταν μαζί, αφού έτσι και αλλιώς δεν μπορούσαμε να μιλάμε στο μάθημα.

Ο Φρέδχοϊ μάς ανέκρινε. Σε μένα είπε ότι του ζήτησαν να μου μεταφέρει την τελευταία προειδοποίηση.

# ΜΕΡΟΣ ΔΕΥΤΕΡΟ

# 1

Χρόνος;

Όπου να 'ναι θα το πω, όμως όχι ακόμα. Ακόμα είναι νωρίς.

Το βήμα απ' όπου ο Μπίελ έβγαζε τους λόγους του ήταν ξύλινο, με κολόνες αρχαίου ελληνικού ρυθμού. Στην καρέκλα ήταν χαραγμένο το: «Εγώ και ο οίκος μου, υπηρετήσωμεν τον Κύριον» και πιο κάτω «Υπό την σκιάν των πτερύγων Σου».

Δηλαδή προστασία και σκοτάδι. Σαν μια κλώσα που μαζεύει τα κλωσόπουλα κάτω από τα φτερά της. Σαν να θέλει να τα προστατεύσει από τα αρπακτικά.

Πάνω από την επιγραφή κρεμόταν το έμβλημα του σχολείου. Τα κοράκια που πρόσεχαν τα πάντα.

Τα κοράκια έδειχναν να κοιτάνε την επιγραφή. Σαν να ήταν αυτά τα αρπακτικά που έτρωγαν με τα μάτια τα κλωσόπουλα.

Στην αρχή δεν καταλάβαινες ούτε τα λόγια ούτε την εικόνα. Μετά σου τα εξηγούσαν και για αρκετό καιρό πίστευες ότι τα καταλαβαίνεις.

Μέχρι που σου ερχόταν η σκέψη ότι το σχολείο φαινόταν να είναι και η κότα που προστατεύει, και ο Θεός, και συγχρόνως και τα αρπακτικά, δηλαδή τα κοράκια, δηλαδή οι μαντατοφόροι του Θεού, που κυνηγούσαν τα κλωσόπουλα.

Κατέληγες να μην καταλαβαίνεις τίποτα.

Πίσω από την έδρα, δηλαδή, πάνω και πίσω από τον Μπίελ όταν μιλούσε, ήταν κρεμασμένος ένας μεγάλος πίνακας του θεού Ντέλλινγκ, που ανοίγει τις πύλες του πρωινού. Ένας νεαρός ανοίγει μια μεγάλη πύλη και πάνω από την έδρα και το δωμάτιο να σου και μπαίνει ένα άσπρο άλογο, ο Σκίνφάξε, το φωτεινό άτι, η εικόνα δείχνει και ένα μαύρο άλογο, τον Ρίμφάξε, τη νύχτα, αυτός πάλι ετοιμάζεται να βγει από την εικόνα.

Αυτό μας το εξήγησε ο Μπίελ. Ήταν μια εικόνα που απεικόνιζε από τη μια την πρωινή προσευχή και από την άλλη τη σοφία και τη γνώση.

Ο άντρας της εικόνας, ο Ντέλλινγκ, ήταν λεπτοκαμωμένος σαν παιδί και σε γενικές γραμμές έμοιαζε με τον Άουγκουστ. Δε σημαίνει βέβαια τίποτα αυτό, σίγουρα η εικόνα δεν παρίστανε αυτόν, ήταν από τον περασμένο αιώνα. Απλώς, μου φάνηκε ότι μοιάζανε, αφότου μας χώρισαν.

Άρα: ανοίγεις την πόρτα και σε πλημμυρίζει η γνώση σαν το φως του ήλιου. Αυτή την εξήγηση σου έδιναν. Άρα η γνώση είναι κάτι που προϋπάρχει. Το μόνο που πρέπει να κάνεις είναι να της ανοίξεις την ψυχή σου.

Η υψηλότερη σφαίρα της γνώσης στο «Ιδιωτικό Σχολείο Μπίελ» ήταν οι θετικές επιστήμες, το ίδιο και στο ορφανοτροφείο, αλλά και στο Χίμελμπιέργκχους, ο ύψιστος βαθμός νοημοσύνης ήταν το ταλέντο στα μαθηματικά.

Ο ίδιος ο Μπίελ είχε κάνει μεταπτυχιακό στη βιολογία, ο Φρέδχοϊ μάς έκανε μαθηματικά και φυσική. Αυτό δε σήμαινε ότι τα άλλα μαθήματα δεν είχαν αξία. Ο Μπίελ πάλι μας έκανε ιστορία και μυθολογία.

Όμως οι θετικές επιστήμες ήταν η υψηλότερη σφαίρα της γνώσης.

Αυτό είχε να κάνει με το ότι οι θετικές επιστήμες δεν επιβαρύνονταν από την ανθρώπινη αβεβαιότητα.

Τα άλλα μαθήματα, ακόμα και η γραπτή έκθεση, αλλά και η προφορική, τα οποία υπάκουαν σε κανόνες που δεν επιδέχονταν αμφισβήτηση, ακόμα και αυτά περιείχαν μια κάποια αβεβαιότητα. Ακόμα και οι πίνακες του Ντίντερικσεν για την κλίση των ρημάτων και των ουσιαστικών δεν ίσχυαν εκατό τοις εκατό.

Όμως το περιοδικό σύστημα δεν είχε εξαιρέσεις. Από τα πιο απλά στοιχεία προχωρούσες σιγά σιγά προς τα πάνω, στα ευγενή, τα πολύπλοκα και τα σπάνια. Σαν να ανέβαινες μια σκάλα, σε κάθε σκαλί αντιστοιχούσε και μια συγκεκριμένη αύξηση του ατομικού βάρους και ένα καινούργιο στοιχείο.

Δε σου το έλεγαν στα ίσια. Όμως δε γινόταν να μη σου περάσει από το μυαλό η ομοιότητα με την εξέλιξη των οργανισμών. Η ανοδική πορεία από τους απλούς, πρωτόγονους οργανισμούς, στους σύνθετους και εξελιγμένους.

Δε σου το έλεγαν στα ίσια. Αλλά έτσι που παριστανόταν στους χάρτες, η συνοπτική ιστορία της εξέλιξης θύμιζε το περιοδικό σύστημα. Κάτω κάτω βρισκόταν το οξυγόνο, το υδρογόνο και οι αμοιβάδες, στην κορυφή βρίσκονταν ο χρυσός και ο άνθρωπος, ανάμεσά τους οι κρίκοι της εξέλιξης, σαν σκαλοπάτια σε μια σκάλα.

Πάνω σ' αυτή τη σκάλα, και ανάμεσά της, κυλούσε ο χρόνος. Τα τελευταία στοιχεία του περιοδικού συστήματος υπήρχαν μόνο στο εργαστήριο και τα είχε παραγάγει ο άνθρωπος. Σαν να χρειάστηκε η εξέλιξη όλο αυτόν το χρόνο για να τα παραγάγει.

Κατά κανόνα, στη φυσική και τα μαθηματικά ασχολείσαι με πράγματα που είναι πολύ μακριά από σένα τον ίδιο. Γιατί είναι ή πολύ μεγάλα ή πολύ μικρά. Όπως τα ατομικά βάρη ή οι μεγάλες αστρονομικές ανακαλύψεις. Μερικές φορές βέβαια η επιστήμη ερχόταν πολύ κοντά σου. Όπως με το λανθάνοντα δαρβινισμό, τη χρυσή τομή της βίας και το νόμο της κεφαλαιώδους σημασίας της αρχής.

Για τις μεγάλες επιστημονικές ανακαλύψεις ο Φρέδχοϊ είχε πει ότι έγιναν από μεγάλες διάνοιες στα μαθηματικά και τη φυσική, πριν αυτοί οι άνθρωποι κλείσουν τα τριάντα. Αυτό το επαναλάμβανε συχνά, το αγαπημένο του παράδειγμα ήταν ο Αϊνστάιν, ήταν είκοσι πέντε ετών όταν δημοσίευσε τη θεωρία της σχετικότητας, όταν βρισκόταν στο annus mirabilis* της ζωής του, το 1905, έλεγε ο Φρέδχοϊ, αν είναι να κάνεις κάτι στη ζωή σου, κάνε το πριν από τα τριάντα.

Όταν το έλεγε αυτό, δεν μπορούσα να μη σκεφτώ το δικό του γιο, τον Άξελ. Που αν ήθελε να κάνει κάτι στη ζωή του, έπρεπε να βιαστεί. Που ήδη ήταν δεκατριών χρονών και ακόμα δεν είχε πει τίποτα το συγκλονιστικό.

Ο χρόνος και οι αριθμοί.

Η Καταρίνα μού έγραψε γι' αυτούς.

Μου έγραψε για τα πειράματα που γίνονταν. Σαν να μην τα έκανε η ίδια, αλλά να τα έκαναν άλλοι πάνω της.

* Έξοχο έτος. (Σ.τ.Μ.)

# 2

Δυο εβδομάδες αφότου μας χώρισαν, γνωστοποιήθηκε ότι το σχολείο θα κάνει ψυχολογικές εξετάσεις σε περιορισμένο αριθμό παιδιών ανά τάξη. Αυτό ήταν για τους φυσιολογικούς μαθητές. Και επίσης για κάποιους άλλους, που γι' αυτούς ίσχυαν ειδικές συνθήκες και που ήδη έκαναν εξετάσεις ή περνούσαν από έλεγχο.

Η ειδοποίηση στάλθηκε με γράμμα στα σπίτια των μαθητών.

Αν ο μαθητής δεν είχε σπίτι ή δεν μπορούσαν να έρθουν σε επαφή με την οικογένεια, οι μαθητές κάτω των δεκαπέντε δεν προειδοποιούνταν, απλώς μάθαιναν ότι τους ήθελαν για εξετάσεις.

Όσοι ήταν άνω των δεκαπέντε, έπαιρναν οι ίδιοι το γράμμα. Μάλλον έτσι θα το έμαθε η Καταρίνα. Θα της ήρθε γράμμα.

Για το περιεχόμενο των γραμμάτων που έστελνε το σχολείο δε μιλούσε κανείς, ήταν κανόνας. Ωστόσο τίποτα δεν έμενε κρυφό για πολύ καιρό, οι απουσίες από το μάθημα ήταν σπάνιο πράγμα και μόνο αν είχες χαρτί από το σπίτι μπορούσες να απουσιάσεις, τώρα όμως το ένιωθες ότι κάτι μαγειρευόταν, φαινόταν αμέσως ότι καθ' όλα φυσιολογικοί μαθητές απουσίαζαν σε κάποια μαθήματα.

Κυκλοφορούσαν φήμες ότι πήγαιναν στην Έσεν.

Αλλά ήδη πριν διαδοθούν αυτές οι φήμες, εγώ το ήξερα. Η Καταρίνα μού το είχε γράψει.

«Μπινέ Σιμόν;»

Αυτό ήταν το πρώτο γράμμα που μου έστειλε. Μόνο αυτό έλεγε.

Μου το έδωσε ανάμεσα στο ισόγειο και τον πρώτο όροφο, όταν είχε χτυπήσει το κουδούνι για μέσα και εμείς ανεβαίναμε τη σκάλα, ήταν το μόνο μέρος που μπορούσε να μου το δώσει.

Δε λέω ψέματα. Ήταν το μόνο μέρος. Τα τριάντα δευτερόλεπτα από τη στιγμή που φεύγαμε από την αυλή ως τη στιγμή που φτάναμε στο πρώτο πάτωμα, όπου και χωρίζαμε, για να ανέβει εκείνη ψηλότερα, ήταν η μοναδική μας ευκαιρία στο χώρο και το χρόνο.

Υπήρχε και το μεγάλο διάλειμμα. Όμως παραήταν ριψοκίνδυνο.

Άρχιζε από τις έντεκα και σαράντα και τελείωνε στις δώδεκα και τριάντα, στα πρώτα είκοσι λεπτά καθόμασταν στην τάξη και τρώγαμε το σάντουιτς που είχαμε μαζί μας. Μόνο μέχρι την έκτη τάξη μάς επέβλεπε δάσκαλος την ώρα του φαγητού, από την εβδόμη και ύστερα δεν υπήρχε έλεγχος. Έτσι μπορούσαμε να βρεθούμε εκεί.

Όμως δεν το κάναμε, θα μας έβλεπαν, κάποιος θα μας έβλεπε, αργά ή γρήγορα θα μας ανέφεραν.

Στου Μπίελ έπαιρναν τα κουτσομπολιά πολύ στα σοβαρά. Όμως από όλους τους μαθητές ζητούσαν να αναφέρουν σοβαρές ανωμαλίες στο γραφείο ή στον αρμόδιο καθηγητή. Σοβαρές ανωμαλίες ήταν η κλοπή, δηλαδή αν ένας μαθητής έκλεβε από τις τσάντες των άλλων, βανδαλισμοί στις τουαλέτες, το μοναδικό μέρος όπου δεν υπήρχε μόνιμος έλεγχος, κάπνισμα και παραβίαση των κανονισμών του σχολείου, για παράδειγμα, αν κάποιου του είχαν απαγορεύσει να μιλάει με τους άλλους.

Και στο Βασιλικό Ορφανοτροφείο σού ζητούσαν να αναφέρεις τέτοια περιστατικά. Εκεί όμως δεν το κάναμε σχεδόν ποτέ. Τις λίγες φορές που συνέβαινε, τ' άλλα παιδιά περίμεναν λίγο μέχρι να χαλαρώσουν οι δάσκαλοι την επίβλεψή τους και βάζανε το μαρτυριάρη να πηδήξει από την ιτιά στη λίμνη, και δεν τον βγάζανε παρά μόνο όταν κόντευε να πνιγεί.

Στου Μπίελ δεν ίσχυε αυτός ο κανόνας. Οι περισσότεροι μαθητές ήταν από οικογένειες που φρόντιζαν τα παιδιά τους και δεν κινδύνευαν να τους αναφέρει κανείς για κάτι. Ποτέ δεν είχε χρειαστεί να προστατέψουν τον εαυτό τους, όπως κάποιος που είναι στο όριο.

Δε γινόταν αντιληπτό όταν ανέφεραν κάποιον, η καταγγελία ήταν ανώνυμη. Όμως το ένιωθες ότι συνέβαινε πολύ συχνά. Ο Άουγκουστ και η Καταρίνα θα το ένιωθαν και αυτοί, δε μιλούσαμε στο διάδρομο μεταξύ μας.

Έμεινε επίτηδες πίσω, καθώς η τάξη της ανέβαινε τη σκάλα. Δεν μπορώ να πω ότι με ακούμπησε. Όμως ήξερα ότι θα είχα γράμμα.

Περπατούσε πάντα με το κορμί ίσιο, σαν λαμπάδα, ακόμα και όταν ανέβαινε τη σκάλα. Δεν ήμουν πιο κοντός από αυτή, το ήξερα. Ένα χρόνο, έντεκα μήνες και τέσσερις ημέρες μικρότερος, το βρήκα στην επετηρίδα, όμως δεν ήμουν πιο κοντός, μάλλον το αντίθετο θα έλεγα. Τουλάχιστον αν ίσιωνα τον κορμί μου, το δοκίμασα, δεν ένιωθα καλά, ήταν σαν σπασμός, έτσι το έκοψα.

Με προσπέρασε πριν την πάρω για τα καλά είδηση. Φορούσε μαύρο μοντγκόμερι.

Πριν μας χωρίσουν, όταν την είδα στην αυλή με τον Μπίελ, και πιο ύστερα, δε σκεφτόμουν τι ρούχα φορούσε, μονάχα ότι ήταν απίθανα. Αργότερα, τις τελευταίες εβδομάδες, αφού μας είχαν χωρίσει και ίσως να μην ξαναμιλούσαμε ποτέ ο ένας στον άλλο, είδα ότι πιο πολύ φορούσε παλιά ρούχα. Σαν αυτά που φοράνε οι μεγάλοι, αλλά μεταχειρισμένα. Φαρδιές μπλούζες με μπαλώματα στους αγκώνες. Ή το μαύρο μοντγκόμερι.

Μια μέρα είδα ότι κάποια από αυτά τα ρούχα ήταν αντρικά. Τότε κατάλαβα ότι θα ήταν του πατέρα της, ίσως και της μητέρας της. Δεν μπορούσα να μην το σκέφτομαι κάθε φορά που την έβλεπα. Ίσιο περπάτημα με το κορμί λαμπάδα και ρούχα που έπλεαν πάνω της. Τα ρούχα του πατέρα της που κρεμάστηκε. Η δύναμη, αλλά ταυτόχρονα και μια απελπισία. Μια ανεξήγητη αντίφαση.

Ίσως είναι λάθος να πιστεύει κανείς ότι όλες οι αντιφάσεις εξηγούνται.

«Το Μπινέ-Σιμόν;»

Το είχε γράψει πάνω πάνω σ' ένα χαρτάκι, από κάτω είχε χώρο για την απάντηση.

Έγραψα: «Ναι».

Πέρασαν δυο μέρες μέχρι να μπορέσω να της το δώσω πίσω. Πήγα από πίσω της καθώς ανεβαίναμε τη σκάλα και το έχωσα στην τσέπη του μοντγκόμερι. Κανείς δεν το είδε. Στην αρχή πίστεψα ότι δεν το πήρε είδηση. Μετά όμως έπιασε με το ένα χέρι τα μαλλιά της, τα έβγαλε από το πουλόβερ και τα άφησε να πέσουν στην πλάτη της. Κατόπιν μου έκανε νόημα. Με το ίδιο χέρι που άγγιξε τα μαλλιά της, μου έκανε νόημα και μάλιστα χωρίς να γυρίσει το κεφάλι.

Πέρασαν δυο μέρες μέχρι να μου απαντήσει. Η απάντηση ήταν μια άλλη ερώτηση. Την είχε γράψει στο ίδιο χαρτάκι, κάτω από το δικό μου «Ναι», είχε γράψει: «Γιατί δεν επιτρέπεται να το δούμε;»

Πιο πριν δεν είχα γράψει ποτέ σε κανένα. Είδα άλλους που το έκαναν, όμως ποτέ δε συμμετείχα ο ίδιος.

Μερικοί έδιναν γράμματα ο ένας στον άλλο στο μάθημα. Ίσως επειδή δεν άντεχαν να περιμένουν, ίσως γιατί είναι δύσκολο να βρεις μέρος που να μην επιτηρείται, ίσως γιατί βαριόντουσαν. Εγώ επίτηδες απέφευγα να δω τι γράφανε.

Ένα από αυτά το βρήκε ο Φρέδχοϊ. Δεν τιμωρήθηκε αυτός που το έγραψε. Αντί γι' αυτό ο Φρέδχοϊ διάβασε το γράμμα στην τάξη. Ήταν ραβασάκι, ντρεπόσουν, αν και δεν ήταν δικό σου, σου ερχόταν να σαπίσεις στο ξύλο αυτόν που το έγραψε. Γι' αυτό ήμουν ανήσυχος τώρα. Ωστόσο της απάντησα.

«Γιατί δεν επιτρέπεται να το δούμε;»

Έκανε αυτό που είχαν κάνει και άλλοι. Είχε βρει το «Μπινέ-Σιμόν» στην καρτελοθήκη του σχολείου, μπορούσες να τη συμβουλευτείς ελεύθερα στη βιβλιοθήκη, ήταν σαν να σε προέτρεπαν να τη χρησιμοποιήσεις. Περιλάμβανε πλήρη κατάλογο των βιβλίων και των εντύπων του σχολείου. Στην καρτέλα υπήρχε η ίδια ένδειξη όπως και στο Μπουντρούμι: «Δεν επιτρέπεται η πρόσβαση».

Το «Μπινέ-Σιμόν» ήταν ένα τεστ νοημοσύνης, το πιο διαδεδομένο στη Δανία, ίσως και σ' όλη την Ευρώπη. Ήταν γαλλικό, αλλά προσαρμοσμένο στα δανέζικα πρότυπα. Στην πρώτη σελίδα έγραφε: «Πρότυπη Δανική Προσαρμογή των Τεστ Νοημοσύνης Μπινέ-Σιμόν, από τη Μαρί Κίρκελουντ και τη Σοφίε Ρίφμπιεργκ. Με τροποποιήσεις και επιλογές, 1943».

Από κάτω έγραφε: «Τα παραπάνω τεστ είναι εμπιστευτικού χαρακτήρα. Η δημοσίευση ολοκλήρων ή μέρους αυτών απαγορεύεται».

Γι' αυτό η καρτέλα έγραφε: «Δεν επιτρέπεται η πρόσβαση».

Αυτό το ήξερα, γιατί μου το είχαν κάνει μερικές φορές.

Η δεύτερη φορά ήταν όταν ήρθαν από τη διεύθυνση κοινωνικής πρόνοιας του Ώρχους να μου κάνουν τεστ για να δουν αν ήμουν κατάλληλος να δώσω εξετάσεις για να μπω στο Μπουντρούμι.

Στο Μπουντρούμι σε παίρνανε μόνο αν δεν είχες πατέρα, εγώ ούτε μητέρα δεν είχα, και αν ήσουν κατάλληλος για σχολική μόρφωση, μέχρι τότε στο Χίμελμπιέργκχους δεν ήταν κανείς, και έτσι, όταν το ανέφεραν στη διεύθυνση κοινωνικής πρόνοιας, ήρθαν οι ίδιοι να το ελέγξουν, είχαν μαζί τους και το «Μπινέ-Σιμόν».

Μου το είχαν κάνει μερικά χρόνια πριν. Είχε σχέση με τις πρώτες προσπάθειες που έκανα να το σκάσω, τότε μου είχαν κάνει το τεστ. Δεν είχε καταχωριστεί στο μητρώο μου.

Έτσι ήξερα το τεστ εκ των προτέρων. Όταν λοιπόν εκείνοι είχανε πάει να φέρουν ένα χρονόμετρο και εγώ τους περίμενα στο γραφείο, άνοιξα την τσάντα τους. Δεν είχαν βγει ακόμα οι κλειδαριές ασφαλείας, η κλειδαριά ήταν απλή, έλπιζα να προλάβω να μάθω απέξω μερικές από τις σωστές απαντήσεις, ήταν απόλυτη ανάγκη να φύγω από εκεί.

Γύρισαν λίγο αργότερα, δεν πρόλαβα να μάθω τίποτα, όμως πρόλαβα να δω το εξώφυλλο.

Αργότερα μου κάνανε το «Μπινέ-Σιμόν» στο Μπουντρούμι και στην Έσεν. Ίσως δεν ήξεραν ότι το γνώριζα, ίσως σκέφτηκαν ότι και να το ήξερα δεν έτρεχε και τίποτα, αφού υπήρχαν εξετάσεις για κάθε ηλικία, έτσι που κάθε χρόνο να σου κάνουν καινούργιες ερωτήσεις που να μην τις ξέρεις.

Μερικά από αυτά προσπάθησα να τα γράψω στην Καταρίνα.

Μου έπαιρνε πολύ χρόνο να της γράψω, δεν ήμουν συνηθισμένος σ' αυτό, και ήταν δύσκολο να το κάνω χωρίς να με βλέπουν, το έκανα τη νύχτα. Προσπάθησα να γράψω με απόλυτη ακρίβεια, όμως παρ' όλα αυτά ένιωθα, θαρρείς, άσχημα που έβλεπα τα γράμματά μου κάτω απ' τα δικά της. Μετά από λίγο καιρό σταμάτησα και απαντούσα μονάχα σε ό,τι με ρωτούσε.

Εκείνη συνέχισε να με ρωτάει για τα τεστ.

Στο Μπουντρούμι είχαν αρχίσει να δίνουν στους μαθητές τα αποτελέσματα των τεστ λίγο μετά από τότε που ήρθα εγώ, το 1968. Μέχρι τότε τα κρατούσαν μυστικά, εσύ έλυνες τις ασκήσεις και ήξερες ότι σε βαθμολογούσαν, όμως δε μάθαινες ποτέ τίποτα.

Όταν πέρασε μισός χρόνος από τότε που πήγα εκεί, άρχισαν να μας δίνουν τα αποτελέσματα. Τότε ήταν που μου επιτράπηκε να λάβω μερική γνώση του μητρώου μου. Μου εξήγησαν ότι ήταν μέρος μιας νέας παιδαγωγικής μεθόδου.

Το αποτέλεσμα που έδιναν ήταν ένας αριθμός και ένας χαρακτηρισμός. Διαφορετικός από εξέταση σε εξέταση. Το «Μπινέ-Σιμόν» σού έλεγε πόσο τοις εκατό κάτω από τον εθνικό μέσο όρο ήταν η ευφυΐα σου. Στο τεστ ομιλίας και γλώσσας του Γιέσεν σού λέγανε τι ικανότητες είχες στην ανάγνωση, είχαν εκεί κασετόφωνο, το έβαζαν μπρος και μετά γράφανε τι είχες πει, μετρούσαν πόσες παύσεις είχες κάνει και υπολόγιζαν πόσο μεγάλες λέξεις χρησιμοποιούσες, μ' αυτό υπολόγιζαν πόσο πολύπλοκη ήταν η γλώσσα που χρησιμοποιούσες, όσο λιγότερες παύσεις έκανες και όσο μακρύτερες λέξεις χρησιμοποιούσες, τόσο πιο μεγάλη ήταν η ικανότητά σου στην ανάγνωση. Στις πρότυπες εξετάσεις στη νοερή ανάγνωση, που τις έκανε το Παιδαγωγικό Ινστιτούτο Δανίας, μετρούσαν πόσα λάθη έκανες και πόσο γρήγορα διάβαζες, έτσι έπαιρνες δυο βαθμούς που μπορούσες να τους συγκρίνεις με τον εθνικό μέσο όρο στην αντίστοιχη ηλικία.

Στο Μπουντρούμι δε μιλούσαμε ποτέ για τις εξετάσεις, αλλά μόνο για τα αποτελέσματα.

Η Καταρίνα στα γράμματά της δεν έγραψε ποτέ για τα δικά της αποτελέσματα, ούτε μια φορά. Έγραφε για τα ίδια τα τεστ.

Έγραψε: «Σου βάζουν χρόνο σε όλα;»

Αυτό μπορούσα να της το επιβεβαιώσω. Στο «Μπινέ-Σιμόν» υπήρχαν έξι εξετάσεις για κάθε ηλικία, στις τρεις τελευταίες σού έβαζαν χρόνο, σου δίνανε δέκα λεπτά ή ένα τέταρτο για να διαβάσεις μια ιστορία, τον «Τζίτζικα», για παράδειγμα, έπρεπε να συμπληρώσεις τις συλλαβές που έλειπαν, αλλά και στις προηγούμενες τρεις ασκήσεις, που δεν έπαιρναν τόσο πολύ χρόνο, πρόσεχαν πάντα το ρολόι. Στο Χίμελμπιέργκχους και στο Μπουντρούμι είχανε ένα ειδικό ρολόι ψυχολόγου στην αίθουσα εξετάσεων, μεγάλο, ίδιο στιλ με αυτά που έχουν στα ποδοσφαιρικά γήπεδα, το έβαζαν μπρος όταν άρχιζε η εξέταση, το γυρίζανε από την άλλη έτσι που να μην το βλέπεις, μόνο ο ψυχολόγος μπορούσε να το δει. Η Έσεν είχε στο ρολόι της χρονόμετρο, μου πήρε κάποιο χρόνο να το καταλάβω, μπορούσε να το βάλει μπρος, να το σταματήσει και να βλέπει την ώρα, χωρίς εσύ να το βλέπεις σχεδόν καθόλου.

Στο τεστ ομιλίας και γλώσσας του Γιέπσεν είχες δυο λεπτά για να περιγράψεις μια εικόνα. Στις πρότυπες εξετάσεις στην ανάγνωση ο χρόνος ήταν ανάλογος με την τάξη που ήσουν.

Αυτό της έγραψα για απάντηση. Και ακόμα της ζήτησα να καταστρέψει το χαρτάκι, το ίδιο γράφαμε συνέχεια, αυτό που είχε γράψει τώρα θα σήμαινε το τέλος, αν το βρίσκανε εκείνοι.

Το δείκτη ευφυΐας τον υπολόγιζαν από το «Μπινέ-Σιμόν». Άρχιζαν με εξετάσεις σε επίπεδο λίγο πιο κάτω από την ηλικία σου και μετά έκανες ασκήσεις ολοένα και μικροτέρων ηλικιών μέχρι να τις λύσεις όλες. Κατόπιν σου βάζανε ασκήσεις ολοένα και μεγαλύτερων ηλικιών, μέχρι που να μην μπορείς πια να τις λύσεις. Έτσι υπολόγιζαν την ηλικία της ευφυΐας σου. Η Έσεν είχε βγάλει τη δική μου 12,9, δηλαδή ένα χρόνο και ένα μήνα μικρότερη από την πραγματική μου ηλικία. Τον αριθμό αυτόν τον διαιρούσαν με την πραγματική μου ηλικία και μετά τον πολλαπλασίαζαν επί 100. Δηλαδή ηλικία ευφυΐας διά της πραγματικής ηλικίας επί 100, ίσον ευφυΐα. Η δική μου ήταν λίγο πιο πάνω από το 92, δηλαδή φυσιολογική. Από 90 έως 110 είχες φυσιολογική ευφυΐα.

Το όριο για να σε πάρουν από το Χίμελμπιέργκχους ήταν 75. Αν είχες δείκτη κάτω του 75, αλλά πάνω από το 72, πήγαινες σε κέντρο προσαρμογής παιδιών με μαθησιακές δυσκολίες. Αν είχες κάτω από 72, σε αναλάμβανε η μέριμνα διανοητικά καθυστερημένων παιδιών και πήγαινες σε φρενοκομείο.

Πάντοτε λοιπόν σύγκριναν τα αποτελέσματα με το χρόνο. Έτσι προέκυπτε ένας καινούργιος αριθμός που ήταν το μέτρο της ευφυΐας. Ένας αριθμός που έβγαινε από μετρήσεις, άρα ήταν αντικειμενικός. Το μόνο που έκανε ο ψυχολόγος ήταν να βάλει τους μαθητές να διαβάσουν και να απαντήσουν σε ερωτήσεις, να τα γράψει όλα σε κασέτα, να βάλει μπρος το χρονόμετρο, να μετρήσει και να συμβουλευτεί το βαθμολογικό πίνακα. Όλα καθαρά και ξάστερα. Το αποτέλεσμα σε γενικές γραμμές δεν επηρεαζόταν από την ανθρώπινη αβεβαιότητα.

Ήταν σχεδόν επιστημονικό.

Πέρασε μια εβδομάδα χωρίς γράμμα.

Το απόγευμα, στην ελεύθερη ώρα, κατέβαινα στο πάρκο, κοντά στην αυλόπορτα, και έβλεπα τα αυτοκίνητα που περνούσαν. Μερικά είχαν μέσα παιδιά που πήγαιναν σπίτι μαζί με τους γονείς τους. Από την αυλόπορτα φαινόταν η πτέρυγα των κοριτσιών στο βοηθητικό κτίριο.

Εκτός από αυτό δεν έκανα τίποτα άλλο, παρά καθόμουν στο δωμάτιό μου, σε μια γωνιά, με σβηστό το φως. Ένιωθα λίγο σαν άγριο ζώο στη σπηλιά του, σαν αλεπού.

Σκεφτόμουν τον Άουγκουστ και την κουζίνα, παρόλο που τον είχαν πάρει από μένα και δεν ήμουν πια υπεύθυνος γι' αυτόν. Μια νύχτα πήγα στο αναρρωτήριο. Η πόρτα ήταν κλειδωμένη. Κιχ δεν ακουγόταν. Στα μαθήματα ήταν αδύνατο να του μιλήσω, μας είχαν υπό αυστηρή επιτήρηση.

Ήρθε ένα γράμμα από εκείνη. Δεν ήταν δικά της λόγια. Παρέθετε κομμάτια κατευθείαν από το «Μπινέ-Σιμόν», μάλλον θα τα είχε μάθει απέξω, απλώς και μόνο διαβάζοντάς τα. «Ένας τζίτζικας, που όλο το καλοκαίρι τραγουδούσε χαρούμενα, το χειμώνα πέθαινε της πείνας. Πήγε λοιπόν σε κάτι μυρμήγκια που έμεναν εκεί κοντά και τα παρακάλεσε να του δώσουν λίγα τρόφιμα από αυτά που είχαν μαζέψει για το χειμώνα. "Τι έκανες το καλοκαίρι;" "Τραγουδούσα μέρα νύχτα", απάντησε ο τζίτζικας. "Τραγουδούσες, ε;" είπαν τα μυρμήγκια. "Τότε λοιπόν χόρεψε τώρα"».

Από κάτω είχε γράψει: «Ποιο είναι το δίδαγμα;»

Βαθιά ερώτηση. Έδειχνε πως εκείνη είχε υπολογίσει ότι αυτή η άσκηση ήταν του επιπέδου των δεκατεσσάρων χρόνων και σίγουρα μου την είχαν βάλει κι εμένα. Δηλαδή χρησιμοποίησε αυτά που της είχα γράψει και ανακάλυψε το σύστημα που κρυβόταν πίσω από το «Μπινέ-Σιμόν».

Όταν μου είχαν βάλει εμένα αυτή την ιστορία, παρά λίγο να απαντούσα ότι το δίδαγμα ήταν πως τα μυρμήγκια δεν ήταν πρόθυμα να βοηθήσουν. Όμως αυτό δεν ταίριαζε με τις υπόλοιπες ασκήσεις. Κοίταξα λοιπόν την Έσεν και είπα ότι το δίδαγμα είναι να δουλεύεις όσο είναι καιρός.

Το είχα δει στο πρόσωπό της ότι αυτή ήταν η σωστή απάντηση.

Από το γράμμα της Καταρίνα κατάλαβα, διαβάζοντας ανάμεσα στις αράδες, ότι κι εκείνη παρά λίγο να απαντήσει λάθος. Γι' αυτό μου το είχε στείλει. Το ήξερε ότι και οι δυο μας παρά λίγο να είχαμε απαντήσει λάθος. Το ήξερα ότι τα γράμματά μας ήταν μέρος του πειράματός της με το χρόνο. Ότι προσπαθούσε να καταλάβει. Ότι ήταν σαν να ήμασταν στο εργαστήριο όταν γράφαμε γράμματα. Παρόλο που μας εμπόδιζαν να μιλήσουμε ο ένας στον άλλο.

Όταν έπαιρνα γράμμα και έπρεπε να απαντήσω, ήταν πιο εύκολο να σηκωθώ το πρωί. Όταν της έγραφα, καταλάβαινα πράγματα που πριν δεν είχα καταλάβει. Μου προκαλούσαν έκπληξη οι ίδιες μου οι απαντήσεις.

Κατά κάποιον τρόπο, αυτό προσπαθώ από τότε.

Αργότερα μου επιτράπηκε η πρόσβαση στο «Μπινέ-Σιμόν». Το δανείστηκα από τη Σχολή Παιδαγωγικών Επιστημών της Δανίας στην οδό Έμντρουπβάι 101, υπάρχει στον κατάλογο των τεστ που έχουν, το χρησιμοποιούν ακόμα.

Στον πρόλογο λέει ότι «αν κάθε περίπτωση μαθησιακής δυσκολίας αναγνωριζόταν εγκαίρως και το παιδί ή ο νέος θεραπευόταν σύμφωνα με το αποτέλεσμα που προκύπτει από την ψυχολογική εξέταση, ο αριθμός των ελαττωματικών παιδιών που διαπράττουν παραβάσεις των κανονισμών, θα μειωνόταν αμέσως».

Ακόμα και σήμερα απαγορεύεται να παραθέτει κανείς αποσπάσματα από αυτό το τεστ. Παρ' όλα αυτά, εγώ το κάνω. Και δεν έχω κακό σκοπό.

Ήθελαν να βοηθήσουν. Το λέει ξεκάθαρα στον πρόλογο του «Μπινέ-Σιμόν», όμως το ξέραμε ήδη από τότε. Ήθελαν να βοηθήσουν τα παιδιά και την κοινωνία. Εντοπίζοντας τα παιδιά με μαθησιακές δυσκολίες ή αυτά που ήταν στ' αλήθεια καθυστερημένα, και στέλνοντάς τα σε κέντρα προσαρμογής ή ιδρύματα για να βρουν εκεί τη φροντίδα που είχαν ανάγκη. Αυτή ήταν η σκέψη τους. Να βοηθήσουν τα θύματα της εξέλιξης. Περίμεναν όπως ο Μπίελ κάτω από την αψίδα της πύλης. Για να βρουν αυτούς που ήταν κοντά στο όριο και δεν μπορούσαν να τελειώσουν το τεστ εγκαίρως και να τους βοηθήσουν να ανέβουν ψηλότερα. Ήθελαν να τους πάρουν κάτω από τις φτερούγες τους.

Από την άλλη πάλι, αυτοί οι ίδιοι ήταν και τα κοράκια. Εδώ υπάρχει αντίφαση, δεν μπορώ να το εξηγήσω.

Πίστευαν ότι ήταν μεγάλη βοήθεια για τα παιδιά το να βαθμολογούνται.

Το ίδιο μάλλον πιστεύουν και σήμερα, είναι μια αντίληψη αρκετά διαδεδομένη στην κοινωνία. Ότι δηλαδή είναι καλό να βαθμολογείται κανείς.

Είχα πάει με το παιδί στην παιδική χαρά, τώρα συμβαίνει πιο συχνά να βρίσκομαι μόνος μαζί της, συνήθως βγαίνουμε έξω.

Όταν βρίσκομαι σε κίνηση ή σε μια παιδική χαρά, νιώθω ότι κάνω κάτι καλό γι' αυτή. Όταν είμαι σπίτι και δεν ξέρω τι να κάνω, τότε έρχεται και με κυριεύει ο φόβος, τότε νιώθω πολύ καλά πόσο ανεπαρκής είμαι.

Ήμασταν στην παιδική χαρά, εκείνη περπατούσε πάνω σε κάτι σιδερένιες τραβέρσες. Στεκόταν περίπου ένα μέτρο πάνω από τη γη. Από εκεί μου φώναξε.

«Κοίταξέ με».

Δεν απάντησα εγώ, δεν πρόλαβα. Ήταν μια ξένη γυναίκα, που κι αυτή ήταν εκεί με το παιδί της.

«Μπράβο σου, κορίτσι μου», είπε.

Δεν πρόλαβα να σκεφτώ. Είχα σηκωθεί και ήμουν έτοιμος να πάω να της σπάσω τα μούτρα. Μετά θυμήθηκα ότι ήταν μητέρα ενός μικρού παιδιού και ότι ήταν γυναίκα, κατάλαβα ότι παρά λίγο να πάθω υποτροπή.

Κάθισα κάτω, όμως έτρεμα για πολλή ώρα ακόμα.

Το παιδί είχε ζητήσει να το προσέξουν. Το μόνο που είχε ζητήσει ήταν να τη δουν. Όμως βαθμολογήθηκε: «Μπράβο σου, κορίτσι μου».

Δε λέω ότι είναι κακό να βαθμολογεί κανείς τους άλλους. Απλώς είναι επειδή μου έκαναν τόσα πολλά τεστ. Στο τέλος δεν μπορείς να το σκεφτείς διαφορετικά.

Ίσως δεν το βλέπεις τόσο καθαρά, αν μπορείς πάντα να κάνεις λίγο πολύ αυτό που σου ζητάνε. Ίσως το βλέπεις καλύτερα, αν σε όλη σου τη ζωή ξέρεις ότι θα είσαι πάντα στο όριο.

Το τελευταίο γράμμα της Καταρίνα έγραφε για τα μάτριξ του Ρέιβεν. Δεν μπορούσα να τη βοηθήσω μ' αυτά, ήταν για παιδιά με πολύ υψηλό δείκτη ευφυΐας. Είχα ακούσει να μιλάνε γι' αυτά, όμως δεν τα είχα δει ποτέ.

Πρόλαβα να λάβω αυτό το γράμμα, όμως όχι και να απαντήσω, έγινε στην εκκλησία. Εκεί που μας βρήκανε και πήρανε και το γράμμα. Από τότε μας χώρισαν τελείως.

# 3

Είχαμε τέσσερις υποχρεωτικές λειτουργίες το χρόνο, τη Σαρακοστή των Χριστουγέννων, τα Χριστούγεννα, την Κυριακή του Πάσχα και την Πεντηκοστή. Μας συνόδευε στην εκκλησία ο δάσκαλος που είχαμε την προηγούμενη ώρα, είχαμε τον Φλάγιε Μπίελ στην αριθμητική.

Συνήθως κάναμε πράξεις και καθόμασταν φρόνιμα, ήταν ώρες ηρεμίας.

Όμως είχε σημασία να έχουμε τάξη και να κρατάμε το χαρτί όταν θέλαμε να σβήσουμε, έτσι που να μην τσαλακώνεται. Αυτή ήταν η αδυναμία του.

Ήταν γνωστός για την ευαισθησία του. Όταν είχε δείρει κάποιον μαθητή που δεν είχε τάξη στο τετράδιό του, συχνά δεν μπορούσε να συνεχίσει το μάθημα, αλλά καθόταν για όλη την υπόλοιπη ώρα στην έδρα με σκυμμένο το κεφάλι.

Είχα προσπαθήσει να εξηγήσω στον Άουγκουστ τη σημασία που είχε η τάξη, πριν χωριστούμε. Εκείνος δε σήκωνε κουβέντα.

«Η καταστροφή της Ιερουσαλήμ», έλεγε, «αυτό μου λέει και εκείνη. Κοιμάμαι στην τραπεζαρία, σ' έναν καναπέ που ανοίγει και γίνεται κρεβάτι, όταν πηγαίνω σπίτι. Όταν κοιμούνται, ζωγραφίζω. Μερικές φορές μού πέφτουν μπογιές στο πάτωμα. Μόνο έναν τόσο δα λεκέ να βρει, βάζει τα κλάματα. Λέει ότι είναι η καταστροφή της Ιερουσαλήμ. Για έναν τόσο δα λεκέ. Ενώ για άλλα πράγματα δεν την είδα ποτέ να κλαίει».

Δεν είχα δοκιμάσει ξανά, για να μην τον προσβάλω. Όμως νομίζω ότι προσπάθησε να βελτιωθεί. Όπως όταν γέμισε το φόντο.

Όμως όχι όσο θα έπρεπε, ο Φλάγιε ήταν κατακόκκινος όταν μπήκε στην τάξη. Κουβαλούσε τη στοίβα με τα τετράδια που είχε διορθώσει, τα άφησε να πέσουν πάνω στην έδρα και πήρε αυτό που βρισκόταν πάνω πάνω. Ύστερα κατέβηκε και προχώρησε προς το θρανίο μας. Σίγουρα θα τον είχαν προειδοποιήσει να κρατάει απόσταση ασφαλείας από τον Άουγκουστ, αλλά είχε θυμώσει τόσο πολύ που ξεχάστηκε.

«Χάλι μαύρο», είπε, δυσκολευόταν να μιλά.

Χτύπησε τον Άουγκουστ με το τετράδιο, από δεξιά προς τα αριστερά, και το κεφάλι του Άουγκουστ πήγαινε στο πλάι, και μετά τον χτύπησε από την άλλη και το κεφάλι γύρισε στη θέση του. Συνέχισε λίγο ακόμα. Ποτέ δε σε άγγιζε, αλλά σε χτυπούσε πάντα με το δικό σου τετράδιο, που είχε δώσει την αφορμή με την ακαταστασία του.

Τα χτυπήματά του δε συγκρίνονταν με αυτά του Μπίελ ή της Κάριν Έροε. Όμως ήταν αποτελεσματικά, γιατί το τετράδιο ήταν σαν να μάκραινε το χέρι του. Και συγχρόνως η ταπείνωση ήταν μεγαλύτερη, επειδή δε σε άγγιζε.

Μετά πέταξε το τετράδιο στο πάτωμα.

Πρώτη φορά ο Άουγκουστ έτρωγε ξύλο στο σχολείο. Όταν το τετράδιο έπεσε στο πάτωμα, εκείνος σηκώθηκε αστραπιαία.

Μερικοί άνθρωποι δεν έμαθαν ποτέ να τρώνε ξύλο. Δεν είχε τόση σχέση με το αν μεγάλωσαν σε ιδρύματα ή σε οικογένεια, αλλά πιο πολύ με το αν τις έτρωγαν από τα γεννοφάσκια τους και είχαν καταλάβει ότι το καλύτερο ήταν να σκέφτεσαι ότι θα το δεχτείς και θα περάσει.

Ο Άουγκουστ δε θα το μάθαινε ποτέ αυτό, το ήξερα απ' την αρχή. Όταν ο Φλάγιε τον χτύπησε για πρώτη φορά, το σώμα του σφίχτηκε, το κεφάλι του πήγε κι ήρθε, αλλά το σώμα του έμεινε αλύγιστο. Πήγα και στάθηκα πίσω του, προαισθάνθηκα τι θα γινόταν.

Πήγε να αρπάξει τα δάχτυλα του Φλάγιε, κρέμονταν στον αέρα από τη στιγμή που είχε πετάξει το τετράδιο. Άρπαξε τα δυο ακριανά δάχτυλα του αριστερού του χεριού, αλλά δεν πρόλαβε να τα σπάσει. Έβαλα τους δυο μου αντίχειρες έναν σε κάθε του μάτι και τον τράβηξα πίσω. Δεν έβγαλε άχνα, το σώμα του ήταν σκληρό σαν ξύλο. Μετά τον έβαλα να καθίσει στο θρανίο. Ο Φλάγιε στεκόταν και κοίταζε τα δάχτυλά του, δεν είχε καταλάβει τι είχε γίνει.

Μετά από αυτό, το μάθημα διακόπηκε. Ο Φλάγιε έφυγε από την τάξη, το είχε ξανακάνει, δεν έδειχνε ότι θα πήγαινε στο γραφείο να αναφέρει το περιστατικό, ο Άουγκουστ ήταν καινούργιος στην τάξη, ο Φλάγιε θα το είχε καταλάβει ότι είχε παραφερθεί. Όμως η ευαισθησία του τον πίεζε να πάει.

Πήρα τον Άουγκουστ έξω στο διάδρομο, δεν υπήρχε κανείς εκεί, όλες οι τάξεις είχαν μάθημα. Τον άφησα να πηγαίνει τοίχο τοίχο.

«Έπαψες να τρως», είπα.

Το έβλεπα εδώ και πολύ καιρό, όμως δεν έλεγα τίποτα.

«Δοκιμαστικά», είπε εκείνος. «Εδώ σ' αυτό το σχολείο με έχουν δοκιμαστικά, δε θα τα καταφέρω».

Δεν είχαμε μιλήσει γι' αυτό πρωτύτερα.

Τον ρώτησα πόσο καιρό θα κρατούσε η δοκιμαστική περίοδος.

«Δε μου είπαν», είπε, «πήραν κάποιες αποφάσεις για μένα, αυτό είπανε, αλλά δεν είπαν τι σόι είναι αυτές».

Είχαμε δεκατέσσερις μέρες να μιλήσουμε, ένιωθα ότι έπρεπε να εκμεταλλευτούμε την ευκαιρία όσο είχαμε χρόνο και δεν είχε κόσμο στο διάδρομο. Τον ρώτησα τι ήθελαν να του πουν με όλα αυτά που του είπαν, τι έπρεπε να κάνει;

«Να φέρομαι καλά», είπε. «Είπαν ότι η περίοδος αυτή είναι δοκιμαστική, ότι είναι ευκαιρία να αποδείξω πως μπορώ να φέρομαι καλά».

«Πού θα σε πάνε, αν κάτι στραβώσει;»

«Πίσω στο Σάντμπιεργκορντ».

Δεν μπόρεσα να ρωτήσω περισσότερα. Ήρθε και μας πήρε η καινούργια επιθεωρήτρια και μας συνόδευσε στην εκκλησία. Θα είχε στείλει ο Φλάγιε να τη φωνάξουν.

Δεκατέσσερις μέρες νωρίτερα είχαν φτιάξει ένα καινούργιο δωμάτιο στο τμήμα των κοριτσιών, είχαν έρθει τεχνίτες. Εκείνη ήρθε λίγες μέρες πιο ύστερα. Την καλωσορίσαμε στην πρωινή προσευχή, είπαν ότι μέσα στα καθήκοντά της περιλαμβανόταν και η προσωρινή επίβλεψη στο τμήμα των κοριτσιών στο βοηθητικό κτίριο, όπως έκανε ο Φλάκενταμ με τα αγόρια. Ήταν η πρώτη φορά που είπαν ότι η εποπτεία του Φλάκενταμ ήταν προσωρινή.

Περισσότερα δεν είπαν.

Η εκκλησία ήταν ακριβώς μόλις έβγαινες από το πάρκο.

Ήμασταν ήδη μέσα στην εκκλησία, η Καταρίνα ξεπρόβαλε μπροστά μας, ξαφνικά βρέθηκε δίπλα στον Άουγκουστ, προχώρησε πίσω του και έβαλε κάτι στην τσέπη μου. Ήταν το γράμμα. Δε θα το διάβαζα επιτόπου, αλλά είχα καιρό να μάθω νέα της και ένιωθα κρυμμένος ανάμεσα σε τόσο κόσμο, το ξεδίπλωσα αμέσως. Ήταν πολύ σύντομο, ρωτούσε για τα μάτριξ του Ρέιβεν.

Σήκωσα το κεφάλι μου και την κοίταξα.

«Ο Άουγκουστ είναι εδώ δοκιμαστικά», είπα, «δεν ξέρει για πόσο καιρό, δεν ξέρει τι αποφάσεις έχουν πάρει γι' αυτόν, δε θα τα βγάλει πέρα, μέρα με τη μέρα χειροτερεύει, τι μπορούμε να κάνουμε;»

«Το μητρώο του», είπε εκείνη.

Ήμασταν σφιγμένοι ο ένας πάνω στον άλλο, γιατί όλοι οι άλλοι μάς έσπρωχναν, αλλά και για να μη μας δει κανείς.

«Εκεί θα λέει αν πήραν κάποιες αποφάσεις», είπε εκείνη. Τη στιγμή που το είπε αυτό, ήταν εκεί ο Φρέδχοϊ.

Εγώ έπρεπε να τον είχα δει, ήμουν ο μόνος που τον ήξερε κάπως καλύτερα. Όμως ξεχάστηκα και εκείνος ήταν πάντα πολύ γρήγορος, αόρατος, και ερχόταν ξαφνικά, χωρίς να τον περιμένεις.

Πήρε το γράμμα από τα χέρια μου. Μετά πήρε εμένα και την Καταρίνα και μας έβαλε τον καθένα στη θέση του, και ύστερα έφερε τον Άουγκουστ. Δεν πήγε ολόισια πάνω του, αλλά έκανε κύκλο και ήρθε από πίσω του, τον έπιασε από τον καρπό του χεριού του, τον έφερε στη σειρά που βρισκόταν μπροστά μου και τον έβαλε να καθίσει δίπλα του. Κανείς δεν πήρε είδηση τίποτα, όλα έγιναν όμορφα, ήσυχα και φυσιολογικά, σαν να έδειχνε στον καθένα τη θέση του.

Θα μπορούσε να μας βγάλει έξω επιτόπου, όμως δεν το έκανε. Αντί γι' αυτό μας έβαλε και καθίσαμε στις θέσεις μας, και η λειτουργία άρχισε σαν να μην είχε συμβεί τίποτα.

Ενώ εμείς καθόμασταν και ξέραμε ότι όλα είχαν τελειώσει.

Ο Φρέδχοϊ ήξερε ότι τώρα έπρεπε να αφήσει να μας βρει η Συντέλεια του Κόσμου. Όμως είχε τη δύναμη να καθίσει στη θέση του, σαν να μην είχε συμβεί τίποτα, και να αφήσει τη λειτουργία να αρχίσει, τη δύναμη να κάνει αυτή την παύση που μιλούσε από μόνη της.

Τώρα μπορούσες να κάθεσαι και να βλέπεις τους άλλους. Να σκέφτεσαι ότι αν σεβόσουν τους κανονισμούς του σχολείου και δεν πρόδινες την εμπιστοσύνη που σου είχαν δείξει, θα μπορούσες να κάθεσαι και να ψέλνεις όπως αυτοί. Και έτσι να είσαι ακόμα στο όριο, αντί χαμένος από χέρι, όπως τώρα.

Αυτό μπορούσες να κάθεσαι και να σκέφτεσαι. Αυτόν το σκοπό είχε η παύση.

Υπήρχε και άλλος λόγος. Το ότι μπορούσαν να περιμένουν οφειλόταν στο ότι το κακό είχε γίνει και μας είχαν εντοπίσει. Κάπου υπήρχε μια οργή και μια αντιπάθεια για μας, τόσο μεγάλη, που μπορούσε να περιμένει. Αυτή η οργή δεν ήταν του Φρέδχοϊ ούτε καν του Μπίελ, ήταν κι αυτοί άνθρωποι και ξεχνούσαν, μπορώ να φέρω πολλά παραδείγματα γι' αυτό. Αυτή η οργή ήταν αλλιώτικη. Ήταν η οργή του ίδιου του σχολείου, μεγαλύτερη από οτιδήποτε ανθρώπινο, εκείνο δεν ξεχνούσε, θα σε θυμόταν για πάντα.

Παρά λίγο να τα παρατήσω.

Ήταν αδύνατο να κρατήσω τις σκέψεις μου, η παραίτηση με έπιανε σαν αρρώστια που δεν μπορείς να τη θεραπεύσεις από μόνος σου.

Σκεφτόμουν τι θα γινόταν μ' εμένα και την Καταρίνα, αλλά πιο πολύ σκεφτόμουν τον Άουγκουστ. Τώρα έβλεπα ότι δεν ήταν δοκιμαστικά μόνο στο σχολείο του Μπίελ, αλλά στη ζωή γενικά. Δοκιμαζόταν για το αν θα ζούσε παραπάνω ή όχι, ήταν σαν ένα μικρούλικο, άρρωστο άγριο ζώο, που μόλις και μετά βίας τα έβγαζε πέρα. Έτσι και ξαναπήγαινε κάπου σαν το Σάντμπιεργκορντ, αυτό θα σήμαινε το τέλος του, θα τον κλείνανε για τα καλά μέσα και η ψυχή του θα σφιγγόταν τόσο πολύ, που στο τέλος θα πέθαινε.

Ψέλνανε, ήταν το: «Σηκωθείτε! Όλα τα έργα του Θεού». Έψελνε ο ίδιος ο Μπίελ, πριν αναλάβει ο παπάς.

Πάντα ένιωθες ότι αυτός ο ψαλμός ήταν κάτι ξεχωριστό

γι' αυτόν, όταν τον έψελνε πλησίαζε σε κάτι πολύ σημαντικό. Τον είχε ερμηνεύσει με το δικό του τρόπο.

*«Σε μια πομπή επέρασαν οι βασιλείς*
*στο θάμβος της δύναμής τους,*
*το πιο μικρό φυλλάριο δεν μπόρεσαν*
*πάνω να στήσουνε σε μια τσουκνίδα».*

Γι' αυτή τη στροφή είχε πει ότι εκεί που η βιολογία και η επιστήμη δεν μπορούν πια να κάνουν τίποτα, ο Θεός μπορεί.

Ένιωθες σαν σε μικρό κλουβί, οι τοίχοι να σε πλησιάζουν όλο και περισσότερο και όλες οι πόρτες να είναι κλειστές. Ο Χούμλουμ και ο Άξελ Φρέδχοϊ τα είχαν παρατήσει εδώ και πολύ καιρό, και ακόμα πολλοί άλλοι που ήξερα. Και πολλές φορές είχα φτάσει κι εγώ σ' αυτό το σημείο. Όμως είχα αντέξει περισσότερο από τους πιο πολλούς, είχα κάνει ό,τι καλύτερο μπορούσα. Στο ορφανοτροφείο, όταν με βάλανε να πηδήξω από την ιτιά για πρώτη φορά, σχεδόν μόλις είχα έρθει, και περίμεναν πολλή ώρα πριν με βγάλουν έξω, ήμουν έτοιμος να εγκαταλείψω τον αγώνα και να πάρω αναπνοή μέσα στο νερό. Όμως τότε σκέφτηκα ότι στο τέλος θα βγω στο φως. Αυτή τη σιγουριά δεν την ένιωθα πια.

Κοίταξα γύρω μου, σε μια τελευταία προσπάθεια να κρατήσω τις σκέψεις μου στην αίθουσα, και είδα τον Άουγκουστ, καθόταν δίπλα στον Φρέδχοϊ, σκυφτός, ζαρωμένος.

Ήταν πολύ νωρίς για να αφήσω την κατάσταση από τα χέρια μου. Δεν είχα μόνο τον εαυτό μου, έπρεπε να βοηθήσω κι εκείνον. Αν είσαι μεγαλύτερος από κάποιον άλλο, λιγότερο ευαίσθητος και αντέχεις να σε δέρνουν και έχεις αντιληφθεί το μεγάλο σχέδιο, πρέπει να βοηθήσεις κάποιον που είναι μικρότερος από σένα.

Μέσα στην αγωνία μου μου ήρθε στο μυαλό ο Χριστός.

Το Θεό τον φανταζόμουν πάντα σαν τον Μπίελ. Συνήθως ήταν απόμακρος. Κατά κανόνα ασχολούνταν με τα μεγαλύτερα και τα μικρότερα πράγματα. Όπως ο ουρανός ή μια τσουκνίδα. Σπάνια απευθυνόταν σε κάποιον προσωπικά. Και κατά κανόνα το έκανε για να τον τιμωρήσει.

Το Χριστό μέχρι τώρα τον φανταζόμουν σαν τον Φρέδχοϊ. Ανάμεσα στην ανώτερη δύναμη, τον Μπίελ ή το Θεό, και σε μας, έπρεπε να υπάρχει κάτι σαν γέφυρα, κάποιος που να τα αναφέρει όλα. Ο Φρέδχοϊ ή ο Χριστός.

Έτσι ήταν παντού. Ο διευθυντής ή ο προϊστάμενος πάνω από όλους, ανάμεσα σ' αυτόν και το υπόλοιπο σχολείο ένας υποδιευθυντής, ήταν νόμος, ίσως νόμος της φύσης.

Τώρα μου ήρθε κάτι άλλο στο νου.

Τις προσευχές και τα τραγούδια τα είχαμε μάθει απέξω, όπως μαθαίναμε τις χρονολογίες, όπως τη μάχη του Πουατιέ, μονάχα πιο εύκολα, γιατί είχαν ομοιοκαταληξία και μουσική.

Συνήθως δεν καταλαβαίναμε τα λόγια των τραγουδιών. Καμιά φορά συνέβαινε να σου ζητήσει ο Μπίελ το νόημα ενός ψαλμού και, αν διαπίστωνε ελλιπή κατανόηση, γινόταν πολύ επικίνδυνος. Συνήθως τότε εξηγούσε μερικά πράγματα, όπως το να στήνεις ένα φύλλο πάνω σε μια τσουκνίδα. Όμως οι προσευχές και οι ψαλμοί παραήταν πολλοί για να τα εξηγήσει όλα. Έτσι λοιπόν τα μαθαίναμε απέξω χωρίς να τα πολυκαταλαβαίνουμε.

Ωστόσο συνέβαινε να καταλάβεις ξαφνικά από μόνος σου. Να γίνουν όλα αυτά τα λόγια που έμαθες απέξω μια πόρτα που άνοιγε μπροστά σου.

Αυτό συνέβη τώρα.

Ο Θεός ήταν πολύ κοντά στον Μπίελ για να τον φτάσεις. Ούτε στο Χριστό μπορούσες να απευθυνθείς για τα προσωπικά σου προβλήματα, δεν υπήρχε λόγος να πιστεύεις ότι θα σε βοηθήσει. Δεν είχες καν αποδείξεις ότι βοηθούσαν γενικά.

Ωστόσο σκεφτόμουν το Χριστό, είχα μάθει απέξω τα σχετικά και τα είχα πει και μάθημα, αν και χωρίς να πολυκαταλαβαίνω τι έλεγα, θυμόμουν όμως δυο πράγματα: Ο Χριστός είχε μιλήσει για το χρόνο. Οι άνθρωποι τον ρώτησαν αν μπορούσε να τους χαρίσει την αιώνια ζωή, δηλαδή να τους ελευθερώσει από το χρόνο. Σ' αυτό δεν έδωσε κάποια ουσιαστική απάντηση. Όπως η Καταρίνα, όταν τη ρώτησα στο εργαστήριο αν μπορούσα να είμαι σίγουρος ότι θα θεραπευόμουν, έτσι κι εκείνος δεν απάντησε ευθέως, αλλά είπε στο νέο που τον ρώτησε τι να κάνει για να ζήσει τη ζωή εδώ και τώρα.

Ρώτησαν το Χριστό για την αιωνιότητα. Και εκείνος τους έδειξε το εδώ και το τώρα. Αυτό ποτέ δεν το εξήγησε κανείς, η Βίβλος είναι γεμάτη τέτοια πράγματα, ο Μπίελ μας διάβαζε εδάφια από αυτή στην πρωινή προσευχή, όμως δε μας τα εξηγούσε.

Τι πρέπει να κάνει κανείς για να ζήσει τη ζωή εδώ και τώρα; Σ' αυτό έδωσε απάντηση ο Χριστός, ήταν το ένα από τα δυο πράγματα που σκέφτηκα.

Το άλλο ήταν ότι ίσως ο Χριστός προσπάθησε να αγγίξει το χρόνο, ίσως αυτό να ήταν το σχέδιό του. Στο εργαστήριό του, όχι στη φάτνη, αλλά αργότερα συγκέντρωσε τις σκέψεις του για να βρει το σχέδιο που κρυβόταν πίσω από όλα τα πράγματα. Είπε λοιπόν σ' αυτούς που τον ακολουθούσαν να πορευθούν στον κόσμο και να αποκαλύψουν αυτό το σχέδιο, ακόμα και αν αυτό θα ξυπνούσε εναντίον τους τη φυσική αντιπάθεια των ανθρώπων, και εκείνοι θα τους διώκανε και θα τους απομόνωναν, αυτό έπρεπε να κάνουν για να φανερωθούν όλα όσα μέχρι τώρα ήταν κρυφά. Έπειτα κατέβηκε στον Άδη.

«Κάθοδος στον Άδη». Αυτό αποφάσισα και εγώ.

Ο Φρέδχοϊ καθόταν λοξά μπροστά μου, τα χέρια του ξεκουράζονταν πάνω στο αναλόγιο που βρισκόταν μπροστά του, με το ένα χέρι πάνω στο άλλο, μύριζες το αφτερσέιβ του και γενικά έδειχνε επιβλητικός.

Πάνω από το αριστερό του χέρι βρίσκονταν τα κλειδιά του. Όπως πάντα.

Όλες οι κλειδαριές του σχολείου ανήκαν σε ένα ενιαίο σύστημα κλειδιών, το Ρούκο, εκείνον τον καιρό δεν υπήρχαν άλλα.

Υπήρχε ιεραρχία στα κλειδιά. Πρώτα απ' όλα ένα γενικό κλειδί, που το είχε μόνο ο Μπίελ και που άνοιγε όλες τις κλειδαριές, μετά κεντρικά κλειδιά, που είχαν ο Φρέδχοϊ, ο Φλάκενταμ και η καινούργια επιθεωρήτρια, ύστερα τα ειδικά κλειδιά και τέλος τα κλειδιά των απλών δασκάλων.

Ήταν καλό σύστημα, μόνο που είχε ένα αδύνατο σημείο. Στις πιο χαμηλές θέσεις, όπως για παράδειγμα στην κύρια είσοδο και στις πόρτες που έβγαζαν στους διαδρόμους, οι κλειδαριές έπρεπε να ανοίγουν με ένα σωρό διαφορετικά κλειδιά. Όσο πιο πολλά κλειδιά ταιριάζουν σε μια κλειδαριά, τόσο πιο αδύναμη είναι εκείνη, τόσο πιο εύκολα υποχωρεί σε ξένα κλειδιά.

Σήμερα δε θα μπορούσα να το κάνω. Πέρα από το ότι σήμερα δε θα μου ερχόταν καν η διάθεση, δε θα είχα κιόλας πιθανότητες να πετύχω, γιατί η πρόοδος το κατέστησε αδύνατο.

Τότε υπήρχαν τα απλά κλειδιά με πέντε πίρους, οι εγκοπές τους ταίριαζαν στην κλειδαριά και τα πέντε δοντάκια έμπαιναν στη θέση τους, μετά το στέλεχος έμπαινε ελεύθερα. Σήμερα, με τα σύγχρονα συστήματα που έφεραν ο χρόνος και η εξέλιξη, υπάρχει και ένας πλευρικός κώδικας, συν το γεγονός ότι τα κλειδιά έχουν ασφάλεια και αριθμό κατασκευής. Σήμερα δε θα μπορούσα να το κάνω.

Κοίταξα τα κλειδιά του Φρέδχοϊ.

Φυσικά το ήξερα ότι ήταν εκεί. Αλλά απέφευγα επίτηδες να τα κοιτάζω από πιο κοντά.

Στην αρμαθιά ήταν πολλά απλά κλειδιά, και πολλά μικρότερα για τις κλειδαριές των ντουλαπιών με τα όργανα φυσικής. Ακόμα, τα κλειδιά του σπιτιού του, τύπου Γιέιλ. Ακόμα τα κλειδιά του αμαξιού. Το κλειδί του σχολείου δεν ήταν σε καλή θέση, αλλά περίμενα, κάποια στιγμή άλλαξε θέση, και τότε το έβλεπα πεντακάθαρα.

Συγκέντρωσα την προσοχή μου στο κοίλωμα των εγκοπών και σε τίποτα άλλο. Μετά έκλεισα τα μάτια. Και έκανα μέσα μου κάτι σαν επανάληψη, φέρνοντας στο μυαλό μου το σχήμα του κλειδιού. Σαν να είχα σηκωθεί στον πίνακα.

Στο τέλος το είχα μάθει.

Δεν έδιωξαν κανέναν από μας, ήταν τελείως ακατανόητο. Το ίδιο βράδυ πήρανε τον Άουγκουστ από την τραπεζαρία και τον έβαλαν να φάει στο δικό του δωμάτιο, στο αναρρωτήριο. Την άλλη μέρα τον πήγανε μια τάξη παρακάτω και βάλανε τον Φλάκενταμ να τον φυλάει επί μονίμου βάσεως. Η Καταρίνα έφυγε πρώτη, πίστεψα ότι ήταν για πάντα, αλλά ύστερα από μερικές μέρες την είδα στην αυλή, καθόταν σε ένα παγκάκι και κοίταζε κάτω την άσφαλτο. Εμένα με κάλεσαν στον προθάλαμο. Ο Φρέδχοϊ και η Κάριν Έροε ήταν εκεί, καθώς και ο Στούους ως πρόεδρος του συμβουλίου καθηγητών, μου ανακοίνωσαν ότι είχαν αναφέρει την περίπτωσή μου στο Γενικό Προεδρείο και στην Οργάνωση Προστασίας Παιδιών και Νέων, αφού, βέβαια, είχα δωρεάν φοίτηση και ειδική άδεια να πηγαίνω στο σχολείο. Τώρα θα περίμεναν απάντηση από την κηδεμόνα μου και τη Διεύθυνση Κοινωνικής Πρόνοιας για Παιδιά και Νέους, θα εξέταζαν την κατάσταση.

Μιλούσε η Κάριν Έροε, ήταν η υπεύθυνη της τάξης μας, ο Φρέδχοϊ δεν έλεγε κουβέντα. Προσπαθούσα να τον παρατηρήσω, η κατάσταση ήταν τελείως ανεξήγητη, μου είχαν ήδη απευθύνει την τελευταία προειδοποίηση, όμως και πάλι δε με διώξανε. Ήταν αδύνατο να το καταλάβεις.

# 4

Την πρώτη φορά που ο Μπίελ μάς είπε για τη μάχη του Πουατιέ, είχε προσθέσει και κάτι. Ήταν η δεύτερη φορά που είπε «εγώ» για τον εαυτό του.

Πρώτα είχε γίνει μια παύση και μετά είχε πει ότι σύμφωνα με την προσωπική του αντίληψη ο μωαμεθανισμός, που ήταν η θρησκεία των Μαυριτανών, ήταν έργο του ίδιου του διαβόλου. Ότι η μάχη στο Πουατιέ ήταν επομένως ένας αγώνας ανάμεσα στις δυνάμεις του φωτός και του σκότους. Και ότι αν ο αγώνας είχε λήξει υπέρ των Μαυριτανών, ο σύγχρονος πολιτισμός δε θα υπήρχε.

Αυτό ήταν το μόνο πράγμα που μας είχαν πει στο σχολείο για το διάβολο.

Ωστόσο δεν υπήρχε αμφιβολία. Όταν κατεβήκαμε τα εφτά σκαλιά προς το σκοτάδι και ανοίξαμε την καταπακτή, ήξερα ότι κατέβαινα στον Άδη.

Πήγα και πήρα τον Άουγκουστ μόνο όταν αντιλήφθηκα την αναπνοή του Φλάκενταμ και της καινούργιας επιθεωρήτριας, το ρολόι έδειχνε εφτά λεπτά μετά τα μεσάνυχτα.

Είχαν περάσει δέκα μέρες από τότε που μιλήσαμε και μας βρήκαν στην εκκλησία. Από τότε είχα δει τον Άουγκουστ μόνο στην πρωινή προσευχή και στην αυλή, από μακριά.

Δεν έκανα σχεδόν καθόλου θόρυβο με την πόρτα. Ο

Άουγκουστ είχε αδυνατίσει πάρα πολύ, υπό άλλες συνθήκες θα τον είχα αναφέρει για να τον πιέσουν να φάει.

Του είπα να σηκωθεί, αλλά δεν του έδωσα άλλες εξηγήσεις. Φορούσε πιτζάμες και παντόφλες, τα ρούχα του και τα καλά του παπούτσια τα κλείδωναν τη νύχτα.

Είχαμε ξυλοκοπτική μια φορά την εβδομάδα, η αίθουσα ξυλοκοπτικής ήταν στο πρώτο πάτωμα, εκεί υπήρχαν και εργαλεία για μεταλλικές κατασκευές. Ο Κλάστερσεν μας έκανε αυτό το μάθημα, ένα χρόνο νωρίτερα είχαν πιάσει τον Κάρσεν Σούτον να σνιφάρει διαλυτικά, ήταν διαλυτικό κυτταρίνης που βρισκόταν σε έναν τενεκέ των τριάντα λίτρων, μπορούσες να βάλεις ολόκληρο το κεφάλι σου μέσα, όλοι είχαμε δοκιμάσει, αλλά αυτόν βρήκανε, γιατί μετά τον έπιασε αμόκ. Από τότε ο Κλάστερσεν επέβλεπε χωρίς να αφήσει τίποτα να του ξεφύγει.

Του είχα δείξει μια σπασμένη ρακέτα του πινγκ πονγκ. «Μπορώ να τη φτιάξω;» τον ρώτησα. Δεν υπήρχε πρόβλημα, όταν επρόκειτο για αθλητικό εξοπλισμό. Στεκόμουν δίπλα σε μια μέγκενη που βρισκόταν στο τέρμα του δωματίου. Μετά αντέγραψα το σχέδιο του κλειδιού του Φρέδχοϊ πάνω σε μια λεπτή λαμαρίνα, όσο πιο καλά γινόταν, απ' όσο θυμόμουν. Τις επόμενες ημέρες το δοκίμασα και το έκανα καλύτερο.

Τώρα εγώ και ο Άουγκουστ είχαμε ανοίξει την κύρια είσοδο και είχαμε βγει έξω, έκανε παγωνιά, όμως χωρίς χιόνι, δεν αφήσαμε ίχνη.

Για το ατελιέ κατέβαινες εφτά σκαλοπάτια, από μια σκάλα που άρχιζε λίγο μετά την κύρια είσοδο, κάτω από την πύλη. Όπως κατέβαινες, έβλεπες δυο πόρτες, μια που εμπόδιζε τους μαθητές να περνάνε την ώρα τους κάτω στη σκάλα, κρυφά από τον επιτηρητή, και την κυρίως πόρτα, την είσοδο του ατελιέ. Και οι δυο ήταν προσαρμοσμένες στο γενικό σύστημα κλειδιών.

Για πολύ καιρό πίστευα ότι ήμουν ο μόνος που ήξερε το δρόμο για τους διαδρόμους των μηχανικών. Αλλά και ο Άξελ Φρέδχοϊ πρέπει να τον ήξερε. Από εκεί είχε κατέβει κάτω, όμως πρέπει να είχε κλείσει την πόρτα πίσω του, τον ανέβασαν από την πλευρά της αυλής, δεν κατάλαβαν πώς είχε φτάσει εκεί κάτω. Ούτε και θα τους το είπε, αλλιώς θα είχαν φράξει τη δίοδο. Ίσως τελικά ήταν πιο σκληρός απ' όσο πιστεύαμε, ίσως απλώς δεν ήταν καν σε θέση να πει κάτι, ούτε ακόμη και όταν τον ανέκριναν.

Η ύπαρξη των διαδρόμων δεν ήταν κάτι κρυφό. Όταν χτίστηκαν καινούργιες τουαλέτες, παρακάλεσαν τους γονείς των μαθητών να βοηθήσουν στην κατεδάφιση των παλιών, για να μην ξοδέψουν πολλά χρήματα και να υπογραμμιστεί η ξεχωριστή φροντίδα που έδειχναν οι γονείς των μαθητών αυτού του σχολείου.

Αυτό έγινε αιτία να βοηθήσω κι εγώ, για να δω τους γονείς των παιδιών, διαφορετικά δεν τους βλέπαμε ποτέ. Και έπειτα μπορούσες και να γκρεμίζεις ελεύθερα, σου δίνανε μια βαριά κι εσύ μπορούσες να τα κάνεις όλα γυαλιά καρφιά.

Στον τοίχο είχαν κρεμάσει ένα σχέδιο του σχολείου, όπου μπορούσες να δεις πώς θα ήταν με τις καινούργιες τουαλέτες, που θα τους έβαζαν πλακάκια και φωτισμό, και θα ήταν της προκοπής, όχι με πάτωμα στρωμένο με πίσσα και βρόμικες όπως οι παλιές.

Στα σχέδια μπορούσες να δεις τους διαδρόμους των μηχανικών, τους πρόσεξα γιατί το ατύχημα είχε γίνει μόλις πριν από ένα μήνα. Μιλάω για το πρώτο από τα δυο ατυχήματα του Άξελ Φρέδχοϊ.

Οι διάδρομοι ήταν έξι μέτρα κάτω από τη γη, δυο μέτρα κάτω από το υπόγειο. Από αυτούς περνούσαν οι σωλήνες της θέρμανσης, του ζεστού νερού και διάφορα ηλεκτρικά καλώδια. Όμως όχι το γκάζι. Τουλάχιστον αυτό μπορούσες να δεις.

Το άνοιγμα έγινε γιατί μάλλον άργησαν να χτίσουν το ατελιέ, το έχτισαν πολύ καιρό μετά από το σχολείο, ίσως σαν ένδειξη των νέων παιδαγωγικών ρευμάτων. Απλώς είχαν χωρίσει τα δωμάτια και τις αίθουσες με κομμάτια κοντραπλακέ, σημάδι ότι είχαν πολλή δουλειά. Αυτό θα είχε να κάνει και με την ιεράρχηση των μαθημάτων, το μάθημα των τεχνικών είχε την πιο χαμηλή θέση, πιο χαμηλή και από το εργόχειρο και τα οικοκυρικά, σε καμιά τάξη δε βάζανε βαθμούς στα τεχνικά.

Ωστόσο η Κάριν Έροε ήταν καθηγήτρια τεχνικών. Όμως ποτέ δεν έπιανε με τα χέρια της, για παράδειγμα, τον πηλό, μας έκανε επίσης μουσική και δανέζικα, ήταν φανερό ότι η μουσική και η λογοτεχνία ήταν οι μεγάλες της αγάπες.

Άναψα ένα κεράκι και το έβαλα σ' έναν αλουμινένιο κύλινδρο με μικρά τετραγωνάκια από διαφανές πλαστικό γύρω γύρω και τρύπες εξαερισμού από κάτω, το είχα κρύψει από παλιά. Ο Άουγκουστ στεκόταν κοντά μου, ίσως δεν έβλεπε καλά. Όταν έσβησα το σπίρτο, κοκάλωσε, όμως μετά ηρέμησε.

Πίσω απο το κοντραπλακέ ήταν ένα δωμάτιο με τούβλα, χωρίς παράθυρα, και στο πάτωμα επίσης είχε τούβλα. Έκανε κρύο. Στο πάτωμα υπήρχε μια μαύρη τρύπα. Από εκεί κατέβαινες στους διαδρόμους.

Μάλλον θα το είχαν ξεχάσει αυτό το πέρασμα όταν έχτιζαν. Τα ανοίγματα που έβλεπαν στη βορινή και τη μεσημβρινή αυλή ήταν φραγμένα με πόρτες, τα ανοίγματα εξαερισμού είχαν σιδερένια κάγκελα με σήτα ανάμεσά τους. Παρ' όλα αυτά, εκείνα δεν κατάφεραν να εξασφαλιστούν απόλυτα.

Για να φτάσεις κάτω έπρεπε να σταθείς όρθιος πάνω στη μόνωση των σωλήνων, και από εκεί να γλιστρήσεις αργά μέσα στο ίδιο το τούνελ. Δεν μπορούσες να σταθείς για τα καλά όρθιος, ακόμα και εγώ που κανονικά καμπούριαζα, το κεφάλι μου ακουμπούσε στο ταβάνι. Εδώ ήταν πιο ζεστά, εξαιτίας των σωλήνων, ακουγόταν ένα βουητό, ίσως από τον καυστήρα.

Στ' αριστερά μας ήταν η μόνωση των σωλήνων, μαύρη όπως πάντα.

Ο Άουγκουστ μου έπιασε το χέρι.

«Φοβάμαι το σκοτάδι», είπε.

Σταμάτησα, δεν μπορούσα να προχωρήσω πριν του το πω. Παρόλο που ήταν πιο μικρόσωμος από μένα, σαν παιδί, έπρεπε να του το πω.

Του το είπα χωρίς πολλές περιστροφές, μια μέρα ένα αγόρι στο σχολείο, ο Άξελ δηλαδή, κρύφτηκε στο ατελιέ και επίτηδες κλειδώθηκε μέσα, είχε πάρει μαζί του ένα μπουκάλι βενζίνης καθαρισμού, και στο μεγάλο διάλειμμα κατέβηκε στο τούνελ. Εκεί περιέχυσε τη μόνωση των σωλήνων με τη βενζίνη, έβαλε φωτιά και μετά ξάπλωσε δίπλα.

«Δεν μπορείς να μένεις ξαπλωμένος όταν καίγεσαι», είπε ο Άουγκουστ.

Και όμως, αυτό ακριβώς είχε γίνει. Δε μάθαμε ποτέ λεπτομέρειες, όμως κάποιοι άκουσαν αυτά που είπαν οι πυροσβέστες όταν τον ανέβασαν, από το πέρασμα προς την αυλή, από εκεί που είδαν και τον καπνό.

«Και λοιπόν;» είπε ο Άουγκουστ. «Τι έγινε μ' αυτόν;»

Του είπα ότι δεν έγινε τίποτα. Είδαν τον καπνό και

τηλεφώνησαν στην πυροσβεστική, που τον ανέβασε πάνω. Άλλο τίποτα δεν έγινε. Εκτός από το ότι εκείνος έπαψε να πηγαίνει σπίτι στο σχόλασμα με το αμάξι του πατέρα του.

Ποτέ δεν έβλεπες τον Άξελ να μιλάει με τον Φρέδχοϊ. Αν δεν το ήξερες από πριν, δε θα σου ερχόταν στο μυαλό ότι ήταν πατέρας και γιος. Ωστόσο πηγαίνανε μαζί σπίτι μετά το σχολείο. Μετά το σχόλασμα, την Τετάρτη και την Παρασκευή, που ταίριαζε και το πρόγραμμα, έφευγαν μαζί διασχίζοντας το πάρκο, με το αμάξι, το μεγάλο *Ρόβερ* του Φρέδχοϊ, ο Άξελ καθόταν στο πίσω κάθισμα.

Αυτό σταμάτησε μετά το ατύχημα. Τώρα ερχόταν και έπαιρνε τον Άξελ η μητέρα του, η γυναίκα του Φρέδχοϊ.

Τον έπαιρνε από την πύλη και έβγαιναν έξω στο δρόμο, είχε κι εκείνη *Ρόβερ*, σαν τον Φρέδχοϊ, ήταν κι εκείνη υποδιευθύντρια σε κάποιο άλλο σχολείο στα προάστια. Πήγαινε με το αμάξι μέχρι την αυλόπορτα και σταματούσε εκεί, ο Άξελ έμπαινε μέσα και καθόταν στο πίσω κάθισμα. Έφευγαν χωρίς να ανταλλάξουν ούτε λέξη.

Ήταν η πρώτη φορά που τη βλέπαμε. Όμως ο Φρέδχοϊ μάς είχε μιλήσει γι' αυτή πιο πριν.

Αυτό έγινε μια φορά που μας διάβασε μια ιστορία. Κανονικά δε μας διάβαζε τίποτα, η ύλη των μαθηματικών και της φυσικής ήταν τόσο πολλή που δεν υπήρχε περιθώριο γι' αυτό. Όμως καμιά φορά, όταν πλησίαζαν Χριστούγεννα, φόρτσαρε και μας έβαζε επιπλέον ασκήσεις για το σπίτι στην αριθμητική, και έτσι κερδίζαμε μια δυο ώρες, σ' αυτές τις ώρες μας διάβαζε.

Σ' αυτό ήταν το κάτι άλλο. Μας διάβαζε πάντα για θαυμαστούς και έξυπνους εγκληματίες, από την «Παρέλαση του Εγκλήματος», το «Από τα Δικαστήρια του Εξωτερικού» και τους «Διάσημους Μεγαλοαπατεώνες». Όταν μας είχε διαβάσει για έναν προικοθήρα, τότε μας μίλησε για τη γυναίκα του, τη μητέρα του Άξελ.

Ο άνδρας σκότωνε τις γυναίκες πιάνοντάς τες από τους αστραγάλους και σηκώνοντάς τες, όταν έκαναν μπάνιο. Για λίγη ώρα μπορούσαν να κρατήσουν το κεφάλι πάνω από το νερό, όμως στο τέλος δεν άντεχαν και πνίγονταν. Μετά αυτός τις κληρονομούσε και ξαναπαντρευόταν.

Όταν ο Φρέδχοϊ έκλεισε το βιβλίο, κοίταξε κατευθείαν μπροστά, ένιωθες ότι πλησίαζε σε κάτι σημαντικό. Τότε είπε ότι αν ο γάμος είναι τόσο μεγάλο πρόβλημα για τους περισσότερους ανθρώπους, αυτό οφείλεται σε έλλειψη εξυπνάδας. Αυτός προσωπικά τα είχε κανονίσει έτσι με τη γυναίκα του, ώστε να μοιράσουν το χρόνο. Εκείνη αποφάσιζε τα πρώτα δέκα χρόνια πού θα έμειναν, ποια αμάξια θα έπαιρναν, δηλαδή τα *Ρόβερ* που είχαν. Τα επόμενα δέκα χρόνια έκανε κουμάντο εκείνος, τώρα αυτό είχε τελειώσει και ήταν ξανά η δική της σειρά να αποφασίζει.

Σπάνια, ή και καθόλου, οι δάσκαλοι μιλούσαν για τα οικογενειακά τους. Εκείνη ήταν η πρώτη φορά που είπε κάτι ο Φρέδχοϊ. Ότι είχαν μοιράσει το χρόνο με τρόπο σχεδόν επιστημονικό.

Προσπάθησα να υπολογίσω. Συμπέρανα ότι μάλλον η γυναίκα του Φρέδχοϊ έκανε κουμάντο όταν γεννήθηκε ο Άξελ.

Αυτό προσπάθησα να το εξηγήσω στον Άουγκουστ. Δεν μπορούσα να καταλάβω αν με άκουγε ή όχι, δεν τολμούσα να μιλήσω παρά μόνο ψιθυριστά, και ταυτόχρονα προχωρούσε ψηλαφητά ακολουθώντας τους σωλήνες. Όμως όχι πολύ μακριά, μόνο μέχρι την άκρη του σκοταδιού.

Όταν έκανα μια παύση, σταμάτησε.

«Δεν εννοούσα αυτό», είπε. «Γιατί το έκανε, τι ένιωθε;»

«Τι ένιωθε, δεν ένιωθε δα και τίποτα το ιδιαίτερο», είπα εγώ, «καλά μάλλον, μέχρι που έγινε εκείνο το περιστατικό στη χαρτοθήκη, έξι μήνες αργότερα, και... δεν προχωράμε καλύτερα, έχουμε να προλάβουμε κάτι».

Εκείνος στεκόταν ακόμα εκεί, άγγιζε τη μόνωση.

«Τα ρούχα πολύ δύσκολα καίγονται», είπε.

Ναι, είπα, ακριβώς αυτό έσωσε τον Άξελ, πάμε τώρα, προσπάθησα να προχωρήσω με το κερί στο χέρι για να έρθει κι αυτός μαζί μου. Τότε γύρισε προς το μέρος μου. Δε με κοίταζε κατευθείαν στα μάτια, αλλά ένιωθα ότι ήθελε να πει κάτι, δεν του έβγαινε, στο ορφανοτροφείο είχαμε συχνά αιμορροΐδες, λόγω της διατροφής, το ίδιο συναίσθημα ήταν, σπυριά γεμάτα πύον, που όμως έπρεπε να φύγει. Πονούσε, αλλά δεν υπήρχε άλλη λύση.

«Δε σηκώνω τίποτα εγώ, από κανέναν», είπε. «Έρχονται σπίτι κι εσύ έχεις τραβήξει τον καναπέ και κοιμάσαι. Θα μπορούσες να την είχες κοπανήσει, αλλά τότε εκείνος θα ένιωθε ότι τον κορόιδεψαν. Αρχίζουν να μιλάνε. Μιλάνε συνήθως για τους βαθμούς σου και τις ζωγραφιές σου. Η καταστροφή της Ιερουσαλήμ, λέει εκείνη. Κάνε κάτι με τον γιο σου. Αυτή τον τσιγκλάει, σου έχει τύχει ποτέ;»

Δεν είπα τίποτα.

«Αυτός πετάει αναμμένα σπίρτα στο πάτωμα. Πρέπει να μείνει ξαπλωμένος και να κάνει τον κοιμισμένο. Δεν πιάνει φωτιά, το ύφασμα δύσκολα καίγεται. Τότε έρχονται. Μπορείς να τους ξεφύγεις, αλλά τότε εκείνος θα ένιωθε ότι τον κορόιδεψαν. Είναι κάτι σαν...»

«Μια σωστή πράξη και η ανταμοιβή της».

«Ακριβώς. Αυτός πρέπει να σε πιάσει, αλλιώς το πράμα πάει κατά διαόλου, αυτός σε κρατάει, αλλά εκείνη το κάνει. Πάντα με κρεμάστρα, στην πλάτη, από πάνω μέχρι κάτω. Στο τέλος στον κώλο, με κατεβασμένα τα βρακιά, ε, τι λες; Απλώς μου ήρθε στο μυαλό. Ξέχνα το, μην το σκέφτεσαι».

Στεκόμασταν χωρίς να λέμε τίποτα. Δεν είχε τελειώσει ακόμα.

«Δε σηκώνω τίποτα εγώ», είπε. «Τους προειδοποίησα. Τελευταία φορά είναι που το κάνατε».

Είχε αρχίσει να τρέμει.

«Θα μπορούσα να σε υιοθετήσω», είπα εγώ, «όταν γίνω

είκοσι ενός. Να έρθεις να μείνεις μαζί μας, μ' εμένα και την Καταρίνα».

Οι σπασμοί έρχονταν από μέσα του, όμως ήταν πολύ πιο δυνατοί από το αδύνατο κορμάκι του, άφησα το κερί στο σωλήνα και άπλωσα το χέρι μου στο δικό του. Έγινε τόσο γρήγορα, που δεν πρόλαβα να αντιδράσω, άκουσα τον ήχο πριν νιώσω οτιδήποτε, μου είχε σπάσει το μικρό μου δαχτυλάκι, ακούστηκε σαν να έσπαζες μολύβι στα δυο. Γονάτισα, όταν ένιωσα τον πόνο, εκείνος δε με άφηνε, συνέχιζε να σφίγγει το δάχτυλό μου, τώρα ήταν ο άλλος Άουγκουστ, δεν είχε μείνει σχεδόν τίποτα από τον πρώτο.

«Κανείς δε θα μ' αγγίξει εμένα», είπε.

Πίεσε το δάχτυλό μου και με κοίταξε στα μάτια για να αντικρίσει τον πόνο.

«Ξέρεις πώς είναι στο τέλος;» είπε. «Στο τέλος μου αρέσει. Όταν το έχει κάνει αρκετή ώρα, τότε γίνεται όμορφο, και θες να της ζητήσεις κι άλλο. Όμως δεν μπορείς να βγάλεις άχνα. Και μετά λιποθυμάς».

Ένιωσα ότι θα λιποθυμούσα και ακούμπησα το πρόσωπό μου στο πάτωμα. Όταν σήκωσα τα μάτια, με είχε αφήσει και είχε κλειστεί στον εαυτό του. Στεκόταν δίπλα στο κερί, με την πλάτη γυρισμένη, ήταν ολόκληρος μέσα στη φλόγα.

Είχα σχεδιάσει να βγούμε από ένα παράθυρο εξαερισμού που βρισκόταν κάτω κάτω στη σκάλα, και το βρήκαμε, όμως κατά κακή μας τύχη ήταν φραγμένο με σήτα. Κανονικά θα μπορούσα να τη βγάλω, όμως τώρα δε γινόταν εξαιτίας της κατάστασης στην οποία βρισκόταν το δάχτυλό μου.

Γυρίσαμε λίγο πέρα δώθε, υπήρχαν πιο πολλά τούνελ από όσα θυμόμουν απ' το σχέδιο, τα περισσότερα ήταν αδιέξοδα, όμως μερικά έκαναν κύκλο, κάποια στιγμή χρειάστηκε να αλλάξω το κερί.

Να τα παρατήσω δεν υπήρχε θέμα, ήμουν υπεύθυνος

για τον Άουγκουστ. Για μια στιγμή, όταν άλλαξα το κερί, παρά λίγο να τον χάσω μέσα στο σκοτάδι, τότε με έπιασε από το γερό μου χέρι. Τον άφησα να με κρατάει, όμως πρόσεχα και τα δάχτυλά μου.

Στο τέλος βγήκαμε περνώντας μέσα από το σκάμμα.

Γυμναστική και ξυλοκοπτική μάς έκανε ο Κλάστερσεν, τον είχαν πάρει στο σχολείο ένα χρόνο πιο πριν, ήταν προπονητής της Εθνικής Νέων στο χάντμπολ και είχε πολλές γνώσεις, έλεγε ότι η προπόνηση που θα μας έκανε, θα επικεντρωνόταν στο να βελτιώσει το παράστημά μας, σε έξι μήνες θα είχαμε όλοι αθλητικό παράστημα. Γι' αυτόν το σκοπό η ενόργανη γυμναστική ήταν ιδιαίτερα κατάλληλη, είπε, προπαντός για ν' ασκηθούμε στις αιωρήσεις και στις βαθιές προσγειώσεις, γι' αυτό απαγόρευσε τα μαλακά στρώματα, και με το να γυρνάμε ξυπόλυτοι, να χρησιμοποιούμε σκληρά στρώματα ή να προσγειωνόμαστε κατευθείαν στο πάτωμα το σώμα μας θα σκλήραινε σαν πέτρα. Όμως δεν άργησαν να γίνουν ατυχήματα. Όταν ένα αγόρι, ο Κόρε Φρύμαν, έσπασε και τους δυο αχίλλειους τένοντες ταυτόχρονα, το σχολείο υποχρεώθηκε να επαναφέρει τα μαλακά στρώματα και να φτιάξει σκάμμα.

Το σκάμμα ήταν ένας χώρος τέσσερα επί τέσσερα μέτρα, με τρία μέτρα βάθος, ανοιγμένο στο δάπεδο. Το φτιάξανε αμέσως μετά τα ατυχήματα και είχαν πει να το γεμίσουν με ροκανίδια. Όμως αυτό δεν έγινε ποτέ, έμεινε όπως ήταν, και το είχαν καλύψει κιόλας.

Μέσα από το σκάμμα λοιπόν βγήκαμε επάνω, επικοινωνούσε με τους διαδρόμους των μηχανικών, από τη μια μεριά υπήρχε, κάτω κάτω, ένα παραθυράκι. Από το γυμναστήριο βγήκαμε έξω στη μεσημβρινή σκάλα και ανεβήκαμε πάνω.

Είχε απόλυτη ησυχία. Ήταν σαν να είχαμε αιφνιδιάσει το σχολείο, γι' αυτό και εκείνο δε λειτουργούσε σωστά, έμοιαζε σαν να έχει παραλύσει.

Ωστόσο μας παρακολουθούσε με άγρυπνο μάτι, το ένιωθες. Πρώτη φορά καταλάβαινα ότι το κτίριο ήταν ένα με τον Μπίελ, οι τοίχοι μάς έβλεπαν.

Τους τοίχους δεν έπρεπε να τους αγγίζεις. Απαγορευόταν να ακουμπάμε στους τοίχους και τις κάσες από τις πόρτες, για να μη φθαρούν, αυτό το είχε δηλώσει ο Μπίελ στην πρωινή προσευχή. Πάντα τους προστάτευε, τώρα μας κοίταζαν επίμονα.

Παρ' όλα αυτά ανεβήκαμε τη σκάλα, το έκανα για τον Άουγκουστ. Ένιωθα ότι τελικά η ανταπόδοση δεν μπορεί να είναι φυσικός νόμος. Αν κάποιοι άνθρωποι είναι αδύναμοι και αβοήθητοι, όπως τώρα ο Άουγκουστ, τότε είναι ανάγκη να κάνεις κάτι γι' αυτούς, ό,τι και αν είναι αυτό.

Αλλά και πάλι είχες ανταπόδοση. Κατέβηκα και μετά ανέβηκα για να τον βοηθήσω και να τον προστατέψω. Τώρα ήταν σαν να με βοηθούσε εκείνος. Σαν να μπορείς να ελευθερωθείς εσύ, βοηθώντας τους άλλους.

Καλύτερα δεν μπορώ να το πω.

Περάσαμε μέσα από την κλινική της Έσεν, πήρε κάποιο χρόνο να ανοίξω την πόρτα του διπλανού δωματίου. Εκεί δεν είχα μπει ποτέ, ήταν περίπου όπως το φανταζόμουν. Μικρό, με ράφια, που πάνω τους εκείνη φύλαγε τις μπάλες και τα παζλ από τις εξετάσεις των πιο μικρών μαθητών. Ακόμα, υπήρχε ένα γκρι ντουλάπι για αρχείο.

Δεν το έψαξα. Αυτό που ζητούσαμε δε θα το βρίσκαμε εκεί. Ωστόσο στάθηκα μια στιγμή και το άγγιξα ψηλαφώντας το. Το ήξερα ότι ήταν εκεί, αλλά δεν το είχα δει ποτέ.

Ο Άουγκουστ στεκόταν πίσω μου, δεν έβγαζε μιλιά, γύρισα να του ψιθυρίσω κάτι ή να του δείξω ότι έπρεπε να προχωρήσουμε.

Τότε το βλέμμα μου έπεσε κατευθείαν στο προηγούμενο δωμάτιο, την κλινική της Έσεν, απ' όπου είχαμε βγει προ ολίγου.

Είχαμε κλείσει την πόρτα, ο Άουγκουστ την είχε κλείσει. Κι όμως και οι δυο μας βλέπαμε το εσωτερικό της κλινικής μέσα από τον τοίχο. Σαν να μην υπήρχε ο τοίχος.

Ο Άουγκουστ πρώτος άπλωσε το χέρι του να το φτάσει. Όμως κάτι τον σταμάτησε.

«Είναι γυαλί», είπε.

Ήταν σαν ένα μεγάλο παράθυρο, χωρίς όμως να φαίνεται η αντανάκλαση από το κερί. Το γυαλί δεν το έβλεπες, μονάχα το ένιωθες.

«Είναι η πίσω πλευρά του καθρέφτη», είπα εγώ, «είναι διαφανής».

Συνέβη κάποιες φορές, όχι πολλές, να έρθω στην κλινική την ώρα που είχαμε συμφωνήσει, όμως η Έσεν δεν ήταν εκεί, ήταν μια από τις βοηθούς της. Τότε η συζήτηση γινόταν κάπως αλλιώς, μιλούσαμε αβίαστα για όσα είχαν γίνει στο μεταξύ.

Τώρα καταλάβαινα ότι αυτό έδινε την ευκαιρία στην Έσεν, ενώ εσύ ένιωθες άνετα και μιλούσες με τις βοηθούς της, που ήταν πολύ νεότερες από αυτήν, να κάθεται σ' αυτό το δωμάτιο, πίσω απ' τον καθρέφτη, και να παρακολουθεί ανενόχλητη τα πάντα. Ήταν άψογο.

Το γραφείο του Μπίελ, το γραφείο των δασκάλων, η βιβλιοθήκη, η αίθουσα ωδικής και η κλινική του γιατρού της περιφέρειας ήταν στον πέμπτο όροφο, στο διάδρομο. Υπήρχε μια πόρτα στο διάδρομο που σε έβγαζε κατευθείαν στο γραφείο του Μπίελ. Έξω απ' αυτή την πόρτα περίμεναν εκείνοι που τους έστελνε επάνω ο δάσκαλος για να τιμωρηθούν, έτσι γλίτωνε τους μπελάδες η γραμματεία. Κι έπειτα η τιμωρία γινόταν χειρότερη, επειδή έπρεπε να περιμένουν στο διάδρομο και να τους βλέπουν οι καθηγητές που περνούσαν από εκεί.

Η πόρτα εντασσόταν στο γενικό σύστημα κλειδιών, αλλά μόνο του Μπίελ το κλειδί ταίριαζε, γι' αυτό η κλειδαριά μού πήρε λίγο χρόνο, κυρίως επειδή μόνο το ένα μου χέρι μπορούσα να χρησιμοποιήσω. Το κερί κόντευε να τελειώσει, το έσβησα, θα μας χρειαζόταν για να βρούμε τα χαρτιά.

Όταν έσβησε το φως και έγινε σκοτάδι, ήρθε δίπλα μου.

«Δε θα βρούμε τίποτα εδώ», είπε.

Δεν αναγνώριζα τη φωνή του.

Δεν έβρισκα κάτι να του απαντήσω.

«Γυρίζω πίσω», είπε.

Ξεκίνησε μέσα στο σκοτάδι και μετά άρχισε να τρέχει. Θα είχε ξεχάσει πού βρισκόταν, έτρεχε σαν τυφλός, αλλά με μεγάλη ταχύτητα. Χτύπησε πάνω στην κάσα μιας πόρτας, αλλά σηκώθηκε και συνέχισε το τρέξιμο, στο τέλος του διαδρόμου τράκαρε πάνω στο νεροχύτη, άκουσα τα δόντια του που χτύπησαν πάνω στο μάρμαρο.

Πήγα κοντά του, ήταν πεσμένος ανάσκελα, τον άγγιξα και είδα ότι το στόμα του έτρεχε αίμα. Δεν μπορούσα να τον κουβαλήσω, λόγω του χεριού μου, και τον πήγα πίσω σέρνοντας. Έβγαλα το πουκάμισό μου, τον σήκωσα και τον έστησα όρθιο στον τοίχο, και του το έδωσα για να κρατάει μ' αυτό το στόμα του. Μετά άναψα το φως.

Ήταν επικίνδυνο, όμως δεν μπορούσα να κάνω αλλιώς. Ο Άντερσεν, ο Λέμυ δηλαδή, έμενε σ' ένα σπιτάκι στην άλλη πλευρά της μεσημβρινής αυλής, στην είσοδό του είχε έναν καλό πίνακα με λάμπες που έδειχναν πού υπήρχαν αναμμένα φώτα στο σχολείο. Τον βάλανε αμέσως μετά που ήρθα εγώ, μάλλον για να κάνουν οικονομία στο ρεύμα, φαινόταν μέσα από τα παράθυρα του σπιτιού του. Ήξερα ότι τώρα που πάτησα το διακόπτη θα άναβε ένα λαμπάκι στο σπίτι του. Όμως δε γινόταν διαφορετικά.

Οι καθαρίστριες του σχολείου επιλέγονταν πολύ προσεκτικά και είχαν πολλά προσόντα. Δούλευαν εκεί από τότε που άνοιξε ο Μπίελ το σχολείο του, σε ένα ταπεινό κτίριο στην Γιάκομπυς Αλλέ στο Φρεδρικσμπέργκ, και ακολούθησαν την άνοδό του. Ανάμεσα σ' αυτές και στη Διεύθυνση επικρατούσαν σχέσεις εμπιστοσύνης, πάντα ανέφεραν κάθε ίχνος καπνίσματος ή καμένου κελλουλοΐτη ή άλλα σημάδια βανδαλισμών, έβλεπαν πράγματα που δεν έβλεπαν άλλοι, ήταν πολύ δύσκολο να κρατήσεις κάτι κρυφό από αυτές, θα έβλεπαν αμέσως το αίμα του Άουγκουστ, έπρεπε να το σκουπίσω. Έψαξα όλο το διάδρομο και όπου έβρισκα αίμα, το σκούπιζα με τις κάλτσες μου, ήταν το μόνο που είχα πρόχειρο. Μετά τις ξαναφόρεσα.

Όταν γύρισα, ο Άουγκουστ καθόταν και κοίταζε την πόρτα απέναντι. Από αυτή την πόρτα ανέβαινες στο διαμέρισμα του Μπίελ, είχε την υπηρεσιακή κατοικία του στο τελευταίο πάτωμα, αυτό το ήξερα, αν και ποτέ δεν είχα πάει εκεί, η πόρτα που έβγαζε στη σκάλα ήταν απέναντι από το γραφείο του, το όνομά του ήταν γραμμένο πάνω της. Ήταν η μόνη πόρτα του σχολείου που πάνω της είχε γραμμένο κάποιο όνομα. Για να δείχνει ότι από εδώ και πέρα τελείωνε ο χώρος που προοριζόταν απλώς και μόνο για σχολικές λειτουργίες. Ο Άουγκουστ κοίταζε την ταμπέλα με τον όνομα και κρατούσε το στόμα του με το πουκάμισό μου. Δεν είπε τίποτα. Ξανάσβησα το φως, μπήκαμε στο γραφείο και κλειδώσαμε την πόρτα πίσω μας.

Είχα ξανάρθει δυο φορές, μια φορά όταν με σύστησαν στον Άουγκουστ και πιο πριν μια άλλη φορά, για να τιμωρηθώ. Ήταν η πρώτη φορά που με χτυπούσαν στο σχολείο του Μπίελ, είχα αργήσει στο μάθημα πέντε φορές μέσα σε ένα μήνα, όταν η αρρώστια μου άρχισε να πηγαίνει χειρότερα.

Ήμασταν εγώ, ο Γιες Γιέσεν και ένας ακόμα, συνήθως ο Μπίελ έφερνε δυο τρία άτομα τη φορά, για να μην ξοδεύει πολύ χρόνο. Στη μέση του γραφείου ήταν στρωμένο χαλί. «Μην πατάτε το χαλί», είχε πει, «δε χρειάζεται να γίνονται περιττές φθορές».

Στεκόμασταν με τα χέρια πίσω, για να μην προσπαθήσουμε να προφυλάξουμε το πρόσωπό μας από κάποιο πιθανό χτύπημα. Εκείνος πήγαινε πάνω κάτω μέχρι να πει όλα όσα ήθελε, δεν άκουγα τα λόγια του, πιο πολύ πρόσεχα το χρώμα στο δέρμα του, ήξερα πότε θα με χτυπούσε. Ωστόσο αιφνιδιάστηκα, ο Γιες έπεσε κάτω, όμως εγώ έμεινα όρθιος.

Έτσι λοιπόν, από μόνοι μας τώρα, κάναμε κύκλο γύρω από το χαλί χωρίς να το πατήσουμε, και φτάσαμε στο τραπέζι, ο Άουγκουστ κάθισε σε μια γωνιά, είχε ησυχάσει κάπως αφότου χτύπησε, φαινόταν στ' αλήθεια κουρασμένος, είχε να κάνει και με το ότι δεν είχε φάει.

Ήταν πανεύκολο να ανοίξεις το έπιπλο, λες και δεν το είχαν κλειδώσει. Ποτέ, ποτέ δε σκέφτηκαν ότι κάποιος θα τολμούσε να κάνει αυτή την παράβαση. Είχανε σκεφτεί τόσα και τόσα, ήταν προφυλαγμένοι σχεδόν από όλα, αλλά από αυτό όχι.

Υπό κανονικές συνθήκες ούτε και αυτό θα συνέβαινε. Το να ανοίξεις αυτό το ντουλάπι ήταν σαν να πρόδινες την εμπιστοσύνη των συντρόφων σου, και τα κοράκια στο σκέπασμα σου θύμιζαν ότι ερχόσουν κρυφά. Ότι υπάρχει δικαιοσύνη, από την οποία δε μένει τίποτα κρυφό.

Όμως ο σκοπός μου ήταν να προστατέψω τον Άουγκουστ. Δεν άναψα το φως, το φεγγάρι έλαμπε δυνατά, έβλεπα τα γράμματα πάνω στους χαρτοφύλακες που φύλασσαν μέσα τα έγγραφα, ήταν με αλφαβητική σειρά, όπως στον τηλεφωνικό κατάλογο, όμως όχι τόσο πυκνά.

«Το κουδούνι δε χτυπάει τη νύχτα», είπε ο Άουγκουστ. Δεν το είχα σκεφτεί προτού μου το πει εκείνος.

«Είναι όπως λέει και εκείνη», είπε, «εδώ μέσα υπάρχει άλλος χρόνος, όταν δε χτυπάει το κουδούνι. Είναι σαν να μην υπάρχει καθόλου χρόνος».

Του έδειξα το φεγγάρι.

«Ο χρόνος είναι μέσα στον κόσμο», είπα. «Το φεγγάρι ανατέλλει και δύει, είναι ένα σύστημα, σαν το ρολόι».

«Όμως το φεγγάρι δε χτυπάει κουδούνι κάθε πενήντα λεπτά», είπε εκείνος.

Ο χαρτοφύλακας ήταν χοντρός, άναψα το κερί. Εκείνος έμεινε εκεί που ήταν.

«Δεν είναι δουλειά κανενός», είπε, «έτσι;»

Υπήρχε ένας φάκελος με τα χαρτιά του από τα διάφορα σχολεία όπου είχε πάει, είχε φοιτήσει σε κανονικό σχολείο στη Σλότσχερενσβάι στο Ραίδοβρε, τον ξεφύλλισα. Μετά ήταν τα αποτελέσματα των τεστ από τις εξετάσεις του σχολικού ψυχολόγου και η αναφορά του σχολιάτρου. Ακολουθούσε κάτι από την παιδοψυχιατρική κλινική του Κρατικού Νοσοκομείου, τον είχαν εξετάσει δυο φορές. Τίποτα απ' αυτά δεν κοίταξα. Προτελευταία ήταν τα χαρτιά από το σχολείο του Μπίελ, αρκετά γράμματα, σε πρώτη φάση τα άφησα χωρίς να τα διαβάσω. Τελευταίες ήταν μερικές δακτυλογραφημένες σελίδες και φωτογραφίες. Έδειχναν τους γονείς του.

Κατά κάποιον τρόπο τις ήξερα αυτές τις φωτογραφίες, από τις ζωγραφιές του, πολλές φορές τα είχε ζωγραφίσει όλα με μεγάλη λεπτομέρεια, έτσι ήταν επόμενο να τα ξέρω. Οι σφαίρες είχαν πέσει βροχή, δε γινόταν να μην τον δεις, τον είχα ξαναδεί, αν και ποτέ σ' αυτόν το βαθμό. Ήταν ξαπλωμένοι δίπλα δίπλα και φορούσαν τα καλά τους, θα είχαν γυρίσει απ' έξω, μετά είχαν πάει κοντά του στον καναπέ, εκείνος ήταν ξαπλωμένος εκεί και τους περίμενε.

«Τώρα θα το θυμούνται», είπε.

Δεν είχε δει τις φωτογραφίες ούτε εμένα, κοίταζε έξω από το παράθυρο, έβλεπε το φεγγάρι.

«Τι θες να πεις;»

«Τώρα το ξέρουν ότι δε σηκώνω τέτοια».

Δεν είχαμε παρά ελάχιστο χρόνο, έπρεπε να μιλάμε καθαρά και με ειλικρίνεια.

«Μοιάζουν πεθαμένοι», είπα εγώ.

«Μια χαρά είναι», είπε εκείνος. «Απλώς για να το θυμούνται».

Τα δακτυλογραφημένα χαρτιά ήταν η αναφορά της αστυνομίας μαζί με βεβαίωση του αντιπροσώπου της Μέριμνας

Παιδιών και Νέων, που έπρεπε να παρίσταται πάντα αν σε ανέκριναν και ήσουν κάτω των δεκαπέντε, και μ' εμένα το ίδιο είχε γίνει. Δεν είχαμε καιρό να τα διαβάσουμε τώρα. Μας έμεναν τα χαρτιά από το σχολείο του Μπίελ.

Ήταν κάποια γράμματα, από διάφορες υπηρεσίες, προσπάθησα να τα διαβάσω, δε γινόταν. Είχαμε αργήσει, σε λίγο θα έρχονταν οι καθαρίστριες, και η κατάσταση του χεριού μου δε διευκόλυνε τα πράγματα, και έπειτα η γλώσσα ήταν πολύ δύσκολη για να προλάβω να τα διαβάσω εγκαίρως, ένιωθα όπως στις πρότυπες εξετάσεις ανάγνωσης, ένιωθα πόσο αργός ήμουν. Αλλά κυρίως ήταν δύσκολα εξαιτίας του Άουγκουστ.

Εκείνος στεκόταν δίπλα μου, κοίταζε έξω απ' το παράθυρο και ήταν κλεισμένος στον εαυτό του, το να κοιτάζω τα χαρτιά ήταν σαν να βλέπω μέσα του. Όμως δυο πράγματα δεν μπόρεσα να αφήσω απαρατήρητα. Δυο από τα γράμματα ήταν από τον Μπάουνσμπακ-Κωλ, τον επιθεωρητή των σχολείων της Κοπεγχάγης. Αυτό ήταν το ένα. Το άλλο ήταν αυτό που βρήκαμε μετά. Έλεγε για την περίοδο που ο Άουγκουστ θα έμενε δοκιμαστικά στο σχολείο. Το διάβασα πολλές φορές για να το μάθω απέξω.

«Εδώ είσαι επ' αόριστον», είπα. «Υπό περιορισμό».

Του το διάβασα: «... Αφού συμβουλεύθηκε τη Μέριμνα Παιδιών και Νέων, το υπουργείο Παιδείας, το Παιδαγωγικό Ινστιτούτο της Δανίας και τις Σχολικές Αρχές της Κοπεγχάγης, η διεύθυνση εισηγείται την ένταξη του Άουγκουστ Γιόον στους εσωτερικούς μαθητές του σχολείου με περιορισμό επ' αόριστον...»

«Γιατί ρώτησαν τόσο πολλούς», είπε, «για ποιο λόγο;»

Δεν του απάντησα, δεν είχα χρόνο να το σκεφτώ.

«Η δοκιμαστική σου περίοδος δε θα τελειώσει ποτέ», είπα, «πρέπει να κάνεις κουράγιο, θα τα καταφέρουμε, θα βρούμε κάτι».

Τότε είδα και κάτι ακόμα. Έμοιαζε με πιστοποιητικό ποινικού μητρώου, ήταν στο όνομα του Άουγκουστ. Αυτό ήταν αδύνατο, αν ήσουν κάτω των δεκαπέντε δεν είχες ποινικό μητρώο, το ήξερα καλά, ήταν κανόνας. Τότε είδα από πού ήταν. Ήταν ένα αντίγραφο από τα Αρχεία του Κράτους. Εκεί υπήρχε μια περίληψη της υπόθεσης του Άουγκουστ.

Αυτό ήταν αδύνατον να συμβεί. Στα Αρχεία του Κράτους είχαν πρόσβαση μόνο ο εκπρόσωπος της Μέριμνας Παιδιών και Νέων και η αστυνομία, που τα χρησιμοποιούσε μαζί με το ποινικό μητρώο. Όσους δε γινόταν να έχουμε παρατηρήσεις στα πιστοποιητικά ποινικού μητρώου, επειδή λόγου χάριν δεν είχαμε συμπληρώσει τα δεκαπέντε, μας καταχώριζαν στα Αρχεία του Κράτους, για παράδειγμα, κάθε φορά που μας έφερναν σε κάποιο αστυνομικό τμήμα για ανάκριση, ακόμα και όταν δεν ήμασταν κατηγορούμενοι. Κανονικά αυτά τα έγγραφα ήταν αυστηρά εμπιστευτικού χαρακτήρα. Και όμως υπήρχε αντίγραφο για τον Άουγκουστ.

Έβαλα το φάκελο στη θέση του. Σε κλάσμα δευτερολέπτου άναψα το φως για να σιγουρευτώ ότι δεν είχε στάξει αίμα στο πάτωμα ή στην κουβέρτα. Τότε είδα ότι το συρτάρι του γραφείου είχε κλειδαριά με κύλινδρο.

Αυτό ήταν απόλυτα φυσιολογικό. Ο Μπίελ ήταν διευθυντής του σχολείου, στο γραφείο του έπρεπε να βρίσκεται ένα κλειδωμένο συρτάρι με γραμματόσημα και ίσως κάποια μικροποσά, δεν υπήρχε λόγος να τα κοιτάξουμε, άλλωστε βιαζόμασταν.

Ωστόσο κοίταξα, πήρα από το γραφείο ένα συνδετήρα, χρησιμοποίησα το κλειδί που είχα φτιάξει για να ανοίξω το συρτάρι. Δεν ξέρω γιατί το έκανα, μάλλον από συνήθεια. Ίσως πάλι δεν ήταν από συνήθεια. Ίσως ήθελα να κοιτάξω στο βάθος της ψυχής του Μπίελ.

Όλα τα χαρτιά στο σχολείο είχαν πάντα να κάνουν με άλλους, εκτός από αυτόν, ήταν κανόνας χωρίς εξαίρεση. Και ποτέ δεν είχε πει κάτι για τον εαυτό του.

Γι' αυτό και διάβαζαν τα απομνημονεύματά του, η βιβλιοθήκη είχε τέσσερα αντίτυπα, μπορούσες να τα δανειστείς για μια βδομάδα, τα δάνειζαν εννιά μήνες χωρίς διακοπή, ακόμα και σε άτομα που κανονικά δε διάβαζαν τίποτα, ούτε καν τα μαθήματά τους. Και ούτε εκεί υπήρχε λέξη γι' αυτόν τον ίδιο.

Δεν μπορούσες να μη σκεφτείς ότι το συρτάρι ίσως είχε κάτι που είχε να κάνει μ' αυτόν.

Δεν ήταν και πολύ μεγάλο. Είχε μια στοίβα άγραφες σελίδες του σχολείου. Κάτω από αυτές ήταν άλλες δυο, αλλά γραμμένες.

Κοίταζα τον Άουγκουστ. Είχε καθίσει, λίγο ήθελε να τον πάρει ο ύπνος στην καρέκλα. Είχε αρχίσει κιόλας να στριφογυρίζει, όπως όταν έρχονταν οι εφιάλτες του. Όταν σιγουρεύτηκα ότι δεν έβλεπε τίποτα, πήρα τις δυο σελίδες που ήταν κάτω κάτω. Μετά ξανάκλεισα το συρτάρι.

Τον σήκωσα επάνω, όμως λόγω του χεριού μου μόνο να τον αφήσω να στηριχτεί πάνω μου μπορούσα. Τα πόδια του κουνιόνταν, τον υπόλοιπο μέρος του σώματός του κοιμόταν.

# 5

«Πού είναι το αύριο;»
Αυτό με ρώτησε εκείνη.

Όταν τα παιδιά κλαίνε, τους μιλάμε για το αύριο. Αν χτυπήσουν και δεν μπορείς να τα παρηγορήσεις, ακόμα και όταν τα παίρνεις στην αγκαλιά σου, τους λες πού θα πάνε αύριο, ποιον θα πάνε να δουν. Απομακρύνεις την προσοχή τους από το κλάμα και τα πας μια μέρα πιο μπροστά, φέρνεις στη ζωή τους το χρόνο.

Η γυναίκα το κάνει προσεκτικά, απαλά. Χωρίς να υπόσχεται τίποτα το ιδιαίτερο, χωρίς να προσπαθεί να ξεφύγει από τον πόνο, παίρνει απαλά το παιδί μαζί της στο μέλλον. Θαρρείς για να πει ότι όλοι θα γνωρίσουμε το χρόνο. Ότι ίσως μπορούμε να μεγαλώσουμε χωρίς να πληγωθούμε στη ζωή.

Εγώ ποτέ δε μιλάω στο παιδί για το χρόνο. Μιλάμε για άλλα πράγματα, όμως όχι και τόσο πολλά, και ποτέ για το αύριο. Νιώθω ότι δε γίνεται, αύριο μπορεί να εξαφανιστούμε από προσώπου Γης, σου έρχονται στο μυαλό όλες οι φορές που δεν μπορούσες να κρατήσεις τις υποσχέσεις σου, όταν μιλάς για το χρόνο, πάντα δίνεις υποσχέσεις. Γι' αυτό καλύτερα να μη λες τίποτα, ό,τι κι αν σημαίνει αυτό.

Ωστόσο εκείνη έρχεται κοντά μου αρκετά συχνά. Σπάνια για να της εξηγήσω κάτι, όμως συχνά για να μου πει κάτι.

Όταν έρχεται σ' εμένα, κάθομαι στο πάτωμα, μου φαίνεται λάθος να στέκομαι όρθιος σαν τηλεγραφόξυλο όταν μου μιλάει, και έτσι κάθομαι κάτω, τα κεφάλια μας αντικρίζουν το ένα το άλλο.

«Πού είναι το αύριο;»

Ήξερα τι ήθελε να πει. Είχε καταλάβει την αλλαγή στο χώρο, ότι τα μέρη είναι διαφορετικά το ένα απ' το άλλο. Τώρα κάποιος έβαλε στη ζωή της το χρόνο, αλλά δεν το καταλάβαινε. Προσπαθούσε να το εξηγήσει με το χώρο, τον οποίο και καταλάβαινε.

Η Καταρίνα είπε το ίδιο, μια φορά που μιλούσαμε στο τηλέφωνο, αφότου μας χώρισαν οριστικά. Μιλούσε πιο πολύ εκείνη, επειδή ο κίνδυνος γι' αυτή ήταν μικρότερος.

Είπε ότι είχε σκεφτεί πώς θυμάται κανείς το παρελθόν του. Θυμάται μια γραμμή από γεγονότα και χρονολογίες, είπε, από εδώ που είναι τώρα και προς τα πίσω. Δηλαδή μια γραμμή του χρόνου. Αυτή η γραμμή μπορούσε να έχει διαφορετικά χρώματα ανάλογα με το τι είχες ζήσει, για παράδειγμα, αν είχες χάσει κάποιον, θα ήταν μαύρη, αλλού πιο φωτεινή. Σε κάποια σημεία της γραμμής ο χρόνος θα είχε περάσει γρήγορα, αλλού πιο αργά. Όμως ακόμα και αν προχωρούσες πολύ πίσω, θα συνέχιζε να είναι γραμμή.

Πάντως όχι αν πήγαινες πίσω μέχρι το τέρμα, τουλάχιστον όχι γι' αυτή, κι εγώ πώς το έβλεπα, με παρακάλεσε να το σκεφτώ.

Γι' αυτή, είπε, και ίσως για όλους, η γραμμή διαλυόταν όταν έφτανες πολύ πίσω, όταν πήγαινες στα παιδικά χρόνια δεν υπήρχε πια η γραμμή, έμοιαζε περισσότερο με ένα τοπίο γεγονότων, δεν μπορούσες να θυμηθείς τη σειρά τους, ίσως δεν είχαν κιόλας σειρά, αλλά ήταν σκορπισμένα εδώ κι εκεί, όπως σ' έναν κάμπο. Έλεγε ότι αυτός ο κάμπος ήταν από την εποχή που ο χρόνος δεν είχε μπει ακόμα στη ζωή σου.

Μου ζήτησε να το σκεφτώ.

«Να ρωτήσουμε τον Άουγκουστ», είπε. «Πώς το βλέπει κι εκείνος, αν βλέπει κι αυτός τον κάμπο, τι λες;»

Όταν καθόμουν στο πάτωμα μπροστά στο παιδί και με ρωτούσε για το αύριο, καταλάβαινα ότι ακόμα στεκόταν μέσα στον κάμπο, όμως όπου να 'ταν θα έμπαινε στο τούνελ του χρόνου.

Ήθελα τόσο πολύ να την καταλάβω, προσπάθησα μήπως δω στο πρόσωπό της το χρόνο. Όμως δεν μπορούσα να της πω τίποτα, δεν μπορούσα να απαντήσω. Ούτε εγώ ήξερα πού ήταν το αύριο.

«Δεν ξέρω», είπα.

Τότε είδα ότι εκείνη δε χρειαζόταν απάντηση, ότι δεν είχε σημασία. Σημασία είχε το ότι είχα καθίσει στο πάτωμα και την άκουγα.

Έμεινε στη θέση της. Ένιωθα ότι ίσως ποτέ δε θα είχε τόση σημασία αυτό που της έλεγα, ότι ποτέ δε θα το βαθμολογούσε και δε θα το έπαιρνε τόσο τοις μετρητοίς. Ότι είχα το δικαίωμα να είμαι αργός, να μην είμαι ακριβής και να μην έχω την παραμικρή ιδέα για κάτι, χωρίς να τιμωρούμαι, ότι παρ' όλα αυτά θα έμενε όρθια στη θέση της για μια στιγμή και δε θα έφευγε.

Ρώτησα τον Άουγκουστ τι θυμόταν.

Ήταν νύχτα, είχα εφτά μέρες να πάω να τον δω. Πήγαιναν και τον έβλεπαν μερικές φορές πριν σβήσουν τα φώτα, μου πήρε μια βδομάδα να καταλάβω το πρόγραμμά τους. Όπως αποδείχτηκε, οι ώρες που πήγαιναν ήταν στάνταρ, ο Φλάκενταμ άλλαζε βάρδια με την καινούργια επιθεωρήτρια, έρχονταν μια φορά την ώρα, λίγο πριν πάει ακριβώς. Μπόρεσα να τους αποφύγω, επειδή ήταν πολύ τακτικοί.

Ήρθα μόλις είχε πάρει το φάρμακό του στις εννιά, είχαμε καιρό μέχρι τις εννιάμισι, που θα ερχόταν ο Φλάκενταμ και θα έσβηνε το φως.

Εκείνος ήταν ξαπλωμένος ανάσκελα και κοίταζε το ταβάνι.

«Μου δίνουν τώρα τρία Μογκαντόν», είπε. «Καλύτερα να βιαστείς αν θες να προλάβεις να μου πεις κάτι».

Δεν είχα τίποτα να του πω, στεκόμουν και τον κοίταζα, το δέρμα του έμοιαζε με χαρτί. Στο Ίδρυμα Διακονισσών υπήρχε μια πτέρυγα για την υποδοχή εγκαταλειμμένων βρεφών, εκεί είχαμε και παιδιά που τα βάζανε σε θερμοκοιτίδες, ήταν πιο μικρόσωμα από όλα τα άλλα και ωστόσο μοιάζανε με γέρους. Μικρούλικα, αλλά και γερασμένα. Έτσι έμοιαζε κι εκείνος. Είχα κολλήσει λευκοπλάστη γύρω από τα δυο ακριανά μου δάχτυλα, έτσι που να πονάει όσο γινόταν λιγότερο. Το μικρό μου δάχτυλο έπρεπε να το είχα βάλει σε γύψο, αλλά έτσι θα άρχιζαν να έχουν υποψίες. Ο Άουγκουστ έκανε πως δεν το έβλεπε.

Φαινόταν να έχει πυρετό, έπιασα το μέτωπό του ενώ πρόσεχα τα χέρια του, ήταν σχεδόν κρύος.

«Τι γίνεται αν πάψεις εντελώς να τρως;» είπε.

«Δυο μέρες πεινάς», είπα εγώ, «δυο μέρες πονάς σαν να είσαι άρρωστος, μετά είναι μια χαρά. Μέχρι να το πάρουν είδηση ότι δεν μπορείς να πάρεις τα πόδια σου και να σε βάλουν να φας με το ζόρι».

Στο Ναίδεμπόγκορντ είχαμε και κορίτσια, μερικά είχαν κάτι σαν ανορεξία. Επειδή φορούσαν δυο μπλούζες, τη μια πάνω στην άλλη, και έβαζαν και ένα μαξιλάρι από κάτω, μερικές φορές αργούσαν τόσο πολύ να τις ανακαλύψουν, που τις προλάβαιναν στο παρά πέντε, αυτό δεν του το είπα, δεν υπήρχε λόγος να του βάζω ιδέες.

Άρχισε να νυστάζει. Με ρώτησε αν είχα δει καθόλου την Καταρίνα, του είπα ότι εκείνη μού είχε ζητήσει να τον ρωτήσω κάτι, του εξήγησα τι εννοούσε εκείνη με το να θυμάται κανείς το παρελθόν του, αυτός τι θυμόταν από το δικό του;

Το ίδιο όπως κι εμείς, είπε, θυμόταν κι αυτός μια γραμμή, δεν του φαινόταν παράξενο.

Υποψιάστηκα κάτι.

«Από πού αρχίζει», είπα, «τι θυμάσαι πρώτο πρώτο;»

«Το πρώτο που θυμάμαι είναι το γραφείο», είπε, «ότι είμαι στο γραφείο και σε βλέπω, από εκεί αρχίζει».

«Έχουν περάσει μόνο δυόμισι μήνες από τότε», είπα εγώ, «πιο πριν τι υπάρχει;»

«Πιο πριν δεν υπάρχει τίποτα», είπε εκείνος, «μόνο μια τρύπα».

Δεν ήθελα να τον ρωτήσω περισσότερα. Στάθηκα δίπλα του χωρίς να μιλάω.

Εκείνος κοιμόταν. Τα μάτια του δεν ήταν τελείως κλειστά, έκαναν μια χαραμάδα, φαίνονταν οι κόρες των ματιών του, και από την αναπνοή του καταλάβαινες ότι κοιμόταν. Με μισάνοιχτα μάτια. Έμοιαζε αφύσικο, ακούμπησα τα δάχτυλά μου στα ματόφυλλά του και τα έκλεισα προσεκτικά.

Ήθελα να μείνω κι άλλο, αλλά δε γινόταν, όπου να 'ναι θα ερχόταν ο Φλάκενταμ.

Κοιμόταν, είμαι σίγουρος, ωστόσο ένα κομμάτι του εαυτού του ήταν ξύπνιο, ένα από τα πολλά πρόσωπα που είχε μέσα του. Όταν είχα φτάσει στην πόρτα, με φώναξε και μου ψιθύρισε.

«Αν θυμάσαι», είπε, «και έχεις παρελθόν, τότε βγαίνεις φταίχτης και τιμωρείσαι. Αν δε θυμάσαι τίποτα και δεν έχεις το χρόνο των άλλων ανθρώπων, τότε είσαι κάτι σαν τρελός και σε βάζουν σε περιορισμό, τότε έχεις μια ευκαιρία».

Την άλλη μέρα με κάλεσαν στο γραφείο του Μπίελ, ήταν και ο Φρέδχοϊ εκεί, μου είπανε ότι είχε έρθει απάντηση από το Γενικό Προεδρείο και ότι το σχολείο, μαζί με τη Μέριμνα για Παιδιά και Νέους είχε καταλήξει σε μια απόφαση για το μέλλον μου, θα μου έβρισκαν ένα κατάλληλο θεραπευτικό κέντρο, σε καμιά δυο εβδομάδες, ήταν σίγουρο πια, είχαν πάρει την έγκριση του επιτρόπου.

# 6

Η β΄ λυκείου, που πήγαινε η Καταρίνα, καθόταν δυο σειρές πίσω μας στην πρωινή προσευχή. Ο Φρέδχοϊ έλεγχε τις σειρές πριν έρθει ο Μπίελ και αρχίσουμε. Είχαμε ο καθένας τη δική του θέση, όμως ήταν πάντα δύσκολο να τηρηθεί αυστηρά η τάξη στις άκρες, εκεί που τέλειωνε η μια σειρά και άρχιζε η άλλη, όσοι έμπαιναν μέσα τελευταίοι δεν μπορούσαν να σπρώξουν τους άλλους και να πάνε στις κανονικές τους θέσεις, παρά στέκονταν όρθιοι άκρη άκρη.

Εννιά μέρες μετά τον οριστικό αποχωρισμό ήρθε η Καταρίνα την τελευταία στιγμή, χωρίς ωστόσο να έχει αργήσει, ήρθε και στάθηκε λίγο μπροστά μου, σχεδόν δίπλα στον Φρέδχοϊ. Αυτό τους έκανε να χαλαρώσουν την προσοχή τους. Δε φαντάζονταν ότι θα έκανε τίποτα.

Κάθε μαθητής έφερνε το δικό του βιβλίο τραγουδιών στην πρωινή προσευχή, μας ζητούσαν να το έχουμε δεμένο για να μη φθείρεται. Εκείνη το άνοιξε έτσι που, και να μην ήθελα, το έβλεπα, όμως από την άλλη το κρατούσε διπλωμένο, έτσι που να το βλέπω μόνο εγώ. Είχε γράψει με μικρά γράμματα, για να είναι όσο το δυνατόν μικρότερος ο κίνδυνος να μας καταλάβουν, μου πήρε ολόκληρη την πρωινή προσευχή για να διαβάσω αυτό που είχε γράψει: «Πώς τη λένε την κηδεμόνα σου;»

Για όλα τα ορφανά παιδιά και για όλα τα παιδιά που τα έπαιρναν αναγκαστικά από τα σπίτια τους, και που είχαν στερήσει από τους γονείς τους την κηδεμονία τους, οριζόταν κηδεμόνας, αυτό ήταν ο κανόνας.

Ο κηδεμόνας αυτός ήταν συνήθως ένας νομικός από το Γενικό Προεδρείο, τη δική μου την είδα μια φορά, όταν η επιτροπή κοινωνικών υπηρεσιών είχε προτείνει να με στείλουν επ' αόριστον στο Χίμελμπιέργκχους, εκείνη μου το είχε πει τότε. Μου το είπε χωρίς πολλές περιστροφές, ότι την είχαν ορίσει κηδεμόνα για περίπου διακόσια ή τριακόσια παιδιά, και ναι μεν επίσημα ήταν ο πατέρας και η μητέρα μου, όμως δε θα μπορούσαμε να ξανασυναντηθούμε, εκτός αν ήθελα να παντρευτώ πριν από τα δεκαοχτώ ή είχα περιουσία που χρειαζόταν διαχείριση. Από τότε δεν την ξαναείδα.

Αυτά όλα παραήταν μπερδεμένα για να τα πω στην Καταρίνα. Στο δικό μου βιβλίο τραγουδιών έγραψα μόνο «Γιοχάνα Μπουλ, Γενικό Προεδρείο», ύστερα από τρεις μέρες πήγα μια σειρά πιο πίσω και κρατούσα το βιβλίο ψηλά, κανείς δεν κατάλαβε τίποτα.

Την άλλη μέρα με φωνάξανε στο τηλέφωνο για να απαντήσω σε ένα τηλεφώνημα.

Υπήρχαν δυο τηλέφωνα στο σχολείο που επιτρεπόταν να τα χρησιμοποιούν οι μαθητές, και τα δυο τα είχαν φέρει στο βοηθητικό κτίριο, το ένα ήταν στην πτέρυγα των αγοριών και το άλλο στων κοριτσιών.

Και τα δυο ήταν συνδεμένα με το τηλεφωνικό πίνακα του σχολείου στον προθάλαμο του γραφείου του Μπίελ, όμως δούλευαν με κέρματα, από αυτά μπορούσες να τηλεφωνήσεις και να μιλήσεις ελεύθερα στο διάλειμμα του φαγητού, από τις έντεκα και σαράντα μέχρι τις δώδεκα και μισή, και μετά το τέλος της ώρας που μας υποχρέωναν να διαβάζουμε τα μαθήματά μας, από τις οχτώ και τέταρτο ως τις εννιά παρά δέκα. Το τηλεφώνημα για μένα ήρθε στις δώδεκα και πέντε, ήμουν στην αυλή και με φώναξε ένας από τις μικρές τάξεις, τον είχε στείλει ο Φλάκενταμ, μου είπε ότι η κηδεμόνας μου ήταν στο τηλέφωνο.

Το ακουστικό βρισκόταν στο τραπεζάκι με τους τηλεφωνικούς καταλόγους. Πρώτη φορά με έπαιρνε κάποιος τηλέφωνο στο σχολείο του Μπίελ, εκτός από έναν αντιπρόσωπο της Μέριμνας που πήρε δυο φορές, και ούτε και εγώ είχα πάρει ποτέ κανέναν. Το τηλέφωνο κρεμόταν στον τοίχο, δεν υπήρχε θάλαμος, αυτό μου άρεσε, από τότε που έγινε εκείνη η φάση με τον Βάλσανγκ δεν πολυπήγαινα τους μικρούς χώρους.

Ήταν η Καταρίνα.

Τα τηλέφωνα τα βάλανε ένα χρόνο αφότου ήρθα στο σχολείο. Μέχρι τότε ήταν δύσκολο να σου δώσουν άδεια να τηλεφωνήσεις, έπρεπε να είναι απόλυτη ανάγκη, και πάντα έπαιρνες από τη γραμματεία, μιλούσες με άγχος, περνούσε κόσμος, η γραμματεία σε άκουγε, και ήξερες ότι κρατούσες το τηλέφωνο του σχολείου απασχολημένο. Ο Μπίελ είχε πει ότι τα τηλέφωνα είναι μόνο για σύντομες και ζωτικής σημασίας συνομιλίες.

Η Καταρίνα θα πήρε το τηλεφωνικό κέντρο του σχολείου και θα είπε ότι ήταν η Γιοχάνα Μπουλ. Αυτή ήταν η μόνη πιθανή εξήγηση. Πήρε από το τηλέφωνο των κοριτσιών και εκείνοι πίστεψαν ότι έπαιρναν απ' έξω, και τη συνέδεσαν με την πτέρυγα των αγοριών.

Για λίγη ώρα δε λέγαμε λέξη. Στεκόμασταν με το ακουστικό στο χέρι. Την άκουγα που ανάσαινε, τακτικά και καθαρά, σαν ρολόι. Δεν πίστευα ότι θα ξαναμιλούσαμε ποτέ.

«Τα βγάζεις πέρα;» μου είπε

«Ναι», είπα, «όμως ο Άουγκουστ όχι».

Δεν έγινε κάτι που να μας προειδοποιήσει, μόνο ένα κλικ, και η συνομιλία διακόπηκε. Ίσως ήρθε κάποιος που εκείνη δεν τον περίμενε.

Με ξαναπήρε.

Αυτό έγινε την άλλη μέρα, μετά την ώρα της μελέτης. Το σήκωσα εγώ, στεκόμουν ακριβώς δίπλα, όταν χτύπησε, κατά κάποιον τρόπο το περίμενα.

Μετά από τις καλοκαιρινές διακοπές μού είχαν αναθέσει να αδειάζω τα σκουπίδια της κουζίνας στους μεγάλους σκουπιδοτενεκέδες πίσω από το βοηθητικό κτίριο. Αυτή η δουλειά ήταν περιζήτητη, τέλειωνε γρήγορα, και πέρα από αυτό οι σκουπιδοτενεκέδες ήταν μέσα σ' ένα κλειστό δωματιάκι, όπου μπορούσες να κάθεσαι για λίγη ώρα, χωρίς να σε βλέπουν. Μου την είχαν δώσει σαν αμοιβή για δυο χρόνια χωρίς τιμωρίες ή επιπλήξεις.

Μετά το κακό που έγινε στην εκκλησία, με πήραν από εκεί και μου αναθέσανε κάθε είδους εσωτερική εργασία, δεν υπήρξαν σχόλια, αλλά έγινε για να με έχουν κάτω από διαρκή έλεγχο. Ήταν μια ανακούφιση, επειδή τα δάχτυλά μου είχαν τα χάλια που είχαν, δυσκολευόμουν να κάνω βαριές δουλειές. Τη μέρα που με πήρε η Καταρίνα, λάδωνα πόμολα από πόρτες, συνέχιζα και μετά το βραδινό, για να είμαι κοντά στο τηλέφωνο.

Στο Βασιλικό Ορφανοτροφείο είχαν απαγορεύσει να παίρνουν τους μαθητές τηλέφωνο απ' έξω, εκτός αν κάποιος είχε πεθάνει ή κάτι παρόμοιο. Αυτό το έκαναν για να μην κλονίζεται η αντοχή που προσπαθούσε να τους δώσει το σχολείο.

Σε φώναζαν δηλαδή στο τηλέφωνο μόνο όταν συνέβαινε κάτι πολύ κακό στην οικογένειά σου. Ή όταν ήθελε να σου μιλήσει η διεύθυνση κοινωνικής πρόνοιας ή η αστυνομία, κάτι που ήταν χειρότερο.

Έτσι είχες συνηθίσει να βλέπεις το τηλέφωνο σαν όργανο για να ελέγχουν τους μαθητές. Και να πιστεύεις ότι μόνο οι καθηγητές και η διεύθυνση του σχολείου το χρησιμοποιούν.

Καθώς κρατούσα το ακουστικό και είχα στην άλλη άκρη την Καταρίνα, ξαφνικά η εντύπωσή μου άλλαξε, τώρα ένιωθα σχεδόν το αντίθετο.

Συνήθως είχε ουρά, εκείνη τη μέρα δεν ήταν κανείς. Όταν χτύπησε, το σήκωσα πριν προλάβει κανείς να ακούσει οτιδήποτε.

Ήταν λαχανιασμένη. Θα περίμενε να φύγουν όλοι και ύστερα έτρεξε στο τηλέφωνο. Όλο το φθινόπωρο δούλευε στον κήπο, μάλλον τη βάλανε κι εκείνη στις εσωτερικές δουλειές.

Σκέφτηκα ξανά ότι η αναπνοή της ήταν σαν ρολόι, ότι μετρούσε το λίγο χρόνο που μπορούσαμε να είμαστε μαζί.

Δε λέγαμε τίποτα, μόνο σκύβαμε προσπαθώντας να ακούσουμε ο ένας την ανάσα του άλλου.

Μετά μου είπε εκείνο που μου είχε ξαναπεί, ότι θυμόταν τα πράγματα σαν μια γραμμή που στην αρχή της βρισκόταν ένας κάμπος. Πότε πότε το τηλέφωνο έκανε «μπιπ», εκείνη του έβαζε λεφτά – από πού τα είχε;

«Γίνεται να βρεθούμε;» είπε.

Αυτό το είχα σκεφτεί επανειλημμένα, μη τυχόν και με ρωτούσε. Μόνο μια δυνατότητα υπήρχε, είπα, τη νύχτα, μπορούσα να τη βοηθήσω να βγει από το παράθυρο και να κατέβει· θα τα κατάφερνε;

«Με πήραν από εκεί που ήμουν», είπε εκείνη, «κοιμάμαι στο δωμάτιο της καινούργιας επιθεωρήτριας».

Το είπε ήρεμα, ωστόσο ήταν σαν να ερχόταν κάτι μεγάλο με ιλιγγιώδη ταχύτητα, σαν τρένο, και τώρα πια είχε περάσει, και μαζί με το τρένο είχε χαθεί και η τελευταία ευκαιρία να τη δω.

«Θα φύγω σε δεκατέσσερις μέρες», είπα εγώ, «Θα με πάνε σε θεραπευτικό κέντρο».

Το ακουστικό έκλεισε. Ο ήχος που ακούστηκε δεν ήταν σαν αυτόν της περασμένης φοράς, τη μια στιγμή ήμασταν συνδεμένοι, την άλλη κοπήκαμε.

Περίμενα κάμποση ώρα πλάι στο τηλέφωνο, αλλά δεν έγινε τίποτα.

# 7

Για δυο μέρες συνέχεια καθόμουν στο μεγάλο διάλειμμα στη βιβλιοθήκη.

Υπό άλλες συνθήκες θα μου το είχαν απαγορεύσει, όμως εξαιτίας του χιονιού οι ρυθμοί του σχολείου είχαν αλλάξει. Είχε χιονίσει ήρεμα και σιωπηλά, όμως ολόκληρο το εικοσιτετράωρο, δεν το πρόλαβαν, τους πρόλαβε εκείνο. Ο Άντερσεν φτυάριζε το χιόνι, σκόρπιζε άμμο και αλάτι στην αυλή, και τον βοηθούσαν οι εσωτερικοί, που τους είχαν αναθέσει εξωτερικά καθήκοντα. Η αυλή ήταν καλυμμένη από πάγο και μεγάλους σωρούς από χιόνι. Αυτό έγινε αφορμή να επιτρέψουν στα παιδιά των μικρών τάξεων να μείνουν ξύπνια, τώρα έπαιρνε πιο πολλή ώρα για να μπουν στις τάξεις, εξαιτίας των βρεγμένων τους ρούχων, και γενικά ένιωθες ότι κάτι είχε αλλάξει στο πρόγραμμα.

Ο Φρέδχοϊ και η Κάριν Έροε με είδαν στη βιβλιοθήκη, αλλά δε μου είπαν τίποτα, ίσως σκέφτηκαν ότι ήμουν ήδη τιμωρημένος, ότι δεν μπορούσαν να μου κάνουν τίποτα άλλο.

Κοίταξα τις παλιές επετηρίδες, καθεμιά είχε μια φωτογραφία της κάθε τάξης, κοίταξα τις παλιές φωτογραφίες της τάξης της. Από την πρώτη τάξη και ύστερα. Εκείνες τις μέρες την έβλεπα και στην πρωινή προσευχή, με πονούσε να τη βλέπω εκ του φυσικού, πιο εύκολα ήταν με τις φωτογραφίες.

Τότε τα κορίτσια είχαν κοτσίδες, το ίδιο και εκείνη, αλλά κατά τα άλλα ήταν όπως την ήξερα.

Εκτός από το ότι χαμογελούσε. Υπήρχαν οχτώ φωτογραφίες, από το 1963 μέχρι το 1971, το 1970 δεν ήταν μέσα, το σχολείο βγήκε φωτογραφία τον Απρίλιο που εκείνη έλειπε. Στις εφτά πρώτες φωτογραφίες χαμογελούσε. Και τα ρούχα της ήταν αλλιώτικα. Είχε βγει μόνο από τη μέση και πάνω, όμως φορούσε μια φαρδιά μπλούζα, σαν αυτές που φορούσε τώρα.

Έβαλα τα βιβλία το ένα δίπλα στον άλλο, έτσι που να μπορεί κανείς να τα δει όλα μαζί. Σαν τη γραμμή του χρόνου.

Δεν μπορούσα να μη σκέφτομαι πώς θα ήταν τα πράγματα τώρα, αν την είχα γνωρίσει τότε, τι θα γινόταν; Ίσως να βλεπόμασταν καμιά φορά, να με είχε καλέσει σπίτι της, να γνώριζα τους γονείς της, και όταν άρχισε η καταστροφή να τη βοηθούσα.

Το σκέφτηκα, ότι δηλαδή θα μπορούσα να τη βοηθήσω. Εγώ που δεν μπόρεσα ούτε τον εαυτό μου να βοηθήσω.

Κοίταζα τις φωτογραφίες, στο τέλος ένιωθα σαν να είχαμε μεγαλώσει μαζί. Σαν να μην είχα μεγαλώσει έτσι μια και έξω, με πόνο και πυρετό, όπως έγινε με το που ήρθα στου Μπίελ, αλλά ήμουν πάντα εκεί, και μεγάλωνα μαζί της όμορφα και καλά, και τώρα ήμασταν μαζί.

Πριν δεν κοίταζα πολύ τις φωτογραφίες. Πίστευα ότι θα άλλαζαν αν έστρεφα πάνω τους τα φώτα της προσοχής. Ότι θα γίνονταν πιο θαμπές, όπως ο φόβος. Όμως αυτό δεν έγινε. Αντίθετα αποκτούσαν όλο και περισσότερο βάθος. Για δυο μέρες πήγαινα και τις κοίταζα, θα πήγαινα και τρίτη μέρα, αλλά ξανάρχισε να χιονίζει και μας έβαλαν να τρέξουμε.

# 8

Μετά από την ενόργανη γυμναστική, για να αποκτήσεις αθλητικό παράστημα, ερχόταν ο κλασικός αθλητισμός, ειδικά οι ρίψεις, όμως πιο δύσκολα ήταν το χειμώνα, αφού τις κάναμε έξω.

Η μόνη εξαίρεση ήταν το τρέξιμο. Ο Κλάστερσεν είχε μάθει την Εθνική Νέων να κάνει προπόνηση το χειμώνα πάνω σε παγωμένους βάλτους και λίμνες, και είχε πολύ καλά αποτελέσματα, το είχε ως αρχή ότι όταν τρέχεις, ο καιρός δεν παίζει ρόλο.

Έτσι κάναμε προπόνηση στο τρέξιμο όλες τις εποχές του χρόνου, όμως είχε αδυναμία στο χιόνι. Όταν χιόνιζε, ήταν σχεδόν σίγουρο ότι τουλάχιστον το πρώτο ημίωρο θα το βγάζαμε τρέχοντας γύρω από το πάρκο.

Εκείνος έτρεχε μπροστά μπροστά. Αυτό σήμαινε ότι αν δεν ήσουν ανάμεσα στους πρώτους ή αν έμενες πίσω επίτηδες, ήσουν ξαφνικά μόνος.

Εκείνη στεκόταν δίπλα σ' ένα δέντρο, με την πλάτη ακουμπισμένη πάνω του, το χιόνι σχημάτιζε πίσω της τοίχο καθώς έπεφτε, εκείνη ξεκόλλησε από το δέντρο, πέρασε μέσα από τον τοίχο και χάθηκε.

Έστριψα από το μονοπάτι και βγήκα στη λίμνη. Εκεί αργούσε πάντα να πιάσει πάγο, εκεί ήταν ένας ερωδιός, ήταν και κάτι κύκνοι, έμοιαζαν σαν να μην τους κάνει αίσθηση το κρύο, ήταν σε κίνηση, λες και είχε περάσει κάποιος από εκεί.

Πίστεψα ότι την είχα χάσει ή ίσως και να μην ήταν εκείνη. Το χιόνι συνέχιζε να διαμορφώνει το χώρο, έτρεχα μέσα από σειρές λευκών δωματίων που δεν έλεγαν να τελειώσουν. Έστριψα και ανηφόρισα προς το ύψωμα όπου βρίσκονταν τα αγάλματα, με στολές από παγωμένο χιόνι πάνω στο μπρούντζινο δέρμα τους. Ένα από αυτά ξεκόλλησε από εκεί που ήταν και έφυγε. Το ακολούθησα. Πήγαμε κάτω, εκεί που το καλοκαίρι φύτρωναν τα τριαντάφυλλα, τα είχαν κόψει και σκεπάσει με κλαδιά από έλατα, ήταν μαζί κι εκείνη όταν τα σκεπάζανε, την είδα εκεί λίγο μετά αφότου έγραψα το γράμμα, τώρα όλα τα είχε σκεπάσει το χιόνι, υπήρχαν μονάχα τέσσερις σωροί από χιόνι, που σχημάτιζαν μια μακριά λευκή τάφρο.

Άρχισε να τρέχει, όμως δεν πήγε πολύ μακριά. Τα πόδια της βούλιαζαν στο χιόνι, και φορούσε λεπτά παπούτσια. Έπεσε, θαρρείς, με όλο της το βάρος πάνω στο χιόνι και κάθισε ανακούρκουδα. Ανηφόρισα ξοπίσω της. Γύρισε το μισό της πρόσωπο προς το μέρος μου.

«Φύγε», είπε, «δίνε του!»

Πρέπει να φώναξε, όμως το χιόνι ρούφηξε τον ήχο της φωνής της. Είδα το μισό πρόσωπό της. Πάνω του έβλεπα το μίσος.

Έμεινα εκεί, δεν είχα να χάσω τίποτα. Δεν είχα κάτι να βάλω πάνω της, έτρεχα μόνο με την μπλούζα. Δεν καταλάβαινα τίποτα.

Εκείνη σηκώθηκε και πήγε να φύγει, την ακολούθησα. Φτάσαμε στη λίμνη, το χιόνι και το νερό είχαν γίνει ένα, δεν ξεχώριζες πού άρχιζε το ένα και πού τελείωνε το άλλο, υπήρχε μόνο ένα γκρίζο κύμα ανάμεσα στον ουρανό και τη γη. Ήμασταν κλεισμένοι μέσα, ήταν σαν κελί ή σαν κατάλευκο νοσοκομείο. Όμως ήμασταν ελεύθεροι, δεν μπορούσαν να μας δουν από πουθενά.

Δε γύρισε το κεφάλι, έπρεπε να σκύψω προς το μέρος της για να καταλάβω τι μου έλεγε.

«Φύγε, σου λέω», είπε, «πήγαινε στο διάβολο».

«Μου αλλάζουν σχολείο», είπα, «για τιμωρία, το έχει εγκρίνει ο επίτροπος, δε γίνεται πια τίποτα».

Γύρισε το πρόσωπό της προς το μέρος μου, το δέρμα της ήταν κατάλευκο, διάφανο. Με κοίταξε σαν να έψαχνε κάτι. Ύστερα μου έπιασε το χέρι.

«Αυτοί σε διώχνουν;»

Δε σταματούσε να με κοιτάζει στα μάτια, δεν το άντεχα.

«Σε περίμενα», είπε. «Έχω και το πρόγραμμα, το ήξερα ότι θα ερχόσουν».

Περπατήσαμε δίπλα δίπλα, δεν είχαμε άλλη δυνατότητα. Όμως δεν πείραζε. Παραλίγο να έπεφτε, την πήρα αγκαζέ. Ήμασταν σ' ένα έρημο δάσος, την προστάτεψα, της έβαλα κι άλλες κουβέρτες για να τη σκεπάσω. Σκοτείνιαζε, προχωρούσαμε προς το σκοτάδι, στο χαμό, δε με πείραζε.

Πιστεύεις όλη σου τη ζωή ότι πάντα θα είσαι στο περιθώριο, ή στο όριο, και αγωνίζεσαι, αγωνίζεσαι, και παρ' όλα αυτά ο αγώνας σου φαίνεται μάταιος. Και τότε ξαφνικά σου ανοίγει μια πόρτα και σε βγάζει έξω στο φως.

Με κοίταζε, είχε χιόνι στις βλεφαρίδες της, αλλά και κομματάκια πάγου, ήταν δάκρυα, έκλαιγε. Δεν ήταν από αντιπάθεια ούτε επειδή τη χτύπησα, ήταν η πρώτη φορά στη ζωή μου.

«Νόμισα ότι ήθελες να φύγεις», είπε.

Ήθελα να της ζητήσω την άδεια να τη φιλήσω, όμως δεν μπορούσα να βγάλω λέξη, προσπάθησα, αλλά δεν μπορούσα. Τελικά ωστόσο θα το είπα, αφού έγινε. Τα χείλη της είχαν σκάσει από το κρύο.

Ήταν τα πάντα, το φιλί εκείνο ήταν τα πάντα. Όλα όσα ονειρεύτηκα, αλλά δεν απέκτησα ποτέ, και όλα αυτά που τώρα πια ποτέ δε θα έρχονταν, γιατί θα έφευγα και ήμουν ξεγραμμένος οριστικά, όλα ήταν μέσα σ' εκείνο το φιλί.

Εκείνο το φιλί έδιωξε το χρόνο. Το ήξερα ότι θα το θυμόμουν για πάντα, ότι δε θα μπορούσαν να μου το πάρουν, ποτέ, ό,τι και αν συνέβαινε, και τότε, για εκείνη τη στιγμή, ο φόβος με είχε εγκαταλείψει τελείως.

Μέσα απ' το σκοτάδι ήρθε καταπάνω μας ένα σπίτι, έτσι φάνηκε, αν και εμείς κινούμαστε, όχι εκείνο. Ήταν μια από τις αποθήκες υλικού, κλειδωμένη, όμως μονάχα με λουκέτο στα χερούλια της πόρτας· αν χαλαρώσεις το παξιμάδι της βίδας, το χερούλι πέφτει.

Τα απομνημονεύματα του Μπίελ έλεγαν και για τις αποθήκες υλικού. Όταν το σχολείο απέκτησε σεβαστό αριθμό μαθητών και επεκτάθηκε με το γυμνάσιο, χρειάστηκε να πάρουν τις συλλογές του σχολείου που είχαν μεγάλη αξία, αλλά τις είχαν σε αποθήκες, και να τις βγάλουν από το κυρίως κτίριο, με τον καιρό έλπιζαν να φτιάξουν τον πυρήνα ενός εκπαιδευτικού μουσείου για την παράδοση του Γκρούντβιγκ.

Δεν υπήρχε φως. Στο πάτωμα έβλεπες κασόνια και εργαλεία κηπουρικής, στους τοίχους ντουλάπια με γυάλινες προσόψεις. Έξω σκοτείνιαζε, όμως πίσω από το γυαλί έβλεπα ημισφαίρια του Μαγδεβούργου, γυάλινους δοκιμαστικούς σωλήνες και μια γεννήτρια Βαν ντε Γκράαφ. Ακόμα πλήθος βαλσαμωμένα πουλιά και μια μοσχογαλή που την είχε τυλίξει μια κόμπρα.

Αυτή η κόμπρα ήταν πιο ογκώδης από τη μοσχογαλή, και την είχε πιάσει γερά, είχε αρχίσει να τη σφίγγει. Συγχρόνως είχε τεντώσει το σαγόνι της, ξεσκεπάζοντας τα δόντια της που ήταν γεμάτα δηλητήριο, τα δυο ζώα στέκονταν κοκαλωμένα σε μια φάση λίγο πριν από τη μάχη.

Το ήξερα ότι η μοσχογαλή θα νικούσε. Δεν ήταν επειδή το ήθελα, αλλά επειδή το ήξερα. Εκείνη κινδύνευε πιο πολύ, αν έχανε, παιζόταν η ζωή της και ίσως και η ζωή εκείνων που έπρεπε να προστατέψει από το φίδι, ήταν πιο μικροσκοπική και είχε την πλάτη στον τοίχο. Ήταν ένα μικρούλικο, αεικίνητο άγριο ζώο, και η κόμπρα ήταν ογκώδης, ψυχρή και ήρεμη. Ωστόσο δεν της έδινα ούτε μια πιθανότητα.

Καθίσαμε σε δυο κασόνια.

«Τι κάνουμε;» είπε εκείνη.

Λίγο πιο πριν δε θα πίστευα ότι μπορούμε να κάνουμε τίποτα, τώρα όμως ήταν αλλιώς. Τώρα έπρεπε να φύγουμε απ' το σχολείο, θα γινόταν στο άψε σβήσε, ήθελα να της εξηγήσω, στο Χίμελμπιέργκχους είχαμε μερικούς που έμειναν έξω στην ελευθερία μέχρι δυο βδομάδες και παραπάνω όταν το έσκασαν, και τώρα η κατάσταση είχε αλλάξει, θα μέναμε έξω μαζί, για πάντα.

Αυτά ήθελα να της πω. Όμως της είπα κάτι άλλο.

«Ο Άουγκουστ», είπα.

Ποτέ δεν εγκαταλείπεις ένα παιδί χωρίς να πέσεις εσύ ο ίδιος στον γκρεμό, ποτέ, είναι νόμος, νόμος που δε σου αφήνει κανένα περιθώριο.

Εκείνη το ήξερε, πριν της το πω το ήξερε. Ποτέ δεν ήμασταν οι δυο μας, μόνο η Καταρίνα και εγώ, ποτέ. Πάντα ήμασταν τρεις, πριν ακόμα έρθει εκείνος, πριν τον δω πρώτη φορά.

Της είπα για τους διαδρόμους των μηχανικών και το ντοσιέ του. Δεν είπα πολλά και δε χρειάστηκε κιόλας. Καθόταν στο κασόνι σκυμμένη και με άκουγε, άκουγε και τις παύσεις που έκανα, άκουγε τα πάντα, ακόμα και αυτά που δεν μπορούσα να πω.

Ήμασταν καθισμένοι εκεί, και ήξερα ότι έτσι νιώθεις όταν μπαίνεις στο βάθος της ψυχής ενός άλλου. Κάθεσαι δίπλα σ' έναν άλλον άνθρωπο και εκείνος σε καταλαβαίνει, καταλαβαίνει τα πάντα, δε σε κρίνει καθόλου και δεν μπορεί να κάνει χωρίς εσένα, ούτε εσύ χωρίς αυτόν.

Τώρα καθόμασταν χωρίς να μιλάμε. Προσπαθούσα να βρω μια λύση, να βρω πώς θα γινόταν να παίρναμε τον Άουγκουστ μαζί μας και να μείνουμε μαζί οι τρεις μας.

Έβλεπα κιόλας μπροστά μου τις κλειδαριές, πρώτα ανάμεσα σε μας και εκείνον, τις κλειδαριές στην κύρια είσοδο, στο διάδρομο και στο αναρρωτήριο, και τις κλειδαριές του ντουλαπιού που τη νύχτα είχαν μέσα τα ρούχα του και τα καλά του παπούτσια. Και μετά, αφού φτάναμε εκεί που τον είχαν και τον παίρναμε, ήταν οι κλειδαριές ανάμεσα σε μας και την ελευθερία, το αμάξι και τα λεφτά που θα χρειαζόμασταν. Και ακόμα πιο πίσω βρίσκονταν οι κλειδαριές όλου του κόσμου, πλήθος αμέτρητο, τόσες πολλές κανείς δεν μπορεί να ανοίξει, θα ήταν ένας συνεχής αγώνας που δε θα έπαιρνε ποτέ τέλος, όσο σκληρά κι αν πάλευες.

Ήμασταν στα αλήθεια χαμένοι, μας έπιασε απελπισία. Όμως το θέμα ήταν ο Άουγκουστ, όχι η Καταρίνα και με τίποτα εγώ. Εγώ τώρα πια τα είχα όλα και ποτέ κανείς δε θα μπορούσε να μου τα πάρει. Για κάποιον που τώρα πια τα έχει όλα, δεν υπάρχει λόγος να απελπίζεται.

Ήμουν σίγουρος ότι η Καταρίνα σκεφτόταν όπως κι εγώ. Ότι εκείνη τη στιγμή σκεφτόμασταν το ίδιο πράγμα χωρίς να νιώθουμε την ανάγκη να μιλάμε γι' αυτό, ήμουν εκατό τοις εκατό σίγουρος.

Τότε σηκώθηκε και πήγε κοντά στο παράθυρο, και μόνο από τον τρόπο που περπατούσε κατάλαβα ότι είχα κάνει λάθος.

«Αν δεν υπήρχαν ρολόγια στο σχολείο, θα ξέραμε τίποτα για το χρόνο;»

Η φωνή της ήταν αλλαγμένη, βρισκόταν σε άλλον κόσμο, ήταν θαρρείς άλλος άνθρωπος. Μέσα της, την ίδια στιγμή, αλλά αλλιώτικα, βρισκόταν ένας άλλος άνθρωπος, αυτός που έβλεπα τώρα.

Ήταν σαν τον Άουγκουστ, αλλά και διαφορετική. Ο Άουγκουστ εμφανιζόταν είτε με το ένα πρόσωπο, είτε με το άλλο, δεν είχαν σχέση μεταξύ τους, ο Άουγκουστ που στεκόταν με την πλάτη στον τοίχο και έψαχνε τα δάχτυλα του άλλου για να τα σπάσει, εκείνος ο Άουγκουστ ήταν εκτός ελέγχου.

Με την Καταρίνα ήταν αλλιώς. Τα δυο πρόσωπα συνδέονταν μεταξύ τους, ήταν εκεί την ίδια στιγμή, όμως το ένα από αυτά, εκείνο που βρισκόταν τώρα μπροστά μου, δε θα το καταλάβαινα ποτέ.

Θα μπορούσα να καθίσω μαζί της για πάντα. Έτσι ένιωθα, και έτσι θα νιώθω για όλη μου τη ζωή. Αν ήταν εκεί και το παιδί, ο Άουγκουστ, θα καθόμουν εκεί με τη γυναίκα για πάντα.

Δεν ήθελα ποτέ τίποτα άλλο ούτε και μετά ήθελα. Μόνο να ανοίξει η πόρτα, να μπω μέσα και να κάθομαι με τη γυναίκα και το παιδί, χωρίς να μιλάω, αυτό θα μου έφτανε.

Τώρα καταλάβαινα ότι η Καταρίνα ένιωθε αλλιώς. Και ότι εκείνη, όπως ίσως και κάθε άνθρωπος, έμοιαζε με σειρές λευκών δωματίων. Μέσα από κάποια απ' αυτά μπορούσα να περάσω μαζί της, όμως δεν τελειώνουν ποτέ, και με κανέναν άνθρωπο δεν μπορείς να τα περάσεις όλα.

Δε θα την έπαιρνα μαζί μου, ακόμα και αν καταφέρναμε να πάρουμε μαζί μας τον Άουγκουστ. Ο άλλος της εαυτός, κάποια από τα πρόσωπα που ζούσαν μέσα της, ήθελαν κάτι ακόμα. Ήθελαν μια απάντηση.

Με είχε ρωτήσει κάτι, στο εργαστήριο, είχε ρωτήσει τι είναι ο χρόνος και ποιο είναι το σχέδιο που κρύβεται πίσω από το σχολείο, και η ερώτησή της δεν είχε πάρει απάντηση ακόμα.

Μου ήταν δύσκολο να το καταλάβω. Ότι για έναν άνθρωπο μπορεί να είναι τόσο σημαντικό να κάνει ερωτήσεις και να παίρνει απαντήσεις, πιο σημαντικό από οτιδήποτε άλλο. Ίσως πιο σημαντικό ακόμα και απ' την αγάπη.

Δεν μπορείς να το καταλάβεις. Πρέπει να σηκώσεις τα χέρια και να πεις: έτσι είναι. Θέλουν να μάθουν. Και τίποτα άλλο δε μετράει.

Με ξαναρώτησε.

«Τι θα ξέραμε για το χρόνο, αν δεν υπήρχαν τα ρολόγια;»

«Πάλι θα τον αισθανόμασταν», είπα εγώ, «και τώρα πρέπει να το διαλύουμε σιγά σιγά», είχε σχεδόν σκοτεινιάσει, είχα δει έξω τον Κλάστερσεν, μάλλον θα το είχε καταλάβει ότι έλειπα και γι' αυτό έτρεχε ακόμα ένα γύρο.

Σκέφτηκα την ανάσα της στο τηλέφωνο και γενικά.

«Αναπνέεις», είπα, «και χτυπάει η καρδιά σου, είναι σαν ρολόι. Ο ήλιος ανατέλλει και δύει, το ίδιο και το φεγγάρι».

«Υπάρχουν ρυθμοί», είπε εκείνη, «υπάρχει μια τάξη, δεν είναι μπάτε σκύλοι αλέστε. Όμως δεν υπάρχει απόλυτη κανονικότητα».

Σ' αυτό δεν είχα να πω τίποτα, ο Κλάστερσεν είχε χαθεί μακριά στο σκοτάδι.

«Για ξαναπές το, εκείνο που είπες για τα γράμματα», είπε, «εκείνο που είπες για το γενικό επιθεωρητή».

Ήρθε και στάθηκε κοντά μου, της το είπα αργά αργά. Δεν έβλεπα πια το πρόσωπό της.

Εκείνη πήρε το χέρι μου.

«Σου έφερα ένα ρολόι», είπε.

Μου το έβαλε στο χέρι· πού το είχε βρει;

«Άκου», είπε.

Μετά μου εξήγησε κάτι.

# 9

Αρχές Ιανουαρίου του 1993 είχα πάρει σβάρνα την Κοπεγχάγη με το ποδήλατό μου για να βρω ένα συγκεκριμένο ρολόι.

Γράφω, βέβαια, γι' αυτή την ιστορία εδώ και πάνω από ένα χρόνο και συνέχεια το ανέβαλα, να ξαναπάω, μετά από είκοσι χρόνια, σε ένα σχολείο.

Έκανε κρύο και ήταν σκοτάδι, ήταν μέρα, όμως τόσο σκοτεινή που έμοιαζε με νύχτα.

Άρχισα να ψάχνω στην τύχη, βρήκα το σχολείο στην Αίστερ Φαριμάσγκάδε, ίσως γιατί από το ύψωμα που υπήρχε στο πάρκο γύρω από το σχολείο του Μπίελ έβλεπα πάντα το καμπαναριό της εκκλησίας που είναι δίπλα.

Η γραμματεία του σχολείου στεγαζόταν σ' ένα υπερυψωμένο ισόγειο. Στεκόμουν πολλή ώρα μπροστά στις γραμματείς και όταν το αποφάσισα «Θα μπορούσα να κοιτάξω το ρολόι του σχολείου σας;» είπα. «Γράφω ένα βιβλίο».

Το ρολόι βρισκόταν ψηλά, με πλεξιγκλάς γύρω γύρω και κόκκινους ψηφιακούς αριθμούς, που μαρτυρούσαν ότι είχε πρωτομπεί σε λειτουργία πριν από την εποχή τους, κανείς δε θυμόταν πότε, λειτουργούσε άψογα, αραιά και πού ερχόταν κάποιος και του έκανε σέρβις.

Ενόσω στεκόμουν εκεί πέρασε ένας δάσκαλος, πριν από πέντε χρόνια δούλευε στο σχολείο της οδού Φρεδρικσούντβαϊ, μου είπε ότι εκεί είχανε ένα ρολόι από τα παλιά.

Πήγα λοιπόν εκεί. Είχαν κι εκεί το ίδιο περίβλημα από

πλεξιγκλάς, με ψηφιακά νούμερα. Όμως μου έδωσαν το τηλέφωνο του μηχανικού του σχολείου.

Τον βρήκα λίγες μέρες αργότερα, δούλευε στην πολεοδομία και ήταν υπεύθυνος χρονομέτρησης για πολλά σχολεία του Δήμου Κοπεγχάγης. Μου είπε ότι τα τελευταία είκοσι χρόνια η ιδιωτική εταιρεία «Δανικός Χρονοέλεγχος Α.Ε.» έβαλε και άλλαξαν τα πιο πολλά από τα παλιά ρολόγια και εγκατέστησαν μοντέρνα χαλαζιακά που δεν έχαναν δευτερόλεπτο και που σχεδόν δε χρειαζόταν να τα ρυθμίσεις. Που σε γενικές γραμμές, δηλαδή, λειτουργούσαν από μόνα τους, χωρίς ανθρώπινη μεσολάβηση.

Όμως είχε δει δυο παλιά ρολόγια. Στο Σχολείο του Τιμίου Σταυρού και στο σχολείο στην οδό Πριγκίπισσας Καρλότας, είχαν ακόμα τα παλιά κουδούνια. Αυτά που χρησιμοποιούνταν τις δεκαετίες του '60 και του '70. Αλλά που τώρα είχαν παλιώσει.

Πήγα στο Σχολείο του Τιμίου Σταυρού, εκεί παρά λίγο να το βρω. Το ρολόι ήταν στο γραφείο. Είχε το περίβλημα που έψαχνα, αλλά ήταν γεμάτο καλώδια. Μου είπαν ότι πριν από μερικά χρόνια το άλλαξαν και έβαλαν ένα ηλεκτρονικό.

Στο σχολείο της οδού Πριγκίπισσας Καρλότας το βρήκα.

Ο υποδιευθυντής ήρθε μαζί μου. Ένιωσα πολύ μικρός, μου φάνηκε μια γενιά μεγαλύτερος από μένα. Μετά συνειδητοποίησα ότι ήμασταν περίπου συνομήλικοι.

Το ρολόι ήταν ψηλά. Εκείνος μού κράτησε τη σκάλα να ανέβω.

Ήταν το ρολόι που έψαχνα. Το ρολόι που είδα και άγγιξα μια μόνο φορά, για μια μόνο στιγμή, ένα πρωινό πριν από είκοσι δυο χρόνια. Ένα ρολόι του τοίχου, που κουρδιζόταν με το χέρι, μάρκας «Bürk».

Άνοιξα το τζαμάκι και κοίταξα μέσα τη συσκευή. Είπα να κρατήσω σημειώσεις, αλλά δε χρειάστηκε. Ήταν όπως το ήξερα.

Ο υποδιευθυντής, ο μηχανικός, οι γραμματείς στο γραφείο, ο δάσκαλος που είχε δουλέψει στο σχολείο της οδού Φρεδρικσούντ, όλοι τους με γνώρισαν και ύστερα από λίγο με ξέχασαν. Όμως όση ώρα ήμασταν εκεί μαζί, πίστεψαν ότι είχαν να κάνουν με ένα μεγάλο.

Έκαναν λάθος. Μιλούσαν με ένα παιδί.

Όση ώρα στεκόμουν απέναντί τους, το δέρμα μου είχε φύγει, δεν είχα τίποτα να με καλύψει. Ένιωθα κάθε αλλαγή στον τόνο της φωνής τους, κάθε βλέμμα τους, αισθανόμουν τη βιασύνη τους, την ευγένειά τους, την αφηρημάδα και τη δυσκολία τους να καταλάβουν. Με ξέχασαν πέντε λεπτά αφότου έφυγα, εγώ τους θυμάμαι για πάντα.

Με το που ξαναμπήκα σ' ένα σχολείο, ξανάγινα το παιδί που ήμουν πριν από είκοσι δυο χρόνια, και μ' αυτή τη μορφή είδα τους μεγάλους.

Ήταν προφυλαγμένοι. Ο χρόνος είχε απλώσει γύρω τους μια προστατευτική μεμβράνη. Έκαναν χιούμορ, βιάζονταν και η συνάντησή μας δεν τους είχε αγγίξει καθόλου.

Έτσι ήταν τότε που πήγαινα σχολείο στου Μπίελ, έτσι είναι και τώρα, έτσι θα είναι για πάντα. Γύρω από τους μεγάλους έχει απλωθεί ο χρόνος με τη βιασύνη του, την ανία του, τις φιλοδοξίες του, την πικρία του και τους μακροπρόθεσμους στόχους του. Στην πραγματικότητα δε μας προσέχουν, και αν μας προσέξουν έστω και λίγο, πέντε λεπτά αργότερα μας ξεχνούν. Ενώ εμείς, εμείς δεν έχουμε ούτε δέρμα. Και τους θυμόμαστε για πάντα.

Έτσι ήταν στο σχολείο. Θυμόμασταν την κάθε έκφραση του προσώπου τους, την κάθε προσβολή, τον κάθε ενθαρρυντικό λόγο, την κάθε τυχαία παρατήρηση, την κάθε έκφραση δύναμης και αδυναμίας. Γι' αυτούς εμείς ήμασταν ασήμαντοι και καθημερινοί, εκείνοι για μας ήταν αιώνιοι, υπερκόσμιοι, πανίσχυροι.

Μου ήρθε η εξής σκέψη στο μυαλό: όταν πονάς και πιστεύεις πως αυτό που γίνεται εδώ, στο εργαστήριο, είναι ανώφελο, μπορείς ωστόσο να αντιτείνεις ότι αυτή είναι ίσως η μόνη δυνατότητα να περιγράψεις πώς ένιωθες τότε τον κόσμο.

Από μεγάλους, ακριβείς και αλάθητους είναι γεμάτος ο κόσμος. Άλλωστε αυτοί κανονίζουν τα πάντα γύρω μας. Όμως το να νιώθεις τα πράγματα χωρίς δέρμα, αυτό γίνεται ίσως μόνο υπό όρους σαν αυτούς που ισχύουν στο εργαστήριο.

# 10

Δεν μπήκα εκεί που είχαν τον Άουγκουστ, υπήρχε κίνδυνος να με βρουν. Πήγα κοντά στην πόρτα και τον φώναξα από εκεί, ήταν λίγο πριν από την ώρα που έπαιρνε το φάρμακο. Ξαπλώσαμε στο πάτωμα και μιλούσαμε από τη χαραμάδα της πόρτας. Δεν τον έβλεπα, ίσα ίσα που τον άκουγα. Του είπα μονάχα το πιο σημαντικό, ότι θα πήγαινα και θα τους έλεγα πως είχε μέρες να φάει.

«Θα με στείλουν στο Σάντμπιεργκορντ», είπε εκείνος. «Εκεί είναι κλινική, από εκεί δεν ξαναγυρνάς».

«Όχι», είπα εγώ. «Θα σε πάνε στο θεραπευτήριο, με κίτρινα ή κόκκινα χαρτιά, όλα είναι κανονισμένα».

Το θεραπευτήριο ήταν στο πέμπτο πάτωμα, απέναντι από την αίθουσα ωδικής, αλλά λοξά, δίπλα στο ιατρείο. Ήταν μεγαλύτερο από το αναρρωτήριο και με δυο κανονικά κρεβάτια, αντί ένα και μοναδικό εξεταστικό κρεβάτι, και ακόμα είχε ένα κλειδωμένο ντουλάπι με όργανα.

Στο αναρρωτήριο πήγαινες όποτε είχες κάποια μικροαδιαθεσία ή για κάποιον καιρό ήσουν σε απομόνωση, το θεραπευτήριο ήταν για τα πραγματικά ατυχήματα.

Μετά το δεύτερο ατύχημα του Άξελ Φρέδχοϊ, τον πήγαν εκεί όση ώρα περίμεναν να έρθει το νοσοκομειακό. Και τον Βέρνερ Πέτερσεν, το γυμναστή μας πριν έρθει ο

Κλάστερσεν, κι αυτόν τον είχαν πάει εκεί. Ήταν πάντα σκληρός, αλλά και νευρικός, δεν άντεχε να φεύγει κάποιος από κάπου πριν από τον ίδιο, απαγορευόταν αυστηρά να φύγεις από το μάθημα όταν μας έκανε γυμναστική. Ήταν όμως πολύ δύσκολο να ανταποκριθούμε στις απαιτήσεις του, γιατί το χειμώνα δεν άναβαν τα καλοριφέρ και πότε πότε έπρεπε να πας στην τουαλέτα· έτσι μια μέρα ο Κόρε Φρύμαν κατούρησε στο καλάθι των αχρήστων που είχαμε στα αποδυτήρια, το έκανε πάνω στην απελπισία του και με τις καλύτερες προθέσεις, για να μην ανέβει μέχρι τις τουαλέτες, φοβόταν πολύ τον Βέρνερ Πέτερσεν. Το καλάθι ήταν ψάθινο, δεν τα κράτησε, χύθηκαν απ' έξω, και τότε ο Βέρνερ Πέτερσεν έπιασε να τον κατσαδιάζει, ένιωθες ότι ήταν αλλιώτικος απ' ό,τι ήταν συνήθως, είχε χάσει τα λογικά του και ούρλιαζε σαν τρελός. Κάποιος φώναξε κάποιους άλλους καθηγητές, εκείνοι τον άρπαξαν και τον έκλεισαν στο θεραπευτήριο, το κάνανε αθόρυβα, όλοι οι άλλοι στο σχολείο δε θα το έπαιρναν είδηση, αν δεν προέκυπτε ότι ο Κόρε Φρύμαν είχε πάθει ζημιά, και το σχολείο είχε κληθεί να δώσει εξηγήσεις. Είπαν ότι ήταν νευρικός κλονισμός, για πολύ καιρό επικρατούσαν ιδιαίτερες συνθήκες στην οικογένεια του Βέρνερ Πέτερσεν, και ποτέ δεν ξαναγύρισε στο σχολείο, στη θέση του ήρθε ο Κλάστερσεν.

Από τότε κατάλαβα τι ρόλο έπαιζε το θεραπευτήριο. Επειδή ήταν κοντά στο γραφείο των καθηγητών και τη γραμματεία και έβγαζε κατευθείαν στην κάτω σκάλα, ήταν κατάλληλο για περιστατικά για τα οποία δεν έπρεπε να γίνει λόγος.

Στο σχολείο του Μπίελ δεν είχαν ακούσει πριν για άτομα με ανορεξία. Όμως στο Βασιλικό Ορφανοτροφείο και ιδίως στο Χίμελμπιέργκχους ήταν κάτι συνηθισμένο, εκεί η διεύθυνση ήξερε ότι δεν υπήρχε κίνδυνος, αν αυτά τα άτομα τα εντοπίζανε εγκαίρως. Όμως δεν ήθελαν να ακούγεται κάτι τέτοιο, και γράφανε ένα δελτίο εισαγωγής στο θεραπευτήριο, κίτρινο αν απειλούνταν μόνο οι ίδιοι οι μαθητές, κόκκινο αν ήταν επικίνδυνοι και για τους γύρω τους. Ήτανε μια στάνταρ διαδικασία, το είχα εξηγήσει στην Καταρίνα στην αποθήκη υλικού.

Δεν υπήρχε χρόνος ή δυνατότητα να το πω αυτό στον Άουγκουστ, έλπιζα ότι θα ήταν έτσι και εδώ, στου Μπίελ, αυτό ήταν τον σχέδιό μας. Ωστόσο δεν ήμουν σίγουρος. Όμως έτσι κι αλλιώς ούτε εμένα ούτε του Άουγκουστ μας έμεναν πολλές μέρες εκεί. Είχαμε φτάσει σε τέτοιο σημείο που πια δεν υπήρχε λόγος να τραβάει σε μάκρος η συζήτηση.

«Δεν μπορώ να μένω μόνος μου τη νύχτα», είπε εκείνος.

Τον παρηγόρησα λέγοντάς του ότι θα τον φυλάνε.

«Θα έρθει ο Φλάκενταμ», είπε.

Ήξερα τι εννοούσε. Ότι αυτό ήταν χειρότερο και από τη μοναξιά.

«Μην καταπιείς το φάρμακο», είπα εγώ.

Θα του έλεγα απλώς να καταπιεί τις ταμπλέτες για να μη βρει τίποτα ο Φλάκενταμ όταν θα έκανε έλεγχο, αλλά να μην πιει νερό μετά. Όταν θα έφευγε ο Φλάκενταμ, θα έχωνε το δάχτυλό του στο λαιμό, θα έβγαιναν αμέσως.

Δεν μπορούσα να του εξηγήσω, άρχισε να βγάζει κάτι ήχους σαν ζώο, μετά ηρέμησε.

«Είναι συνωμοσία», είπε, «είσαι κι εσύ στο κόλπο».

Τον άκουγα που απομακρυνόταν από τη χαραμάδα σέρνοντας. Έφερα το στόμα μου στο πάτωμα.

«Μια νύχτα», είπα, «το πολύ δυο».

Εκείνος έφευγε.

«Δε φεύγουμε χωρίς εσένα», είπα εγώ.

Τον ανέφερα στον Φλάκενταμ το ίδιο βράδυ. Το είπα χωρίς πολλές περιστροφές, είχε δεκατέσσερις μέρες να φάει, στο βραδινό έκανε ψέματα ότι έτρωγε, σκέφτηκα να το πω για να προστατέψω ένα συμμαθητή και να κάνουν κάτι.

Ο Φλάκενταμ φώναξε αμέσως τον Μπίελ, τους είδα να μπαίνουν στο αναρρωτήριο, μετά κουβάλησαν τον Άουγκουστ μέχρι το κυρίως κτίριο, τους έβλεπα να ανεβαίνουν τη σκάλα, ο Άουγκουστ δεν έδειχνε να αντιστέκεται. Λίγο πιο ύστερα ήρθε ένα αμάξι, πάρκαρε στην μπροστινή αυλή, το άκουσα, αλλά δεν το είδα, όμως δεν ήταν ασθενοφόρο. Σκέφτηκα ότι ήταν ο γιατρός.

Εκείνη τη νύχτα δεν κοιμήθηκα.

# 11

Στο Χίμελμπιέργκχους, τη δεύτερη φορά που αρνήθηκα να το σκάσω, οι άλλοι με βάλανε να πιω Σόλιγκνουμ. Ήταν υγρό για την προστασία του ξύλου, που χρησιμοποιούσαν για να πισσώσουν τις μικρές αποθήκες όπου έβαζαν τα εργαλεία, και το έβρισκες εύκολα, περιείχε διάφορα δηλητήρια από μύκητες, έτσι δεν άργησε να με πιάσει το στομάχι μου, και το αντιλήφθηκε η Διεύθυνση. Ήθελαν να μη βγει αυτό παραέξω, θα μου έκαναν πλύση στομάχου, αλλά δεν είχαμε τον κατάλληλο εξοπλισμό και έτσι η νοσοκόμα μού έδωσε γαλαζόπετρα. Δε μου είπαν γιατί, απλώς έπρεπε να πάει κάτω. Αυτό και την επίδραση που είχε, τα θυμάμαι ακόμα.

Η γαλαζόπετρα ήταν κάτι μπλε κρύσταλλοι, πήρα περίπου μια κουταλιά, από το ντουλάπι με τα απαραίτητα για το μάθημα των τεχνικών, ενώ η Κάριν Έροε στεκόταν εκεί, αλλά με την πλάτη γυρισμένη.

Στο ντουλάπι υπήρχαν διάφορες χημικές ουσίες, σπρέι για φιξάρισμα, βενζίνη καθαρισμού, σινική μελάνη και ακόμα γαλαζόπετρα, τη χρησιμοποιούσαν στη μεταξοτυπία μαζί με κρυστάλλους αλατιού, για να παίρνει το χρώμα σχήματα. Για πολύ καιρό την έβλεπα και την αναγνώριζα, χωρίς όμως να σκέφτομαι τίποτα άλλο.

Το ντουλάπι κανονικά κλείδωνε, όμως στις ώρες του μαθήματος ήταν ανοιχτό. Κανείς δε με είδε, μολονότι η αίθουσα ήταν γεμάτη κόσμο, και καταλάβαινα πολύ καλά το γιατί. Όταν έβαλα μέσα το χέρι μου και άνοιξα το τζαμάκι, ένιωσα ότι η ώρα και το μέρος ήταν τόσο απαγορευμένα, ήταν τόσο αδιανόητο να βρίσκομαι εκεί, που θαρρείς έγινα αόρατος.

Λίγο πιο ύστερα πήρα και εγώ μια άσπρη ποδιά από το ντουλάπι. Ήταν μια από αυτές που χρησιμοποιούσε η Κάριν Έροε, είχε λίγους λεκέδες από βαφή. Ούτε αυτό με δυσκόλεψε. Εκείνη δεν έδειχνε να με είχε δει. Επειδή ήξεραν ότι θα έφευγα, κατά κάποιον τρόπο είχα πάψει να υπάρχω.

Αυτό που θα έκανα, έπρεπε να γίνει στο μάθημα του Φρέδχοϊ, ένα δίωρο φυσικής.

Ο Φρέδχοϊ είχε διαίσθηση με τους μαθητές. Ο Μπίελ στεκόταν πιο ψηλά από κάθε άποψη, όμως ο πιο επικίνδυνος ήταν ο Φρέδχοϊ. Γιατί ήταν ήρεμος, είχε χιούμορ και με την εξυπνάδα του έδινε την εντύπωση ότι ήταν πάντα με το μέρος των μαθητών. Και ωστόσο τα έβλεπε και τα καταλάβαινε όλα και ήταν επικίνδυνος σαν το διάολο.

Με οποιονδήποτε άλλον καθηγητή μπορούσες άνετα να βρεις μια δικαιολογία ή να το παίξεις αδιάθετος και να πας έξω. Με τον Φρέδχοϊ κάτι τέτοιο ήταν αδύνατο.

Τώρα έχει πεθάνει, πέθανε πριν από μερικά χρόνια, όταν το έμαθα, είχε ήδη περάσει πολύ καιρός. Είπαν ότι ήταν από εγκεφαλικό.

Κατά κάποιον τρόπο το καταλάβαινα ότι κάτι τέτοιο θα ήταν. Πάντα ένιωθες ότι κάτι τον έτρωγε από μέσα.

Για μένα είναι ακόμα ζωντανός. Πολλές φορές ήρθε σ' εμένα στο εργαστήριο, όταν καθόμουν και έγραφα. Είναι όπως πάντα φιλικός, ακριβής, γεμάτος χιούμορ και με προσεγμένο ντύσιμο, έξυπνος.

Σου έρχεται τότε να του κάνεις υπόκλιση και να τον

ευχαριστήσεις για όλα όσα σου έδωσε, για τη γνώση και το χιούμορ του και κάτι άλλο, το ότι σου ενέπνεε εμπιστοσύνη. Και έτσι έκανα, υποκλίθηκα, τον ευχαρίστησα και θυμήθηκα τη φιλικότητά του.

Τότε με έπιασε ο φόβος.

Από τους ανθρώπους που δείχνουν τον πραγματικό τους εαυτό υπάρχει τρόπος να προφυλαχτείς. Για τον Μπίελ, ας πούμε, ή την Κάριν Έροε, το μόνο που νιώθαμε ήταν φόβος και τίποτα άλλο.

Με τον Φρέδχοϊ ήταν πιο δύσκολο ή και αδύνατο. Είχε πάνω του μια φιλικότητα που έβγαινε προς τα έξω και σε έκανε να τον πλησιάσεις και να ακουμπήσεις πάνω του. Ακόμα και αν ήξερες ότι είχες την εντύπωση πως ήθελε να σε προστατέψει και ακουμπούσες πάνω του.

Τότε ένιωθες ότι κάτι δεν πήγαινε καθόλου καλά.

Κατάπια τη γαλαζόπετρα πέντε λεπτά πριν από το μάθημα, έπρεπε να γίνει τη σωστή ώρα. Όταν την έβαλα στο στόμα, το σώμα μου τη θυμήθηκε και δεν ήθελε να με υπακούσει, όμως πίεσα τον εαυτό μου και την κατάπια.

Η επίδραση ήρθε είκοσι λεπτά αργότερα, δηλαδή πολύ πιο αργά από την πρώτη φορά. Ήταν κάτι τρομακτικό, υπό άλλες συνθήκες θα ρετάριζα, αλλά τώρα είχα πείρα.

Δεν ήταν απλός εμετός με αναγούλα, που όσο πάει και δυναμώνει, ήταν κάτι σαν ξαφνική αρρώστια, είχα διαταραχές στην όραση και έτρεχε πάνω μου κρύος ιδρώτας. Ο Φρέδχοϊ με είδε αμέσως, από την έκφραση του προσώπου του κατάλαβα πόσο χάλια έδειχνα και ότι δεν του έρχονταν υποψίες. Τότε με έπιασαν οι σπασμοί στο στομάχι, που συσπάστηκε απότομα πέντε έξι φορές, τη μια πίσω από την άλλη, και έβγαλα ό,τι είχα και δεν είχα, πρόλαβα και έφτασα στο νεροχύτη, δεν έμεινε τίποτα να σκουπίσω μετά.

Ύστερα όλα είχαν τελειώσει, από την προηγούμενη φορά ήξερα ότι τώρα ήμουν εξασθενημένος, αλλά κατά τα άλλα μια χαρά.

Ωστόσο φαινόμουν ακόμα χάλια, ο Φρέδχοϊ είπε στην επιμελήτρια να με συνοδέψει στο δωμάτιό μου, καθώς κατεβαίναμε τη σκάλα την έστειλα πίσω. Έβαλα τότε το ρολόι της Καταρίνα και ανέβηκα στον πέμπτο όροφο.

Η πόρτα του θεραπευτηρίου ήταν ξεκλείδωτη. Ο Άουγκουστ ήταν ξαπλωμένος στο κρεβάτι που βρισκόταν πιο κοντά στην πόρτα. Ήταν σκεπασμένος με πάπλωμα, τον ξεσκέπασα, τον είχαν δέσει σφιχτά. Πιο αδύνατο πλάσμα δεν είχα ξαναδεί μέχρι τότε. Κατά τα άλλα δεν υπήρχε τίποτα το ασυνήθιστο, η θεραπεία ήταν σχεδόν η ίδια με αυτή που έκαναν στο Ναίδεμπόγκορντ στα κορίτσια που είχαν ανορεξία, δυο οροί με αλατόνερο και ζαχαρόνερο και ένα σωληνάκι στη μύτη για να τις ταΐζουνε με καθετήρα. Εκτός από τα λουριά που κρατούσαν δεμένα τα χέρια και το στήθος του, είχανε δέσει και ένα στο μέτωπο, για να μην κουνηθεί και βγάλει τον καθετήρα από τη θέση του. Έμοιαζε απόμακρος, θα του είχαν δώσει κάποιο πολύ δυνατό φάρμακο για να κοιμηθεί.

Τα μάτια του ήταν μισάνοιχτα, όμως κοιμόταν, του έκλεισα τα βλέφαρα, του ψιθύρισα να μην ανησυχεί, αν και δε με άκουγε. Έπειτα αναγκάστηκα να τον αφήσω, δεν είχα καιρό.

Υπήρχε ένα τζαμάκι στην πόρτα του γραφείου, ένιωθα αδύναμος ύστερα από τη γαλαζόπετρα, όμως πήδηξα και μπήκα μέσα, στο γραφείο δεν υπήρχε ψυχή. Δοκίμασα την πόρτα, ήταν κλειδωμένη, όμως δεν ήταν παρά μια συνηθισμένη κλειδαριά.

Πήρα θέση έξω από το γραφείο του Μπίελ, δεν ήξερα αν εκείνος ήταν εκεί ή όχι.

Η Καταρίνα μού είχε δώσει τις εξής οδηγίες. Θα γινόταν ένα τηλεφώνημα μεταξύ και είκοσι πέντε με και μισή. Εκείνη την ώρα το γραφείο θα ήταν κλειστό, η γραμματέας θα βρισκόταν στο Ίδρυμα Σχολικού Ασύλου της Βασίλισσας Καρολίνας-Αμαλίας, το οποίο πλήρωνε ένα μέρος από τα έξοδα του σχολείου και του είχε κάνει δωρεά το καινούργιο του κύπελλο· εκεί λοιπόν πήγαινε εκείνη κάθε Τετάρτη και Πέμπτη. Όταν χτυπούσε το τηλέφωνο, θα κλειδωνόμουν μέσα και θα συνέδεα αυτόν που έπαιρνε με το τηλέφωνο των μαθητών στην πτέρυγα των κοριτσιών.

Μέχρι τότε, θα περίμενα στο διάδρομο.

Αυτό ήταν το σχέδιο της Καταρίνας, δεν μπορούσε να ξέρει τι θα γίνει, δε δοκίμασε ποτέ η ίδια να περιμένει στον πέμπτο όροφο με τις ώρες.

Επειδή το γραφείο των καθηγητών ήταν στο βάθος του διαδρόμου, περνούσε από εκεί κόσμος όλη την ώρα. Έπειτα ήταν και ο Άουγκουστ τώρα στο αναρρωτήριο, θα υπήρχε κάποιος που θα τον πρόσεχε, μάλλον η νοσοκόμα του σχολείου ή ο Φλάκενταμ, σίγουρα του κάνανε τακτικό έλεγχο, δεν είχα καμιά απολύτως δουλειά στο διάδρομο και ήμουν πολύ εκτεθειμένος, θα με βλέπανε και θα μου ζητούσαν εξηγήσεις.

Γι' αυτό στάθηκα έξω από το γραφείο του Μπίελ, ήταν το χειρότερο μέρος που θα μπορούσα να βρω, αλλά και το μόνο, άλλη λύση δεν υπήρχε. Στεκόμουν ακίνητος, έτσι που να μην ακουμπάω στον τοίχο, με τα χέρια πίσω και με σκυμμένο το κεφάλι. Πέρασαν κάποιοι καθηγητές, δε σήκωσα το κεφάλι μου να τους κοιτάξω, δε σταμάτησαν για να μου μιλήσουν. Υπέθεταν ότι περίμενα να μπω στο γραφείο του Μπίελ και να τιμωρηθώ.

Δε χτύπησε το τηλέφωνο. Έμεινα εκεί μέχρι να πάει παρά είκοσι πέντε και λίγο παραπάνω. Μετά έπρεπε να φύγω οπωσδήποτε, αλλιώς θα παγιδευόμουν μέσα στο πλήθος των καθηγητών που θα έρχονταν όταν θα χτυπούσε το κουδούνι για το διάλειμμα του φαγητού.

Καθώς κατέβαινα τη σκάλα είδα τον Φλάκενταμ. Για να

μη με δει, κοίταξα κάτω μέσα από το κιγκλίδωμα της σκάλας, είδα το χέρι του από μακριά, πρόλαβα να κρυφτώ στον τρίτο όροφο και να μπω στο εργαστήριο υφαντουργίας μέχρι να φύγει.

Ίσως ανέβαινε για να ελέγξει τον Άουγκουστ. Είδα μόνο το ένα του χέρι, έφτανε για να τον αναγνωρίσω. Αν και κάτι είχε αλλάξει, τα δυο ακροδάχτυλά του ήταν τυλιγμένα σε γύψο. Επομένως κάποια στιγμή μάλλον είχαν χάσει τον έλεγχο με τον Άουγκουστ.

Ούτε εκείνη τη νύχτα κοιμήθηκα. Εξαιτίας της γαλαζόπετρας δεν μπόρεσα να φάω τίποτα. Όλη τη νύχτα καθόμουν και κοίταζα το πάρκο και το σχολείο απέναντι και σκεφτόμουν τον Άουγκουστ. Σκεφτόμουν να πήγαινα εκεί που τον είχαν, να του έβγαζα τα λουριά και τους σωλήνες που του είχαν βάλει, και να κάτσω δίπλα του για να δει ότι δεν τον είχαμε ξεχάσει και να κοιμηθεί. Όμως είχε χιονίσει, ο Φλάκενταμ θα έβλεπε τα ίχνη μου και όλα θα τελείωναν.

Όμως και πάλι θα πήγαινα. Αν δε με σταματούσε αυτό που μου είχε πει η Καταρίνα.

Δεν την είχα δει από τότε που μου είπε για το πρόγραμμα στην αποθήκη υλικού, ούτε μια φορά. Αλλά πριν χωριστούμε, μου φόρεσε το ρολόι, κούμπωσε σφιχτά το μπρασελέ, μου κράτησε το χέρι και μου είπε: «Δυο φορές, θα δοκιμάσουμε δυο φορές».

Το σκοτάδι έγινε πιο πυκνό, μου ήρθε η σκέψη ότι όλα όσα κάναμε ήταν μάταια, έφτασα πολύ κοντά να τα παρατήσω.

Ήθελα να γυρίσω σπίτι.

Στο Χίμελμπιέργκχους και στο Μπουντρούμι τα ντους ήταν ίδια, τρεις ντουσιέρες στη σειρά, από την πρώτη έτρεχε ζεστό νερό και από τις άλλες δυο κρύο, έμπαινες στη σειρά, σαπουνιζόσουν στους νιπτήρες, και μετά περνούσες στο τάκα τάκα από τις ντουσιέρες, τη μια μετά την άλλη. Υπήρχε ένα παραθυράκι στον τοίχο, εκεί καθόταν ο Βάλσανγκ και έκοβε κίνηση, χωρίς να βρέχεται.

Ωστόσο συνέβαινε να πήγαινες τελευταίος και οι άλλοι να έχουν φύγει. Στεκόσουν τότε κάτω από το ζεστό νερό. Ήταν σαν να γυρίζεις σπίτι.

Αυτό ήθελα τώρα που καθόμουν στο σκοτάδι. Επίτηδες απέφυγα να σκέφτομαι την Καταρίνα και τον Άουγκουστ. Αν δεν ένιωθα τόση αδυναμία, θα πήγαινα μια βόλτα στα ντους. Σκεφτόμουν ότι τελικά αν όλα όσα κάναμε δεν έβγαζαν πουθενά, θα βοηθούσε λιγάκι να μπω κάτω από το ζεστό νερό όπως στο Μπουντρούμι και να νιώσω το σώμα μου και το υπογάστριό μου, χωρίς να μου έρχονται σπασμοί, να αφήσω το χρόνο ελεύθερο και να τα παρατήσω.

Κάποια στιγμή, το πρωί, πήρε να φωτίζει. Το φως δεν ερχόταν από κάπου συγκεκριμένα, απλώθηκε στην εξωτερική πλευρά των πραγμάτων, στα δέντρα και στους τοίχους του σχολείου, σαν επίστρωση από ασήμι, που ακόμα είναι αδύναμη, όμως φαίνεται καθαρά, σαν ένας τρόπος παθητικής αντίστασης στο σκοτάδι.

Τότε ήρθε και ο Όσκαρ Χούμλουμ.

Μπήκε μέσα από το παράθυρο, πιασμένος στο ίδιο σκοινί όπως τότε, και πήδηξε στο πάτωμα, το πέσιμό του ήταν βαρύ, αλλά καλοζυγισμένο.

«Πώς ήρθες εδώ;» είπα εγώ.

Δε μου απάντησε, αλλά απάντησα εγώ γι' αυτόν, κάτι που ήθελε πάντα να κάνω. Όπως και να 'χε, οι λέξεις έρχονταν σε μένα πιο γρήγορα απ' ό,τι σε εκείνον.

«Επειδή ο χρόνος σταμάτησε», είπα.

Το έβλεπα πάνω του ότι όντως έτσι είχαν τα πράγματα. Στάθηκε λίγο πιο πίσω από μένα, κοιτάζαμε μαζί το φως έξω, τότε θυμήθηκα κάτι που για πολύ καιρό είχε μείνει ξεχασμένο.

Είχαμε πάει στα ντους και ήμασταν τελευταίοι στη σειρά, ο Βάλσανγκ στεκόταν έξω από το παράθυρο, ο Χούμλουμ μπήκε πριν από μένα. Δεν κάθισε καθόλου στην ντουσιέρα με το ζεστό νερό, λες και εκείνη δεν υπήρχε, πήγε κάτω από την πρώτη ντουσιέρα με το κρύο και έμεινε εκεί. Δεν κουνιόταν, στεκόταν εκεί, ενώ το δέρμα του πρώτα κοκκίνισε και μετά άσπρισε, κοίταξε αφηρημένα προς τα κάτω, το ήξερα ότι καθυστερούσε εκεί για να μείνω εγώ στο ζεστό νερό και να μη μου λένε οι άλλοι να κάνω γρήγορα. Έκλεισα τα μάτια, το ζεστό νερό σε έκλεινε μέσα του σαν τους τοίχους ενός δωματίου, άλλη φορά δεν είχα καθίσει εκεί τόση ώρα.

Κοίταξα τον Χούμλουμ, στεκόταν όρθιος στο μισοσκόταδο, με χαμηλωμένα τα μάτια, σκεφτικός όπως τότε. Δεν μπορούσα να μη σκέφτομαι τον Άουγκουστ στο αναρρωτήριο και την Καταρίνα που κοιμόταν δίπλα στην καινούργια επιθεωρήτρια, και κατάλαβα ότι δε γινόταν να σηκώσω τα χέρια και να αφήσω τα πράγματα να πάνε μόνα τους. Και τότε επίσης τον είχα σπρώξει τελικά, να πάει πιο πέρα, πήγα στην πρώτη ντουσιέρα με το κρύο νερό, μετά στην άλλη και ύστερα βγήκα έξω.

# 12

Το τηλέφωνο χτύπησε και μισή ακριβώς, την ώρα εκείνη η γραμματέας ήταν στο γραφείο, παρά λίγο να επέλθει καταστροφή.

Είχαμε πάλι τον Φρέδχοϊ από τις έντεκα παρά δέκα μέχρι τις δώδεκα παρά είκοσι, την ώρα δηλαδή που εγώ έπρεπε σύμφωνα με το σχέδιο να φύγω από την τάξη. Η ώρα ήταν ακατάλληλη, όμως δεν μπορούσε να γίνει αλλιώς, τα μαθήματα των θετικών επιστημών όλα μαζί έπαιρναν στο πρόγραμμα πιο πολύ χρόνο από οτιδήποτε άλλο.

Όμως είχα την τύχη με το μέρος μου. Επειδή δεν είχα φάει ούτε κοιμηθεί, και δεν είχα απαλλαγεί ακόμα από τις συνέπειες της γαλαζόπετρας, έδειχνα χάλια. Όταν πήγα στον Φρέδχοϊ και του είπα χωρίς πολλές περιστροφές ότι δεν ένιωθα καλά, με άφησε να βγω.

«Δεύτερη φορά στη σειρά είναι που το κάνεις», είπε. «Θα τα πούμε μετά το μάθημα».

Μετά το μάθημα δεν επρόκειτο να γίνει τίποτα, σκέφτηκα, αν και δεν ήταν σαφές τι θα γινόταν, μετά το μάθημα ο χρόνος του σχολείου δε θα υπήρχε πια.

Ανέβηκα στον πέμπτο, δεν είδα ψυχή, προσπέρασα το θεραπευτήριο χωρίς να κοιτάξω μέσα.

Η πόρτα του γραφείου ήταν ανοιχτή, άκουγα μέσα τη γραμματέα που μιλούσε.

Αυτό δεν το είχε προβλέψει το σχέδιο, η Καταρίνα μού είχε δείξει το πρόγραμμα: «Τετάρτη και Πέμπτη, από τις έντεκα μέχρι τις δώδεκα λείπει».

Στην αρχή τα έχασα. Είχα συνηθίσει στην ιδέα ότι το πρόγραμμα του σχολείου ήταν αλάνθαστο, ποτέ δεν είχαν γίνει αλλαγές στις ώρες των μαθημάτων όσο ήμουν εγώ εκεί. Όταν βρισκόσουν μπροστά σε μια αλλαγή, δεν ήξερες τι να κάνεις.

Μπήκα λοιπόν στο θεραπευτήριο, είχα λίγα λεπτά καιρό. Ο Άουγκουστ κοιμόταν, όμως τώρα έπρεπε να τον ξυπνήσω, τον σκούντησα πολύ δυνατά, ξύπνησε σχεδόν αμέσως. Επειδή είχε εκείνα τα σωληνάκια στη μύτη, δεν μπορούσε να μιλήσει.

«Ήρθα», του είπα, «πρέπει να με βοηθήσεις».

Δεν είχα χρόνο να του εξηγήσω. Έλυσα το ένα του χέρι και του έδωσα να κρατήσει ένα μπουκάλι για να κατουρήσει.

«Σε λίγο θα χτυπήσει το τηλέφωνο», είπα. «Εσύ θα μετρήσεις αργά αργά ως το τρία, μετά θα αρχίσεις να κάνεις φασαρία, όμως όχι πάρα πολύ».

Όταν βγήκα στο διάδρομο, η ώρα ήταν και μισή ακριβώς. Δεν έβλεπες ούτε έναν άνθρωπο. Ταξιδεύαμε μέσα σε στενά τούνελ στο χρόνο και το χώρο, που μόνο εκείνη τη στιγμή υπήρχαν, σε λίγα λεπτά θα χτυπούσε το κουδούνι, όλοι θα έρχονταν επάνω και όλα θα τινάζονταν στον αέρα. Όμως εκείνη τη στιγμή είχαμε βρει μια ελεύθερη θέση στο ρεύμα του χρόνου, ανάμεσα στα δευτερόλεπτα.

Χτύπησε το τηλέφωνο, εγώ μπήκα στο γραφείο.

«Ιδιωτικό Σχολείο Μπίελ», είπε εκείνη.

«Νομίζω ότι θα πάθει ασφυξία», είπα εγώ.

Η γραμματέας δούλευε στο σχολείο πολλά χρόνια, λέγανε ότι ήταν μακρινή συγγενής του Μπίελ, υπό άλλες περιστάσεις θα τελείωνε το τηλεφώνημα χωρίς να ξεχαστεί μπροστά σ' ένα μαθητή. Όμως τώρα οι περιστάσεις είχαν αλλάξει, τώρα όλα στο σχολείο είχαν λιγάκι αναστατωθεί, όλοι ένιωθαν ότι κάτι μαγειρευόταν, με άκουσε και σταμάτησε να μιλάει.

Εκείνη τη στιγμή ακούστηκε ένας θόρυβος από το θεραπευτήριο, ο Άουγκουστ είχε πετάξει το μπουκάλι στο πάτωμα, έμοιαζε ανησυχητικό χωρίς να είναι και τόσο, είχε την ακρίβεια μιας δοσολογίας.

Ένιωσα τον πανικό της. Ωστόσο συγκρατήθηκε και είπε: «Μισό λεπτό, περιμένετε». Και έτρεξε έξω.

Εγώ πήρα το τηλέφωνο, ήταν ένας άντρας.

«Δώσε μου την Έσεν», είπε.

Η Καταρίνα μού είχε περιγράψει τον τηλεφωνικό πίνακα, ήταν στ' αριστερά του γραφείου που καθόταν η γραμματέας, είχε πει ότι όλα εκεί φαίνονταν καθαρά και ξάστερα, για να μην μπαίνεις στον κόπο να σκέφτεσαι, και αυτό έφτανε, αν έπρεπε να σκεφτώ, ήμουν χαμένος από χέρι.

Υπήρχαν τρία εισερχόμενα καλώδια, δεν ήξερα από ποιο μιλούσε εκείνος, τα έβγαλα όλα από τις υποδοχές τους, στο τρίτο κόπηκε η σύνδεση, εκείνο το έβαλα στην υποδοχή που έγραφε «Τηλέφωνο Μαθητών». Η Καταρίνα είχε πει ότι θα χτυπούσε αμέσως και ότι εγώ έπρεπε να παρακολουθήσω τη συνδιάλεξη από την κύρια γραμμή. Όμως δεν είχε προβλέψει ότι η γραμματέας ήταν δυο βήματα έξω απ' την πόρτα. Άκουσα να χτυπάει το τηλέφωνο, άκουσα που το σήκωσαν. Και ύστερα μια φωνή είπε: «Σχολική Ψυχολογική Κλινική».

Ήταν η φωνή της Καταρίνας.

«Μπάουνσμπακ-Κωλ», είπε εκείνος. «Είναι εκεί η Έσεν;»

Εκείνη απάντησε σαν να μην είχε ακούσει την ερώτησή του.

«Όπως σας πληροφορήσαμε», είπε, «έχουμε σοβαρό πρόβλημα, σας παρακαλούμε να έρθετε αμέσως».

«Αποκλείεται», είπε εκείνος.

«Είναι ο Άουγκουστ Γιόον, γι' αυτόν σας πήραμε, πρόκειται για περιστατικό βίας».

«Θέλω να μιλήσω στην Έσεν», είπε εκείνος.

Τον θυμόμουν από την απονομή του κυπέλλου στο Στάδιο Γκλαδσάξε, είχε υπηρεσιακό αυτοκίνητο με σοφέρ. Καλοντυμένος και γεμάτος σιγουριά. Ήταν σαν να βρισκόταν κιόλας στο γραφείο.

Το πράγμα χειροτέρεψε όταν άκουσα και κάτι άλλο. Στεκόμουν με την πλάτη στην πόρτα του γραφείου του Μπίελ. Από μέσα άκουσα τη φωνή του Μπίελ. Σύμφωνα με το σχέδιο δε θα έπρεπε να είναι εκεί, όμως παρ' όλα αυτά ήταν.

Εκείνη τη στιγμή ήμουν πολύ εκτεθειμένος, στριμωγμένος ανάμεσα στη γραμματέα, τον Μπίελ και το γενικό επιθεωρητή.

«Δεν αναλαμβάνουμε πια την ευθύνη», είπε η Καταρίνα. «Όλα πάνε να τιναχτούν στον αέρα».

Εκείνος είχε ζητήσει την Έσεν και εκείνη δεν του είχε απαντήσει. Ήταν η φωνή της Καταρίνας, όμως δεν ήταν εκείνη. Ήταν ένα από τα πολλά πρόσωπα που ζούσαν μέσα της και που δε θα καταλάβαινα ποτέ.

Τον άκουγα που ανάσαινε.

«Έρχομαι αμέσως», είπε. «Συνδέστε με με το γραφείο».

Έβαλα το καλώδιο στη θέση που ήταν πριν.

«Γραφείο εδώ», είπα

«Δώστε μου τον Μπίελ».

Δεν την εμπιστεύθηκε. Ήθελε να σιγουρευτεί.

«Τον φώναξαν κάπου», είπα εγώ. «Έγινε ένα ατύχημα».

Άκουσα τη γραμματέα που έτρεχε στο διάδρομο. Έκλεισα το τηλέφωνο. Εκείνη μπήκε από την πόρτα.

«Είναι χάλια», είπε. «Πρέπει να βρούμε τον Φλάκενταμ».

«Πάω κάτω να τον φωνάξω», είπα. «Θα του πω να έρθει αμέσως».

Αμφιβάλλω αν με είχε ακούσει.

«Είναι τόσο αδύνατος», είπε.

# 13

Τώρα πια δε γινόταν με τίποτα να γυρίσω στην τάξη ή στο βοηθητικό κτίριο. Ο Φρέδχοϊ ήθελε να μου μιλήσει και μάλλον θα με έψαχνε. Πουθενά στο σχολείο δεν μπορούσα πια να νιώθω ασφαλής και να μείνω λίγο παραπάνω, πήγα λοιπόν στη σκάλα ανάμεσα στο ισόγειο και στον πρώτο όροφο, απέναντι από τις μικρές τάξεις· εκεί αν ερχόταν κανένας καθηγητής θα τον έβλεπα και θα πήγαινα σε ασφαλές μέρος. Όταν χτύπησε το κουδούνι, ανακατεύτηκα με τους υπόλοιπους και κατέβηκα μαζί τους στην αυλή. Ο Φλάγιε Μπίελ ήταν εφημερεύων, όμως δεν έδειχνε να ανησυχεί. Για μια στιγμή είδα τον Φρέδχοϊ κάτω από την καμάρα της πύλης, αλλά κρύφτηκα και, όταν ξανακοίταξα, είχε φύγει· όταν μαζεύονταν όλοι οι μαθητές ήτανε τόσο πολλοί και μοιάζανε τόσο μεταξύ τους, που ήταν δύσκολο να εντοπίσεις ένα συγκεκριμένο.

Όμως είδα την Καταρίνα, όταν ο Φλάγιε ήταν στην άλλη άκρη, καταφύγαμε και οι δυο μας στη μεσαία λωρίδα. Περπατούσαμε δίπλα δίπλα, από τον τοίχο της αυλής προς το σχολικό κτίριο, με τη λωρίδα ανάμεσά μας, χωρίς να βλέπουμε ο ένας τον άλλο.

«Μπορεί να έρθει όποτε να 'ναι», είπε εκείνη. «Όταν χτυπήσει το κουδούνι, εσύ πήγαινε στη μεσημβρινή αυλή να τον περιμένεις, μην πας στο μάθημα».

«Θα με ψάξουν», είπα εγώ. «Κι εσένα το ίδιο».

«Όχι πριν τελειώσει το μάθημα».

«Δε μας φτάνει η ώρα», είπα.

Γύρω μας έπαιζαν σκλαβάκια. Η άσφαλτος ήταν στρωμένη με πάγο, η επιφάνειά του ήταν σκληρή, γεμάτη ανωμαλίες, σ' αυτό το παιχνίδι έτρεχες πάντα κρατώντας τον άλλο από το χέρι. Και πάντα αγόρι με κορίτσι. Εξαιτίας του πάγου ήταν δύσκολο να κρατάς τον άλλο, γι' αυτό έπρεπε να βγάλεις τα γάντια. Κρατούσες δηλαδή ένα κορίτσι από το χέρι. Και δεν υπήρχαν γάντια ανάμεσα σε σένα και σ' εκείνη. Έπειτα πλησίαζαν και τα Χριστούγεννα, η αίσθηση της αποδιοργάνωσης μεγάλωνε.

Τους κοιτάζαμε που έπαιζαν, πριν από λίγο καιρό παίζαμε και εμείς μαζί τους, τώρα ξαφνικά είχαν γίνει τόσο μακρινοί. Δεν ήταν μόνο επειδή με είχαν διώξει και όπου να 'ναι θα έφευγα και έτσι δεν υπήρχε πια λόγος να τους σκέφτομαι. Ήταν κάτι άλλο, ήταν η Καταρίνα και ότι εγώ τη φίλησα, ήταν και ο Άουγκουστ, και ότι τα είχαμε καταλάβει σχεδόν όλα, και ότι άλλος δρόμος δεν υπήρχε.

«Θέλω να σε ρωτήσω κάτι», είπε εκείνη. «Μπορείς να γυρίσεις λίγο το ρολόι του σχολείου, αυτό που χτυπάει για έξω και για μέσα;»

Στο ορφανοτροφείο χρησιμοποιούσαν ένα καμπανάκι του παλιού καιρού, που το χτυπούσες με το χέρι και ήταν κρεμασμένο κάτω από ένα υπόστεγο δίπλα στο κτίριο του σχολείου. Για τις ώρες ύπνου και φαγητού των εσωτερικών υπήρχε ένα μεγαλύτερο κουδούνι μπροστά στο διάδρομο όπου βγάζαμε τα παπούτσια μας, και τα δυο κουδούνια, ήταν δώρο της βασιλικής οικογένειας. Η δουλειά του κωδωνοκρούστη, δηλαδή αυτού που χτυπούσε τα κουδούνια, ήταν από τις πιο περιζήτητες στο σχολείο, και σου τη δίνανε μόνο αν ήσουν στις μεγάλες τάξεις και είχες διακριθεί πολύ.

Τον καιρό που ήμουν εγώ εκεί, κανείς εκτός από τον κωδωνοκρούστη δεν άπλωσε ποτέ το χέρι του να αγγίξει τα κουδούνια. Επειδή όμως εκεί που ήταν μπορούσαν όλοι να τα φτάσουν, υπήρχε επίσημη ποινή για όποιον τα χτυπούσε χωρίς λόγο και δεν ήταν άλλη από την άμεση αποβολή.

Στου Μπίελ δεν υπήρχε τέτοια ποινή, έβλεπες τα μηχανικά κουδούνια, ποτέ όμως το ίδιο το ρολόι, και να το πλησιάσεις ούτε που το σκεφτόσουν. Πριν μου μιλήσει γι' αυτό η Καταρίνα, δε μου είχε περάσει από το μυαλό, ούτε το δικό μου ούτε κανενός άλλου.

«Το ρολόι δεν είναι στο γραφείο του Μπίελ», είπε εκείνη. «Ούτε στη γραμματεία είναι. Πρέπει να είναι στο γραφείο των καθηγητών ή πίσω από την πόρτα που είναι ανάμεσα στο θεραπευτήριο και το γραφείο του Φρέδχοϊ».

«Μπορεί να είναι στου Άντερσεν», είπα εγώ.

Κούνησε αρνητικά το κεφάλι της.

«Είναι πολύ σημαντικό για να το έχουν εκεί», είπε, «ποτέ δε θα το έβαzαν να ακουμπάει στη γη. Θα το έχουν ψηλά στο φως. Δίπλα στον Μπίελ και τον Φρέδχοϊ».

Δεν είπα τίποτα, δεν της απάντησα. Ούτε και εκείνη περίμενε να της απαντήσω. Όλα είχαν τελειώσει. Όμως σ' αυτές τις τελευταίες στιγμές ήμασταν στο εργαστήριο και όλα μπορούσαν να συμβούν.

Γύρισε προς το μέρος μου. Πέρασε πάνω από τη λωρίδα και ήρθε κοντά μου σε απόσταση αναπνοής.

«Θα το βάλεις δέκα λεπτά πίσω», είπε. «Θα μας δώσει το χρόνο που θέλουμε. Και θα γίνει κάτι, κάτι σαν χάος. Από την άλλη δέκα λεπτά δεν είναι πολύ. Είναι η σωστή δόση».

Περάσαμε μαζί μέσα από το γυμναστήριο, κάναμε κύκλο και βγήκαμε στη μεσημβρινή σκάλα, λίγο πριν χτυπήσει το κουδούνι, για να μη μας δει ο εφημερεύων. Καθώς χωριζόμασταν, εκείνη άγγιξε το χέρι μου.

Ο γενικός επιθεωρητής ήρθε αμέσως μετά που χτύπησε το κουδούνι, οδηγούσε ο ίδιος, ούτε εμένα δεν κοίταξε.

Ανέβηκα τη σκάλα προχωρώντας μπροστά του και άνοιξα την πόρτα της κλινικής. Η Καταρίνα καθόταν στο γραφείο όπου συνήθως καθόταν η Έσεν.

«Πού είναι ο Μπίελ;» είπε εκείνος.

Στην αρχή εκείνη δεν του απάντησε. Σηκώθηκε και του έδωσε το χέρι της, ήταν αναγκασμένος να το πάρει.

«Καταρίνα», του είπε, «είμαι η βοηθός της Έσεν».

Εκείνη τη στιγμή τα ρούχα της μου φάνηκαν αλλιώτικα. Φορούσε μια φαρδιά γκρι μπλούζα. Πίσω από το γραφείο έμοιαζε μεγαλύτερη από όσο ήταν.

Δεν άκουσα τι είπε εκείνος μετά. Βγήκα στη σκάλα και έκλεισα την πόρτα πίσω μου.

Η πόρτα που χώριζε τη σκάλα από τον πέμπτο όροφο είχε γυάλινα τζάμια, έμεινα όρθιος εκεί μέχρι να μην υπάρχει κανείς στο διάδρομο και ύστερα μπήκα μέσα και έφερα τον Άουγκουστ. Ήταν τελείως στον κόσμο του, έλυσα τα λουριά και τον έστησα στο πάτωμα, δεν μπορούσε να σταθεί στα πόδια του, του έδωσα αρκετά μπατσάκια. Μισάνοιξε τα μάτια του, και τόσο που τα άνοιξε πάλι καλά ήταν, δεν είχαμε παρά ελάχιστο χρόνο.

Δεν ήξερα πώς να τον παρουσιάσω, όμως σκέφτηκα ότι θα ήταν καλύτερα όπως όταν πήγε στο σχολίατρο, δηλαδή χωρίς καθόλου ρούχα, παρά μόνο με το σλιπάκι. Του είχαν δώσει μια πιτζάμα νοσοκομείου που κούμπωνε μπροστά και ακόμα μακριές κάλτσες – αυτές του τις έβγαλα. Σκέφτηκα ότι από τα σωληνάκια και τα φιαλίδια που είχε μπορούσε να επωφεληθεί κιόλας, έτσι του τα άφησα, και αυτά που ήταν με ορό και εκείνα που είχε στη μύτη και στο στόμα. Δεν μπορούσα να κουβαλήσω όλα τα φιαλίδια, ήταν αλατόνερο, γλυκόζη και παρεντερικό διάλυμα Ρίγκερ, σαν αυτά που δίνανε στα κορίτσια στο Ναίδεμπογκορντ, έπρεπε να τα κουβαλήσει ο ίδιος, ίσως και να τον βοηθούσε να κρατηθεί ξύπνιος, να νιώθει ότι έχει κι εκείνος ένα μέρος της ευθύνης.

Μπήκαμε μέσα στο γραφειάκι, δίπλα στην κλινική της Έσεν. Εκεί μέσα, από τον καθρέφτη Μένσεννтικ, βλέπαμε την Καταρίνα και τον επιθεωρητή.

Ήταν φάτσα μπροστά μας, είχε καθίσει. Είχε άσπρα μαλλιά και φαβορίτες όπως ο Γκρούντβιγκ, αλλά ήταν πιο μικροκαμωμένος και πιο συνηθισμένος. Τα χείλη του κουνιόντουσαν, αλλά δεν άκουγα τίποτα. Πολύ προσεκτικά μισάνοιξα την πόρτα.

«Τον φέραμε εδώ», είπε η Καταρίνα. «Να τον δείτε κι εσείς».

Ένας λαστιχένιος σωλήνας έπεσε από τη μύτη του Άουγκουστ, δεν είχε καθετήρα μέσα, θα ήταν για κάτι άλλο, ίσως οξυγόνο, συνήθως αυτό έδιναν στο Ναίδεμπογκορντ. Μ' αυτόν το σωλήνα έδεσα τα χέρια του, όχι πολύ γερά, πιο πολύ για τα μάτια.

«Δε χρειάζεται», είπε ο Μπάουνσμπακ-Κωλ. «Διάβασα τα χαρτιά του».

Εγώ είχα φορέσει την άσπρη ποδιά. Δική μου ιδέα ήταν, δεν ήταν στο σχέδιο. Μετά άνοιξα την πόρτα, έσπρωξα τον Άουγκουστ και τον έβαλα στη μέση του δωματίου.

Ο επιθεωρητής σηκώθηκε και έκανε λίγο στην άκρη. Δε χρειάστηκε να ανησυχώ μήπως δει τους λεκέδες από μπογιά πάνω στην ποδιά μου, δε με είχε κοιτάξει καν.

«Καλημέρα, αγόρι μου», είπε στον Άουγκουστ. «Με λένε Μπάουνσμπακ-Κωλ».

Ο Άουγκουστ δεν του απάντησε, έμοιαζε να κοιμάται όρθιος.

«Του έδεσα τα χέρια», είπα, «δεν υπάρχει κίνδυνος, έχει πάρει τρία Μογκαντόν».

«Μαθαίνω ότι πας καλύτερα», είπε.

Ούτε τώρα ο Άουγκουστ του απάντησε.

«Βγάλτε τον έξω», είπε εκείνος.

Δεν κοίταξε κατευθείαν τον Άουγκουστ. Δεν τα κατάφερε.

«Επιτέθηκε σ' έναν καθηγητή», είπε η Καταρίνα. «Δε θέλει να φάει. Τον βάλαμε στο νοσοκομείο με κόκκινη ένδειξη. Έσπασε δυο δάχτυλα του επιθεωρητή Φλάκενταμ, καθώς τον φέρναμε εδώ. Τον επιτηρούμε είκοσι τέσσερις ώρες το εικοσιτετράωρο. Δεν μπορούμε να αναλάβουμε άλλο την ευθύνη, χρειαζόμαστε τη γνώμη σας».

Ήταν γυρισμένος προς το παράθυρο, απ' όπου φαινόταν απέναντι το πάρκο και πιο πέρα η Κοπεγχάγη.

«Τώρα το ξέρει και η Κουτσή Μαρία», είπε. «Έχετε πολύ καιρό που μιλήσατε με τον Χόρντρουπ;»

Ο λέκτορας της Παιδαγωγικής Ακαδημίας Ώγιε Χόρντρουπ, καθηγητής της θεολογίας, ήταν ο κρατικός υπεύθυνος για το σχολείο· τον είχα δει μόνο μια φορά, όταν έβγαλε λόγο τη μέρα που εγκαινίαζαν το βοηθητικό κτίριο και τις καινούργιες τουαλέτες.

«Εσείς είστε ο πρώτος που μαθαίνετε κάτι», είπε η Καταρίνα. «Σκεφτήκαμε ότι όσο λιγότερος λόγος γίνει γι' αυτό, τόσο καλύτερα».

«Από εδώ η Βουλή δεν είναι ούτε τρία χιλιόμετρα», είπε εκείνος. «Όλα στην πλάτη μου θα πέσουν».

Έχωσε το χέρι του στην τσέπη, νόμιζα ότι έψαχνε το μαντίλι του, αλλά έβγαλε μια χτένα, χτένισε τα μαλλιά του και τις φαβορίτες του, χωρίς όμως ο ίδιος να το καταλάβει.

«Το πράμα παρατράβηξε», είπε. «Εδώ και πολλούς μήνες το είπα στον Μπίελ. Αυτός εδώ θα γυρίσει πίσω στο Σάντμπιεργκορντ. Απ' τους άλλους οι χειρότεροι θα ξαναπάνε εκεί που ήταν πριν, θα το φροντίσω εγώ προσωπικά. Όμως δεν μπορούμε να το σταματήσουμε τελείως. Οι προσδοκίες είναι πολύ μεγάλες στα ψηλότερα κλιμάκια».

Τον είχα καταλάβει, είχα καταλάβει τον ίδιο περισσότερο από όσο τα λόγια του. Τα είπε όλα όσα ήθελε να πει, ήξερα ότι θα έφτανε σε μια κορύφωση.

«Τι λέει ο Μπίελ;»

Η Καταρίνα δεν πρόλαβε να του απαντήσει. Στη φωνή του δεν υπήρχε μεταβατικό στάδιο, τη μια στιγμή μιλούσε και την άλλη ούρλιαζε σαν τρελός.

«Τι λέει ο Μπίελ, που να πάρει ο διάολος!»

Ποτέ δεν άκουσα μεγάλο να βρίζει στο σχολείο ή να μιλάει άσχημα, ποτέ, ήταν απαράβατος κανόνας.

«Με συγχωρείτε», είπε. «Με συγχωρείτε...»

Έβγαλα τον Άουγκουστ από το δωμάτιο και τράβηξα την πόρτα πίσω μας, χωρίς όμως να την κλείσω. Χωρίς να κάνω φασαρία τον έβαλα ήσυχα ήσυχα να κάτσει σε μια καρέκλα, του έβγαλα το λευκοπλάστη και τους ορούς. Εκείνος άρχισε να τραβάει μόνος του το σωλήνα που είχε μέσα στο λαιμό του.

Ο Μπάουνσμπακ-Κωλ κάθισε απέναντι από την Καταρίνα.

«Φυσικά εγώ έχω την ευθύνη», είπε.

Το βλέμμα του ήταν στραμμένο ίσια πάνω στον καθρέφτη, ήξερα ότι δε μας έβλεπε. Έδειχνε πολύ κουρασμένος.

«Διάβασα τα χαρτιά του», είπε, «δεν μπορώ να το διανοηθώ. Τόση αγριότητα, τόση βία, και μάλιστα ανάμεσα σε παιδιά και γονείς».

«Εσείς δε χτυπήσατε ποτέ τα παιδιά σας;» είπε η Καταρίνα.

Εκείνος στην αρχή τα έχασε. Μετά της απάντησε, αργά αργά, σαν να τον ξάφνιασε η ερώτηση και ίσως και η δική του απάντηση.

«Τους τις έχω βρέξει μερικές φορές», είπε. «Συμβαίνει καμιά φορά. Όμως εκείνα δε σήκωσαν ποτέ χέρι επάνω μου».

Έκλεισε τα μάτια του. Ήξερα ότι έφερνε στο νου του τις φωτογραφίες από την έκθεση της αστυνομίας.

Όταν ξαναμίλησε, η φωνή του ήταν ψιλή, σαν τη φωνή ενός παιδιού.

«Το έγραψαν οι εφημερίδες, πρόκειται να γίνει θέμα. "Τα δύσκολα παιδιά". Τώρα έπεσε και στη δική μου την καμπούρα. Πώς είναι δυνατόν; Τέτοια κτηνωδία. Γιατί γίνεται αυτό; Η δουλειά σας δεν είναι; Δεν είστε η αρμόδια να το εξηγήσετε;»

Εκείνη δεν του απάντησε.

«Είναι υπεράνω των δυνάμεών μου», της είπε.

Δεν ξεχνούσα το ρολόι. Από την ώρα που η Καταρίνα μού το φόρεσε στο χέρι, θυμόμουν το χρόνο σε τακτά χρονικά διαστήματα. Λες και τώρα, που ήταν πια πολύ αργά, άρχισα να γίνομαι καλύτερα.

Είχα εφτά λεπτά.

«Είναι αδύνατο να πας κόντρα στον Μπίελ», είπε εκείνος. «Από την πρώτη συνάντηση στο υπουργείο ήταν τετελεσμένο γεγονός. Θα το προσέξατε κι εσείς».

«Δεν ήμουν στη συνάντηση», είπε η Καταρίνα.

«Ναι, βέβαια, ήταν η Έσεν. "Ο άνθρωπος είναι ένα θείο πείραμα που δείχνει πώς το πνεύμα και το χώμα διαποτίζουν το ένα το άλλο". Υπέροχα λόγια, δε νομίζετε; Είναι του Γκρούντβιγκ, απ' τον πρόλογο της *Σκανδιναβικής μυθολογίας*. Σ' αυτά στήριξε το λόγο του. Το μόνο που έπρεπε να κάνουμε, ήταν να συνεχίσουμε αυτό το πείραμα. Να κάνουμε το σχολείο "εργαστήρι του ήλιου", κι αυτό ο Γκρούντβιγκ το είπε, στο *Πρωινό του Νέου Έτους*. Ακούγεται τόσο αληθινό όταν το λέει: "Ενεργούμε προσβλέποντας σ' ένα μέλλον γεμάτο μεγαλείο". Θα το έχετε δει, το έχει γράψει πολλές φορές».

«Πού;»

«Στις αιτήσεις του».

«Πού βρίσκονται;» ρώτησε εκείνη.

Εκείνος δεν την κατάλαβε.

«Είναι ταξινομημένες, όπως οι εγκύκλιοι του υπουργείου, χρονολογικά, είναι από το Νοέμβριο και το Δεκέμβριο του '69, στο γραφείο, σ' εκείνα τα ράφια, εκεί τις μάζεψαν, έψαξα κι εγώ εκεί πολλές φορές».

Για μια στιγμή ήταν έτοιμος να πάθει αμόκ. Μετά σιγά σιγά ηρέμησε.

«Ήταν θαρρείς μια ιδέα που δεν μπορούσε παρά να

πετύχει. Τους πήρε όλους με το μέρος του. Εμένα, τον υπουργό, τη διεύθυνση, το Ίδρυμα Σχολικού Ασύλου, το Παιδαγωγικό Ινστιτούτο, τον Χόρντρουπ. Τα χρήματα βρέθηκαν. Το σχέδιο μπαίνει μπρος. Η όλη ιστορία δείχνει γεμάτη υποσχέσεις. Και τώρα αρχίζουν αυτές οι φασαρίες. Τουλάχιστον στα κέντρα προσαρμογής δεν το ήξερε κανείς. Αλλά εδώ είναι σχολείο αναγνωρισμένο, σχολείο υπόδειγμα, στα προάστια της πρωτεύουσας. Και τώρα τα κονδύλια δόθηκαν και ως ένα βαθμό χρησιμοποιήθηκαν, τώρα δεν μπορεί να σταματήσει το πρόγραμμα, μπήκαν σε κίνηση τεράστιες δυνάμεις, παίζονται πολλά».

Σηκώθηκα, μου έμεναν μόνο τέσσερα λεπτά.

«Και να 'τανε μόνο αυτός ο λόγος», είπε. «Είναι και για τα ίδια τα παιδιά. Σαν αυτόν εδώ, μια σταλιά παιδί. Τι τον έχει πιάσει;»

Έκρυψε το πρόσωπο στα χέρια του. Προχώρησα προς την πόρτα.

«Πρέπει να πηγαίνω τώρα», της είπε.

Στο διάδρομο δεν ήταν κανείς. Η πόρτα του γραφείου των καθηγητών ήταν στο τέρμα του διαδρόμου. Την άνοιξα και δειλά δειλά μπήκα μέσα.

Οι μαθητές δεν είχαν καμιά δουλειά στο γραφείο των καθηγητών. Εγώ δεν είχα πάει ποτέ μου. Ήταν μεγάλο και ευρύχωρο. Είχε καναπέδες και καρέκλες με ύφασμα. Στις τάξεις καθόμασταν σε ξύλινες καρέκλες ή σε θρανία, το κάθισμα στην καρέκλα της έδρας είχε δέρμα, όμως πουθενά αλλού δεν υπήρχαν έπιπλα με καλύμματα.

Ολόγυρα πλανιόταν άρωμα από καφέ και καλό φαγητό. Όχι σάντουιτς ή αυτά που φτιάχνανε στην κουζίνα στο βοηθητικό κτίριο. Αλλά καλό φαγητό.

Στο δωμάτιο ήταν μια μαγείρισσα με ποδιά και δυο καινούργιοι καθηγητές που διόρθωναν κάτι γραπτά. Σ' ένα από τα παράθυρα στεκόταν ο Φρέδχοϊ.

«Με συγχωρείτε», είπα εγώ. «Με έστειλαν να πω κάτι στην Έσεν».

Μετά έκλεισα την πόρτα.

Στον τοίχο κρέμονταν ζωγραφικοί πίνακες, το πρόσεχες αμέσως, στις τάξεις δεν επιτρεπόταν να κρεμάσεις τίποτα, για να αποφευχθεί η φθορά. Υπήρχε κι ένα μεγάλο ηλεκτρικό ρολόι. Όμως όχι κάτι που να μοιάζει με το ρολόι του σχολείου.

Έτρεξα μέχρι την πόρτα δίπλα στο γραφείο του Φρέδχοϊ, εκείνη που μου είχε πει η Καταρίνα, και την άνοιξα. Μετά μπήκα μέσα και την ξανακλείδωσα.

Το δωμάτιο ήταν μακρόστενο. Στον τοίχο που βρισκόταν στ' αριστερά μου, μέσα σε γυάλινο περίβλημα ήταν ένας μικρός δίσκος μ' ένα κουμπί, έγραφε ότι ήταν ο συναγερμός πυρκαγιάς του σχολείου, δίπλα του κρεμόταν ένα χαρτί, ήταν οι οδηγίες για τυχόν εκκένωση του κτιρίου.

Εκτός από αυτά, μόνο το ρολόι ήταν στο δωμάτιο.

Κρεμόταν στον τοίχο. Τόσο ψηλά που δεν μπορούσε να το φτάσει άνθρωπος. Η συσκευή ήταν κλεισμένη μέσα σ' ένα κουτί που κλείδωνε. Το πορτάκι του είχε γυάλινο τζάμι. Από μέσα φαινόταν το καντράν και ένα μακρύ εκκρεμές. Κάτω από το καντράν υπήρχε ένας οδοντωτός τροχός, που παρόμοιο δεν είχα ξαναδεί. Είχα ακόμα δυο λεπτά.

Έβγαλα κάλτσες και παπούτσια, έβαλα τα πόδια μου ένα σε κάθε τοίχο, έδωσα μια και βρέθηκα στον αέρα.

Την προηγούμενη χρονιά δυο κοπέλες από την τάξη που βρισκόταν πάνω από μας ήρθαν στο μάθημα ξυπόλυτες. Φυσικά ο Μπίελ τις είχε προσέξει απ' την αυλή κιόλας, όμως το άφησε να περάσει έτσι, η πρώτη ώρα πέρασε χωρίς παρατήρηση.

Στην πρωινή προσευχή βρέθηκαν απομονωμένες. Ο Φρέδχοϊ τις έβαλε δίπλα στο βήμα. Μετά ήρθε ο Μπίελ. Έκανε την πρωινή προσευχή όπως συνήθως, όλοι ήξεραν ότι κάτι ετοιμαζόταν, όλοι ήξεραν τα κορίτσια, στο σχολικό θέατρο είχανε γράψει ένα τραγούδι που το απαγόρευσαν οι καθηγητές, το τραγούδι έλεγε για τη μια από τις δυο, ότι πέρσι είχε βλεννόρροια.

Όταν τελείωσε το πατριωτικό τραγούδι, ησυχία απλώθηκε στην αίθουσα. Ο Μπίελ περίμενε να συγκεντρώσουν όλοι την προσοχή τους. Ύστερα είπε ότι το σχολείο ενθαρρύνει την κριτική, αν αυτή είναι λογική και ακριβής, όμως ο τρόπος που διάλεξαν οι λεγόμενοι «πρόβος»* έδειχνε πλήρη έλλειψη ταλέντου. Σε ό,τι λοιπόν αφορούσε τα μακριά μαλλιά και τα γυμνά πόδια, ο καθένας μπορούσε να έχει τη γνώμη του. Όμως δεν υπήρχε καμιά αμφιβολία ότι ήταν ανθυγιεινό και τέτοιες βρομιές δεν είχαν θέση σ' αυτό το σχολείο. Γι' αυτό θα παρακαλούσε τις δυο κοπέλες, που τώρα στέκονταν δίπλα του, να πάνε σπίτι τους και να το σκεφτούν καλύτερα και να μην ξανάρθουν, παρά μόνο εάν είχαν καταλάβει τι ήθελε να πει.

Αυτό θυμόμουν τώρα, με έκανε να νιώθω ότι έπρεπε να ξεπεράσω τον εαυτό μου για να πατήσω πάνω στους τοίχους, πριν ούτε που τους άγγιζα. Και τώρα μάλιστα ξυπόλυτος.

Πάνω στο ρολόι ήταν γραμμένη η λέξη «Bürk», στηρίχτηκα καλά και άνοιξα το πορτάκι.

Ήταν νεκρό. Κουνιόταν, όμως δε ζούσε, αυτό είπα στον εαυτό μου. Ωστόσο έτρεμα στη σκέψη να το αγγίξω.

Μέσα στο κουτί έμπαιναν ηλεκτρικά καλώδια, όμως δεν ήταν για το ρολόι, αυτό το κούρδιζες με το χέρι, υπήρχαν δυο κουρδιστήρια στον πάτο του κουτιού και μια λαβή στο καντράν. Πάνω από τη λαβή ήταν ένας μικρός δίσκος που έδειχνε τα δευτερόλεπτα· μου έμενε ένα λεπτό. Στο πίσω μέρος του κουτιού ήταν κολλημένα κομμάτια χαρτί με προει-

* Κίνημα παρόμοιο με των χίπι στη δεκαετία του '60. (Σ.τ.Μ.)

δοποιήσεις στα γερμανικά, που μόλις μπορούσα να τις καταλάβω. Όμως κατάλαβα τα θαυμαστικά και τις υπογραμμίσεις, και ότι ήταν οδηγίες για το κούρδισμα. Κάτω κάτω, εκτός από τα κλειδιά, ήταν επίσης ένα κουτί με ασφάλειες των 250 mA και ένα χαρτί που έλεγε πότε ρυθμίζανε το ρολόι. Το ρυθμίζανε προς το τέλος του μήνα, η διαφορά ήταν γύρω στο ένα λεπτό.

Προσπάθησα να γυρίσω το λεπτοδείκτη προς τα πίσω. Ήταν αδύνατο, ήταν σαν να είχε κολλήσει, δε γινόταν τίποτα.

Ο οδοντωτός τροχός κάτω από τη συσκευή ήταν συνδεμένος με κάτι μηχανισμούς που δεν μπορούσα να τους καταλάβω με τόσο λίγο καιρό που είχα στη διάθεσή μου. Ωστόσο ήταν φανερό ότι συνδέονταν με το μηχανισμό του κουδουνίσματος, που ήταν ηλεκτρικός, μέσα στο κουτί υπήρχε ένα ρελέ που έγραφε: «Τραντάνια, Δανία», η ίδια η συσκευή ήταν γερμανική. Το ρολόι ήταν λοιπόν προϊόν γερμανικής και δανικής συνεργασίας.

Ο οδοντωτός ήταν αριθμημένος από το 1 ως το 24, για κάθε ώρα αντιστοιχούσαν δώδεκα τρυπούλες, στις τρυπούλες που αντιπροσώπευαν τις ώρες που χτυπούσε το κουδούνι για μέσα ή για έξω ήταν βιδωμένη μια τόση δα βιδίτσα. Το ρολόι δηλαδή δεν είχε απόκλιση πάνω από ένα λεπτό.

Στον πάτο του κουτιού υπήρχε και ένα κατσαβίδι. Μ' αυτό έβγαλα τις βίδες που θα έκλειναν το δρόμο στους δείχτες τώρα, μετά από δέκα δευτερόλεπτα. Τότε άνοιξε η πόρτα και μπήκε μέσα ο Φρέδχοϊ. Κοίταξε ένα γύρο το δωμάτιο. Μετά πήγε στο παράθυρο και κοίταξε έξω. Ύστερα ξαναπήγε στην πόρτα.

Επάνω δεν κοίταξε, δε με είδε. Δεν ήταν επειδή είχα τύχη. Ήταν επειδή δεν του πέρασε απ' το μυαλό, δεν το σκέφτηκε καν.

Δεν ήταν δυνατό να το σκεφτεί. Όταν κοίταζε τα παιδιά, ποτέ δεν κοίταζε προς τα πάνω. Τα παιδιά ήταν πάντα κάτω από αυτόν. Κάτω στην τάξη ή κάτω στην αυλή, κάτω στο ισόγειο ή κάτω στην εκκλησία, πάντα κάτω. Δε σήκωνε τα μάτια του στην οροφή και στο φως. Τουλάχιστον όχι για να κοιτάξει ένα παιδί.

Τον κοίταξα από πάνω. Όπως ποτέ μέχρι τότε δεν είχα δει ένα καθηγητή. Έβλεπα την πιτυρίδα του. Στις ρίζες των μαλλιών του και στο σακάκι.

Βγήκε έξω και κλείδωσε την πόρτα.

Έβγαλα τις βίδες, για όλη την υπόλοιπη μέρα, υπήρχαν ακόμα δέκα. Από τη σχολική μέρα και το σύμπαν είχαν χαθεί τώρα δέκα λεπτά, σαν να μην υπήρξαν ποτέ. Δυσκολευόμουν να κρατηθώ εκεί πάνω, όμως πίεζα τον εαυτό μου και συνέχιζα. Αλλά όταν τέλειωσα δε μου έμεναν δυνάμεις να κατέβω κάτω, προς το τέλος έπεσα, και αρχικά δεν μπορούσα να σηκωθώ. Τότε ήρθε και κάθισε κοντά μου ο Όσκαρ Χούμλουμ.

Δεν τον είχα δει, όμως πρέπει να ήταν εκεί όλη την ώρα.

«Όπου να 'ναι θα πάμε σπίτι», είπα.

Εκείνος μου έστρεψε την προσοχή στο πόδι μου, που είχε πρηστεί αμέσως. Δεν μπόρεσα να βάλω το παπούτσι μου, όμως φόρεσα την κάλτσα.

Του είπα ότι έπρεπε να πάω σπίτι, με τον Άουγκουστ και την Καταρίνα, δεν ερχόταν κι εκείνος, τι θα έλεγε;

Εκείνος κούνησε το κεφάλι του αρνητικά. Ίσως είχε βρει θέση μαθητευόμενου στα καραβάκια για τη Σουηδία ή ίσως κάτι άλλο. Άρχισε να απομακρύνεται.

Του φώναξα, σταμάτησε και γύρισε.

«Θέλω να σου πω κάτι», του είπα. «Από τότε που γνωριστήκαμε και καθίσαμε για πρώτη φορά ο καθένας στην τουαλέτα του, δίπλα στο καλοριφέρ, από τότε ποτέ δεν ένιωσα τελείως μόνος, ακόμα και όταν εσύ με εγκατέλειψες. Πιο πριν δεν υπήρξε ποτέ κάτι σημαντικό στη ζωή μου. Μια φορά όμως να βρεθεί κάποιος που να μπει κάτω από το κρύο νερό, για να μείνεις εσύ στο ζεστό, και δεν πρόκειται να ξανανιώσεις τελείως μόνος».

Βγήκα έξω στο διάδρομο και μου φάνηκε ότι ήρθε η καταστροφή.

Η πόρτα του γραφείου άνοιξε με φόρα και πετάχτηκε έξω η γραμματέας. Ήξερα ότι τώρα έπρεπε να την πάω στο δωμάτιο του ρολογιού και να την κάνω να σωπάσει για λίγο, όπως και αν γινόταν αυτό, παραπάνω δεν πρόλαβα να σκεφτώ.

Εκείνη ούτε που με κοίταξε. Πέρασε διαγώνια το διάδρομο και βγήκε τρέχοντας στη μεσημβρινή σκάλα, άκουγα τα τακούνια της να χτυπάνε καθώς κατέβαινε.

Πίσω της, από το γραφείο, βγήκε η Καταρίνα.

Σταθήκαμε στο διάδρομο ο ένας αντίκρυ στον άλλο, χειρότερο μέρος δεν υπήρχε, μέσα σε μια δίνη στο ρεύμα του χρόνου.

«Της είπα ότι ένα αμάξι έπαθε ζημιά», είπε εκείνη. «Ένα που έμοιαζε με το δικό της, της είπα ότι το χτύπησε ένα *Τάουνους* καθώς έκανε όπισθεν, είχα δει μέσα το γενικό επιθεωρητή, εκείνος είχε φύγει χωρίς να σταματήσει, της είπα ότι τώρα η *Μασκότ* της είχε γίνει σαν ακορντεόν, δεν κατέβαινε να δει και η ίδια;»

Κάτω απ' τη μασχάλη της κρατούσε ένα μεγάλο χαρτονένιο φάκελο. Στο εξώφυλλό του ήταν γραμμένες κάτι ημερομηνίες, έτσι που κρατούσε το φάκελο δεν μπορούσα να τις δω. Όμως ήξερα ότι είχαν σχέση με το Νοέμβρη και το Δεκέμβρη του 1969.

«Όταν πεις το πρώτο ψέμα, μετά γίνεται όλο και πιο εύκολο».

Ο Άουγκουστ είχε ξυπνήσει κάπως όταν μπήκαμε μέσα, έβαλε το δάχτυλο στα χείλη του κάνοντάς μας νόημα να σωπάσουμε. Ήταν το μεγάφωνο.

Τον πλησίασα αργά αργά. Έβγαζε ήχους, ένα γρατσούνισμα που άλλοτε δυνάμωνε και άλλοτε χαμήλωνε, δεν μπορούσα να καταλάβω αν μας ψάχνανε ή τι έτρεχε, μόνο ότι υπήρχε κίνηση. Όταν γύρισα πίσω, η Καταρίνα στεκόταν και κοίταζε το ντουλάπι με τα αρχεία.

«Μπορούμε να το ανοίξουμε;» είπε.

Δε θα το έλεγα, παρ' όλα αυτά το άνοιξα.

Εκείνη βρήκε τα μητρώα μας. Μετά μέτρησε τα άλλα.

«Εξήντα», είπε. «Θα εξετάσουν εξήντα μαθητές. Για ποιο λόγο;»

«Κρυώνω», είπε ο Άουγκουστ.

Μοιραστήκαμε τα ρούχα που είχαμε μαζί μας, η Καταρίνα τού έδωσε μπότες και έμεινε με το φόρεμα και τα πόδια γυμνά, της έδωσα τα παπούτσια μου που έτσι κι αλλιώς δεν μπορούσα να τα βάλω, εξαιτίας του πρηξίματος στο πόδι μου, που τώρα είχε μεγαλώσει. Ο Άουγκουστ φόρεσε τη φανέλα του κι εγώ του έδωσα την μπλούζα μου.

Από τα βάθη του σχολείου έφταναν τώρα σ' εμάς φωνές γεμάτες παράπονο. Η Καταρίνα πήγε στο παράθυρο. «Ο Κλάστερσεν μας είχε σήμερα στη μεγάλη αίθουσα», είπε.

Η μεγάλη αίθουσα ήταν για παιχνίδια με την μπάλα, σ' αυτά ο χρόνος ήταν αλλιώτικος. Για να αξιοποιήσουμε στο έπακρο τις ώρες της γυμναστικής, είχανε συντομέψει το διάλειμμα στην αρχή και στο τέλος, για να κάνουμε μπάνιο και να αλλάξουμε. Γι' αυτό δεν υπήρχαν κουδούνια στη μεγάλη αίθουσα, ο Κλάστερσεν ρύθμιζε τις ώρες με το χρονόμετρο. Το μπάνιο και η αλλαγή ρούχων γίνονταν στο κυρίως κτίριο, που το κλείδωναν όταν γινόταν μάθημα για να μην μπούνε μέσα ξένοι απ' έξω και κάνουν βανδαλισμούς ή κλοπές. Αυτό που έγινε τώρα ήταν ότι ο Κλάστερσεν είχε στείλει τους μαθητές απέναντι για να κάνουν μπάνιο και εκείνοι βρήκαν το κτίριο κλειδωμένο, επειδή το κουδούνι δε χτύπησε στην ώρα του και ο εφημερεύων δεν είχε ανοίξει τις πόρτες. Έτσι περίμεναν στο χιόνι, με σορτσάκια και σπορτέξ.

Τότε ακούστηκε η φωνή του Μπίελ απ' το μεγάφωνο.

«Άντερσεν», είπε, «μπορείτε να έρθετε λίγο στο γραφείο;»

Πρώτη φορά ήταν που ψάχνανε κάποιον απ' τα μεγάφωνα.

«Έχει ρεπό», είπε η Καταρίνα, «ο Άντερσεν έχει ρεπό».

Δεν είχε μαζί της το πρόγραμμα που είχε φτιάξει, ωστόσο το ήξερε, θα το είχε μάθει απέξω.

«Θέλουν να τον βάλουν να ανοίξει το δωμάτιο που φυλάνε το ρολόι», είπα εγώ.

«Γιατί δεν το ανοίγουν μόνοι τους;»

«Δεν μπορούνε», είπα. «Έσπασα το κλειδί στα δυο και έχωσα το πίσω μέρος στην κλειδαριά».

Εκείνη τη στιγμή χτύπησε το κουδούνι.

Ακριβώς τη στιγμή που ακούστηκε το χτύπημα του κουδουνιού, έγινε παύση. Την ακολούθησε ησυχία. Ήταν σχεδόν απόλυτη.

Δεν έπρεπε να υπάρχει ησυχία, αλλά φωνές και κόσμος στο διάδρομο, αντί γι' αυτά το σχολείο ήταν σαν νεκρό. Έβλεπα στα πρόσωπα των άλλων ότι δεν το καταλάβαιναν.

«Οι καθηγητές», είπα. Τα έχουν χαμένα, το κουδούνι άργησε να χτυπήσει δέκα λεπτά. Δεν ξέρουν αν χτύπησε για μέσα ή για έξω, κι από την άλλη δεν έγινε διάλειμμα, έτσι δεν ξέρουν τι να κάνουν. Αλλά σε μια στιγμή οι διάδρομοι θα γεμίσουν κόσμο».

«Είναι και κάτι άλλο», είπε ο Άουγκουστ.

Είχε σηκωθεί όρθιος, η μπλούζα του έφτανε μέχρι τα γόνατα.

«Δεν τους βαστάει να έρθουν κάτω. Ξέρουν τι χαμός γίνεται στην αυλή. Στα μαθήματα είμαστε σαν ψόφιοι. Όμως η αυλή είναι καζάνι που βράζει, δεν έχετε δει που ο εφημερεύων κρατιέται άκρη άκρη; Το σύστημα λειτουργεί μόνο και μόνο επειδή έχουν το ρολόι. Είναι σαν μαχαίρι, μόνο αυτό κόβει πέρα ως πέρα. Χωρίς το ρολόι δεν μπορούν να μας ξαναφέρουν επάνω. Τώρα δεν ξέρουν αν δουλεύει. Δεν τους βαστάει να στείλουν κάποιον κάτω να μας φωνάξει».

Δε στεκόταν σταθερά στα πόδια του και οι μπότες της Καταρίνας κάθε άλλο παρά τον βοηθούσαν. Όμως το είχα νιώσει και πριν, όταν άρχιζε να κάνει κάτι, να ζωγραφίζει ή κάτι τέλος πάντων, δε σταματούσε παρά μόνο όταν χτυπούσε πάνω σε κάτι σταθερό.

«Τώρα κάθονται στην έδρα και κάνουν σαν να μην τρέχει τίποτα. Αλλά όλοι ξέρουν ότι κάτι δεν πάει καλά, η ένταση στην τάξη όλο και μεγαλώνει. Τότε σου μπαίνει μια ιδέα. Σκέφτεσαι ότι ο καθηγητής είναι ένας ενώ εμείς είκοσι, κανείς δεν μπορεί να τα βάλει με είκοσι, ακόμα και στις μικρές τάξεις, αν το έχουν πάρει απόφαση. Και κοιτάζεις γύρω, βάζεις και τη φαντασία σου να δουλέψει, όλοι έχουν ξύστρα, μας βάζουν να την αγοράσουμε, βγάζουμε το ξυραφάκι, είναι μικρό, όμως μοιάζει μ' αυτά του ξυρίσματος, μετά σηκωνόμαστε και πάμε στην έδρα, και τέλος τον ξαπλώνουμε κάτω σε μια στιγμή και βγαίνουμε έξω στην ελευθερία...»

«Ναι», είπε η Καταρίνα. «Δεμένοι χειροπόδαρα, δυο παστίλιες την ημέρα και σωληνάκια στη μύτη».

Εκείνος ήταν πολύ μακριά, όμως ξαναγύρισε αμέσως, με μια κίνηση ήρθε κοντά της.

«Για ξαναπές μου, κούκλα, τι είχε γίνει με τον πατέρα σου και τη μάνα σου;»

Τώρα ήμουν ανάμεσα τους, είχε τα μάτια του στυλωμένα πάνω μου, αυτός που τόσο σπάνια κοίταζε κάποιον.

Πίσω από το δέρμα του τώρα είχε πάρει θέση κάποιος άλλος, ο κίνδυνος ήταν άμεσος.

Όμως δεν μπορούσα να τον χτυπήσω, δεν μπορούσα να χτυπήσω ένα παιδί, ό,τι κι αν γινόταν.

Τέντωσα το αριστερό μου χέρι μπροστά του, με τα μπανταρισμένα μου δάχτυλα, δεν προσπάθησα να φυλαχτώ.

«Έλα να τα ξανασπάσεις», του είπα.

Εκείνος σταμάτησε ξαφνικά και κοκάλωσε, δεν έβλεπε το χέρι μου.

«Δεν ήμουν εγώ», είπε, «τι περιμένουμε, τι πρέπει να γίνει;»

Εκείνη τη στιγμή ακούστηκε ξανά η φωνή του Μπίελ από τα μεγάφωνα.

«Η ώρα είναι μία», είπε. «Όλες οι τάξεις να κατεβούν αμέσως στην αυλή. Θα γίνει διάλειμμα μέχρι τη μία και είκοσι».

Η Καταρίνα στεκόταν και άκουγε, γέρνοντας προς το μέρος απ' όπου ερχόταν ο ήχος.

«Φοβάται», είπε.

Το είπε σε απόσταση αναπνοής από το μεγάφωνο, έβαλα το χέρι μου στο στόμα της.

Η φωνή ξανακούστηκε, πεντακάθαρη, σαν να τον είχαμε δίπλα μας.

«Παρακαλούνται όλοι οι καθηγητές εκτός του εφημερεύοντος να προσέλθουν στο γραφείο των καθηγητών».

Η Καταρίνα έσπρωξε το χέρι μου από το στόμα της.

«Αυτό το είπες εσύ», είπε. «Ο χρόνος είναι κάτι που πρέπει να κρατηθείς από αυτό. Τα διαλείμματα είναι που τους φοβίζουν».

Ήμασταν ακόμα δίπλα στα μεγάφωνα, δεν έπρεπε να είχαμε μιλήσει.

«Δε φοβάται», είπα εγώ. «Αυτός ο ίδιος λέει για τις παύσεις που μιλάνε από μόνες τους».

«Δεν πρόκειται τώρα γι' αυτές. Αυτό εδώ είναι άλλο πράγμα. Είναι μια παύση που έχει ξεφύγει από τον έλεγχο. Είναι ο χρόνος και η οργάνωση που καταρρέουν».

Ξανακούστηκε η φωνή του Μπίελ, όμως δεν πρόλαβε να πει όλα όσα ήθελε.

«Ανακοίνωση προς όλες τις τάξεις. Αν κάποιος έχει δει ή βλέπει αυτή τη στιγμή τον Πέτερ από την έβδομη τάξη, τον Άουγκουστ Γιόον...»

Δεν πρόλαβε να πει περισσότερα. Ο Άουγκουστ δε χτύπησε παρά μόνο μια φορά, όμως το χτύπημά του έσκισε το ύφασμα και έσπασε το δικτυωτό πλέγμα που βρισκόταν από πίσω. Ύστερα άρπαξε ολόκληρη τη συσκευή και της έδωσε μια με το κεφάλι του, η μεμβράνη έγινε κομμάτια και το μεγάφωνο ξεκόλλησε. Τότε άπλωσα το χέρι μου και τον τράβηξα από εκεί, είχε γεμίσει αίματα, το μεγάφωνο κρεμόταν απο τα καλώδιά του, η σύνδεση είχε κοπεί.

Τώρα ακούγαμε το κτίριο. Μακρινές φωνές, οι σκάλες που έτρεμαν. Καθόμασταν και αφουγκραζόμασταν αμίλητοι. Κοιτάζαμε την Καταρίνα.

Μέχρι τώρα ήταν το δικό της σχέδιο. Μέχρι εδώ έφταναν αυτά που είχαμε πει στην αποθήκη υλικού.

«Και τώρα τι κάνουμε;» είπε ο Άουγκουστ.

Κατά κάποιον τρόπο, βέβαια, βασιζόμασταν σ' αυτή.

Δεν του απάντησε, στεκόταν όρθια και αλύγιστη και μας κοίταζε. Και τότε κατάλαβα ότι δεν είχε τι να απαντήσει.

«Ξέρω τι σκέφτηκες», είπε ο Άουγκουστ. «Σκέφτηκες ότι δεν μπορεί, κάτι θα γίνει».

Τον κρατούσα, αλλά ήταν ήσυχος. Ήταν σαν να τα είχε παρατήσει.

«Σκέφτηκες ότι κάτι θα κάνει η οικογένεια, θα έχεις κάνα θείο σε κάνα υπουργείο που θα 'ρθει να μιλήσει με τον Μπίελ, ε; Και ύστερα από αυτό το σχολείο θα πας σε κάποιον άλλο, εκεί που πάνε οι ξαδέρφες σου, στου Μπους ή στο Ίδρυμα Κλάσεν. Να σου πω όμως κάτι, για μας τους άλλους, για μένα και το χαζο-Πέτερ, για μας...»

Στην αρχή δεν μπορούσε να το πει, γέμιζε όλο του το σώμα και δεν το άφηνε ελεύθερο, είχε γίνει σκληρό σαν πέτρα. Μετά χαλάρωσε και το είπε.

«Για μας δεν υπάρχει τίποτα. Μόνο μια τρύπα».

Εκείνη δεν άλλαξε έκφραση. Τα μάτια της έμοιαζαν σκοτεινά, σχεδόν μαύρα. Τότε άρχισαν να κυλούν τα δάκρυά της. Καμιά αλλαγή στην έκφραση του προσώπου, μονάχα ένα ρυάκι δάκρυα που ξεκινούσαν από τις σκοτεινές σπηλιές των ματιών της.

Είχε έρθει η ώρα να πάρω την κατάσταση στα χέρια μου και να τους προστατέψω.

«Θα πάμε σπίτι», είπα.

Ετοιμαζόμασταν να φύγουμε, καθώς εκείνη μάζευε τα χαρτιά, το πρόσεξε αμέσως.

«Πού είναι το μητρώο του Άουγκουστ;» είπε.

«Το έβαλα στη θέση του», είπα εγώ.

Δε γινόταν να της εξηγήσω. Είχε μεγάλη σημασία για εκείνη να ξέρει. Ποτέ δε θα μπορούσα να της δώσω να καταλάβει ότι κάποιες φορές βοηθάει πιο πολύ να μην ξέρεις.

Εκείνη δεν είπε τίποτα. Ίσως τελικά να κατάλαβε.

Είχαμε στυλώσει το αφτί μας στην πόρτα. Όταν είχε μπει στο διάδρομο και ο τελευταίος καθηγητής, κατεβήκαμε από τη μεσημβρινή σκάλα. Δε βρήκαμε κανένα στο δρόμο, ακόμα και η αυλή ήταν αδειανή. Υπήρχε μόνο ο κίνδυνος να μας δουν από το σπίτι του Άντερσεν. Όμως είχαμε την τύχη με το μέρος μας, περάσαμε το κυρίως κτίριο, τη μεγάλη αίθουσα και βγήκαμε στο πάρκο χωρίς να μας δει κανείς.

Είχε χιονίσει, τώρα είχε ομίχλη, μπήκαμε μέσα της και χαθήκαμε.

# 14

Ο Άουγκουστ παραπατούσε, τον πήραμε ανάμεσά μας και τον κρατούσαμε, οι κάλτσες μου δεν μπορούσαν να με προστατέψουν από το χιόνι, όταν όμως έπαψα να νιώθω τα πόδια μου από το κρύο, έπαψα να νιώθω και το πρησμένο πόδι μου που είχε φουσκώσει κι άλλο.

Δε βλέπαμε τίποτα άλλο από μια απέραντη λευκότητα, μια δυο φορές έχασα τον προσανατολισμό μου, τότε φανερώθηκε ο Χούμλουμ, μόνο για μια στιγμή, και καταλάβαμε ότι ήμασταν στο σωστό δρόμο.

Από την αρχή ήταν προορισμένο να γίνει έτσι. Μια περιπλάνηση μέσα από ερημικές και άνυδρες εκτάσεις, που όμως θα την άντεχες ευκολότερα επειδή προχωρούσες μαζί με αυτούς που είναι κοντά σου, τη γυναίκα και το παιδί. Στο τέλος θα έφτανες στη Γη της Επαγγελίας.

Τώρα ξεπρόβαλε σιγά σιγά, μέσα από την ομίχλη, έγραφε «Αποθήκη Υλικού», όμως καταλάβαμε ότι αυτό ήταν για να παραπλανά, ο προορισμός της ήταν πάντα να τη βρούμε.

Όλα ήταν όπως τα είχαμε αφήσει με την Καταρίνα. Έβαλα το σύρτη και μερικά κασόνια γύρω από το τραπέζι για να δημιουργήσω σπιτική ατμόσφαιρα. Υπήρχε πρόβλημα με το κρύο. Είπα να ανάψω φωτιά, αλλά δεν υπήρχε τρύπα να φεύγει από εκεί ο καπνός, θα έβλεπαν και το φως, και η αποθήκη ήταν γεμάτη μπιντόνια από βενζίνη για τις μηχανές του γκαζόν. Όμως σε ένα ράφι βρήκαμε παλιά τεύχη του *Κόσμου της φύσης*, τα χώσαμε μέσα στη φανέλα του Άουγκουστ και στο καλσόν. Εκείνος είχε γίνει χειρότερα, αλλά θα του περνούσε, τώρα που θα τον φροντίζαμε.

Καθίσαμε γύρω απ' το τραπέζι. Νύσταζαν και οι δυο τους, κάθισαν και τους πήρε ο ύπνος, μετά από λίγο κοιμούνταν.

Τους πρόσεχα, εγώ τους είχα φέρει εκεί, η ευθύνη ήταν δική μου. Ο Άουγκουστ είχε γείρει στη γωνία, η Καταρίνα κοιμόταν με το κεφάλι της πάνω στο τραπέζι. Άκουγα τις ανάσες τους. Του Άουγκουστ ήταν γρήγορη, της Καταρίνας πιο αργή. Τους πρόσεχα και τους δυο, τη γυναίκα και το παιδί, να μην τους βρει κανένα κακό. Τότε είδα τον Όσκαρ Χούμλουμ, καθόταν λίγο αποτραβηγμένος.

«Κοιμήσου», είπε, «θα φυλάω εγώ».

Πήρα έναν υπνάκο, όμως κάτι με ξύπνησε, ο Όσκαρ καθόταν και με κοίταζε.

«Είναι η πείνα», είπε, «γι' αυτό δεν μπορείς να κοιμηθείς. Έρχεται σιγά σιγά, σαν τα κύματα. Όταν έρθει, προσπάθησε να τη νιώσεις. Να μη σκέφτεσαι το φαγητό ή κάτι άλλο, αλλά να τη δεις με τα φώτα της προσοχής».

Το δοκίμασα, η πείνα ήρθε και μετά από λίγο έφυγε.

«Πώς το ξέρεις», είπα εγώ. «Τότε δεν το ήξερες».

«Ε, είμαι και μεγαλύτερος τώρα, είπε εκείνος. Το καλό με το χρόνο είναι ότι περνάει και μεγαλώνεις. Ο πόνος δε λιγοστεύει. Όμως μαθαίνεις να τον αντιμετωπίζεις καλύτερα».

Τώρα έβλεπα ότι όντως έδειχνε πιο μεγάλος και πιο ήρεμος.

«Μπορείς να μείνεις εδώ μαζί μας», είπα, «για πάντα. Κανείς πια δεν πρόκειται να σε διώξει».

Δε μου απάντησε, ήθελε μ' αυτόν τον τρόπο να μου πει να κοιμηθώ.

Όταν ξύπνησα, ο Άουγκουστ είχε συνέλθει, καθόταν και διάβαζε τις αιτήσεις και τα μητρώα, η Καταρίνα τα είχε βάλει στο τραπέζι, εκείνος ήταν ανήσυχος.

Ήθελε να τα δω εγώ, του είπα όχι, εκείνος θέλησε να τα δώσει στην Καταρίνα.

«Τα διάβασα όση ώρα κοιμόσαστε», είπε εκείνη.

Εκείνος άρχισε να διαβάζει φωναχτά.

«Προς την Διεύθυνσιν Δημοτικών και Γυμνασίων. Το "Ιδιωτικόν Σχολείον Μπίελ" ζητεί διά της παρούσης την άδειαν της διευθύνσεως διά την υλοποίησιν του πειράματος διά το οποίον υπεβλήθησαν σχέδια κατά την συνάντησιν της 11ης Νοεμβρίου 1969, εις το κτίριον της διευθύνσεως, και του οποίου αι λεπτομέρειαι περιγράφονται κατωτέρω».

Άφησε το χαρτί να πέσει.

«Να η απόδειξη», είπε.

Ξεφύλλισε στην τύχη μερικά χαρτιά από το σωρό που είχαμε μαζέψει κι έπειτα διάβασε αργά και με δυσκολία, η φωνή του κόμπιαζε στην κάθε λέξη.

«Υπό την ιδιότητα του διευθυντού του "Ιδιωτικού Σχολείου Μπίελ" ζητώ αφ' ενός την έγκρισιν του υπουργείου Παιδείας διά το πρόγραμμα το οποίον περιγράφεται λεπτομερώς εις το συμπληρωματικόν έγγραφον και αφ' ετέρου την χορήγησιν επιδόματος εκ του υπουργικού κονδυλίου διά την κάλυψιν των εξόδων υλοποιήσεως του πειράματος».

«Είναι συνωμοσία», είπε. «Τα έχουν κανονίσει όλα. Μάζεψαν κόσμο. Και τώρα θα τους αποτελειώσουν».

«Θα τους επανεντάξουν», είπε η Καταρίνα. «Θα πάρουν παιδιά από τα θεραπευτικά κέντρα και τα αναμορφωτήρια και θα τα φέρουν πίσω στο κανονικό σχολείο. Η επανένταξη. Αυτό είναι το σχέδιό τους».

Ο Όσκαρ μού έκανε σήμα και γι' αυτό το άκουσα. Ήταν το ροτβάιλερ του Άντερσεν. Όμως μου έγνεψε καθησυχαστικά.

Η φωνή του Άουγκουστ συνέχισε να ακούγεται, τώρα

τα χαρτιά τον είχαν ρουφήξει ολότελα. «... Προηγηθείσης συσκέψεως μετ' εμπειρογνωμόνων περί τα παιδαγωγικά και ψυχολογικά θέματα, αιτούμαι διά της παρούσης όπως τον "Ίδρυμα Σχολικού Ασύλου" καλύψει τα απαιτούμενα έξοδα διά την πρόσληψιν επιθεωρητού εις το τμήμα των οικοτρόφων, καθ' ότι...»

Σταμάτησε.

«Είναι ο Φλάκενταμ», είπε. «Το πείραμα θα αρχίσει εδώ. Και μετά θα πάει παραπέρα. Γιατί άραγε είναι απόρρητο, λέει ότι είναι απόρρητο. Τι είναι αυτά εδώ;»

Ήταν τα ίδια αντίγραφα όπως εκείνο στο φάκελό του, στο γραφείο του Μπίελ.

«Είναι από τα Αρχεία του Κράτους», είπα εγώ. «Πρέπει να πήραν την έγκριση του υπουργείου Δικαιοσύνης, είναι απόρρητα».

«Αυτός γράφει ότι είναι για χάρη των παιδιών», είπε εκείνη. «Για να μπορέσουν να μείνουν παιδιά όσο περισσότερο γίνεται. Και να μη φορτώνονται τις ευθύνες των μεγάλων. Αυτή ήταν πάντα η γνώμη του».

«Ναι», είπα εγώ. «Το ίδιο είπε και όταν δε δέχτηκε να γίνουν μαθητικά συμβούλια».

Τώρα ο Άουγκουστ απ' την ανησυχία του δεν μπορούσε να καθίσει κάτω, σηκώθηκε, ακουμπούσε με τα χέρια του τις ντουλάπες, σαν να προσπαθούσε να βρει ψηλαφητά το δρόμο. Ο Όσκαρ δεν κοίταζε πια εμένα, αλλά την Καταρίνα.

«Γράφει ότι το πείραμα προπορεύεται της εποχής του», είπε εκείνη. «Ότι ανήκει στο μέλλον. Ότι δεν κάνει για την κοινή γνώμη. Οπότε καλύτερα να το υλοποιήσουν χωρίς τυμπανοκρουσίες. Και να το παρουσιάσουν όταν έχουνε τα αναμενόμενα αποτελέσματα».

Τώρα ο Άουγκουστ είχε χαθεί στο βάθος του δωματίου, εκεί που δεν μπορούσε κανείς να τον δει παρά μόνο να τον ακούσει που τριγύριζε μέσα στο σκοτάδι.

«Τα πράγματα δεν τους ήρθαν όπως περίμεναν», είπε εκείνη. «Θα πίστεψαν ότι μπορούσαν να βοηθήσουν, να κάνουν το σχολείο "Εργαστήρι του ήλιου", όπως έλεγε κι εκείνος. Ένα εργαστήρι που θα καταργεί τη διαφορά μεταξύ των προβληματικών και των φυσιολογικών παιδιών. Γι' αυτό πήρανε εσάς. Έτσι εξηγείται και η Έσεν, καθώς και όλα τα τεστ. Γι' αυτό πήραν και τον Φλάκενταμ. Για να φροντίζει για την ασφάλεια».

Τώρα έβλεπα τα μάτια του, μέσα στο σκοτάδι μάζευαν το τελευταίο φως, σαν τα μάτια ενός άγριου θηρίου.

«Αλλά τα αστεράκια της Κάριν Έροε;» είπα εγώ. «Και το ξύλο που τρώγαμε; Οι βαθμοί και τα προγράμματα; Γι' αυτά δε λέει τίποτα;»

«Όχι», είπε εκείνη. «Πίσω από το δικό τους σχέδιο πρέπει να υπάρχει κάποιο άλλο. Και γι' αυτό το άλλο δεν ξέρουν τίποτα».

«Και ποιος το ξέρει τότε;» είπε ο Άουγκουστ.

«Κάτι μεγαλύτερο από αυτούς».

Ξαφνικά βρέθηκε όρθιος μπροστά της, ήθελα να κάνω κάτι, αλλά δεν προλάβαινα. Και τον Χούμλουμ τον ξάφνιασε, κι εκείνος δεν είχε προλάβει να σηκωθεί.

«Δεν υπάρχει τίποτα πιο πάνω απ' αυτούς», είπε ο Άουγκουστ. «Όλα τα έχουν κανονίσει. Γι' αυτό και πρέπει να φύγουν απ' τη μέση, είτε έτσι είτε αλλιώς...»

Αυτή ήταν η δική του στρατηγική. Το μίσος. Όμως έπρεπε να έχει κάποιον για να μισεί, δε γινότανε να μισεί έτσι, στα κουτουρού. Και αυτοί που μισούσε έπρεπε να είναι οι υπεύθυνοι. Αλλιώς δε θα έφταιγαν.

«Δεν έχει νόημα», είπε εκείνη. «Πίσω απ' αυτούς κρύβεται κάτι μεγαλύτερο».

Είχε τεταμένη την προσοχή της. Όχι μόνο σ' εκείνο αλλά και σε κάτι άλλο, που πλανιόταν γύρω μας. Πλησίαζε σε κάτι που είχε αποφασιστική σημασία.

«Πίσω απ' αυτούς υπάρχει μια τρύπα!»

Εκείνος είχε ουρλιάξει. Γύρισε και με την παλάμη του έσπασε το τζάμι του ντουλαπιού. Ύστερα πίεσε την παλάμη του στη στεφάνη του γυαλιού που είχε απομείνει στο ντουλάπι και την πήγαινε γύρω γύρω. Πρώτος τον έφτασε ο Χούμλουμ και τον τράβηξε από εκεί, μετά ανέλαβα εγώ.

Η Καταρίνα στεκόταν όρθια και αλύγιστη, δεν είχε κουνηθεί καθόλου. Με το ένα χέρι τον κρατούσα και με το άλλο έβγαλα το πουκάμισό μου, έσκισα ένα μανίκι και του έδεσα το χέρι. Εκείνος τραβήχτηκε.

Πέρασε δίπλα από όλα τα ντουλάπια και κοίταξε μέσα από τα τζάμια τους τα πράγματα που υπήρχαν στα ράφια, τα βαλσαμωμένα ζώα. Έπρεπε να κρατιέται από κάπου για να στέκεται όρθιος.

«Όπως στο σπίτι», είπε. «Δώδεκα από κάθε είδος, απ' τον παλιό καλό καιρό. Και εκείνα ήταν κλειδωμένα, μη τυχόν και λερωθούν τα τζάμια. Ε, ρε, και να 'χα ένα τσιγάρο».

Του έδωσα το πακέτο, ήταν το δικό του, και έπειτα τα σπίρτα. Τα είχα κρύψει πριν έρθουν να πάρουν τα πράγματά του, όταν τον είχαν πάει στο αναρρωτήριο.

Το άναψε μόνος του, αλλά μετά του έπεσε, έσκυψε και το μάζεψε. Τράβηξε δυνατή ρουφηξιά και τον έπιασε βήχας.

«Α, ρε πούστη, τέλειο!» είπε.

Κρατούσε το τσιγάρο μέσα στο δεμένο χέρι του, ο επίδεσμος ήταν κιόλας μούσκεμα, όταν τελειώναμε όλα όσα είχαμε να κάνουμε, θα του έβαζα κανονικό επίδεσμο και θα καθάριζα το τραύμα.

«Τώρα αναγκάζεται να παίρνει το λεωφορείο», είπε εκείνος. «Η μαμά λέω, παρόλο που το σιχαίνεται. Να κρατιέται από λαβές που τις έχουν πιάσει άλλοι πιο πριν. Παρόλο που φοράει διχτυωτά γάντια. Όταν γυρίσω πίσω, θα της πάρω αμάξι».

Έμοιαζε σαν να κοιμάται και να μιλάει ταυτόχρονα, η Καταρίνα τον πήγε πίσω στο τραπέζι και τον έβαλε να καθίσει. Το μέτωπό του είχε ένα στρώμα ιδρώτα, έβαλε το ένα της χέρι για να ακουμπήσει το κεφάλι του, με το άλλο σκούπιζε τον ιδρώτα με την παλάμη της.

«Κανείς δε θα με αγγίξει εμένα», είπε εκείνος.

Όμως εκείνη την άφησε.

Καθόμασταν γύρω από το τραπέζι. Ο Άουγκουστ είχε γείρει πάνω στην Καταρίνα. Εκείνη δεν τον άγγιζε. Αλλά παραμέρισε λίγο για να καθίσει εκείνος καλύτερα.

Ένιωθα κάποιες κινήσεις στο σκοτάδι, κοίταξα τον Όσκαρ Χούμλουμ, εκείνος κούνησε το κεφάλι του αρνητικά: «Όχι ακόμα», είπε.

Ο Άουγκουστ και η Καταρίνα με κοίταξαν, όλα ήταν εντάξει. Δε με βαθμολογούσαν ούτε μου ζητούσαν να κάνω κι άλλα. Τους είχα φέρει μέχρι εδώ και όλα ήταν όπως έπρεπε να είναι.

Τους έβλεπα πόσο αγνοί ήταν κατά κάποιον τρόπο, ανεξάρτητα από το τι είχανε κάνει. Ο καθένας με τον τρόπο του προσπάθησαν να είναι ο εαυτός τους. Όχι όπως εγώ, που δεν ήμουν ποτέ τίποτα και γι' αυτό όλη μου τη ζωή προσπαθούσα να γίνω κάτι άλλο. Για να μπω μέσα στο σύστημα.

Και αυτό έβλεπα ότι το καταλάβαιναν. Ότι το καταλάβαιναν και δεν υπήρχε πρόβλημα. Ότι έτσι και αλλιώς ήμουν σημαντικός γι' αυτούς, άσχετα απ' όλα τα άλλα.

Τότε μας εγκατέλειψε και ο χρόνος. Είδα πόσο μικρούλης ήταν ο Άουγκουστ, σαν το παιδί που θα αποκτούσα αργότερα, παρόλο που ήταν μεγαλύτερος από μένα. Εκείνη τη στιγμή οι δυο τους έγιναν ένα, εκείνος και το παιδί, και από τότε μου ήταν αδύνατο να τους ξεχωρίσω τελείως. Άπλωσα το χέρι μου πάνω από το τραπέζι και του χάιδεψα τα μαλλιά, εκείνος με άφησε, κάτω από το χέρι μου ήταν ζεστά και ολόισια. Σύντομα τον πήρε ο ύπνος. Η Καταρίνα με παρακολουθούσε.

Κοίταξα γύρω μου.

«Ο Χούμλουμ», είπα.

Μου έκανε νόημα με το κεφάλι, σαν να το ήξερε κιόλας.

«"Σώσε τον εαυτό σου"», είπα. Ήταν τα τελευταία του λόγια. Το ήξερε ότι δεν μπορούσαμε να φύγουμε και οι δυο μας. Τα απόβλητα ήταν θαρρείς πάρα πολλά για να τα κάνει το σχολείο εξαγωγή μαζεμένα. Στεκόταν με το σκοινί στα χέρια. Ύστερα έγειρε το κεφάλι και προσπάθησε ν' ακούσει το τρένο, δεν έβλεπε πολύ καλά. Το χειμώνα, στην τουαλέτα, μου είχε πει ότι όταν ήταν εννιά χρονών, τον είχαν δώσει σε μια οικογένεια στην πλατεία Γκενφορένινγκ, εκεί τον ξυπνούσαν στις τρεισήμισι το πρωί και τον έστελναν στο Πλυντήριο Ρούχων Ν.Λ. Ντέεν, όπου αν κάποιος τους ρωτούσε, όλοι έλεγαν ότι εκείνος ήταν δεκατεσσάρων χρονών, για να μη θεωρηθεί παιδική εργασία, και πήγαινε τα ρούχα από το καθαριστήριο στο σιδερωτήριο. Ο άντρας που καθόταν πλάι στο πλυντήριο ήταν μεθυσμένος από την ώρα που έπιανε δουλειά και μια μέρα έγινε κάτι με μια βρύση που πέταξε υγρό καθαρισμού στα μάτια του Χούμλουμ, και τότε τον πήρανε από εκείνη την οικογένεια. Όμως από τότε δεν έβλεπε καλά, αλλά γνώριζε το τρένο από τον ήχο.

«Θα μείνω εδώ», του έλεγα, «αν τα παρατήσεις, θα μείνω εδώ».

Εκείνος χαμογέλασε, δε με άκουσε, βρισκόταν ήδη σε άλλον κόσμο.

Απ' ό,τι φάνηκε ξεκίνησε το πήδημά του κανονικά, είχε υπολογίσει σωστά το χρόνο. Όμως πριν το τελειώσει, έμεινε κρεμασμένος στον αέρα. Εκείνη τη στιγμή, την τελευταία στιγμή της ζωής του, τέντωσε τόσο πολύ το σκοινί που καθυστέρησε την κίνησή του προς τα πίσω, αλλά στο τέλος άρχισε να κουνιέται πέρα δώθε, σαν εκκρεμές, και τότε ήρθε το τρένο.

Η Καταρίνα δεν είπε τίποτα, μονάχα κουνούσε το κεφάλι της.

Δε σήκωσα τα μάτια μου να κοιτάξω τον Όσκαρ, δεν ήταν απαραίτητο, ξέραμε και οι δυο ότι έκανα καλά που της το είπα.

Ο Άουγκουστ είπε κάτι. Ο πυρετός το έκανε να ακουστεί σαν να ερχόταν από κάποιο μακρινό δωμάτιο.

«Ίσως να γεννιέσαι ανάμεσα σε λάθος ανθρώπους», είπε. «Ίσως να έπρεπε να σε είχαν πάει κάπου αλλού».

Εκείνος το έλεγε, αλλά όλοι το είχαμε σκεφτεί, και οι τέσσερις, ακόμα και ο Χούμλουμ.

«Γίνεται να το αλλάξεις;» ρώτησε.

Η ερώτησή του ήταν γεμάτη γαλήνη. Σαν ένα παιδί που ρωτάει τη μητέρα του, όμως σαν ίσος προς ίσο. Και εκείνη του απάντησε με τον ίδιο τρόπο.

«Τότε», του είπε, «που έγιναν αυτά με τη μητέρα και τον πατέρα μου, τότε πίστευα ότι ποτέ δε θα πάψει να με πονάει. Ότι ποτέ δε θα ξανάρθει η χαρά. Όμως τώρα είναι καλύτερα, τώρα τουλάχιστον έρχεται καμιά φορά. Με τον έναν ή τον άλλον τρόπο».

«Αλλά αυτά που εσύ έχεις κάνει στους άλλους;»

Σ' αυτό δεν του απάντησε. Κάπου στο σκοτάδι γάβγιζε ο σκύλος.

«Φοβάμαι τα σκυλιά», είπε εκείνος.

Ήθελα πολύ να τους διαβάσω κάτι.

Στο Μπουντρούμι δε μας διάβαζαν τίποτα, λέγανε ότι μόνο στα βουτυρόπαιδα διαβάζουν ιστορίες, ούτε στο Χίμελμπιέργκχους μάς διάβαζαν. Όμως μας διάβαζαν στο Ίδρυμα Διακονισσών.

Αν το έχεις ζήσει αυτό, σου είναι αδύνατο να το ξεχάσεις. Το πρωί μας διάβαζαν το «Άγγελμα της Ημέρας» που ήταν γραμμένο κάτω κάτω στη «Χριστιανική Καθημερινή», το βράδυ τη Βίβλο, ωστόσο το περιμέναμε με λαχτάρα. Μας διάβαζε η διευθύντρια, η Αδελφή Ράουνα, στεκόταν στην άκρη του κοιτώνα και μας διάβαζε. Έτσι μας έπαιρνε πιο εύκολα ο ύπνος. Το δύσκολο ήταν πάντα να μπεις μέσα στη νύχτα. Όσο υπάρχει φως, είναι πιο εύκολο να κρατάς τα πράγματα σε απόσταση. Όταν σκοτεινιάζει, έρχονται και φέρνουν τα πάνω κάτω.

Ήθελα να τους διαβάσω κάτι. Το ήθελα τώρα, τώρα που

ήταν η πιο δύσκολη ώρα της ημέρας για τον Άουγκουστ. Και δεν είχαμε φάρμακο να του δώσουμε. Ήθελα όσο τίποτα να κάνω πιο ελαφρύ το δρόμο του προς το σκοτάδι.

Υπήρχε ο *Κόσμος της φύσης*, όμως έμοιαζε αδύνατο. Και το μοναδικό που ερχόταν στο μυαλό μου ήταν η Βίβλος, δεν πήγαινε, ήταν πολύ κοντά στις καλόγριες και τον Μπίελ.

Αποφάσισα να του πω ό,τι περνούσε απ' το μυαλό μου.

«Θα μπούμε σ' ένα καράβι», του είπα. «Εκεί θα έχει πολύ χώρο για να μείνουμε, θα τραβήξουμε νότια, εκεί που είναι πιο ζεστά. Σε ένα πλοίο δεν μπορεί κανείς να σε διώξει, έχεις πάντα το ελεύθερο να είσαι όπου θέλεις και πάντα θα είμαστε μαζί. Το βράδυ θα καθόμαστε και θα ακούμε τη θάλασσα. Όταν γίνω είκοσι ένα, θα σε υιοθετήσουμε».

Ίσως και να μην ήταν ξύπνιος, ίσως και να κοιμόταν, όπως ήθελα. Όμως η Καταρίνα με άκουγε.

Συνήθως αυτό που φαντάζεσαι δεν είναι σαν την πραγματικότητα. Συνήθως είναι χειρότερο. Εκείνη η στιγμή ήταν ακριβώς όπως την είχα φανταστεί. Είχα φανταστεί ότι σε μια οικογένεια θα κάθονταν όλοι μαζί. Ακριβώς όπως τώρα.

«Λυπάμαι αν σας έκανα κακό», είπε εκείνη.

Να μην το σκέφτεται καθόλου, της είπα. Άλλωστε όλα είχαν τελειώσει καλά. Όμως τι έγινε με τον πατέρα και τη μητέρα της, είπα. Και τι έγινε με το πείραμα;

«Μάλλον πίστεψα ότι θα τους ξανασυναντούσα», είπε εκείνη. «Όμως αυτό δε γίνεται. Ήταν η φαντασία μου. Αλλά όπως και να 'χει, το πείραμα βρίσκεται στο τέλος του. Τουλάχιστον το πρώτο μέρος».

Δεν ήθελα να φανώ περίεργος, γι' αυτό και δε ρώτησα τι ήθελε να πει. Όμως εκείνη κατάλαβε την ερώτηση, παρόλο που δεν την είχα κάνει. Έτσι όπως ήμασταν τώρα, δεν ήταν ανάγκη να λέμε πολλά.

«Ο χρόνος δεν είναι νόμος της φύσης», είπε. «Είναι ένα σχέδιο. Όταν τον κοιτάζεις με προσοχή ή αρχίζεις να τον αγγίζεις, τότε αρχίζει να διαλύεται. Αυτό είναι το αποτέλεσμα του πρώτου μέρους του πειράματος. Αυτό το σχέδιο δεν είναι του Μπίελ. Είναι πολύ μεγάλο και ολοκληρωτικό για να το έχει κάνει αυτός. Στο δεύτερο μέρος θα εξετάσουμε τι υπάρχει πίσω από το χρόνο. Τον είδαμε να διαλύεται. Το επόμενο βήμα είναι να βρούμε τι υπάρχει πίσω από αυτόν».

Το έβλεπες πάνω της. Ήθελε απαντήσεις. Ήταν μια ανάγκη που δεν την άφηνε σε ησυχία. Ήθελα κάτι να της πω, αλλά μου ήταν αδύνατο.

Ο Άουγκουστ έτρεμε σαν το φύλλο, έβγαλε την μπλούζα της και τον σκέπασε.

«Αν κάτσεις εδώ, θα ζεσταινόμαστε καλύτερα», του είπε.

Κρατούσε τον Άουγκουστ αγκαλιά κι εγώ ακουμπούσα πάνω της. Έτσι τελικά της το είπα, τα λόγια ήρθαν μόνα τους, δεν μπορούσα να κάνω τίποτα, της είπα ότι την αγαπούσα, πρώτη φορά που πήρα αυτή την κουβέντα στο στόμα μου.

Κατάλαβα ότι τα λόγια μου αφορούσαν και τον Άουγκουστ. Ότι δεν μπορούσες να το πεις αυτό στη γυναίκα χωρίς να ισχύει και για το παιδί.

Εκείνη δε μου απάντησε. Αλλά ούτε ήταν ανάγκη. Είχα δώσει κάτι χωρίς να χρειάζομαι ανταμοιβή.

Πρέπει να είχαμε κοιμηθεί όλοι, και οι τρεις μας, όταν εκείνος μίλησε, έμοιαζε σαν να κοιμάται ακόμα.

«Την άλλη φορά», είπε, «θα τους ζορίσουμε περισσότερο. Παραήταν γρήγορο τώρα».

Απ' την αρχή το ξέραμε ότι ήταν χαμένος από χέρι.

# 15

Πρώτη τον πήρε είδηση η Καταρίνα, μου τράβηξε το χέρι.

«Έφυγε», μου είπε.

Έξω είχε φως, ήταν που είχε φύγει η ομίχλη, και εξαιτίας των αστεριών και του χιονιού. Ακολουθήσαμε τα ίχνη του, σ' όλη τη διαδρομή αιμορραγούσε, κάπου βρήκαμε και τον επίδεσμο.

Όλα τα φώτα του σχολείου ήταν σβηστά, το κτίριο ήταν σκοτεινό, τα παράθυρα μαύρα. Όπως το έβλεπα τις νύχτες που δεν μπορούσα να κοιμηθώ. Εκείνος είχε διασχίσει τη μεσημβρινή αυλή, πηγαίνοντας ξυστά στον τοίχο. Μπήκε μέσα αφού έσπασε το τζάμι της πόρτας, πάντα μου φαινόταν ανοησία να υπάρχει μάνταλο πίσω από τα τζάμια.

Ανεβήκαμε μέχρι τον πέμπτο. Εκείνος είχε αφήσει την πόρτα ανοιχτή και το φως αναμμένο στην κλινική αλλά είχε κλείσει τις κουρτίνες, ήταν κουρτίνες συσκότισης, μερικά από τα τεστ, όπως τα μάτριξ του Ρέιβεν, ήταν με διαφάνειες.

Στην αρχή είχε ησυχία, μετά τους άκουσα στο διάδρομο.

Πρώτα ήρθε η μυρωδιά από το πούρο του Μπίελ. Μετά έγινε μια σύντομη παύση και μετά ήρθε ο ίδιος ο Μπίελ. Περπατούσε ψάχνοντας κάτι, με το κεφάλι κατεβασμένο ίσαμε το χώμα. Ποτέ δε φανταζόσουν ότι μπορούσε να σκύψει τόσο πολύ, δεν τον είχαμε δει παρά μόνο όρθιο και αλύγιστο. Φορούσε ρόμπα, είχε το δεξί του χέρι τεντωμένο πίσω απ' το σώμα του. Το τελευταίο πράγμα που βγήκε από την πόρτα ήταν το χέρι του, πίσω από το χέρι του ερχόταν ο Άουγκουστ, κρατούσε τρία από τα δάχτυλά του χεριού, όλα σπασμένα.

Πίσω από τον Άουγκουστ ερχόταν η γυναίκα του Μπίελ, η Άστριδ, με νυχτικιά, έμοιαζε πάντα με θεά της σκανδιναβικής μυθολογίας, στητή, γκριζόξανθη και αρχοντική, ακόμα και τώρα.

Ο πυρετός απλωνόταν στα μάτια του Άουγκουστ σαν μεμβράνη. Φαινόταν πόσο τρομαγμένος ήταν. Σαν μικρό παιδί. Συγχρόνως όμως ήταν αποφασισμένος. Τώρα και αυτός κοίταζε κατάματα τον πόνο. Για να τον εξαλείψει.

«Καλά κάνατε και ήρθατε», είπε.

Το είπε χωρίς να μας αναγνωρίσει. Στεκόμασταν τρία μέτρα από εκείνον. Δεν μπορούσε να μας δει.

Άφησε τον Μπίελ να σηκώσει λίγο το κεφάλι του.

«Η μητέρα και ο πατέρας μου ήρθανε», είπε. «Για να με πάρουν».

Ο Μπίελ δε μας κοίταξε. Η προσοχή του ήταν στραμμένη στον Άουγκουστ.

«Ξέρεις πολύ καλά τι συνέβη με τη μητέρα και τον πατέρα σου», του είπε.

Δεν είδα κάποια κίνηση, άκουσα μονάχα ένα ελαφρό τρίξιμο όταν έσπασε άλλο ένα από τα δάχτυλά του. Έπεσε στα γόνατα.

Πάνω στον Άουγκουστ δε διέκρινες τίποτα.

Κρατούσε το αριστερό του χέρι σαν να ήθελε να το κρύψει. Έκανα λίγο πιο πέρα για να το δω, θα κατάλαβε την κίνησή μου, γιατί το έβγαλε έξω. Κρατούσε το αναμμένο πούρο του Μπίελ. Ακόμα, μια δίλιτρη φιάλη με βενζίνη καθαρισμού, θα την είχε βρει στην αποθήκη υλικού. Η φιάλη είχε φελλό, ανάμεσα στο φελλό και στο γυαλί είχε χώσει ένα κομμάτι απ' τον επίδεσμό του.

«Είναι σαν φιτίλι», είπε. «Έτσι και το ακουμπήσω με το πούρο και σπάσει το μπουκάλι, θα τιναχτούμε στον αέρα».

Η Άστριδ Μπίελ κοίταζε τα γυμνά μου πόδια, είχα βγάλει τις κάλτσες μου.

«Χτύπησα», είπα εγώ. «Δεν μπόρεσα να φορέσω το παπούτσι. Δε θα επαναληφθεί».

Εκείνοι δεν είπαν τίποτα. Ίσως επειδή φαινότανε από τις μελανιές μου ότι έλεγα την αλήθεια, ίσως επειδή δεν μπορούσαν να πουν τίποτα.

«Τώρα σε λίγο θα φύγουμε», είπε ο Άουγκουστ στον Μπίελ. «Πάμε σπίτι μας. Αλλά πριν φύγουμε, θα ομολογήσεις».

Κανείς δεν έλεγε κουβέντα.

«Θα μπορούσα να είχα μείνει σπίτι», συνέχισε εκείνος. «Ήμασταν μια χαρά, θα καθόμασταν μαζί το βράδυ, όπως κάναμε εμείς λίγο πιο πριν. Όχι και πολύ κοντά, κανείς δε σε πασπατεύει, δε χρειάζεται να κολλάμε ο ένας στον άλλο σαν τις βδέλλες. Όμως είμαστε μαζί, όμορφα και καλά. Αν θέλεις να ζωγραφίσεις, παίρνεις απλώς χαρτί και μολύβι και ζωγραφίζεις, δε σου λέει κανείς τίποτα. Δε μιλάει κανείς για τους βαθμούς σου. Δεν τρως ξύλο. Αλλά σε βουτάνε και σε φέρνουν εδώ πέρα. Τη νύχτα σε δένουν χειροπόδαρα, τη μέρα κάθεται πίσω σου ο Φλάκενταμ. Πες στη μαμά τι γίνεται εδώ».

Καθώς ο Μπίελ ήταν πεσμένος στα γόνατα, το πρόσωπό του βρισκόταν στο ίδιο ύψος με του Άουγκουστ.

«Θέλαμε το καλό σας», είπε.

Ακόμα ένα δάχτυλο έσπασε.

Τα χείλη του Μπίελ ξαφνικά πήραν τη μορφή του γυαλόχαρτου, γκρίζα, σαν να τα είχε πασπαλίσει κάποιος με ξερούς σπόρους. Κοίταξε τον Άουγκουστ στα μάτια.

«Θέλαμε να βοηθήσουμε», είπε. «Όχι μόνο τα παιδιά του φωτός. Αλλά θέλαμε να οδηγήσουμε και σας τους άλλους από το Βασίλειο του Θανάτου στη Γη των Ζωντανών. Θελήσαμε να πάρουμε όλα τα παιδιά στο ελεύθερο δανικό σχολείο. Ακόμα και εκείνα που υποφέρουν, και έχουν δικαίωμα στο φως».

Το σώμα του Άουγκουστ έτρεμε τώρα, σαν να είχε πάθει κρίση επιληψίας, και το πρόσωπό του ήταν εκτός ελέγχου, έμοιαζε σαν να έκανε ολοένα γκριμάτσες. Μόνο το χέρι που έσφιγγε τα δάχτυλα του Μπίελ δεν κουνιόταν. Σ' αυτό το χέρι είχε μαζευτεί όση ζωή τού είχε απομείνει.

«Και το σκοτάδι μέσα στους ανθρώπους;» ρώτησε η Καταρίνα.

«Το φως θα το σκορπίσει», είπε ο Μπίελ.

Ο Άουγκουστ έσκυψε στο αφτί του Μπίελ. Έμοιαζαν σαν δυο άνθρωποι που λένε μυστικά.

«Τόσο πολύ φως δεν υπάρχει στον κόσμο», ψιθύρισε.

Κοίταξε την Καταρίνα. Εκείνη στεκόταν μόνο μισό μέτρο μακριά του, όμως ήταν φανερό ότι η όρασή του δεν τον βοηθούσε. Άπλωσε το χέρι του και την άγγιξε. Ήταν το αριστερό, αυτό που κρατούσε τη φιάλη και το πούρο. Την άγγιζε ψηλαφητά με την εξωτερική πλευρά του χεριού του από το λαιμό μέχρι πάνω στα μάγουλα, η λάμψη της καύτρας, ο καπνός και η φιάλη κρεμόταν στον αέρα μπροστά στα μάτια της. Εκείνη δεν κουνιόταν.

«Όπου να 'ναι τελειώνει», της είπε. «Και μετά θα γυρίσω κοντά σου. Θα καθίσουμε όπως καθόμασταν πριν. Και με τον Πέτερ μαζί. Είναι εδώ μαζί σου;»

«Ναι», είπε εκείνη.

«Μπορώ να κρατήσω το χαρτί και τα μολύβια;»

«Ναι», είπε εκείνη.

Της χάιδεψε το μάγουλο.

«Θα με περιμένετε εδώ;» της είπε.

Εκείνη δεν μπορούσε να του απαντήσει.

«Τέρμα το λεωφορείο», είπε εκείνος. «Σου πήρα αμάξι. Το έχω παρκάρει εδώ έξω».

Πήγαινε προς την πόρτα, έχοντας μαζί του τον Μπίελ.

«Άουγκουστ!» είπε η Καταρίνα.

Εκείνος σταμάτησε.

«Έχουν παιδιά», είπε εκείνη. «Κι αυτός πατέρας είναι».

Δεν της απάντησε. Πήρε μονάχα τον Μπίελ μαζί του, βγήκαν από την πόρτα και έφυγαν.

Τότε η Άστριδ Μπίελ γύρισε και βγήκε στο διάδρομο. Μια πόρτα άνοιξε. Την ακούσαμε που μπήκε στο δωμάτιο δίπλα μας. Εκεί που ήταν το ρολόι του σχολείου. Μάλλον θα είχαν φτιάξει την κλειδαριά. Όλοι οι ήχοι ακούστηκαν πεντακάθαρα, τα γυμνά της πόδια στο πάτωμα, το απαλό τρίξιμο όταν έσπασε το τζαμάκι. Μετά μπήκε μπρος ο συναγερμός.

Το σήμα ήταν το ίδιο όπως πάντα, ακουγόταν από όλα τα μεγάφωνα. Όμως τώρα αναβόσβηνε, αναβόσβηνε, ο ήχος ήταν ανυπόφορος, βγήκαμε στο διάδρομο και από εκεί μπήκαμε στο γραφείο των καθηγητών.

Εκεί ήταν σκοτεινά, το μόνο φως που υπήρχε ερχόταν απ' έξω, από το πάρκο και τον ουρανό, και ακόμα πιο μακριά, από την Κοπεγχάγη. Σταθήκαμε στο παράθυρο.

Ήρθαν γρήγορα, η Άστριδ Μπίελ θα τους είχε συναντήσει στην είσοδο του πάρκινγκ, όταν άναψαν τους προβολείς την είδα πολλές φορές, φορούσε ακόμα τη νυχτικιά.

Παρκάρανε σε ένα ημικύκλιο και αφήσανε τα φανάρια αναμμένα, άναψαν και τους προβολείς. Η αποθήκη υλικού ήταν σαν ένα μαύρο κέντρο μέσα στο άσπρο χιόνι. Πέρασε λίγη ώρα που στη διάρκειά της δεν έγινε τίποτα. Μετά ήρθαν και άλλα αμάξια, είδα και τον Φρέδχοϊ κάτω στο χιόνι. Και ύστερα ησυχία και γαλήνη. Φως δυνατό και σκληρό, αλλά κατά τα άλλα τίποτα. Παύση.

Ύστερα ήρθε ο Μπίελ. Βγήκε από το υπόστεγο, ήταν μόνος του, όμως ακόμα πήγαινε σκυφτός. Η μισή ρόμπα του είχε βγει, από τη μέση και πάνω ήταν γυμνός. Σ' αυτή την κατάσταση έτρεχε προς το μέρος των προβολέων.

Ύστερα ήρθε η φωτιά. Βασικά δεν έγινε έκρηξη, δεν ήταν κάτι το τρανταχτό, μόνο μια πολύ γρήγορη πυρκαγιά. Πρώτα φάνηκε η λάμψη από τη φιάλη του Άουγκουστ, μετά η ανάφλεξη όταν πήραν φωτιά τα μπιντόνια με τη βενζίνη για τις μηχανές του γκαζόν, πρώτα τινάχτηκαν στον αέρα τα παράθυρα και η πόρτα, μετά έφυγε η στέγη, ύστερα ήρθε και το οξυγόνο, όλα τέλειωσαν σε μια στιγμή.

Φυσικά, από εκεί ψηλά που ήμασταν, δε νιώσαμε τη θερμότητα από τη φωτιά, και γενικά δεν ακούσαμε και πάρα πολλά.

Ωστόσο αυτό δε μας βοήθησε, αν και κρατιόμασταν σφιχτά και είχαμε κλείσει τα μάτια, δε βοήθησε. Το φως πέρασε μέσα από τα βλέφαρά μας, κράτησε μόνο μια στιγμή, αλλά ήταν σαν να έκαψε το μυαλό μας. Ο πόνος απλώθηκε και στο σώμα. Σαν η φωτιά να είχε ανέβει από κάτω, να μας είχε φτάσει και να μας είχε φάει την επιδερμίδα, και τώρα ήμασταν δυο εγκαύματα, δυο καμένα έμβρυα, γερμένα το ένα πάνω στο άλλο.

Δεν ήθελα να βλέπω, όταν τελικά αποφάσισα να κοιτάξω, είδα το πρόσωπο της Καταρίνα. Ήταν στραμμένο προς το παράθυρο. Ήταν ζαρωμένο όπως τα πρόσωπα των παιδιών της θερμοκοιτίδας. Ο πόνος ενός εγκαταλειμμένου νεογέννητου παιδιού πάνω σ' ένα πρώιμα γερασμένο πρόσωπο.

Όμως από εκείνη την ώρα κιόλας, το θυμάμαι τώρα, κρυμμένο στο βάθος, και παρ' όλα αυτά ξεκάθαρο, υπήρχε και κάτι άλλο: η προσοχή. Η επιθυμία να καταλάβει.

# ΜΕΡΟΣ ΤΡΙΤΟ

# 1

Στην αρχή με πήγανε στη «Μνήμη Λαρς Όλσεν», Ένγκαικγκορντ, 2990, Νίβο. Εκεί έκανα ένα πρώτο σχέδιο της αναφοράς μου.

Η «Μνήμη Λαρς Όλσεν» είχε κάνει την πρώτη πτέρυγα ασφαλείας σ' όλη τη χώρα για παιδιά κάτω των δεκαπέντε ετών, με τοίχο ολόγυρα, χωρίς χερούλια στην εσωτερική πλευρά της πόρτας, ένα παραθυράκι με κάγκελα, που ήταν πολύ ψηλά για να το φτάσεις, τραπέζι και πάγκο, και τα δυο στερεωμένα στο πάτωμα, και αν ήθελες να πας στην τουαλέτα, έπρεπε να πατήσεις ένα κουδούνι να έρθει ο φύλακας.

Για να σε πάνε εκεί χρειάζονταν πριν ειδική άδεια από τη Διεύθυνση, και μπορούσαν να σε κρατήσουν δυο μήνες το πολύ, έτσι ήταν ο νόμος. Όμως στη δική μου περίπτωση έγινε εξαίρεση, επειδή υπήρχε ο θάνατος ενός συμμαθητή μου, έξι μήνες και έντεκα μέρες έμεινα σε αυστηρή απομόνωση. Μοιραία, αυτό με έβλαψε.

Εκείνη την εποχή συνιστούσαν την απομόνωση χωρίς πολλές επιφυλάξεις. Θεωρούσαν ότι είχε ισχυρή επίδραση στη διαπαιδαγώγηση, όπως και ο χρόνος αναμονής έξω από το γραφείο του Μπίελ. Ο εκπρόσωπος της Διεύθυνσης είπε ότι εκεί θα είχα αρκετό χρόνο για να αποκτήσω αυτοκυριαρχία.

Στο Χίμελμπιέργκχους και το Βασιλικό Ορφανοτροφείο σε βάζανε πολλές φορές στην απομόνωση και σε κλειδώνανε σε διάφορα μέρη, κυρίως στα υπόγεια, και αλλού. Στο ορφανοτροφείο, αν αργούσες κάπου τρεις φορές, η τιμωρία ήταν στάνταρ, ήταν η Βασιλική Φρουρά, δηλαδή, να στέκεις όρθιος μέσα σ' ένα άδειο ντουλάπι, απ' αυτά που βάζανε μέσα τις σκούπες, και είχε από πάνω του μια φωτογραφία του βασιλιά Φρειδερίκου και της βασίλισσας Ίνγκριδ. Εκεί στεκόσουν από τις οχτώ το πρωί μέχρι τις έξι το απόγευμα, αλλά φυσικά, παρόλο που ήταν σκοτάδι και ήσουν σε στάση προσοχής, δεν ήταν τίποτα μπροστά σε έξι μήνες και έντεκα μέρες.

Ωστόσο θα μπορούσα και εκεί να τα βγάλω πέρα, το είχαν καταφέρει και άλλοι πριν από μένα. Όμως όταν με πήγαν εκεί, οι δυνάμεις μου μάλλον με είχαν εγκαταλείψει, εξαιτίας αυτού που έγινε και επειδή είχα συνηθίσει να μιλάω με την Καταρίνα και τον Άουγκουστ.

Αν τελικά αυτούς που σε ακούνε όταν μιλάς και είναι φίλοι σου τους παίρνουν από κοντά σου, καλύτερα να μην τους είχες γνωρίσει ποτέ.

Από τότε είχα πάντα πρόβλημα με τις κλειστές πόρτες, ακόμα και όταν ήμουν μαζί με πολύ κόσμο. Χρόνια αργότερα, ύστερα από την υιοθεσία μου και αφού τέλειωσα τις σπουδές μου στο πανεπιστήμιο, δοκίμασα να δουλέψω· δίδασκα στο Ινστιτούτο Φυσικής Αγωγής και Αθλητισμού στο Πανεπιστήμιο του Όδενσε. Έμεινα εκεί ενάμιση χρόνο, μέχρι που δεν άντεχα άλλο, συνέχεια φοβόμουν να μείνω μόνος· όπως τότε, τη στιγμή που στεκόμουν μπροστά σε είκοσι άτομα και η ευθύνη βάραινε τους ώμους μου σαν φορτίο, ένιωθα ότι τώρα θα έφευγαν και θα με άφηναν μόνο, θα κλείδωναν την πόρτα και δεν υπήρχε κουδούνι να το πατήσω να έρθει ο φύλακας. Πέρα από αυτό, είχα άγχος μη τυχόν και αργήσω, γι' αυτό και πολλές φορές ερχόμουν πολλή ώρα πριν από το μάθημα, αλλά και πάλι ο φόβος δεν έλεγε να με αφήσει, ύστερα από ενάμιση χρόνο αναγκάστηκα να σταματήσω.

Αν δεν είχε βρεθεί κάποιος να με φέρει στο εργαστήρι, θα μου ήταν δύσκολο, αν όχι αδύνατο, να τα βγάλω πέρα στην κοινωνία, να βρω μια θέση στον έξω κόσμο.

Και εδώ η πόρτα είναι κλειστή. Όμως έχουμε κάνει μια συμφωνία με το παιδί. Και οι δυο μας δεν τα πάμε καλά με τις κλειστές πόρτες. Η συμφωνία λέει ότι αν κάποιος από μας δεν αντέχει άλλο, μπορεί να χτυπήσει την πόρτα και να το πει. Και τότε ο άλλος θα ανοίξει την πόρτα και θα μπει μέσα, να δει αυτόν που δε νιώθει καλά.

Εκεί ήμουν επ' αόριστον. Ωστόσο βρήκα μια διέξοδο, τα βιβλία. Βρήκα τα βιβλία, και με τη βοήθειά τους τελείωσα την αναφορά μου, δίνοντάς της μορφή ομιλίας. Ήξερα ότι θα γινόταν αντιπαράσταση.

Η αντιπαράσταση ανήκε στις μεθόδους της Διεύθυνσης. Όταν σ' ένα ίδρυμα είχαν παρατηρηθεί περιστατικά βίας ή κακοποίησης, ή υπήρχαν υποψίες ότι κάποιος παραμελεί τα καθήκοντά του, και αυτά που έλεγαν οι μεγάλοι δε συμφωνούσαν μ' αυτά που έλεγαν τα παιδιά, τότε γινόταν αντιπαράσταση, ήταν κανόνας.

Μ' αυτόν τον τρόπο θα διαλύονταν όλες οι αμφιβολίες. Μ' αυτόν τον τρόπο θα έβρισκαν οριστικά τη μία και μοναδική αλήθεια για όσα έγιναν, και μετά θα καταλογίζονταν οι ευθύνες και θα τιμωρούνταν οι ένοχοι.

Έχοντας αυτό υπόψη μου προετοίμαζα το λόγο που θα έβγαζα. Σκεφτόμουν να τον απευθύνω στον Μπίελ, τον Φρέδχοϊ, την Κάριν Έροε, στους εκπροσώπους της Διεύθυνσης και στην Καταρίνα.

Ακόμα σκεφτόμουν ότι θα ήταν εκεί και ο Άουγκουστ. Αν και αυτή η σκέψη ήταν παρανοϊκή.

Για να δικαιολογηθώ, φτάνει μόνο να δείξω κάτω από ποιες συνθήκες έφτιαχνα το λόγο μου. Είχα πάψει πια να ξεχωρίζω τη μέρα από τη νύχτα.

Από τότε μπορεί να πει κανείς ότι βασικά τα πιο πολλά τα είχαμε καταλάβει.

Το σχέδιό τους ήταν καταπληκτικό. Να μαζέψουν όλα τα παιδιά στο σχολείο, ακόμα και τα προβληματικά και τους ανήλικους εγκληματίες, και ακόμα τους αργούς μαθητές, όλους όσοι ήταν στο όριο της διανοητικής καθυστέρησης. Το «Ιδιωτικό Σχολείο Μπίελ» θα γινόταν πρότυπο γι' αυτή τη συνένωση. Θα γινόταν εργαστήρι, ομάδα εργασίας, για να εξεταστεί το πώς έπρεπε να γίνει η συνένωση, τι απαιτήσεις είχε σε μέτρα ασφαλείας, ψυχολογική υποστήριξη, πρόσθετη διδασκαλία.

Γύρω από αυτό το πείραμα η τάξη και η ακρίβεια του σχολείου θα αποτελούσαν τα σταθερά και ασφαλή πλαίσια που είχαν ανάγκη οι μαθητές.

Τα τελευταία δυο χρόνια βρήκα σιγά σιγά όλα τα χαρτιά από τότε. Μερικά από αυτά είναι στη Διεύθυνση Δημοτικών και Γυμνασίων, κάποια άλλα στο Παιδαγωγικό Ινστιτούτο, στο Ίδρυμα Σχολικού Ασύλου Βασίλισσα Αμαλία και στην Ακαδημία Παιδαγωγικών Επιστημών στην Έμντρουπβάι.

Από αυτά προκύπτει ότι στο διάστημα μεταξύ του 1964 και του 1974 είχαν γίνει πενήντα τέσσερις μεγάλης έκτασης προσπάθειες επανένταξης μαθητών με βεβαρημένο παρελθόν στο δημοτικό και το γυμνάσιο. Πενήντα τέσσερις.

Αλλά ακόμα και σήμερα, που όλα αυτά είναι πια τόσο μακρινά, η προσπάθεια που έγινε στου Μπίελ είχε κάτι το ιδιαίτερο.

Όταν διαβάζω τις αιτήσεις που είχαν στείλει τότε, για χρήματα και υποστήριξη στο πείραμα, δεν μπορώ να τους καταλάβω.

Μοιάζουν με τα απομνημονεύματα του Μπίελ. Τόση ευγλωττία. Τόσο καλές προθέσεις. Και ωστόσο έδειχναν να μην έχουν καμιά σχέση με αυτό που γινόταν στ' αλήθεια. Σαν να είχαν μια θεωρία για το χρόνο, τα παιδιά και τη συλλογικότητα, μια θεωρία θαυμαστή και πλούσια σε εικόνες.

Και αυστηρά απομονωμένες από αυτή τη θεωρία ήταν οι πράξεις τους.

Ήταν μεγάλη έκπληξη για μένα να έχω τόσο εύκολη πρόσβαση στα αρχεία. Μπορώ να πω μάλιστα ότι έδειξαν μεγάλη προθυμία να με βοηθήσουν. Τον καιρό που γίνονταν όλα αυτά, έκαναν τα πάντα για να το κρατήσουν κρυφό. Ήταν η αποσιώπηση, η διακριτικότητα, μια από τις θεμελιώδεις αρχές του σχολείου. Τώρα είναι λες και η απόκρυψη οποιωνδήποτε πληροφοριών να μην έχει πια καμιά σημασία.

Ίσως οι περισσότεροι σκέφτονται όπως ο Όσκαρ και ο Άουγκουστ, όταν έρχονται στο εργαστήριο και μου λένε να τα παρατήσω, αφού από τη δεκαετία του '70 έχει περάσει πολύς καιρός, και όλα αυτά είναι περασμένα ξεχασμένα. Πολλές φορές σκέφτηκα κι εγώ το ίδιο: περασμένα ξεχασμένα.

Όταν μου έρχονται στο μυαλό αυτές οι σκέψεις, καταλαβαίνω ότι σκέφτομαι όπως οι μεγάλοι. Το να μεγαλώνεις σημαίνει πρώτα να ξεχνάς και μετά να απαρνιέσαι όλα όσα είχαν σημασία όταν ήσουν παιδί. Σ' αυτό λοιπόν μπορώ να πω ότι δε συμφωνώ.

Ακόμα και αν είναι περασμένα ξεχασμένα, και γενικά μικροπράγματα, είναι η ζωή σου. Και είναι κάτι που όλα όσα συνέβησαν από τότε είχαν να κάνουν μ' αυτό.

Όμως μικροπράγματα δεν ήταν. Γι' αυτό ήμουν πια σίγουρος. Το σχέδιο τους ήταν για ολόκληρο το σύμπαν, ήμουν πια σίγουρος γι' αυτό. Και ένα τέτοιο σχέδιο δεν το προσπερνάς έτσι αψήφιστα.

Στις αιτήσεις τους κάνουν λόγο μόνο για τη βοήθεια προς τους εγκληματίες, τους καθυστερημένους και τους προβληματικούς, αυτό έλεγαν με τα λόγια, ακόμα και στις εγκρίσεις των κονδυλίων. Όμως στη σκέψη τους ή πίσω από αυτή, ως απώτερο σκοπό, είχαν τον κόσμο ολόκληρο. «Προσβλέπουμε σε ένα μέλλον γεμάτο μεγαλείο», έγραφε ο Μπίελ στις αιτήσεις που έστελνε. Ένιωθαν ότι είχαν το χρόνο με το μέρος τους, ότι ετοίμαζαν κάτι που θα απλωνόταν παντού και θα ενέπνεε πρώτα όλο το σχολείο και μετά τη χώρα ολόκληρη. Όταν έπρεπε να μιλήσουν συγκεκριμένα, αναφέρονταν μόνο σε ομάδες παιδιών. Όμως ο σκοπός τους ήταν το σύμπαν.

Ο Μπίελ, ο Φρέδχοϊ, η Κάριν Έροε, ο Μπάουνσμπακ-Κωλ, ο καθηγητής θεολογίας και κρατικός υπεύθυνος Ώγιε Χόρντρουπ, η Έσεν, ο Φλάκενταμ, οι εκπρόσωποι της Διεύθυνσης, όλοι ήταν σίγουροι ότι υπερασπίζονταν αιώνιες αξίες. Δεν το έλεγαν ακριβώς έτσι, ίσως και να μην το σκέφτηκαν ακριβώς έτσι. Αλλά κάπου μέσα τους και ανάμεσά τους ήταν απόλυτα σίγουροι ότι είχαν δίκιο, και ότι οι ιδέες και οι σκέψεις τους για τις ερχόμενες γενιές των παιδιών που θα μεγάλωναν θα ανέβαιναν στον ουρανό και θα απλώνονταν σε όλη τη χώρα και ακόμα πιο πέρα από αυτή, ίσως και μέχρι τους Μαυριτανούς. Ότι κάποτε, σε ένα όχι και τόσο μακρινό μέλλον, θα κατάφερναν να κάνουν όλους τους άλλους να σεβαστούν το δικό τους ιδανικό για την εργατικότητα και την ακρίβεια, και τότε θα άρχιζε μια περίοδος ειρηνικής συμβίωσης ανάμεσα σε όλα τα ζωντανά πλάσματα του σύμπαντος και όλα τα ζωντανά πλάσματα του σύμπαντος θα ζούσαν ειρηνικά.

Το ξέρω ότι αυτόν το σκοπό είχαν. Ένας τέτοιος σκοπός δεν μπορεί να είναι κάτι απλό και καθημερινό. Αλλά κάτι κολοσσιαίο.

Μ' αυτόν το σκοπό είχε να κάνει η αναφορά μου.

Το να μου δώσουν χαρτί και μολύβι ήταν αντίθετο με τις εκεί πρακτικές και ερχόταν σε ασυμφωνία με τη σημασία της απομόνωσης στη διαπαιδαγώγηση. Γι' αυτό και έπρεπε, ό,τι συμπεράσματα είχα βγάλει, να τα εμπιστευθώ στη μνήμη μου.

Όμως βιβλία μου δώσανε. Πάνω σ' αυτά που γράφανε στήριξα το λόγο μου. Τον σχεδίασα προσεκτικά, με πρόλογο, κυρίως θέμα και επίλογο, όταν ήρθε η ώρα πήγα και τον εκφώνησα, με διάφανη και καθαρή φωνή, ήταν τα τελευταία μου λόγια, μετά από αυτά δεν είχα τίποτα άλλο να πω.

Δεν είναι αλήθεια. Βλέπω ότι το έγραψα. Όμως είναι ψέμα. Τη μέρα της αντιπαράστασης δεν είπα τίποτα από αυτά που είχα σκεφτεί, ούτε μια λέξη.

Δεν έβγαλα λόγο. Ύστερα από μερικές εβδομάδες στη «Μνήμη Λαρς Όλσεν» δε μου είχε μείνει μνήμη να τον κρύψω μέσα. Μόνο χάος υπήρχε στο μυαλό μου.

Έπαθα και υποτροπή και χτύπησα ένα νοσοκόμο και μια γιατρό, δεν το λέω για να υπερασπιστώ τον εαυτό μου.

Τους τελευταίους μήνες ήμουν δεμένος χειροπόδαρα τη νύχτα και έπαιρνα φάρμακο, δεν υπήρχε δηλαδή και μεγάλη διαφορά απ' ό,τι αν ήμουν διανοητικά καθυστερημένος.

Τέλειωσε εδώ και πολύ καιρό. Δεν υπάρχει λόγος να μιλάω κι άλλο γι' αυτό.

Όμως πριν συμβεί, είχα αρχίσει να διαβάζω, αυτό που είπα για τα βιβλία είναι πράγματι αλήθεια.

Υπήρχε ένας ψυχίατρος που ήταν υπεύθυνος για την πτέρυγα ασφαλείας, ήταν αρχίατρος, είχε εξετάσει τη σχέση ανάμεσα στη αίσθηση του χρόνου που έχουν τα παιδιά και την ευφυΐα τους, όχι μόνο στη Δανία, αλλά και στο εξωτερικό, έλεγε ότι τα παιδιά στην Γκάνα, εκεί που οι άνθρωποι είναι Μαυριτανοί, ακόμα και αυτά που πήγαιναν στην έκτη ή στην έβδομη τάξη όπως εγώ, δεν μπορούσαν να πουν πόση ώρα κράτησε μια διαδρομή με το λεωφορείο, αν είχε κρατήσει δέκα λεπτά ή έξι ώρες.

Εκείνος με παρότρυνε να πάρω βιβλία, αν και αυτό θα γινόταν εμπόδιο στη θεραπεία, αν ήθελε να μείνει κανείς προσκολλημένος στο γράμμα του νόμου. Έπαιξε αποφασιστικό ρόλο το ότι είπα πως ήθελα να διαβάσω για το χρόνο.

Όταν μου είπε η Καταρίνα ότι ο πατέρας και η μητέρα της μιλούσαν για το χρόνο, η διαίσθησή μου μου έλεγε ότι θα υπήρχαν βιβλία γι' αυτόν, ότι θα μπορούσες να γράψεις γι' αυτόν.

Στη «Μνήμη Λαρς Όλσεν» είδα και διάβασα πρώτη φορά τέτοια βιβλία, μου τα έδωσε ο αρχίατρος. Τη *Χρονολογία της αρχαιότητας* του Ε.Τ. Μπίκερμαν, τη *Φιλοφοσία της φύσεως του χρόνου* του Γουίτροου και το *Εγχειρίδιον της ιστορίας της μετρήσεως του χρόνου* 1-3.

Από αυτά που διάβασα τότε δεν κατάλαβα ούτε λέξη.

Ωστόσο το διάβασμα μου έδωσε θάρρος. Μπορείς να βγάλεις κάτι από τα βιβλία, ακόμα και αν δεν καταλαβαίνεις τι διαβάζεις.

Αυτό έγινε τις πρώτες εβδομάδες της παραμονής μου στη «Μνήμη Λαρς Όλσεν». Τότε που ετοίμαζα το λόγο μου και ένιωθα ότι τον προχωρούσα καλά.

Την ιδέα γι' αυτό μου την έδωσε η Καταρίνα. Αν και ήταν μακριά, παρ' όλα αυτά ήταν εκεί.

Συχνά τη βλέπω μπροστά μου, ακόμα και χωρίς να κλείσω τα μάτια. Το δέρμα της ήταν κατάλευκο, σχεδόν διάφανο, η μπλούζα της ήταν φαρδιά και ανήκε κάποτε στον πατέρα της που κρεμάστηκε, τα μαλλιά της τα έπιανε ο γιακάς. Είχε φέρει τον Μπάουνσμπακ-Κωλ στο σχολείο και τον έκανε να ξεχαστεί και να πει πράγματα που κανονικά δε θα τα έλεγε. Και με τον Μπίελ και τον Φρέδχοϊ είχε μιλήσει χωρίς να της το ζητήσουν εκείνοι.

Δεν είναι εύκολο να μιλάς. Όλη σου τη ζωή άκουγες τους άλλους ή έδειχνες να τους ακούς, ο ζωντανός λόγος ερχόταν σε σένα από πάνω, δεν τον έπιανες εσύ στο στόμα σου, για να μιλήσεις εσύ έπρεπε πάντα να σηκώσεις το χέρι σου, να σε έχουν ρωτήσει πιο πριν, και αυτό που θα έλεγες να είναι σίγουρο και σωστό, έτσι που να μην επιδέχεται αμφισβήτηση.

Με το δικό μου λόγο τα πράγματα ήταν αλλιώς, ήταν γεμάτος ανασφάλεια και δε μου είχε ζητήσει κανείς να τον εκφωνήσω.

Ύστερα από μερικές εβδομάδες αναγκάστηκα να τα παρατήσω και ούτε τον παρουσίασα ποτέ, τη μέρα της αντιπαράστασης ήμουν τελείως αμίλητος.

Το παιδί ήταν που με έκανε να συνειδητοποιήσω ότι ακόμα υπήρχε καιρός.

Γεννήθηκε το Νοέμβρη του 1990. Τον Αύγουστο του '91 άρχισα αυτή τη σειρά πειραμάτων στο εργαστήριο. Τώρα που πλησιάζουν στο τέλος τους, έχουμε Ιούλιο του '93.

Εκείνη ήταν μόλις ενός έτους, όταν άρχισα τα πειράματά μου. Τώρα που για την ώρα τελειώνουν, είναι κάτι παραπάνω από δυόμισι.

Ξεκίνησα να της διαβάζω τα χειρόγραφά μου, όταν είχε συμπληρώσει τον ενάμιση χρόνο. Από τον υπόλοιπο κόσμο τα κρατούσα σε αυστηρή απομόνωση. Όμως σ' εκείνη τα έδειχνα. Τα απογεύματα, όταν ήμασταν μόνοι μας, έβγαζα τα χαρτιά μου και της διάβαζα μικρά αποσπάσματα. Κάποια στιγμή μού είπε να γράψω την αναφορά μου, το λόγο που δεν τέλειωσα ποτέ.

Ξέρω ότι αυτό που λέω δημιουργεί υποψίες σε βάρος μου, θα μου έλεγαν ότι δεν ήταν παρά ένα παιδάκι και ότι αυτό που έκανα ήταν σχεδόν παρανοϊκό.

Όμως εκείνη το πρότεινε.

Υπάρχουν πολλοί τρόποι να προτείνεις κάτι, δεν είναι απαραίτητο να το λες με λόγια. Μπορείς να ακούς τον άλλο σιωπηλά και μ' αυτόν τον τρόπο να του δείχνεις ότι αυτό που λέει είναι εντάξει, ότι δε θα τον κρίνεις. Ότι είσαι φίλος του, ό,τι και αν γίνει.

Μια μέρα μού έδειξε ότι ακόμα υπήρχε καιρός, όλοι τους ήταν ζωντανοί, το τρένο δεν είχε φύγει.

Το κατάλαβα αμέσως. Ο Μπίελ, η Έροε και όλοι οι άλλοι που ήταν εκεί τότε, υπάρχουν ακόμα, δεν είναι πολύ αργά να τους βρω και να τους μιλήσω.

Πριν εκείνη με βάλει στο σωστό δρόμο, πρέπει να το είχα σκεφτεί ότι όλα αυτά είχαν πια περάσει. Για τον Φρέδχοϊ άλλωστε είχα μάθει ότι είχε πάθει εγκεφαλικό. Αλλά και για τους άλλους είχα πάψει να ελπίζω. Φαινόταν αδύνατο να το ξεπεράσω, είχε περάσει πολύς καιρός από τότε. Όταν είχαμε τη δυνατότητα να κάνουμε κάτι, να τους πούμε κάτι, μόνο η Καταρίνα είχε το θάρρος, και τώρα πια ήταν πολύ αργά. Στο εργαστήριο ίσως μπορούσα να δώσω μια αμυδρή εντύπωση για το τι είχε συμβεί. Αλλά ύστερα από είκοσι δυο χρόνια που με χώριζαν από το τότε, δεν μπορούσα να μιλήσω.

Σ' αυτό, το παιδί είχε αντίρρηση, μου έλεγε ότι μπορούσα να τους βρω όλους. Ο καθένας από τους δεκάξι ανθρώπους που ήταν στην αντιπαράσταση της Διεύθυνσης μπορούσε να βρεθεί, εκτός από τον Φρέδχοϊ, αυτό μου είπε.

Ότι το παρελθόν δεν τέλειωσε. Αλλά είναι ακόμα ζωντανό.

Τότε ετοίμασα αυτό εδώ.

# 2

Στη Δανία υπάρχουν δυο βιβλιοθήκες με μεγάλο κατάλογο βιβλίων για τις συνθήκες στα σχολεία: είναι η βιβλιοθήκη της Ακαδημίας Παιδαγωγικών Επιστημών στην Έμντρουπβαϊ και του Παιδαγωγικού Ινστιτούτου Δανίας, εκεί πήγα αρκετές φορές. Έψαξα να βρω βιβλία για την ιστορία της εκπαίδευσης, ήθελα να δω τι έλεγαν για το χρόνο.

Δε βρήκα σχεδόν τίποτα. Σχεδόν τίποτα. *Pedagogikens historia, Education and society in modern Europe, Histoire mondiale de l' éducation, Schule und Gesellschaft, Το σχολείο στη Δανία,* για το χρόνο σχεδόν τίποτα. Και αν υπάρχει κάτι, είναι μονάχα επανεκδόσεις σχολικών προγραμμάτων του περασμένου αιώνα, δε διαφέρουν και πολύ από τα σημερινά, άλλωστε δεν τα σχολιάζουν. Στα βιβλία που γράφουν για την ιστορία του σχολείου, ο χρόνος δεν παίζει ιδιαίτερο ρόλο, κατά κάποιον τρόπο δεν υπάρχει καν.

Το 1966 ιδρύθηκε στη Νέα Υόρκη μια εταιρεία για την έρευνα πάνω στο χρόνο, δίπλα στην «Academy of Sciences», την ονόμασαν: «International Society for the Study of Time». Η εταιρεία αυτή έκανε το πρώτο της συνέδριο στο «Mathematisches Forschungsinstitut» στο Όμπερβόλφαχ του Ντούνκελβαλντ, στη Δυτική Γερμανία, το Σεπτέμβριο του 1969. Ο Τ.Τ. Γουίτροου ανακηρύχθηκε πρόεδρος. Ο Τ.Τ.

Φρέιζερ γραμματέας, οι πιο πολλοί από τους διάσημους θεωρητικούς του χρόνου είναι μέλη της.

Είναι φανερό ότι είναι όλοι τους μέσα στο σύστημα. Είναι καθηγητές πανεπιστημίου και επιστήμονες, που δεν είχαν προβλήματα στο σχολείο, αλλά μεγάλωσαν και πέταξαν στα πέρατα του κόσμου.

Αναρωτιέται κανείς γιατί ιδρύθηκε μια διεθνής εταιρεία για τη μελέτη του χρόνου στα μέσα της δεκαετίας του '60. Και γιατί το πρώτο τους συνέδριο έγινε το '69, τη χρονιά που ο Μπίελ έστειλε τις πρώτες του αιτήσεις στο υπουργείο Παιδείας.

Αυτό που είναι βέβαιο είναι ότι η εταιρεία αποτελείται από ανθρώπους που οι ίδιοι διακρίνονταν πάντα για την εργατικότητα και την ακρίβειά τους.

Δε θέλω να κατηγορήσω κανέναν. Όμως αμφιβάλλω για το πόσα μπορούν να ξέρουν αυτοί οι άνθρωποι για το χρόνο. Ή αν δεν ξέρουν παρά μόνο ελάχιστα συγκεκριμένα πράγματα.

Είναι επίσης αμφίβολο αν σ' αυτή την εταιρεία υπάρχουν άτομα που αρρώστησαν από το χρόνο. Και για το χρόνο μαθαίνεις ίσως καλύτερα, αν σε σπρώξουν βίαια μέσα του. Αν ήσουν άρρωστος και οριακός.

Οι θεωρητικοί του χρόνου σπάνια συμφωνούν. Ωστόσο συμφωνούν στο ότι μπορεί να υπάρχουν μόνο δυο τρόποι αντίληψης της πορείας του χρόνου. Ότι όλα βρίσκονται σε συνεχή και αμετάκλητη αλλαγή. Και ότι όλα παραμένουν αμετάβλητα.

Αυτή είναι η βασική αντίθεση. Ο γραμμικός και ο κυκλικός χρόνος.

Το γραμμικό χρόνο πρέπει να τον σκεφτούμε σαν μια τεράστια ατέλειωτη λεπίδα μαχαιριού, που ξύνει το σύμπαν λίγο

λίγο και συγχρόνως το τραβάει προς το μέρος της. Πίσω της αφήνει μια ατέλειωτη φαρδιά λουρίδα παρελθόν, μπροστά της έχει το μέλλον, στην κόψη του μαχαιριού βρίσκεται το παρόν όπου ζούμε εμείς.

Ο κυκλικός χρόνος δέχεται ότι ο κόσμος παραμένει λίγο πολύ ο ίδιος. Ότι οι μεταβολές γύρω μας είναι οι ίδιες ή οδηγούν σε επαναλήψεις.

Αυτές οι δυο αντιλήψεις για το χρόνο είναι σχεδόν απόλυτες στην παγκόσμια ιστορία, μέχρι το δικό μας αιώνα, όπου μια τροποποιημένη εκδοχή της θεωρίας του γραμμικού χρόνου θεωρείται από τους ειδικούς ως η πιο ορθή.

Όσο υπάρχει γραπτή γλώσσα, υπάρχουν και οι δυο θεωρίες. Αν και η γραμμική στην αρχή της ύπαρξης της γραπτής γλώσσας ήταν σε πολύ λιγότερη εκτίμηση.

Στην αρχή είναι οι αρχαίοι Αιγύπτιοι. Ο Μπίελ έκανε επανάληψη σ' αυτόν τον πολιτισμό στο μάθημα της Παγκόσμιας Ιστορίας, λίγο αφότου είχα έρθει εγώ στο σχολείο, μας έλεγε ότι ήταν ένας πολιτισμός φοβερός, αλλά και εντυπωσιακός, και ότι όπως η Ρωμαϊκή Αυτοκρατορία και η πόλη-κράτος της Αθήνας, έτσι και εκείνος έσβησε όταν τον κυρίευσε η μαλθακότητα.

Το ίδιο ίσχυε και για τους πολιτισμούς της Μεσοποταμίας, που σύμφωνα με τον Μπίελ είχαν αντικαταστήσει τον αιγυπτιακό πολιτισμό, αλλά σε ένα λίγο πιο υψηλό επίπεδο, οι πολιτισμοί αντικαθιστούσαν ο ένας τον άλλο, σαν παιδιά, που κάθε χρόνο πάνε μια τάξη παραπάνω.

Οι πολιτισμοί αυτοί, καθώς και ο βουδισμός και ο ταοϊσμός, παρουσιάζονταν στο μάθημα του Μπίελ ως προστάδια της δικής μας εποχής.

Αυτό οι ειδικοί το πιστεύουν ακόμα. Από το *Εγχειρίδιον της ιστορίας της μετρήσεως του χρόνου* 1-3, που γράφτηκε στην αλλαγή του αιώνα, μέχρι το *Χρόνο στην ιστορία* του Γουίτροου, που εκδόθηκε το 1988, δηλώνεται ξεκάθαρα ότι η θεωρία του σύγχρονου κόσμου για το χρόνο είναι πολύ ανώτερη από τις θεωρίες των αρχαίων. Ότι η ιστορία των θεωριών για το χρόνο είναι σαν ένα φυτό που μεγάλωσε σιγά σιγά, αλλά μόνο στο δικό μας αιώνα έχει ανθίσει. Ή σαν μια αυξανόμενη συνάρτηση, που μόλις τώρα έχει αρχίσει να αυξάνεται εκθετικά.

Οι ειδικοί έχουν πολλές διαφορετικές θεωρίες για το χρόνο. Όμως για τις συνθήκες που επικρατούν στη δική τους ειδικότητα συμφωνούν. Ο χρόνος υπήρξε μια θριαμβευτική γραμμική πορεία προς το παρόν και την International Society for the Study of Time.

Νομίζω ότι σε όλα γενικά τα βιβλία που έχουν γραφεί για το χρόνο υπάρχει κατά βάθος μια σιγουριά ότι ο χρόνος είναι γραμμικός. Ότι δηλαδή περνά και δεν ξανάρχεται.

Ακόμα και ο Μπέρτραντ Ράσελ και ο Μπερξόν, που είχαν προτείνει τόσους και τόσους τρόπους να αντιλαμβανόμαστε το χρόνο, φαίνεται καθαρά ότι το έκαναν για να πειράζουν τους άλλους, σαν να έπαιζαν σκάκι. Ήθελαν να αναγκάσουν τους συναδέλφους τους να παίζουν όσο πιο καλά γινόταν. Αλλά οι ίδιοι ποτέ δεν αμφέβαλαν. Το ίδιο και ο Αϊνστάιν, στον καμπύλο χωρόχρονό του δεν υπάρχει ένας χρόνος, αλλά μια ρευστή χρονική ανομοιότητα χρόνου που περνά μέσα από το σύμπαν, όμως παρ' όλα αυτά λέει ότι τοπικά ο χρόνος είναι γραμμικός.

Ίσως κάνουν λάθος. Δεν το λέω για να κατηγορήσω κάποιον απ' αυτούς, αλλά ίσως κάνουν λάθος.

Θα προσπαθήσω να εξηγήσω τι εννοώ. Για να το πω πρέπει πρώτα να εξηγήσω πιο αναλυτικά τι εννοώ λέγοντας γραμμικός και κυκλικός χρόνος.

Στη ζωή του κάθε ανθρώπου υπάρχουν γραμμικές κινήσεις. Όλοι μας γεννιόμαστε, μεγαλώνουμε, ζούμε και στο τέλος εξαφανιζόμαστε. Φυσικά ο καθένας με διαφορετικό τρόπο, άλλοι σε σπηλιές κάτω από τη γη και άλλοι στα ορφανοτροφεία ή στην Academy of Sciences στη Νέα Υόρκη. Όμως για τον καθένα από μας η γέννηση, ο θάνατος και ο καιρός που μεγαλώνουμε, είναι μοναδικά συμβάντα. Έρχονται στη ζωή μας μόνο μια φορά και δεν επαναλαμβάνονται, τουλάχιστον όχι έτσι απλά· ο χρόνος τους είναι γραμμικός. Όπως αν προχωράς δίπλα σε μια ευθεία γραμμή, δεν έχεις περάσει πιο πριν και ποτέ δεν ξανάρχεται το ίδιο σημείο.

Από την άλλη, η ζωή είναι γεμάτη επαναλήψεις. Κάθε μέρα κάθομαι στο εργαστήριο, είναι ο όρος για να πάρει κάποτε το πείραμα ένα τέλος, και γι' αυτό πρέπει να επαναληφθεί αρκετές φορές. Κατά κάποιον τρόπο ο χρόνος γύρω από το εργαστήριο είναι κυκλικός.

Αλλά και το ίδιο το σώμα μας κάθε στιγμή πεθαίνει και από λίγο, και ταυτόχρονα διορθώνεται και ξαναδημιουργείται. Κάθε στιγμή εξασφαλίζει την ατέλειωτη κανονικότητα της αναπνοής και του σφυγμού, που ωστόσο μπορούν την ίδια στιγμή να αλλάξουν και να αυξηθούν, να φτάσουν στο αποκορύφωμα του φόβου, του πανικού, της έκστασης, και μετά να ξαναζητήσουν την ισορροπία τους. Και που κάποιες φορές, δίπλα στη γυναίκα και το παιδί, ή ύστερα από τη δουλειά στο εργαστήριο, ή για άλλους λόγους, για σύντομες στιγμές, γίνεται ένα σύστημα πλήρως αρμονικών κύκλων, μια μαθηματικά σταθερή ταλάντωση.

Στη ζωή του κάθε ανθρώπου, σε όλα τα πιθανά στάδια, υπάρχουν αδιάκοπα και κυκλικές και γραμμικές κινήσεις, επαναλήψεις χωρίς διαφορά μεταξύ τους και μοναδικά, ανεπανάληπτα συμβάντα.

Αν διαβάσεις τα βιβλία που γράφουν για την ιστορία του χρόνου, όλα συμφωνούν στο ότι ο γραμμικός χρόνος επικράτησε μαζί με το χριστιανισμό. Τουλάχιστον από τον

Αυγουστίνο και μετά είναι βέβαιο ότι ο Χριστός πέθανε μία και μοναδική φορά, γι' αυτό πρέπει να μετανοήσουμε εδώ και τώρα, δε θα δοθούν άλλες ευκαιρίες, η πορεία του χρόνου είναι ευθεία και αμετάκλητη.

Ωστόσο ο Καντ είναι ο πρώτος που αναρωτιέται πώς έγινε ο Γαλαξίας. Το 1823 είναι η πρώτη φορά που παίρνουν στα σοβαρά ένα άρθρο στο οποίο δηλώνεται ότι το σύμπαν δεν είναι στατικό. Παρόλο που ο γραμμικός χρόνος επικράτησε, φαίνεται ότι ισχύει ο κυκλικός.

Ίσως η αντίφαση να οφείλεται στο ότι οι ιστορικοί του χρόνου γράφουν για άλλους ιστορικούς του χρόνου. Σύμφωνα με τους σοφούς του ευρωπαϊκού Μεσαίωνα, όπου οι περισσότερες θεωρίες διατηρούνται άθικτες και η μια δίπλα στην άλλη από το 12ο μέχρι το 17ο αιώνα, ο χρόνος είναι γραμμικός.

Ενώ όλοι οι άλλοι ζούσαν σε έναν κόσμο που κατά γενική ομολογία ήταν αμετάβλητος.

Μετά όλα έγιναν σε λιγότερο από 200 χρόνια. Το 1865 ο Ρούντολφ Κλάουζιους πρότεινε τη λέξη «εντροπία» ως επιστημονικό ορισμό τού γεγονότος ότι ο χρόνος ήταν γραμμικός, αμετάκλητος και μη αναστρέψιμος, ότι δηλαδή τίποτα δεν έμενε όπως πριν.

Ούτε και στη βιολογία γνωρίζαμε ουσιαστικά μέχρι τότε κάτι άλλο από το ότι οι ζωντανοί οργανισμοί συνεχώς αναπαράγονταν, ότι η φύση ήταν κυκλική. Το βιβλίο του Δαρβίνου για την *Καταγωγή των ειδών,* δηλαδή την επιβίωση των πιο ικανών, είναι η αποφασιστική ρήξη με την προηγούμενη αντίληψη, έπειτα από αυτόν ο χρόνος της βιολογίας είναι γραμμικός.

Κατά τη θεωρία του Δαρβίνου αυτό που έκανε τα είδη να εξελίσσονται προς όλο και πιο πολύπλοκους οργανισμούς ήταν οι μικρομεταλλάξεις, που μεταβιβάζονταν στους απογόνους μέσω της φυσικής αναπαραγωγής. Αυτό που έσπρωχνε τον κόσμο προς τα μπρος ήταν το μοναδικό, οι εξαιρέσεις, οι μικρομεταλλάξεις.

Το καθημερινό γεγονός της σύλληψης των παιδιών, της γέννησης και της ανατροφής τους, δεν ήταν παρά μια στερεότυπη διαδικασία, ένα υποζύγιο που κουβαλούσε πάνω του τα πιο ευγενή μεταλλαγμένα είδη.

Σε πολλά σημεία όλα αυτά έχουν, θαρρείς, καταρρεύσει. Η σύγχρονη βιολογία αναγκάστηκε να προσέξει τη σημασία της διαδικασίας της εκμάθησης, δε γινόταν πια να τα εξηγήσει όλα, ή τουλάχιστον τα περισσότερα, με τη θεωρία των μεταλλάξεων. Και η φυσική μοιάζει σαν να μην ξέρει τι της γίνεται, κάθε καινούργια θεωρία δεν κρατάει πάνω από δυο χρόνια. Όταν διορίστηκα στο Πανεπιστήμιο του Όδενσε, οι περισσότεροι έλεγαν ότι η θεωρία των υπερχορδών θα έδινε οριστική απάντηση στον αίνιγμα του σύμπαντος. Ενάμιση χρόνο μετά, όταν αναγκάστηκα να φύγω από τη δουλειά, η θεωρία αυτή ήταν οριστικά ντεμοντέ και κατά τα τρία τέταρτα είχε εγκαταλειφθεί. Σήμερα ο Χώκινγκ μιλάει γι' αυτή στη *Σύντομη περίληψη της ιστορίας του σύμπαντος*, σαν μια σύντομη παρένθεση στην ιστορία της φυσικής.

Οι θεωρίες λοιπόν ζουν όλο και λιγότερο, και οι πιο πολλές πεθαίνουν μη έχοντας προλάβει να μεγαλώσουν.

Όμως όχι ο γραμμικός χρόνος. Σε εκατόν πενήντα χρόνια ήρθε και πλημμύρισε τα πάντα. Και ακόμα και τώρα που τα γράφω αυτά, φαίνεται σαν να μην υπάρχει τίποτα άλλο εκτός από αυτόν.

Ο χρόνος στο «Ιδιωτικό Σχολείο Μπίελ» ήταν απόλυτα γραμμικός.

Μου ήταν σχεδόν αδύνατο να το εξηγήσω. Γιατί συγχρόνως κάθε μέρα ήταν ίδια και απαράλλαχτη με τις άλλες. Κάθε μέρα που πηγαίναμε στο σχολείο έμοιαζε στις άλλες, όταν γυρίζεις με τη σκέψη σου πίσω η μνήμη σου δε σε βοηθάει να τις ξεχωρίσεις.

Εκτός από τους τελευταίους μήνες που γνώρισα την Καταρίνα και τον Άουγκουστ, και μέχρι που χωριστήκαμε για πάντα· αυτούς τους μήνες δεν πρόκειται να τους ξεχάσω ποτέ. Όλες οι άλλες μέρες που πήγαινα σχολείο ήταν ίδιες. Για να είμαι ειλικρινής, οι μέρες που πήγαινα σχολείο δε διέφεραν από τον καιρό που ήμουν στην απομόνωση. Εκτός από το ότι στην απομόνωση δεν είχα κανένα να μιλήσω και έτσι η πραγματικότητα άρχισε να διαλύεται.

Κατά τα άλλα δεν υπήρχε διαφορά. Οι μέρες περνούσαν σαν μια ατέλειωτη γραμμή, γκρίζα κιόλας. Περνούσαν από μπροστά σου οι μέρες, εσύ έμενες καρφωμένος στο ίδιο σημείο, καθόσουν αμίλητος και τις έβλεπες να περνούν από μπροστά σου σαν αυτοκίνητα, και δεν μπορούσες να κάνεις τίποτα.

Κάπου μέσα σου ένιωθες ότι ίσως θα μπορούσε να ήταν αλλιώς. Ότι δεν ήταν ανάγκη να είναι όλα τόσο σκληρά, γκρίζα και ίδια. Αλλά δεν υπήρχε διέξοδος. Μέχρι που γνώρισα την Καταρίνα. Αλλά μετά όλα κατέρρευσαν.

Αφού όλες οι μέρες μοιάζανε και επαναλαμβάνονταν ολοένα, και είχαν σχεδιαστεί για τα επόμενα δέκα χρόνια, πώς ένιωθες τότε ότι ο χρόνος περνούσε, ότι ήταν γραμμικός, ότι το να είσαι στο σχολείο ήταν ένα είδος αντίστροφης μέτρησης, ότι ο χρόνος ήταν ένα τρένο που έπρεπε να είσαι γερός για να μένεις επάνω του; Νομίζω ότι αυτό οφειλόταν στην απαίτηση για επιδόσεις. Αλλιώς δεν εξηγείται.

Άλλωστε οι μέρες μόνο εξωτερικά μοιάζανε μεταξύ τους. Κατά βάθος έπρεπε να είναι διαφορετικές. Φαινομενικά υπήρχαν κάθε μέρα τα ίδια μαθήματα, οι ίδιες αίθουσες, οι ίδιοι καθηγητές και οι ίδιοι μαθητές. Στην πραγματικότητα όμως απαιτούσαν από σένα κάθε μέρα που περνούσε να είσαι και διαφορετικός. Κάθε μέρα έπρεπε να είσαι καλύτερος, να βελτιώνεσαι, οι πολλές επαναλήψεις στη σχολική ζωή δεν ήταν παρά για να δείχνεις πάνω στον ίδιο καμβά ότι είχες βελτιωθεί.

Γι' αυτό μάλλον είχαν τόσο μεγάλη σημασία οι αριθμοί. Γι' αυτό μάλλον ο Μπίελ στα απομνημονεύματά του έδινε τόση βάση στις αξιέπαινες πράξεις, γι' αυτό υπήρχαν βαθμοί, προγράμματα, ατέλειωτα μητρώα, συνοπτικές αναφορές για το παρελθόν των παιδιών, καθώς και για το επίπεδό τους και για το πόσες φορές είχαν αργήσει στο μάθημα. Είχαν φανταστεί το σχολείο σαν μια ουράνια μηχανή βελτίωσης. Οι αριθμοί ήταν η απόδειξη και η επαλήθευση ότι έκανε τη δουλειά της, ότι λειτουργούσε.

Ξέρω ότι δεν μπορώ να δώσω σε κάποιον να το καταλάβει. Πως η ζωή μας τότε ήταν διαποτισμένη από χρόνο. Ακόμα κι εκείνοι που ήταν τότε εκεί, ακόμα και ο Μπίελ και η Κάριν Έροε κι εσείς οι άλλοι, όσοι περνάτε αυτή τη στιγμή απ' το μυαλό μου, ακόμα και εσείς θα το αρνηθείτε.

Πιστεύω ότι είχαμε φτάσει στα όρια της αντοχής μας. Πιστεύω ότι είχαμε ακολουθήσει το χρόνο τόσο όσο γινόταν. Μας κρατούσαν πολύ σφιχτά, όσο πιο σφιχτά μπορείς να κρατήσεις κάποιον με το ρολόι. Τόσο, που αν δεν ήσουν αρκετά χοντρόπετσος, σε έπαιρνε η κάτω βόλτα, είτε για λίγο είτε και για πάντα.

Ένιωθα ότι ο χρόνος έτρεχε μέσα στις φλέβες μας σαν αίμα. Και αν τυχόν αρρώσταινες και έσπαγες κάτω από το βάρος του χρόνου, είχες κάποια αρρώστια του αίματος.

Πότε πότε, τις νύχτες που μένω ξύπνιος και ακούω τη γυναίκα και το παιδί να ανασαίνουν, με πιάνει ο φόβος, φοβάμαι ότι ίσως δεν έχει αλλάξει τίποτα στη ζωή, ότι πάντα ο χρόνος σε κρατάει το ίδιο σφιχτά όπως πριν.

Ελπίζω να κάνω λάθος. Αυτό εύχομαι πιο πολύ απ' όλα. Να έχω κάνει τελείως λάθος.

Και αλλού υπήρχαν σχολεία, το ξέρω. Όμως μάλλον πουθενά με τέτοιο όραμα όπως του Μπίελ.

Αλλού, σε άλλες χώρες, κρατούσαν τα παιδιά στα δεσμά του χρόνου, τα κρατούσαν για κάποιο χρονικό διάστημα. Όμως με τα παιδιά που δεν το άντεχαν ή που οι γονείς τους δεν είχαν τα μέσα, έπαψαν με τον καιρό να ασχολούνται και τα άφηναν στην τύχη τους.

Αλλά ο Μπίελ δεν έπαυε ποτέ να ασχολείται μαζί σου, αυτή ήταν η διαφορά, ίσως και η διαφορά της Δανίας από τις άλλες χώρες. Δεν ήθελαν ούτε να το σκέφτονται ότι κάποιοι μαθητές βρίσκονται στο σκοτάδι. Δεν ήθελαν καν να υπάρχει το σκοτάδι, τα πάντα στο σύμπαν έπρεπε να είναι φωτεινά. Με το μαχαίρι του φωτός ήθελαν να ξύσουν το σκοτάδι και να καθαρίσουν το σύμπαν.

Αυτή η σκέψη μοιάζει τελείως παρανοϊκή.

# 3

Για μια βδομάδα μου μείωναν τη δόση στο φάρμακο, είναι πολύ πιο δύσκολο να το κόψεις παρά να το συνηθίσεις, μέσα σε εφτά εικοσιτετράωρα ζήτημα αν κοιμήθηκα όλες όλες οχτώ ώρες.

Ο εκπρόσωπος της Διεύθυνσης που έστειλαν να με πάρει είχε έναν αστυφύλακα μαζί του και έναν απεσταλμένο από την Προστασία του Παιδιού. Δεν ήταν απαραίτητο, όμως δεν ήξεραν τι είχε συμβεί, ένιωθαν ανασφάλεια, μου έβαλαν και χειροπέδες.

Έγινε στο σχολείο, αυτή τη μέθοδο ακολουθούσε κανονικά η Διεύθυνση, όσο πιο κοντά γινόταν στον τόπο του εγκλήματος.

Χρειάστηκε να δανειστούν μια τάξη για να έχουν τον απαιτούμενο χώρο. Εκτός από τον Μπίελ, την Κάριν Έροε, τον Φρέδχοϊ και τους εκπροσώπους του υπουργείου Παιδείας, ήταν και ο Στόους ως πρόεδρος του συλλόγου διδασκόντων, ακόμα και δυο εκπρόσωποι του συλλόγου γονέων, ο καθηγητής θεολογίας Ώγιε Χόρντρουπ, η Έσεν, ο Φλάκενταμ, η κηδεμόνας μου από το Γενικό Προεδρείο, η Γιοχάνα Μπουλ, ο γιατρός της περιοχής, η Άστριδ Μπίελ και μια γυναίκα που δεν την είχα ξαναδεί, αλλά μάλλον ήταν νομική αντιπρόσωπος της Μέριμνας Παιδιού· συνολικά μέτρησα δεκάξι άτομα μαζί με την Καταρίνα, εμένα, τον αντιπρόσωπο της Προστασίας του Παιδιού και τον αστυφύλακα. Είπανε ότι θα ήταν εκεί και ο επιθεωρητής των σχολείων της Κοπεγχάγης, Μπάουνσμπακ-Κωλ, αλλά είχε ζητήσει να εξαιρεθεί.

Είχαν βάλει τα τραπέζια έτσι που σε κάθε πλευρά της έδρας να υπάρχει ένας κλειστός χώρος, η Καταρίνα και εγώ στεκόμασταν ο καθένας στο δικό του, ο Μπίελ, η Κάριν Έροε και ο Φρέδχοϊ κάθονταν προς τον τοίχο, οι εκπρόσωποι της Διεύθυνσης στο παράθυρο, με το φως πίσω τους. Όταν είχαν προχωρήσει κάπως, μπήκε μέσα ο Χούμλουμ από την πόρτα ήσυχα ήσυχα και κάθισε πίσω πίσω στην τελευταία σειρά.

Πιο πολύ μιλούσαν οι εκπρόσωποι της Διεύθυνσης, είπαν ότι δεν επρόκειτο για ακροαματική διαδικασία ή αστυνομική ανάκριση, αλλά μονάχα για μια ανεπίσημη ανάκριση ώστε να διαλύσουν κάποιες αμφιβολίες.

Μετά έκαναν μια ανακεφαλαίωση του ιστορικού της υπόθεσης, που όπως όλοι γνωρίζαμε, ήταν ένα πείραμα επανένταξης προβληματικών παιδιών στο κανονικό σχολείο, το οποίο τώρα, ύστερα από όσα έγιναν, σταμάτησε, αλλά όλες οι πληροφορίες ήταν ακόμα εμπιστευτικού χαρακτήρα. Το τελευταίο το είπαν απευθυνόμενοι στην Καταρίνα κι εμένα. Μέσα στην αίθουσα ένιωθες να αιωρείται μια ατμόσφαιρα έντασης και πικρίας, κυρίως μεταξύ του σχολείου και των εκπροσώπων της Διεύθυνσης. Ποτέ δεν έμαθα τι προηγήθηκε. Όμως το ένιωθα ότι ήταν μια καταστροφή, η συντέλεια του κόσμου.

Πρώτα απ' όλα, είπαν, ενδιαφέρονταν να μάθουν περισσότερες λεπτομέρειες για κάτι που ο Πέτερ, εγώ δηλαδή, επαναλάμβανε συνέχεια, όταν ανακρίθηκε τον καιρό που ήταν υπό περιορισμό, ότι είχαμε διεξαγάγει κάποιο πείραμα, τι ήταν αυτό, τι εννοούσα μ' αυτό;

Δε θυμόμουν να με είχαν ανακρίνει, σήμερα δεν το θυμάμαι, θα είχε γίνει μετά από τις τρεις πρώτες εβδομάδες στην απομόνωση, και έτσι δεν μπορούσα να τους δώσω απάντηση. Συγχρόνως είχα πυρετό αφότου είχα σταματήσει το φάρμακο, είχα και σπασμούς, στεκόμουν με τα χέρια σταυρωμένα για να μην τρέμω, ωστόσο το θρανίο που ακουμπούσα κουνιόταν, άλλωστε δεν ήμουν συνηθισμένος να έχω τόσο πολύ κόσμο γύρω μου, εκείνοι το κατάλαβαν και με άφησαν στην ησυχία μου.

Μετά στράφηκαν στην Καταρίνα. Δεν μπορούσα να τη φανταστώ πιο χλομή απ' όσο την ήξερα, όμως τελικά ήταν, και δυσκολευόταν και να μιλήσει. Δεν είχαμε ιδωθεί για έξι μήνες και έντεκα μέρες, ωστόσο την ήξερα σαν να ήμασταν δεμένοι στενά, σάμπως η σχέση μας να διέσχιζε το χρόνο και το χώρο. Σαν να ήμασταν δυο δίδυμα, δυο αγέννητα δίδυμα, δεμένα το ένα με το άλλο μέσα στην κοιλιά της μητέρας τους.

Ήταν φανερό ότι δε με κατηγορούσε που τους μίλησα για το πείραμα, καταλάβαινε ότι ήμουν στην απομόνωση και έξω από το χρόνο και την πραγματικότητα, δεν ήθελε να μιλήσει άσχημα, ήμασταν ακόμα φίλοι. Παρόλο που εκείνη για έξι μήνες είχε κρατήσει στάση απόλυτης σιωπής και εγώ κατά κάποιον τρόπο είχα προδώσει τη φιλία μας. Όλα αυτά τα είδα πάνω της, πριν εκείνη τους απαντήσει.

«Είχα ανακαλύψει ότι πρέπει να υπάρχουν διαφορετικά είδη χρόνου», τους είπε. «Όταν πέθαναν ο πατέρας μου και η μητέρα μου, τότε το ανακάλυψα. Και ο Πέτερ το είχε καταλάβει, εξετάζαμε τα άλλα είδη».

Για πολλή ώρα δεν ακουγόταν ούτε ψίθυρος, μέσα στη σιωπή σιγουρεύτηκαν γι' αυτό που ήξεραν πάντα. Ότι δε στεκόμασταν και τόσο καλά στα μυαλά μας, ακόμα και εκείνη.

Αυτό εκείνη το ένιωσε.

«Ας τελειώνουμε λοιπόν», είπε.

Ήταν σαν να τους έδινε την άδεια. Τέτοιος άνθρωπος ήταν. Ακόμα και ανάμεσα σ' αυτούς τους ανθρώπους, ακόμα και εκείνη τη στιγμή, ήταν σε θέση να τους δίνει την άδεια.

Μετά από τα λόγια της η ατμόσφαιρα στην αίθουσα

ελάφρωσε. Τώρα πια δεν ένιωθαν ανασφαλείς. Τώρα όλες οι αμφιβολίες είχαν εξαφανιστεί. Τους έδωσε το δικαίωμα να πάψουν να αμφιβάλλουν. Δεν είχαμε την ευθύνη των πράξεων μας, αυτή ήταν η εξήγηση. Ήμασταν εκτός ελέγχου.

Η αμφιβολία ήταν πάντα το χειρότερο πράγμα.

«Το πιο φριχτό απ' όλα», έλεγε ο Μπίελ, «είναι όταν ένα παιδί λέει ψέματα ή κρύβει κάτι».

Αν κάτι δηλαδή είναι μυστικό, ανεξήγητο. Αυτό ήταν το χειρότερο.

Αυτό είχα προσπαθήσει να εξηγήσω στην Καταρίνα, τη νύχτα που καθόμασταν στο κρεβάτι της. Ότι ολόκληρο το σχολείο ήταν σαν ένας μηχανισμός που διώχνει τις αμφιβολίες.

Το ίδιο και το πείραμά τους. Θα έπαιρναν τα δύσκολα παιδιά και τα παιδιά αμφιβόλων δυνατοτήτων, τα παιδιά του σκοταδιού και θα τα έβγαζαν έξω στο φως.

Αργότερα ανακάλυψα ότι δεν ήταν μόνον ο Μπίελ. Και ότι δεν ήταν μόνο τα δικά μας παιδικά χρόνια, στις αρχές της δεκαετίας του '70. Νομίζω ότι ήταν ο περισσότεροι ή και όλοι όσοι έγραψαν για το χρόνο, από τον Αυγουστίνο ως τον Νεύτωνα.

Απεχθάνονταν την αμφιβολία.

Στις *Εξομολογήσεις* ο Αυγουστίνος λέει ότι ο χρόνος τρέχει από μόνος του, χωρίς να λαμβάνει υπόψη τον άνθρωπο, και ακόμα λέει ότι ο χρόνος σχετίζεται με την ικανότητα του ανθρώπου να αντιλαμβάνεται τα διάφορα φαινόμενα. Αυτό είναι αντίφαση, δεν εξηγεί τίποτα, λες και για τον Αυγουστίνο δε βλάπτει να υπάρχει και λίγη αμφιβολία.

Στην αρχή των *Μαθηματικών αρχών της φυσικής φιλο-*

*σοφίας* ο Νεύτωνας, χίλια διακόσια χρόνια αργότερα, λέει ότι «ο απόλυτα γνήσιος και μαθηματικός χρόνος προχωρεί σύμφωνα με τη δική του φύση, σταθερά και χωρίς να έχει σχέση με οτιδήποτε εξωτερικό».

Σ' αυτό δεν υπάρχει αμφιβολία. Γενικά σε ολόκληρο το βιβλίο του Νεύτωνα δεν υπάρχουν αμφιβολίες για τίποτα.

Αυτό που έγινε, από τον Αυγουστίνο μέχρι τον Νεύτωνα, ήταν να βγάλουν τον άνθρωπο από το χρόνο. Ο χρόνος περνάει, είτε τον μετράει ο άνθρωπος είτε όχι, έχει πάρει αντικειμενική μορφή. Και έτσι ελευθερώθηκε από την ανθρώπινη αβεβαιότητα.

Όμως από τότε και μετά έρχεται η διάλυση. Ο Νεύτωνας είναι ο τελευταίος που πίστεψε στα σοβαρά ότι υπάρχει χρόνος που δε σχετίζεται με τον άνθρωπο. Που δε σχετίζεται με τα πράγματα. Και μάλλον δε σχετίζεται ούτε και με το σύμπαν.

Η μέτρηση του γραμμικού χρόνου γεννιέται στην Ευρώπη, στην πραγματικότητα είναι μονάχα τριακοσίων χρονών, όλα τα άλλα είναι δειλές προσπάθειες. Εμφανίζεται όταν η κοινωνία αρχίζει να αλλάζει τόσο γρήγορα που ο κόσμος δεν μπορεί πια να αναγνωρίσει την κάθε καινούργια μέρα, επειδή έχει γίνει πολύ διαφορετική από την προηγούμενη. Η μέτρηση του χρόνου έρχεται όταν η κοινωνία γίνεται πιο πολύπλοκη, έρχεται μαζί με τη συγκοινωνία, το ταχυδρομείο, τα χρήματα, το εμπόριο, τις σιδηροδρομικές γραμμές.

Γι' αυτό υπάρχουν πολλές εξηγήσεις. Λένε ότι ο χρόνος εμφανίζεται μαζί με την προσπάθεια της αστικής τάξης και της επιστήμης να ελευθερωθούν από τα δεσμά της αριστοκρατίας και της θρησκείας.

Αυτό φυσικά δεν είναι ψέμα, σίγουρα είναι σημαντικό

μέρος της εξήγησης. Αν βέβαια υπάρχει εξήγηση. Όμως φαίνεται να υπάρχει και κάτι ακόμα.

Όταν διαβάζει κανείς τον Νεύτωνα —όχι τόσο τις *Μαθηματικές αρχές της φυσικής φιλοσοφίας*, γιατί εκεί έχει δώσει στον άνθρωπο τόσο μικρό ρόλο, που και ο ίδιος ο συγγραφέας σχεδόν δεν υπάρχει, λες και σ' αυτό το βιβλίο οι αντικειμενικοί νόμοι της φύσης γράφτηκαν μόνοι τους— αλλά τις επιστολές του, τότε μου έρχεται στο μυαλό πόσο πολύ θυμίζει τον Μπίελ. Η ίδια αυστηρότητα, η ίδια θέληση να διώξουν κάθε αμφιβολία, η ίδια απερισκεψία. Λες και πρόκειται για τον ίδιο άνθρωπο, τον ίδιο διευθυντή σχολείου εδώ και τριακόσια χρόνια. Λες και ο χρόνος δεν έπαιξε μεγάλο ρόλο.

Πρέπει να υπάρχει κάτι βαθύτερο και μεγαλύτερο από την ιστορική εξήγηση. Υπάρχει θαρρείς κάτι κοινό σ' αυτούς τους επιστήμονες του δυτικού πολιτισμού, τους φιλοσόφους και τους ανθρώπους που έχουν δύναμη και γνώση. Λες και κανένας τους δεν μπορεί να αντέξει το σκοτάδι, λες και τρέμουν την αμφιβολία και την ανασφάλεια. Ούτε μέσα τους δεν άντεχαν να υπάρχουν άλυτες αντιθέσεις. Και έτσι προσπάθησαν να τις εξαλείψουν.

Τότε, αργά ή γρήγορα, ήρθε η κατάρρευση.

Μας είχαν πει στο σχολείο να βλέπουμε την Κάριν Έροε, που ήταν η υπεύθυνη της τάξης μας, σαν μητέρα μας και τον Μπίελ σαν πατέρα μας.

Γι' αυτό θα την κάλεσε η Διεύθυνση. Της ζήτησαν να εκθέσει την άποψη του σχολείου για το χαρακτήρα της σχέσης μου με την Καταρίνα, τον Άουγκουστ δεν τον ανέφεραν, αλλά κατάλαβα τι είχαν στο μυαλό τους, σκέφτονταν ότι με τον άλφα ή βήτα τρόπο εμείς τον οδηγήσαμε να κάνει ό,τι έκανε.

Η Κάριν Έροε είχε ετοιμάσει μια αναφορά με όσα ξέρανε εκείνοι, ήταν μια λίστα που απαριθμούσε τις φορές που μας είχαν δει μαζί, από τη μέρα που συναντηθήκαμε πρώτη φορά στη βιβλιοθήκη, στην ώρα του μαθήματος, μέχρι τη μέρα που αποπειραθήκαμε να ανταλλάξουμε πληροφορίες που δε μας αφορούσαν στην εκκλησία, κατά τη διάρκεια της λειτουργίας της Σαρακοστής των Χριστουγέννων, και ακόμα πιο ύστερα, ως τη νύχτα που πέθανε ο Άουγκουστ, και μας βρήκανε σφιχταγκαλιασμένους στο γραφείο των καθηγητών.

Αυτό το «σφιχταγκαλιασμένους» εκείνη δεν το σχολίασε. Όμως η φωνή της πήρε άλλη χροιά όταν το είπε. Ήταν φανερό ότι επρόκειτο για κάτι σοβαρό.

Ήξεραν πάρα πολλά. Πού και πότε είχαμε έρθει σε επαφή. Τις ώρες και τα μέρη. Όμως για το πιο σημαντικό από όλα δεν ήξεραν τίποτα.

Ήταν δυο άτομα από τη Διεύθυνση, ένας άντρας και μια γυναίκα, η γυναίκα μάς ρώτησε τι είχαμε να πούμε για όλα αυτά. Απευθυνόταν στην Καταρίνα, αλλά μίλησα εγώ. Μίλησα στον Μπίελ.

«Τι έγινε με τον Άουγκουστ;» του είπα.

Προσπάθησαν να με σταματήσουν, αλλά εγώ δεν τους κοίταζα, μόλις που κατάφερνα να έχω συγκεντρωμένη την προσοχή μου στον Μπίελ, ο μόνος τρόπος να επιβιώσεις με τόσους ανθρώπους γύρω σου ήταν να φανταστείς ένα τούνελ, εγώ ήμουν στη μια άκρη, ο Μπίελ στην άλλη, και απ' έξω δεν υπήρχε τίποτα.

«Πώς βγήκες έξω;» είπα εγώ.

Εκείνος μου είπε κάτι που ένιωσα άσχημα όταν το άκουσα, θα κατέβαινα εκεί που καθόταν, αλλά κάτι με κρατούσε καρφωμένο, ήταν ο αστυφύλακας πίσω μου, τον είχα ξεχάσει, του έκανα νόημα ότι έπρεπε να έχω τα χέρια μου ελεύθερα για να δείξω κάτι. Σήκωσα τα χέρια μου και έδειξα πώς το ένα χέρι έσφιγγε το άλλο.

«Έτσι σε κρατούσε, δεν μπορείς να ξεφύγεις από μόνος σου, όταν σε κρατάει κάποιος έτσι».

Ο Άουγκουστ του είχε σπάσει τα δάχτυλα, ο πόνος

ήταν τέτοιος που δεν μπορούσες να σκεφτείς τίποτα άλλο, εκείνοι δε με καταλάβαιναν. Μόνο ο Μπίελ με κατάλαβε.

«Με άφησε να φύγω», μου είπε.

«Πώς βγήκες έξω;»

«Από την πόρτα».

«Ήταν μανταλωμένη από μέσα».

Εκείνος σταμάτησε και κοίταξε τα χέρια του. Δυο από τα δάχτυλά του δεν είχαν γίνει τελείως καλά, φορούσε τη βέρα του στο άλλο χέρι, οι κλειδώσεις του είχαν ροζιάσει. Έδειχνε να δυσκολεύεται να θυμηθεί. Ίσως και να είχε ανάγκη να ξεχάσει. Έτσι η ανάμνηση είχε έρθει και είχε καθίσει στα χέρια του. Όταν σήκωσε τα μάτια, το πρόσωπό του ήταν γυμνό, δεν τον είχα δει ποτέ έτσι. Σαν να ξαφνιάστηκε και να ταράχτηκε από την ερώτησή μου. Και ακόμα, από αυτό που θα μου απαντούσε.

«Εκείνος μου άνοιξε την πόρτα», είπε. «Θα είχε μετανιώσει».

Τον είχα ρωτήσει κάτι πολύ προσωπικό και εκείνος μου είχε απαντήσει. Ήταν η μοναδική φορά που συνέβη κάτι τέτοιο.

«Δεν πέθανε από τη φωτιά», είπε η Καταρίνα.

Αμέσως μόλις το είπε αυτό, σκέφτηκα ότι θα άρχιζε πάλι να λέει την ίδια ιστορία για τους γονείς της. Ότι τελικά δεν ήταν αρκετά χοντρόπετση, και τώρα είχε σπάσει τελείως.

«Μίλησα με το γιατρό», είπε εκείνη. «Είχε φουσκάλες στην εσωτερική πλευρά της τραχείας».

Υπήρχαν τώρα τρία τούνελ. Ανάμεσα σε εκείνη, τον Μπίελ κι εμένα. Όλοι οι άλλοι ήταν απλοί θεατές.

«Θα μπορούσε να το είχε πετάξει σ' εσένα», είπε εκείνη στον Μπίελ. «Το μπουκάλι λέω! Όμως σε άφησε και σου άνοιξε την πόρτα. Μετά το πέταξε μέσα στην αποθήκη. Και ύστερα μπήκε ο ίδιος στη φωτιά. Εισέπνευσε τις φλόγες, οι φουσκάλες έκλεισαν την τραχεία του και έπαθε ασφυξία».

Κανείς δε μιλούσε πια. Όμως νομίζω ότι είχαν καταλάβει.

«Γι' αυτόν ήταν σαν να είχε γυρίσει ο χρόνος πίσω. Ή σαν να είχε ξανάρθει το παρελθόν. Θα μπορούσε να το είχε ξανακάνει. Να σκοτώσει κάποιον».

Τώρα έδειχνε προς το μέρος του Μπίελ.

«Όμως δεν το έκανε. Σε άφησε να φύγεις. Και κατέστρεψε τον εαυτό του. Σαν να του είχε δοθεί ακόμα μια δυνατότητα».

# 4

Γιάκομπ φον Ύξκυλ, δύσκολο όνομα. Όμως μου αρέσει να το γράφω, το γράφω με το χέρι, αργά αργά. Έχω μια φωτογραφία του από μια εφημερίδα, το πρόσωπό του είναι λίγο βαρύ και πολύ σοβαρό, όμως εμπνέει κάποια τρυφερότητα.

Ο Μπίελ είχε κάνει μεταπτυχιακό στη βιολογία, όμως ποτέ δεν αναφέρθηκε στον Γιάκομπ φον Ύξκυλ, δε νομίζω ότι τον ήξερε.

Ο Ύξκυλ ήταν καθηγητής πανεπιστημίου στη βιολογία, στη Γερμανία, στη δεκαετία του '20 και του '30 έγραψε βιβλία και άρθρα για το πώς αντιλαμβάνονται το περιβάλλον τους οι ζωντανοί οργανισμοί, κυρίως το χώρο και το χρόνο.

Δεν είναι δύσκολο να διαβάσεις αυτά που γράφει, τουλάχιστον σε σύγκριση με άλλα βιβλία, που σου βγαίνει η ψυχή να τα διαβάσεις. Προσπαθεί πάντα να γράφει καλά και κατανοητά. Και δεν έχει τίποτα να κρύψει, όταν είχε αμφιβολίες το έλεγε στα ίσια.

Παράλληλα ήταν και κάπως ταπεινός. Τόσο ταπεινός, που λέει ότι αυτό που κάνει δεν έχει και μεγάλη διαφορά από αυτό που έκαναν άλλοι πριν από αυτόν. Στον πρόλογο του βιβλίου του *Θεωρητική βιολογία* γράφει ότι συνεχίζει το δρόμο που άνοιξαν ο Χέλμχολτς και ο Καντ. Αυτοί επέμειναν ότι δεν μπορούμε να έχουμε αντίληψη της πραγματικότητας γύρω μας -ή και του εαυτού μας ακόμα- με άλλον τρόπο παρά μόνο μέσω των αισθήσεών μας. Και ότι οι αισθήσεις δεν είναι παθητικοί δέκτες της πραγματικότητας, την επεξεργάζονται, αυτό που αντιλαμβανόμαστε έχει υποστεί μεγάλη επεξεργασία. Άρα δεν έχει νόημα να μιλάμε για την πραγματική πραγματικότητα έξω από εμάς τους ίδιους, αυτή δεν τη ξέρουμε. Ξέρουμε μονάχα μια διορθωμένη έκδοση της πραγματικότητας. Εκεί που η βιολογία πρέπει να συγκεντρώσει την προσοχή της είναι η έρευνα για το πώς είναι δομημένα τα αισθητήρια όργανά μας, πώς επεξεργάζονται τις εντυπώσεις που δέχονται. Και πώς λειτουργεί η συνείδηση άλλων ζωντανών οργανισμών σε σχέση με τη δική μας.

Όταν το διάβασα για πρώτη φορά, σκέφτηκα ότι ο Ύξκυλ θα αντιμετώπισε τις ίδιες δυσκολίες μ' εμάς, δηλαδή την Καταρίνα, τον Άουγκουστ κι εμένα, αλλά βέβαια πιο σωστά και πιο έξυπνα.

Στην αρχή ανακαλύψαμε ότι υπήρχε κάποιο σχέδιο, μετά το καταλάβαμε, λίγο πριν έρθει η καταστροφή.

Το σχέδιο του Μπίελ και του Φρέδχοϊ, που βέβαια ήταν μυστικό, αλλά και συνειδητό, το είχαν παρουσιάσει στις αιτήσεις τους, μπορούσε να χαρακτηριστεί ως το σχέδιο της μεγάλης επανένταξης, της κατάργησης του σκότους.

Όμως πίσω από αυτό κρυβόταν ένας άλλος σκοπός, πιο μεγάλος, και γι' αυτόν δεν ήξεραν τίποτα.

Γι' αυτόν το σκοπό δεν τους ρωτήσαμε ποτέ, ακόμα και η Καταρίνα δεν τους ρώτησε. Όμως αν τους ρωτούσαμε, θα μας έλεγαν ότι έξω από το σχολείο, έξω από το σχέδιό τους, βρισκόταν ο χρόνος. Ότι βρισκόταν ο Θεός.

Έλεγαν ότι έξω από το σχολείο βρισκόταν η πραγματικότητα.

Αυτό δεν μπορεί να είναι σωστό, και από τότε κιόλας το είχαμε καταλάβει. Υπήρχε κάποιος σκοπός σχετικός με αυτό που βρισκόταν έξω από το σχολείο και από το σχέδιό τους, και κυρίως έξω από το χρόνο, που τον νιώθαμε να κυλάει ολόγυρά μας και να πλημμυρίζει τα πάντα. Και σ' αυτόν το μεγαλύτερο σκοπό και σχέδιο ήμασταν όλοι συνένοχοι. Κατά έναν τελείως ανεξήγητο τρόπο όλοι μαζί συνεργαζόμασταν για να δημιουργήσουμε και να συντηρήσουμε στο σχολείο το χρόνο.

Αυτό είχε γράψει ο Γιάκομπ φον Ύξκυλ, με το χαρακτηριστικό ταπεινό του ύφος, στα μέσα της δεκαετίας του '20. Δεν είμαστε αβοήθητοι στο έλεος του χρόνου, αλλά κατά κάποιον τρόπο τον φτιάχνουμε αδιάκοπα όλοι μαζί.

Σαν έργο τέχνης.

Αν είναι στ' αλήθεια έτσι, τότε είναι σημαντικό το ότι οι άνθρωποι πηγαίνουν καμιά φορά στο εργαστήριο και θέτουν ερωτήματα αλλιώτικα από αυτά που τίθενται συνήθως. Αν όλοι μας συντηρούμε το χρόνο, τότε ο καθένας έχει το μερίδιό του, και έχει σημασία να κάνει κάτι αργά, και τότε, ακόμα και ένα ασήμαντο πείραμα σαν αυτό μπορεί να χρησιμέψει στο να αγγίξουμε το χρόνο έτσι που να αλλάξει.

Πώς ο χρόνος έγινε συρματόπλεγμα; Αν έχουμε και εμείς ευθύνη γι' αυτό, πώς μας έκλεισε μέσα του;

Σ' αυτό ο Ύξκυλ δε δίνει εξηγήσεις και ούτε μπορεί κανείς να του ζητήσει. Αυτά που έγραψε ήταν γι' αυτά που θεωρούσε ως τα πιο απλά συστατικά της αντίληψης για το χρόνο, δηλαδή το ρυθμό και τη σχέση ανάμεσα στην κίνηση των μυών και την αίσθηση του χρόνου. Εκείνος θεωρούσε δική του δουλειά να το ερευνήσει αυτό, με αυτό ασχολούνταν στο εργαστήριο. Από τις πρώτες σελίδες κιόλας καταλαβαίνεις ότι έκανε ό,τι καλύτερο μπορούσε.

Παρ' όλα αυτά δεν μπορείς να συμφωνήσεις μαζί του σε όλα. Και επιπλέον ο άνθρωπος στον κόσμο του Ύξκυλ είναι πολύ μόνος.

Όταν ανακαλύψεις ότι δεν υπάρχει αντικειμενικός εξωτερικός κόσμος, ότι το μόνο που γνωρίζεις είναι μια φιλτραρισμένη και προκαταβολικά επεξεργασμένη εντύπωση, εύκολα σου έρχεται η σκέψη ότι και οι άλλοι άνθρωποι δεν είναι τίποτα άλλο από μια προεπεξεργασμένη σκιά, εύκολα πιστεύεις ότι κάθε άνθρωπος είναι σαν φυλακισμένος και απομονωμένος πίσω από τα δικά του αναξιόπιστα αισθητήρια όργανα. Και τότε σου έρχεται πολύ εύκολα στο μυαλό ότι κατά βάθος ο άνθρωπος είναι μόνος του. Ότι ο κόσμος αποτελείται από συνειδήσεις χωρισμένες μεταξύ τους, απομονωμένες η καθεμιά μέσα στην αυταπάτη των αισθήσεών τους, αιωρούμενος μέσα σ' ένα κενό χωρίς ιδιότητες.

Δεν το λέει τόσο άμεσα, αλλά η σκέψη προς τα εκεί πάει. Ότι κατά βάθος ο άνθρωπος είναι μόνος.

Όταν ήμουν ήδη τρεις εβδομάδες στην απομόνωση, στη «Μνήμη Λαρς Όλσεν», μακριά από τους άλλους ανθρώπους, ο κόσμος έπαψε να υπάρχει, στο τέλος ακόμα και η εσωτερική πραγματικότητα μόλις που υπήρχε. Αν ο άνθρωπος απομονωθεί εντελώς, παύει να υπάρχει. Άρα δεν μπορεί να είμαστε κατά βάθος μόνοι. Κατά βάθος ο άνθρωπος πρέπει να είναι μαζί με άλλους ανθρώπους. Έτσι και μείνει ολομόναχος, χάνεται για πάντα.

Ο Σουηδός καθηγητής κοινωνικής ψυχολογίας Γιόχαν Άσπλουντ, στο βιβλίο του *Χρόνος, χώρος, άτομο, ομάδα* και σε άλλα έργα του, άρχισε να ερευνά πώς ο χρόνος δημιουργείται και συντηρείται από τους ανθρώπους όταν εκείνοι αποτελούν ομάδα. Όπως ο Ύξκυλ προσπάθησε να βρει τους βασικούς κανόνες για το πώς ο κάθε άνθρωπος ξεχωριστά αισθάνεται τον κόσμο, έτσι και ο Άσπλουντ προσπαθεί να περιγράψει τους κανόνες για τη συνείδηση της ομάδας, τη συνύπαρξη. Έτσι όπως κανείς δεν το έκανε πριν. Και κατά κάποιον τρόπο ευγενικά και ταπεινά, όπως ο Ύξκυλ.

Τα βιβλία του καταπιάνονται με τη συλλογικότητα. Ωστόσο σε πολλά σημεία φανερώνουν μοναξιά.

Ο Γιόχαν Άσπλουντ και ο Γιάκομπ φον Ύξκυλ. Διαβάζεις αυτά που γράψανε και θαρρείς πως ένας φίλος σού απλώνει το χέρι του, παρόλο που ποτέ δεν πρόκειται να τους γνωρίσεις. Ήξεραν κάτι ξεχωριστό για το χρόνο, ίσως να είχαν αρρωστήσει και οι ίδιοι. Ήξεραν ότι υπάρχουν όρια για το πόσο μπορείς να σφίξεις έναν άνθρωπο χωρίς να σπάσει.

Ο Ύξκυλ και ο Άσπλουντ. Ο χρόνος δεν είναι ανεξάρτητος από τον καθένα μας και από την ανθρώπινη κοινότητα. Σχηματίζεται και συντηρείται λόγω της συνύπαρξης των ανθρώπων και σχετίζεται με τις αισθήσεις τους.

Όταν χτύπησε το κουδούνι, η γυναίκα από τη Διεύθυνση σηκώθηκε και κοίταξε το ρολόι της.

«Νομίζω ότι φτάσαμε στο τέλος του δρόμου», είπε.

Στο τέλος του δρόμου. Το είπε με τόσο μεγάλη βαρύτητα. Ήθελε να πει ότι τώρα πια ήταν ολοφάνερο ότι εμείς, όχι μόνο ο Άουγκουστ, αλλά και η Καταρίνα και εγώ, ήμασταν εκτός ελέγχου. Ότι δεν έβγαινε τίποτα με το να σπαταλήσουν άλλο χρόνο. Ότι είχανε φτάσει εκεί που ήθελαν. Ότι η τιμωρία που είχαν επιβάλει στον Μπίελ και στο σχολείο, δηλαδή να σταματήσουν το πείραμα, ήταν υπεραρκετή.

Ακόμα ήθελε να πει ότι ταίριαζε και με την ώρα να τελειώσουν τότε. Το κουδούνι είχε χτυπήσει. Σαν μια υπόδειξη να σταματήσει η αντιπαράσταση.

Όλοι σηκώθηκαν, μαζί τους ο Μπίελ, ο Φρέδχοϊ, η Κάριν Έροε και όλοι οι άλλοι, ακόμα και μεγάλοι άνθρωποι που για τριάντα χρόνια δεν είχαν πάει στο σχολείο, ήταν αντανακλαστική αντίδραση. Τη στιγμή που χτύπησε το κουδούνι, ο χρόνος άρχισε να ξεχύνεται από παντού. Ήθελε να τα παρασύρει όλα έξω από το χώρο.

Κόντρα σ' αυτό το ρεύμα του χρόνου πήγαινε τώρα η Καταρίνα, προχωρούσε σκυφτή, Δε δοκίμασαν να την εμποδίσουν, όμως σταμάτησαν για λίγο. Εκείνη ήρθε και στάθηκε ίσια μπροστά μου.

Νόμιζα ότι θα έλεγε κάτι για το πε ραμα, ότι συνεχιζόταν, ότι δε σταματούσε ποτέ, και τότε εγώ θα της έγνεφα ότι είχε δίκιο.

Όμως δεν είπε κάτι τέτοιο.

«Θα πάω στο Σβάροε», μου είπε. «Μόνο για λίγους μήνες. Θα σου αφήσω διεύθυνση».

Αν δεν ανήκεις πουθενά και χωριζόσουν από κάποιον, ήταν σαν να παύατε, κι εσύ και αυτός, να υπάρχετε, ακόμα και σε μια μικρή χώρα σαν τη Δανία δεν ξαναβρισκόσασταν, το είχα δει ένα σωρό φορές, το ήξερε κι εκείνη.

Σήκωσε τα μάτια της πάνω μου, το πρόσωπό της ήταν σφιγμένο. Ήταν από αγάπη, δεν μπορούσα να το αντέξω.

«Θα έρθω, έννοια σου», είπα, ήξερα ότι έλεγα ψέματα, το ήξερε κι εκείνη.

Μακάρι να ήταν μόνο εκείνη κι εγώ. Όμως είχαμε πάντα μαζί μας και τον Άουγκουστ, εκείνος τώρα πια είχε χαθεί για πάντα, ήταν σαν να είχαμε χάσει το παιδί μας, δεν μπορούσα να την ξαναδώ.

Όταν παίρνουν από σένα τους ανθρώπους που αγαπάς, καλύτερα να μην τους είχες αγαπήσει ποτέ.

«Να θυμάσαι αυτό που είπαμε για τον πόνο», είπε εκείνη. «Και για τα φώτα της προσοχής».

Κανείς δεν την άγγιξε. Όμως το ρεύμα του χρόνου την άρπαξε και την έβγαλε έξω. Και εκείνη χάθηκε.

# 5

Τι σημαίνει να προδώσεις ένα παιδί;

Τούτα τα χρόνια, ενώ εγώ έγραφα αυτό εδώ, το Πανεπιστήμιο του Πρίνστον, εκεί που δίδασκε ο Αϊνστάιν, άρχισε να εκδίδει τα άπαντά του, ο πρώτος τόμος περιείχε την αλληλογραφία του με τη Μίλεβα Μάριτς, την πρώτη του γυναίκα.

Το Νοέμβρη του 1901 απέκτησαν μια κόρη, τη Λίζερλ, ενώ δεν είχαν ακόμα παντρευτεί, οχτώ μήνες αργότερα την έστειλαν για υιοθεσία, μάλλον σε κάποια οικογένεια στην Ουγγαρία. Πιθανότατα επειδή ήταν εμπόδιο για τη θέση του Αϊνστάιν στο πανεπιστήμιο και την καριέρα του, την εποχή εκείνη η Μίλεβα Μάριτς ήταν ξανά έγκυος. Αυτή την ιστορία την κράτησαν τελείως κρυφή, κανείς αργότερα δεν μπόρεσε να βρει τα ίχνη της Λίζερλ, η ύπαρξή της είναι γνωστή μόνο από αυτά τα γράμματα.

Τα περισσότερα γράμματα του Αϊνστάιν από εκείνον τον καιρό, καθώς κι εκείνα όπου ρωτάει για την κόρη του, ήταν γραμμένα στο ίδιο στιλ. Αφιερώνει λίγες γραμμές ρωτώντας πώς είναι η μαμά και το παιδί, μετά περνάει αμέσως σ' αυτό που τον απασχολεί πραγματικά, εκείνα τα χρόνια ήταν κυρίως ζητήματα θερμοδυναμικής, αυτά που λίγο αργότερα θα οδηγούσαν στην ειδική θεωρία της σχετικότητας, που δημοσιεύτηκε το 1905 και που αναπτύσσει το πρώτο μέρος της θεωρίας του για το χρόνο.

Από τη Μίλεβα Μάριτς χώρισε το 1919, είχαν κάνει ένα γιο. Η ρήξη κράτησε μέχρι το τέλος της δεκαετίας του '20 και μετά επανασυνδέθηκαν, αυτή τη φορά σαν φίλοι. Τα επόμενα είκοσι χρόνια έστειλαν εκατοντάδες γράμματα ο ένας στον άλλο, τα οποία έχουν φυλαχτεί μέχρι σήμερα.

Σ' αυτά τα γράμματα η κόρη τους, που την έδωσαν για υιοθεσία, δεν αναφέρεται ούτε μια φορά, ούτε καν με υπονοούμενα.

Τι είναι αυτό που κάνει τους ανθρώπους να εγκαταλείπουν ένα παιδί; Και τι σημαίνει γι' αυτούς αργότερα αυτό που κάνανε;

Όταν ο Αϊνστάιν έγινε διάσημος και οι δημοσιογράφοι τον ρωτούσαν πώς μεγάλωσε, αναφερόταν πολλές φορές ο ίδιος σ' αυτή την εποχή με τη φράση «The corpse of my childhood», «Το πτώμα των παιδικών μου χρόνων».

Έλεγε ότι υπονοούσε τη σκληρή, στενοκέφαλη, μικροαστική ιδεολογία που τον περιέβαλλε.

Βγαίνει καθαρά από τα γράμματά του στη Μίλεβα Μάριτς ότι οι επιστημονικές θεωρίες του δημιουργούνταν από αντίδραση σ' αυτή την ιδεολογία, που τη συναντούσε και στο Πολυτεχνείο της Ελβετίας.

Ο ίδιος είπε αργότερα ότι για τον ίδιο η θεωρία της σχετικότητας και ο τρόπος που έβλεπε η θεωρία αυτή το χρόνο και το χώρο ήταν επίσης μια εξέγερση ενάντια σε κάθε εξουσία που περιόριζε τη σκέψη. Στα γράμματά του φαίνεται καθαρά ότι η κοσμοθεωρία του μπορεί να εξηγηθεί και ως πολιτική πράξη ή ως ψυχολογική διαμαρτυρία.

Σαν στρατηγική επιβίωσης. Κάποιοι έτρωγαν βατράχια, άλλοι ανέπτυσσαν στο εργαστήρι μια θεωρία για το σύμπαν.

Αυτή η οπισθοδρομική αντίληψη, που εναντίον της διαμαρτυρόταν με τη δουλειά του, αυτή η στενομυαλιά, τον σπρώχνει συγχρόνως, αυτόν και τη Μίλεβα Μάριτς, να στείλουν για υιοθεσία την κόρη τους, ενώ εκείνη ήταν μόλις οχτώ μηνών.

«The corpse of my childhood».

Για είκοσι χρόνια απέφευγα επίτηδες να σκέφτομαι την Καταρίνα, όταν η σκέψη μου πήγαινε από μόνη της σ' αυτή, τη γύριζα αλλού. Το παιδί ήταν που μου ζήτησε να σταματήσω να το κάνω αυτό. Έγινε το φθινόπωρο του '91, όταν δεν ήταν παρά μόνο λίγοι μήνες που είχα αρχίσει να γράφω τούτο εδώ, εκείνη μπήκε στο εργαστήριο και μου είπε: «Δεν έχεις πάει ακόμα να δεις την Καταρίνα.

Δεν το είπε κατευθείαν, με λόγια, αλλά ωστόσο με τέτοιον τρόπο που δεν μπορούσες να της πεις όχι.

Αυτή, δηλαδή το παιδί, σκέφτεται ελάχιστα το παρελθόν, και σχεδόν καθόλου το μέλλον, η προσοχή της είναι στραμμένη στο χώρο, στα πράγματα και τους ανθρώπους που είναι γύρω της εκείνη τη στιγμή. Αυτό σε κάνει να σκεφτείς και εσύ.

Αν κάποιος ζούσε όπως εκείνη και δε σκεφτόταν το μέλλον, θα δυσκολευόταν να ανταποκριθεί στις πρακτικές ανάγκες της ζωής. Κυρίως επειδή γύρω μας σχεδιάζουν τα πάντα, ίσως όχι για τα επόμενα δέκα χρόνια όπως ο Μπίελ, αλλά πάντως για αρκετό καιρό.

Όμως αν φοβάσαι τόσο πολύ το μέλλον ή αν οι σκέψεις σου γυρνάνε συνέχεια σε καταστροφές που έτσι κι αλλιώς έχουν περάσει, τότε γίνεσαι τελείως ανήμπορος. Όταν συμβαίνει αυτό, κάθομαι απλώς και την κοιτάζω, με φωνάζει από το παρόν, αλλά εγώ δεν μπορώ να τη βοηθήσω, έχω γυρίσει πίσω στο παρελθόν και μετανιώνω, ή στο μέλλον και φοβάμαι αυτά που είναι να γίνουν, βρίσκομαι σε άλλο χρόνο, και εκεί δεν έχω αξία γι' αυτή.

Όμως αυτή με βοηθάει. Την κοιτάζω, την παρακολουθώ που παίζει, προσπαθώ να μάθω να κάνω όπως εκείνη ή τέλος πάντων κάτι τέτοιο.

Μου επέστησε την προσοχή στο ότι δεν είχα πάει ακόμα να δω την Καταρίνα. Ότι μακροπρόθεσμα το να πολεμάς το παρελθόν για να το κρατήσεις μακριά, σε εξαντλεί.

Ωστόσο για μερικούς μήνες δίσταζα, ήταν χειμώνας όταν πήγα στο Σβάροε. Το κτίριο είχε γύρω συρματόπλεγμα, μπάρα και ένα φύλακα, δεν μπήκα μέσα, εκείνος μίλησε με το γραφείο από το τηλέφωνο, όλο το προσωπικό είχε αλλάξει από τότε, είπε, κανείς δε θυμόταν τίποτα.

Όταν ήμουν έτοιμος να φύγω, μου είπε ότι ο παλιός διευθυντής έμενε κάτω στο χωριό.

Ήταν ένα μικρό σπιτάκι, σκοτεινό, λες και βρισκόταν στη σκιά του θεραπευτικού κέντρου, παρόλο που εκείνο ήταν ένα χιλιόμετρο μακριά και δε φαινόταν· γιατί είχαν μείνει εκεί;

Καθόταν σε μια πολυθρόνα και κάπνιζε πίπα, η γυναίκα του στεκόταν πίσω του αμίλητη, είχα βγάλει τα παπούτσια μου στην είσοδο, στεκόμουν όρθιος με τις κάλτσες, δε μου είπαν να καθίσω.

«Είσαι συγγενής της;» είπε εκείνος.

«Πήγαμε μαζί σχολείο».

«Έχουμε καθήκον να είμαστε εχέμυθοι», είπε εκείνος.

«Της έτυχε μια κληρονομιά. Το συμβολαιογραφείο δίνει χίλιες κορόνες αμοιβή σε όποιον τη βρει».

Συνεννοήθηκαν χωρίς να μιλήσουν και χωρίς εκείνος να γυρίσει το κεφάλι του. Ύστερα πίεσε το μυαλό του για να θυμηθεί. Τόσα χρόνια και τόσα παιδιά, κάθε χρόνος και κάθε παιδί μόλις διέφεραν από τα άλλα. Ωστόσο εκείνος προσπάθησε. Για να δείξει την αξία του.

«Της έδωσαν εξιτήριο και την πήρανε από δω το '72, αυτό είναι σίγουρο, είχαμε από τρεις μήνες πριν την απομονωμένη πτέρυγα. Ήταν μετά από ένα ατύχημα. Μας είχαν πει να πάρουμε και αγόρια, πριν είχαμε μόνο κορίτσια. Τη βίασαν και παρά λίγο να τη στραγγαλίσουν».

Μέτρησα τα χρήματα πάνω σ' ένα χαμηλό τραπεζάκι με πράσινη τσόχα, από αυτά που έχουν οι χαρτοπαικτικές λέσχες.

«Πού πήγε μετά;»

«Με τον καιρό ξεχνάς», είπε εκείνος. «Τώρα μάλλον είναι έξω».

«Πού έξω;»

Η ερώτηση τον έκανε να τα χάσει

«Έξω, σου λέω. Στην ελευθερία».

Ο Μπίελ σταμάτησε μπροστά μου, καθώς έβγαινε έξω. Ήθελε να μου πει κάτι, άλλα δεν μπορούσε. Αυτός που ήταν πασίγνωστος για την ευγλωττία του.

Νομίζω ότι ήταν πρώτη φορά που με έβλεπε πραγματικά. Μέχρι τότε με έβλεπε σαν μια γκρίζα σκιά μέσα στο πλήθος των μαθητών. Εκείνη τη στιγμή με είδε σαν προσωπικότητα. Δεν είχε τη συνηθισμένη του αυτοκυριαρχία, στο πρόσωπό του καθρεφτιζόταν αυτό που έβλεπε: ένας ελεεινός, μια οριακή περίπτωση, ένας που αρνείται τα πάντα. Και παρ' όλα αυτά άνθρωπος.

Μάλλον κάνω λάθος. Όμως έμοιαζε σαν να ήθελε να με παρακαλέσει για κάτι.

Η συγχώρεση ήταν πάντα μια λέξη με σημασία στο σχολείο. Είχε σημασία για τον Γκρούντβιγκ, είχε σημασία και για τον Μπίελ. Αν οι μαθητές κάνανε κάποιο παράπτωμα, τότε είτε τους τιμωρούσε, είτε το άφηνε να περάσει έτσι. Όμως και στις δυο περιπτώσεις ο στόχος ήταν ένα είδος συγχώρεσης.

Αλλά τη συγχώρεση πάντα εκείνοι τη δίνανε, ο Θεός την έδινε σε εκείνους και εκείνοι σε μας. Άλλωστε ενιωθαν ότι είχαν το χρόνο με το μέρος τους, ότι οι ίδιοι όχι μόνο είχαν συγχωρεθεί εδώ και πολύ καιρό, αλλά ήταν και οι Εκλεκτοί.

Ωστόσο μου φάνηκε σαν να μου ζητούσε αυτό το πράγμα, δηλαδή τη συγχώρεση. Αλλά μάλλον έκανα λάθος.

# 6

Για είκοσι χρόνια απέφευγα να πάω να δω την Καταρίνα, όταν τελικά το έκανα, αφότου μου το ζήτησε το παιδί, εκείνη είχε εξαφανιστεί χωρίς να αφήσει διεύθυνση.

Όμως δεν εγκατέλειψα την προσπάθεια. Ξέρω ότι είναι κάπου εκεί. Θα διαβάσει αυτό που έγραψα και θα το καταλάβει καλύτερα από οποιονδήποτε άνθρωπο πάνω στη γη. Θα το διαβάσει και θα καταλάβει ότι από τότε που έγιναν όλα αυτά, ποτέ δεν έπαψα να προσπαθώ να αγγίξω το χρόνο και να τον βλέπω να αλλάζει.

Τότε θα έρθει να με δει. Θα χαιρετήσει τη γυναίκα και το παιδί και θα τους συμπαθήσει. Αν δεν έχει δική της οικογένεια, θα της πούμε να μείνει μαζί μας όσο θέλει, εδώ δε διώχνουμε κανέναν, η συντέλεια του κόσμου πέρασε.

Και μετά θα της δείξω το εργαστήρι.

Η συντέλεια του κόσμου. Μάθαμε γι' αυτή στο σχολείο, μας είπανε ότι ήταν το τέλος. Η καταστροφή του κόσμου, το τέλος των πάντων.

Όταν μεγάλωσα, το διάβασα κι εγώ και βρήκα ότι έκαναν λάθος. Ακόμα και μετά από αυτήν υπήρχε ζωή.

Το λέει η προφητεία της μάντισσας, στην έμμετρη Έδδα. Λέει ότι οι θεοί κάθονταν στο γρασίδι και έπαιζαν ένα παιχνίδι με χρυσά πιόνια, ήταν πολύ εντυπωσιακό. Μετά έγινε ο πόλεμος ανάμεσα στο φως και το σκοτάδι, η καταστροφή, το τέλος των πάντων.

Όμως μετά οι θεοί κάθονταν όπως πριν στο φως και έπαιζαν με τα χρυσά πιόνια.

Σάμπως δηλαδή ο θάνατος, ο πόλεμος και η ήττα να μην ήταν το τέλος, αλλά απλώς μια καινούργια αρχή. Σάμπως ο χρόνος να ήταν για τους θεούς μια μεγάλη επανάληψη.

Σαν να υπήρχε και μετά τη συντέλεια ακόμα μια ευκαιρία.

Να σου δίνεται ακόμα μια ευκαιρία.

Το παιδί είναι η δική μου ευκαιρία, η τρίτη. Όταν με κοιτάζει ίσια στα μάτια για πολλή ώρα χωρίς να με κρίνει, είναι σάμπως αυτή να είναι η μεγάλη και εγώ το παιδί, και να με βεβαιώνει ότι κανένα κακό δε θα με βρει. Ή σαν να είμαι εγώ μεγάλος και εκείνη να είμαι εγώ όταν ήμουν παιδί, αλλά ένα παιδί που το προστατεύουν οι γονείς του, κάτι που εμένα δε μου συνέβη ποτέ, ή μάλλον όχι, δεν μπορώ να το εξηγήσω, όμως είναι η τρίτη μου ευκαιρία.

Η πρώτη ευκαιρία ήταν όταν η Κάρεν και ο Έρικ Χόε με βρήκαν και με υιοθέτησαν το 1973, στο Σάντμπιεργκορντ, όταν ήμουν δεκαπέντε, κάτι για το οποίο θα τους ευγνωμονώ για πάντα και που αν δε γινόταν, θα είχα καταστραφεί.

Η δεύτερη ευκαιρία ήταν η γυναίκα.

Το εργαστήριο, εδώ που είμαι τώρα, είναι η τέταρτη ευκαιρία.

Όταν σου δίνεται ακόμα μια ευκαιρία, ο χρόνος γυρίζει πίσω, το παρελθόν ξανάρχεται. Τότε περνάς ακόμα μια φορά μέσα από αυτό που τότε έφερε την καταστροφή. Όμως αυτή τη φορά υπάρχει ελπίδα.

«Το πρώτο που θυμάμαι είναι ένας κάμπος», έλεγε εκείνη.

«Είναι πριν μπει ο χρόνος στη ζωή μου, άρα ζούσα χωρίς χρόνο, σαν τα μικρά παιδιά».

Αυτό μου το είπε από το τηλέφωνο, όταν μας είχανε χωρίσει οριστικά.

Το πρώτο που θυμάμαι εγώ ήταν το Ίδρυμα Διακονισσών. Τον κήπο, τα λουτρά, το «Άγγελμα της Ημέρας» που μας διάβαζαν από τη «Χριστιανική Καθημερινή», κάτω κάτω. Σ' αυτές τις αναμνήσεις δεν υπάρχει σειρά, βρίσκονται στον κάμπο των παιδικών μου χρονών, όπου ο χρόνος δεν υπάρχει. Από τότε και μετά βούλιαζα, ίσως γεννήθηκα για να βουλιάζω, ίσως ήταν ο λανθάνων δαρβινισμός.

Υπάρχουν και κάποιες μεμονωμένες κινήσεις προς τα πάνω, όταν για παράδειγμα πήγα στο Μπουντρούμι και μετά στου Μπίελ. Όμως γενικά βούλιαζα.

Αυτό κράτησε μέχρι να περάσουμε μαζί, η Καταρίνα, ο Άουγκουστ και εγώ, μέσα στο χρόνο και το χώρο. Από τότε ποτέ δε με εγκατέλειψε τελείως το θάρρος μου.

Ξαναγύρισα στη «Μνήμη Λαρς Όλσεν», τις πρώτες μέρες μετά την αντιπαράσταση ανησυχούσαν, αν μου είχαν μείνει έστω και ελάχιστες δυνάμεις θα τους καθησύχαζα. Πέρασα το χειμώνα εκεί, είχα κάνει αίτηση να πάω σε ήσυχο μέρος. Στο Μπουντρούμι ο Όσκαρ Χούμλουμ έβαζε τα βατράχια, που έπαιρνε λεφτά για να τα τρώει, κάτω κάτω στο ράφι με τα λαχανικά, εκεί που τα κορίτσια της κουζίνας δε θα τα έβρισκαν, κάτω από τα πράσα, εκεί που η θερμοκρασία ήταν λίγο παραπάνω από μηδέν βαθμούς, με τέτοια θερμοκρασία δεν πέθαιναν, έπεφταν σε μια βαθιά, ασάλευτη χειμερία νάρκη, περίμεναν το φως. Έτσι και τα έβγαζες έξω και τα κρατούσες στη φούχτα σου, η ζέστη τα έκανε να τεντωθούν και ξαναζωντάνευαν.

Η Καταρίνα, ο Άουγκουστ και εγώ, συναντηθήκαμε, και

από τότε ποτέ δεν έχασα τελείως το θάρρος μου. Αναρωτήθηκα συχνά γιατί.

Νομίζω επειδή υπήρχε αγάπη. Αν τη βρεις, έστω και μια φορά, δε θέλεις πια να βουλιάξεις. Λαχταράς για πάντα να βγεις στο φως και στην επιφάνεια.

Δυο φορές είδα στο δρόμο τον Μπίελ, δεν είναι τόσο μεγάλη η Κοπεγχάγη.

Έχει γκριζάρει, σαν πέτρα, έχει ακόμα αυτό το γοργό και επίμονο βάδισμα, όμως δείχνει σαν να μη βλέπει και τόσο καλά.

Σου έρχεται στο μυαλό ότι τώρα που γέρασε, είναι σαν μια γελοιογραφία της θεωρίας του Ύξκυλ: ένας μοναχικός άνθρωπος πίσω από αναξιόπιστα αισθητήρια όργανα, μέσα σ' έναν ψεύτικο κόσμο.

Όταν τελειώσω τούτο εδώ, θα του το δώσω. Θα τον βρω, θα σταθώ μπροστά του και θα του το δώσω.

«Τότε δεν έλεγα λέξη. Τώρα το είπα».

Υπάρχει μια χρονική περίοδος τόσο μεγάλη που η επιστήμη δεν μπορεί να επινοήσει μεγαλύτερη, είναι $2x10^{17}$ δευτερόλεπτα, είναι ο χρόνος που χρειάζεται μια ακτίνα φωτός για να διασχίσει τη νοητή ακτίνα του σύμπαντος, λέγεται *κοσμικός χρόνος*.

Υπάρχει ένα χρονικό διάστημα τόσο μικρό, που είναι αδύνατο να σκεφτείς μικρότερο, αντιπροσωπεύει το κατώτερο όριο απόδοσης νοήματος σε κανονικές διαδικασίες, είναι $10^{-23}$ δευτερόλεπτα και λέγεται *ατομικός χρόνος*.

Πιστεύουν ότι υπάρχει ένας ανώτερος και κατώτερος *νοητός χρόνος*, ένα όριο για το πόσο μεγάλο και πόσο μικρό χρονικό διάστημα μπορεί να χωρέσει η συνείδησή μας.

Αν είσαι καλά στην υγεία σου, αυτό δεν έχει και τόση σημασία, απλώς μοιράζεσαι το χρόνο με τους άλλους χωρίς προβλήματα.

Όμως αν αρρωστήσεις και ο χρόνος αρχίσει να σου φεύγει, τότε έρχεται και σε βρίσκει ο νοητός χρόνος.

Όταν ο Μπίελ είχε χτυπήσει κάποιον με δύναμη και ταυτόχρονα υπολογισμένα και ταυτόχρονα με μανία, γινόταν μια πολύ σύντομη παύση. Ήταν πολύ σύντομη για να την πάρεις είδηση, ήταν μικρότερη από ένα νοητό χρόνο, γινόταν λοιπόν αυτή η παύση και μετά το περιστατικό τελείωνε, μόνο τα ίχνη έμεναν. Ένας αόριστος φόβος, που δεν τον καταλάβαινες.

Αν όμως ήσουν άρρωστος, την ένιωθες εκείνη τη στιγμή, η ευαισθησία για τα μικρά χρονικά διαστήματα είχε μεγαλώσει, σε αρρωστημένο βαθμό, και τότε έβλεπες τις άπειρες και πολύπλοκες κινήσεις δύναμης που υπήρχαν σε εκείνη τη στιγμή, και έβλεπες ότι σ' όλους όσοι ήταν παρόντες αποτυπωνόταν ένα αμυδρό, αιώνιο σημάδι φόβου, και ότι αυτό είχε να κάνει με την εκμάθηση του χρόνου.

# 7

Ο Ύξκυλ έλεγε ότι ο άνθρωπος δεν είναι και πολύ καλύτερος από την αράχνη.

Η αράχνη έχει κακή όραση και ακοή, και η όσφρησή της δεν είναι και τόσο καλή, η αίσθηση του εξωτερικού χώρου περιορίζεται λοιπόν από τα αισθητήρια όργανά της. Όμως έχει τον ιστό της, μ' αυτόν απλώνει την αισθητήρια λειτουργία της πολύ πιο πέρα από τον εαυτό της. Νιώθει πολύ καλά τα όσα συμβαίνουν, από κάθε κίνηση του ιστού κρίνει πόσο μακριά γίνεται και πόσο μεγάλο είναι αυτό που την προκαλεί.

Τα πρωινά, στο Ίδρυμα Διακονισσών, όταν έβγαινα κρυφά στον κήπο πριν ξυπνήσουν οι άλλοι, ακόμα και οι αδελφές, είχαν σχηματιστεί ιστοί αράχνης ανάμεσα στους θάμνους. Πάνω στις κλωστές κολλούσαν σταγόνες πάχνης που αιχμαλώτιζαν το φως του ήλιου. Αν άγγιζες το δίχτυ, ακόμα και αν το έκανες πολύ προσεκτικά, η αράχνη δεν ερχόταν, ήθελα να την ξεγελάσω και να την κάνω να βγει έξω, αλλά η ευαισθησία με την οποία αντιλαμβανόταν τα πράγματα ήταν πολύ μεγαλύτερη από τη δική μου, ήξερε ότι ήμουν κάτι μεγάλο και δυνατό. Αν και ήμουν πολύ, μα πολύ μικρός.

Καλύτερος από αυτή την αράχνη δεν είναι ο άνθρωπος, λέει ο Ύξκυλ.

Οι μεγαλύτεροι ιστοί μιας αράχνης είχαν διάμετρο γύρω στα 75 εκατοστά. Μαζί με τις κλωστές που φτάνανε μέχρι τους κορμούς των δέντρων και στηρίζονταν πάνω τους. Είχαμε συμφωνήσει να μη χαλάει κανείς τον ιστό, ήταν νόμος μεταξύ των παιδιών, ξέραμε πόσο είχε κουραστεί η αράχνη για να τον φτιάξει.

Η Αδελφή Ράουνα, που είχε τον κήπο υπό την εποπτεία της, έσπαζε τον ιστό με μια σκούπα. Την ώρα που το έκανε επικρατούσε απόλυτη ησυχία, τόσο που εκείνη σταματούσε και κοίταζε γύρω της, δεν μπορούσε να καταλάβει πώς τόσα παιδιά ξαφνικά έμεναν κόκαλο.

Εκείνες τις στιγμές την απειλούσε θανάσιμος κίνδυνος. Μόνο κάτι λεπτομέρειες, όπως η διαφορά ανάμεσα στο δικό της βάρος και το δικό μας, ότι το γραφείο, που βρισκόταν στο πρώτο πάτωμα, έβλεπε κατευθείαν στον κήπο, μόνο αυτά μας εμπόδιζαν να τη στείλουμε στον άλλον κόσμο.

Οι ιστοί ήταν φτιαγμένοι άψογα. Τόσο συμμετρικοί και ωστόσο ακανόνιστοι. Καταπληκτικά όμοιοι και συγχρόνως διαφορετικοί. Με κατεύθυνση το άπειρο. Και σχεδόν ποτέ μεγαλύτεροι από 75 εκατοστά.

Με τον ιστό της η αράχνη δεν μπορούσε να νιώσει όλο τον κόσμο. Ένιωθε μόνο ένα μέρος του, μέχρι εκεί που έφτανε ο ιστός. Την κατεύθυνση, την απόσταση, ίσως το βάρος του θηράματος στο περίπου, ίσως και το περίγραμμά του. Όμως σίγουρα όχι περισσότερα.

Το ίδιο συμβαίνει και με την επιστήμη και τη δίδυμη αδερφή της, τη βιομηχανική τεχνολογία. Η φυσική απλώνει το δίχτυ της έξω στο σύμπαν, ή μέσα στην ύλη, και νομίζει ότι ανακαλύπτει όλο και μεγαλύτερα τμήματα της πραγματικότητας.

Υπάρχει φόβος αυτό να είναι λάθος, ο Ύξκυλ μάλιστα ήταν έτοιμος να το δεχτεί ως λάθος. Αν η αράχνη άπλωνε τον ιστό της πιο πέρα από τα 75 εκατοστά, θα αντιλαμβανόταν μόνο αυτά που είναι προορισμένη να αντιλαμβάνεται από τη φύση της και τη φύση του ιστού της. Δε θα έβρισκε μια καινούργια πραγματικότητα. Θα έβρισκε πιο πολλά από αυτά που ήξερε ήδη. Γι' αυτά που βρίσκονται έξω από το γνωστικό της πεδίο, δηλαδή τα χρώματα, τα πουλιά, τις μυρωδιές, τους τυφλοπόντικες, τους ανθρώπους, τις αδελφές, το Θεό, τις τριγωνομετρικές συναρτήσεις, τη μέτρηση του χρόνου, τον ίδιο το χρόνο, για όλα αυτά θα συνεχίσει να έχει απόλυτη άγνοια.

Αυτό είναι το ένα από τα δυο πράγματα που θέλω να πω.

Το άλλο είναι το εξής: ίσως μπορούμε να το πούμε με μεγαλύτερη βεβαιότητα από τον Ύξκυλ. Ίσως οι αράχνες στον κήπο του Ιδρύματος Διακονισσών ήταν πιο έξυπνες από τον άνθρωπο. Γιατί ποτέ δεν άπλωναν τον ιστό τους πέρα από κάποιο όριο.

Τι θα είχε γίνει αν το είχαν κάνει; Αν ο ιστός της αράχνης απλωνόταν στο άπειρο, πέρα και πάνω από τα όρια των ανθρώπινων αισθήσεων, όπως έχει απλώσει τους αισθητήρες της η τεχνολογία;

Αυτό που θα είχε γίνει, θα ήταν ότι σύντομα η αράχνη δε θα μπορούσε να πάει να πάρει όλα όσα έπεφταν μέσα στο δίχτυ της. Και αν αυτό συνέχιζε να απλώνεται, και απλωνόταν κι άλλο, όλο και πιο μακριά, η αράχνη θα άρχιζε να δέχεται σήματα από περιοχές με άλλου είδους έντομα και διαφορετικό κλίμα από αυτό όπου βρισκόταν εκείνη. Και θα δεχόταν πολύ περισσότερα σήματα από όσα θα μπορούσε να επεξεργαστεί. Τότε, εκείνο το αφύσικα μεγάλο δίχτυ μαζί με το περιεχόμενό του θα ερχόταν σε σύγκρουση με την ύπαρξη και τη φύση της αράχνης.

Ταυτόχρονα το δίχτυ θα άρχιζε να αλλάζει και τον κόσμο γύρω του. Ίσως να γινόταν πολύ βαρύ για να αντέξει τόσο φορτίο, ίσως στο τέλος να γκρεμιζόταν, και να έπαιρνε και κάποια μεγάλα δέντρα μαζί του. Ίσως να παρέσυρε στο χαμό και την αράχνη.

Αυτό είναι το δεύτερο πράγμα που ήθελα να πω: η εξερεύνηση του κόσμου από τον άνθρωπο, ο ιστός που φτιάχνει ο άνθρωπος αλλάζει και τον κόσμο όπου ζει. Όταν τη νύχτα είμαι ξαπλωμένος και δεν μπορώ να κοιμηθώ, και ανασηκώνομαι, και βλέπω τη γυναίκα και το παιδί, τότε φοβάμαι, τότε ξέρω ότι το δίχτυ έχει απλωθεί πολύ πιο μακριά από τις αισθήσεις μας. Τώρα φτάνει μέχρι τις μαύρες τρύπες και τα αστρικά νεφελώματα και στοιχειώδη σωματίδια που γίνονται όλο και πιο μικρά, και ανακαλύπτει νόμους που επιδρούν στην καθημερινή ζωή και γίνονται ψυγεία, σχολικά βιβλία, ρολόγια καισσίου, υποβρύχια, υπολογιστές, μηχανές αυτοκινήτων, ατομικές βόμβες, και επιταχύνουν ολοένα την ξέφρενη πορεία της ύπαρξης.

Το 1873, όταν ο Σάντφορντ Φλέμινγκ από την Canadian Pacific Railway στην ημερίδα που διοργάνωσαν πρότεινε έναν «παγκόσμιο χρόνο» για ολόκληρη την υδρόγειο, υπήρχαν στην Αμερική εβδομήντα ένα συστήματα μέτρησης του χρόνου. Το 1893 η αμερικάνικη εκδοχή της πρωτοβουλίας του Φλέμινγκ έγινε νόμος στη Γερμανία, λίγο μετά από την αλλαγή του αιώνα μεγάλα τμήματα της Ευρώπης εισήγαγαν το μέσο χρόνο Γκρίνουιτς.

Σ' όλο τον κόσμο ο χρόνος απλώθηκε σαν εργαλείο. Και στη διαπαιδαγώγηση των παιδιών στο σχολείο απλώθηκαν η τυπικότητα και η ακρίβεια. Και απλώθηκαν τόσο μακριά, που έφτασαν το όριο της αντοχής του ανθρώπου. Το όριο όπου ο ιστός αρχίζει να λυγίζει από το ίδιο του το βάρος. Και πέφτοντας παρασέρνει και την αράχνη.

Ποτέ δε χαλούσαμε ούτε κόβαμε τον ιστό μιας αράχνης στο Ίδρυμα Διακονισσών. Τον κοιτάζαμε και καταλαβαίναμε ότι εξέφραζε μια ισορροπία. Η αράχνη είχε κάνει ό,τι μπορούσε. Ο ιστός της ήταν εντάξει έτσι όπως ήταν.

Άραγε η αράχνη γνώριζε το χρόνο;

Όταν η Αδερφή Ράουνα είχε χαλάσει τον ιστό με τη σκούπα της, για πολύ καιρό η αράχνη δεν έφτιαχνε καινούργιο ιστό στο ίδιο μέρος. Ήταν σαν να αντιλαμβανόταν το παρελθόν. Αυτό βέβαια συμβαίνει στα ζώα, θυμούνται τι περίπου έγινε και διδάσκονται από αυτό. Και νιώθουν τι πρόκειται να γίνει σε λίγο. Ξέρουν ότι τα γεγονότα ακολουθούν το ένα το άλλο. Πρέπει να έχουν συναίσθηση της διαδοχής.

Όμως αυτό δεν είναι χρόνος. Χρόνος είναι να νιώθεις ότι πίσω από τις αλλαγές, που είναι η έκφραση του χρόνου, υπάρχει ένα κοινό σημείο.

Λέγοντας «χρόνος» νομίζω ότι εννοούμε τουλάχιστον δυο πράγματα. Εννοούμε πρώτα τις μεταβολές. Και εννοούμε και κάτι που παραμένει αμετάβλητο. Εννοούμε κάτι που κινείται. Όμως σ' ένα ακίνητο φόντο. Και αντίστροφα.

Τα ζώα νιώθουν τις μεταβολές. Όμως η αίσθηση του χρόνου συνίσταται στο διπλό αίσθημα της μεταβολής και της μη-μεταβολής. Αυτό το αίσθημα μπορεί ν' αποδοθεί μόνο σε όσους το εκφράζουν. Και αυτό μπορεί να γίνει μόνο σε σχέση με τη γλώσσα, και γλώσσα μόνον ο άνθρωπος έχει.

Η αίσθηση του χρόνου και η γλώσσα είναι άρρηκτα συνδεμένες μεταξύ τους.

Αν πούμε ότι «ο χρόνος έχει περάσει», σημαίνει ότι κάτι πρέπει να έχει αλλάξει, αν όχι τίποτα άλλο, τουλάχιστον η θέση των δεικτών του ρολογιού, αλλιώς δε θα ξέραμε ότι κάτι έχει περάσει. Από την άλλη, κάτι πρέπει να έχει παραμείνει το ίδιο, αν όχι τίποτα άλλο, τουλάχιστον ο ίδιος ο χρόνος, αλλιώς δε θα μπορούσαμε να αντιληφθούμε τη νέα κατάσταση σαν κάτι που προχώρησε πιο πέρα από την αφετηρία. Η λέξη «χρόνος» περιλαμβάνει μια ενότητα κίνησης και ακινησίας.

Στη ζωή κάθε ανθρώπου υπάρχει κάτι που έχει σημασία. Άσχετα με το πόσο ανεπίδεκτος είναι. Αυτό που έχει σημασία είναι η φύση του ανθρώπου, εναντίον της μπορείς να ασκήσεις βία σε κάποιο βαθμό, αν όμως το παρατραβήξεις, τότε ο άνθρωπος εκμηδενίζεται.

Λες και η επιστήμη ένιωσε ότι η φύση του ανθρώπου τον κρατάει φυλακισμένο. Όπως όταν είσαι υπό περιορισμό με κόκκινη ένδειξη. Έτσι προσπάθησαν να την πιέσουν, σαν να ήθελαν να δραπετεύσουν από αυτή. Και εκεί πάνω κάτι δεν πήγε καλά.

Στου Μπίελ έπρεπε να κάθεσαι πέντε με έξι ώρες την ημέρα, χώρια το υποχρεωτικό διάβασμα, πέντε μέρες τη βδομάδα συν την Κυριακή για τους εσωτερικούς, πάνω από σαράντα βδομάδες το χρόνο, για δέκα χρόνια. Ενώ παράλληλα έπρεπε να προσπαθείς αδιάκοπα να είσαι τυπικός και ακριβής για να βελτιωθείς.

Νομίζω ότι αυτό πάει αντίθετα με τη φύση των παιδιών.

Μερικές φορές τα πρωινά απλωνόταν γύρω από το Ίδρυμα ένας πέπλος ομίχλης, ένας λευκός αχνός που ερχόταν από τα βάθη της γης. Στο σημείο που συναντούσε τον ήλιο κρέμονταν στον ιστό της αράχνης χοντρές σταγόνες πρωινής δροσιάς, όπου καθρεφτίζονταν κυρτωμένα και ανάποδα είδωλα των λευκών νημάτων, του παχνιασμένου γρασιδιού και του προσώπου σου. Σαν να γεννιούνταν μικροί σφαιρικοί κόσμοι, εκεί που το νερό της γης συναντούσε τη φωτιά του ουρανού. Και κάπου εκεί, μέσα στην ασύλληπτη ομορφιά των κυρτωμένων καθρέφτινων κόσμων, έβλεπες τον εαυτό σου καθώς κούρευες το γρασίδι.

Ο ιστός της αράχνης, το φως, η πρωινή δροσιά, όλα

αυτά πρέπει να ήταν μέρος του εξωτερικού περιβάλλοντος της αράχνης και της φύσης της. Όχι όμως σαν περιορισμός ή σαν απομόνωση, δεν το βλέπαμε έτσι τότε, ούτε αργότερα μπόρεσα να το δω ποτέ έτσι. Η φύση δεν είναι ζουρλομανδύας για να σπάσει. Η φύση είναι ένα θείο δώρο, μια ευκαιρία που δόθηκε σε όλα τα ζωντανά πλάσματα για να αναπτυχθούν.

Σαν μια κατευθυντήρια γραμμή στη ζωή μας.

Για τον Πλάτωνα ο Θεός ήταν μαθηματικός, το ίδιο και για τον Κέπλερ, καθώς και για τον Μπίελ και τον Φρέδχοϊ. Πιστεύω ότι δεν είναι τυχαίο που τα πιο σημαντικά μαθήματα που δίδασκαν ήταν η βιολογία και τα μαθηματικά. Ένας σκοπός που κρυβόταν πίσω τους, ο σκοπός που κατεύθυνε αυτούς και το σχολείο, τους είχε κάνει να πλησιάσουν το δικό τους πεπρωμένο όσο το δυνατόν πιο κοντά στο Θεό.

Τα μαθηματικά είναι ένα είδος γλώσσας. Η μόνη γλώσσα στο σύμπαν που απεχθάνεται τα όρια.

Με δυσφορία η ψυχολογία και η βιολογία παραδέχτηκαν ότι υπάρχει όριο στους κανόνες στους οποίους μπορούν να υποταγούν τα ζωντανά πλάσματα. Ότι υπάρχει όριο για το πόση πειθαρχία, πόση σκληρή δουλειά, πόσο στενά πλαίσια μπορούν να αντέξουν τα παιδιά.

Ακόμα και η φυσική έχει όρια. Τον κοσμικό και τον ατομικό χρόνο. Το ανώτερο και το κατώτερο όριο.

Όμως τα μαθηματικά είναι απεριόριστα. Γι' αυτό δεν υπάρχουν κατώτερα και ανώτερα όρια, υπάρχει μόνο το άπειρο. Ίσως από μόνα τους, όπως λένε, δεν είναι ούτε καλό ούτε κακό. Όμως έτσι όπως τα γνωρίσαμε, σαν μορφή έκφρασης του χρόνου, σαν αριθμούς που μετρούσαν τις επιδόσεις και τη βελτίωση, σαν επιχείρημα για την ύπαρξη του απόλυτου, δεν ήταν ανθρώπινα. Ήταν αφύσικα.

Ο Φρέδχοϊ και ο Μπίελ δεν το είπαν ποτέ ευθέως, όμως τώρα ξέρω με απόλυτη βεβαιότητα τι σκέφτονταν. Ή ίσως δε σκέφτονταν, αλλά ένιωθαν. Ποια ήταν η κοσμοθεωρία που πάνω της στηρίζονταν όλες τους οι πράξεις. Πίστευαν ότι στην αρχή ο Θεός έπλασε τον ουρανό και τη γη σαν πρώτη ύλη, σαν μια ομάδα μαθητών που πάει στην πρώτη τάξη και προορίζεται για επεξεργασία και βελτίωση. Μετά έπλασε το γραμμικό χρόνο, αυτός θα ήταν ο ίσιος δρόμος που πάνω του θα γινόταν η βελτίωση. Και σαν όργανο για να μετριέται η πρόοδος της διαδικασίας βελτίωσης, έπλασε τα μαθηματικά και τη φυσική.

Και σκέφτηκα: τι θα γινόταν αν ο Θεός δεν ήταν μαθηματικός; Αν είχε δουλέψει όπως η Καταρίνα, ο Άουγκουστ κι εγώ, χωρίς να έχει συγκεκριμένες ερωτήσεις ή απαντήσεις; Και τι θα γινόταν, αν το αποτέλεσμα που θα έβγαζε δεν ήταν απόλυτο, αλλά κατά προσέγγιση; Ίσως μια ισορροπία κατά προσέγγιση. Όχι κάτι που έπρεπε να βελτιωθεί ή να ντρεσαριστεί, αλλά κάτι που λίγο πολύ ήταν έτοιμο και βρισκόταν σε κάποια ισορροπία. Όπως δυο δέντρα, ο ήλιος και η υγρασία της γης, που ανάμεσά τους το μόνο που χρειαζόταν να κάνει κανείς ήταν να στήσει τον ιστό του όσο πιο καλά μπορούσε, και αυτό θα έφτανε, δε θα υπήρχε απαίτηση για κάτι παραπάνω. Και αν ήταν να γίνει κάποια εξέλιξη, θα γινόταν μέχρις ενός σημείου από μόνη της, δε θα ήταν ανάγκη να κάνεις ακραία πράγματα, μονάχα να μείνεις πιστός στη φύση σου και θα γινόταν. Αν λοιπόν αυτός ήταν ο σκοπός;

Ο Άουγκουστ, ο Όσκαρ Χούμλουμ και η Καταρίνα μού έκαναν επίσκεψη.

Μπορείς να πας κάπου και να σε ακούσουν με πολλούς τρόπους, χωρίς απαραίτητα να είσαι εκεί αυτοπροσώπως.

Τώρα θα το πω. Αυτό που πιστεύω για το χρόνο.

Για να νιώσεις το χρόνο και να μιλήσεις γι' αυτόν, πρέπει πρώτα να νιώσεις ότι κάτι έχει αλλάξει. Και ότι μέσα σ' αυτή την αλλαγή ή πίσω από αυτή κρύβεται κάτι που υπήρχε και πριν. Η αντίληψη του χρόνου είναι ο ανεξήγητος συνδυασμός μεταβολής και σταθερότητας που κάνει η συνείδησή μας.

Στη ζωή του ανθρώπου, στη δική σου και στη δική μου, υπάρχουν γραμμικές χρονικές περίοδοι, με ή χωρίς αρχή και τέλος. Καταστάσεις και εποχές που ξεπροβάλλουν με ή χωρίς προειδοποίηση, και μετά περνάνε και δεν ξανάρχονται.

Υπάρχουν και επαναλαμβανόμενα κυκλικά γεγονότα: καιροί δύσκολοι και καιροί ξένοιαστοι, ελπίδα και απελπισία, αγάπη και απόρριψη, όλα αυτά κορυφώνονται, σβήνουν και ξαναγυρίζουν αδιάκοπα.

Υπάρχουν κενά, όταν ο χρόνος σταματάει. Υπάρχουν και επιταχύνσεις του χρόνου, καθώς και ξαφνικές καθυστερήσεις.

Υπάρχει μια αφάνταστα ισχυρή τάση, όταν οι άνθρωποι είναι μαζί, να φτιάχνουν έναν κοινό χρόνο.

Και ανάμεσα τους υπάρχουν όλοι οι συνδυασμοί που μπορείς να βάλεις με το μυαλό σου, διασταυρώσεις και μεταβατικά στάδια.

Και υπάρχουν και αστραπιαία περαστικά, γεμάτα αιωνιότητα.

Όταν ήμουν πολύ καιρό στην απομόνωση, ή είχα πάψει να μιλάω, ή άφηνα το τρένο να περάσει ξυστά δίπλα μου, ή ήμουν ξαπλωμένος και περίμενα τον Βάλσανγκ, ή καθόμουν δίπλα στην Καταρίνα, ή κρατούσα το χέρι του Άουγκουστ, τότε ο χρόνος χανόταν στον ορίζοντα, σαν ένας ήχος που όσο πήγαινε και χαμήλωνε. Όταν ήμουν έτοιμος να φύγω από τον κόσμο και να συναντήσω τον εαυτό μου ή το θάνατο, την παραίτηση, την έκσταση ή την ησυχία του εργαστηρίου, τότε ο χρόνος με εγκατέλειπε. Τότε πλησίαζε η αιωνιότητα.

Ο χρόνος είναι στενά συνδεμένος με τη γλώσσα, τις αισθήσεις και την ανθρώπινη κοινότητα. Ο χρόνος γεννιέται όταν η συνείδηση συναντά τον κόσμο σε μια φυσιολογική ζωή.

Χωρίς να θέλω να διαφωνήσω με κανέναν, θα ήθελα να εκφράσω την αντίθεση μου προς τον Νεύτωνα ο οποίος θεωρούσε ότι ο χρόνος τρέχει μέσα στο σύμπαν ανεξάρτητα από τον άνθρωπο, και ακόμα με τον Καντ που έλεγε ότι ο χρόνος είναι κάτι έμφυτο στη συνείδησή μας. Νομίζω ότι ο χρόνος είναι μια δυνατότητα που έχουν όλοι οι άνθρωποι όλων των εποχών, αλλά χρειάζεται εξάσκηση για να μπορέσει να ξεδιπλωθεί, και οι μορφές που παίρνει εξαρτιούνται από το χαρακτήρα της εξάσκησης και του εξωτερικού περιβάλλοντος.

Ο χρόνος είναι ένα πεδίο που περιέχει γλώσσες, χρώματα, μυρωδιές, αισθήσεις και ήχους, ένα πεδίο όπου ζεις μαζί με τον κόσμο, μια από τις αιτίες που ο άνθρωπος μπορεί και επιβιώνει.

Αν όμως ο χρόνος παρασφίξει τα λουριά του, τότε γίνεται αιτία να οδηγηθείς στην καταστροφή.

Ο χρόνος δεν είναι αυταπάτη. Ούτε είναι η μοναδική πραγματικότητα. Είναι ένας αρκετά διαδεδομένος τρόπος να συναντούνται η συνείδησή μας και ο εξωτερικός κόσμος. Όμως δεν είναι ο μοναδικός. Αν σε πιάσει η περιέργεια ή αρρωστήσεις και δεν υπάρχει άλλος τρόπος να επιβιώσεις, μπορείς τότε να μπεις στο εργαστήριο και να αγγίξεις το χρόνο. Και αυτός θα αλλάξει.

Μπορούσες να χαζεύεις αφηρημένος μπροστά σε μια σταγόνα πρωινής δροσιάς και τότε ο χρόνος σταματούσε. Μπορούσες να περιμένεις να σου βάλουν το κεφάλι στη λεκάνη του καμπινέ και τότε ο χρόνος περνούσε γρήγορα, και από την άλλη όχι αρκετά γρήγορα. Μπορούσες να θυμηθείς πράγματα από πέρσι σαν να είχανε γίνει τώρα και να φοβάσαι κάτι από το αύριο σαν να ανήκε και αυτό στο τώρα. Και μπορεί να είχες πάει με τον Όσκαρ Χούμλουμ στην κοινότητα καθυστερημένων παιδιών στο Χαίβε για το σαββατοκύριακο, γιατί δεν ήξεραν τι να μας κάνουν, και ήμασταν μόνο εγώ και αυτός, κανείς δε μας έβλεπε, κάναμε μπάνιο και ξαφνικά είχαν φύγει δυο μέρες· πού είχαν πάει άραγε;

Το πρόβλημα δημιουργείται μονάχα όταν η γλώσσα, η κοινωνία, η εξέλιξη, η επιστήμη, απαιτούνε μια αλήθεια. Η εξέλιξη των τελευταίων τριακοσίων χρόνων απαίτησε το γραμμικό χρόνο.

Ο γραμμικός χρόνος είναι κάτι αναπόφευκτο, είναι ένας τρόπος να κρατάς ενωμένο το παρελθόν, σαν τελίτσες πάνω σε μια γραμμή, η μάχη του Πουατιέ, ο Μαύρος Θάνατος το 1347, ο Κολόμβος που ανακάλυψε την Αμερική, ο Λούθηρος στο Βίτενμπεργκ, ο αποκεφαλισμός του Στρούενζεε το 1772. Ακόμα και αυτό που γράφω τώρα, αυτό το κομμάτι της ζωής μου, μ' αυτόν τον τρόπο το θυμάμαι.

Όμως δεν είναι το μοναδικό είδος χρόνου. Η συνείδησή μας θυμάται και πεδία, ασταθείς περιόδους, σχέσεις που συνδέουν εκείνο που έγινε κάποτε μ' αυτό που γίνεται τώρα, χωρίς να λαμβάνουν υπόψη τη ροή του χρόνου. Και στην αρχή της ζωής η συνείδηση θυμάται έναν κάμπο χωρίς χρόνο.

Το να μεγαλώνεις σε έναν κόσμο που αποδέχεται και επιβραβεύει ένα μονάχα τρόπο να θυμάσαι, είναι καταναγκασμός ενάντια στη φύση σου. Και αυτός ο καταναγκασμός σε σπρώχνει λίγο λίγο στην άκρη του γκρεμού.

Ο χρόνος είναι ένα πλήθος από μορφές συνείδησης, ένα πλήθος από σύμβολα μέσα στην ανθρώπινη ζωή.

Αυτό σημαίνει ότι ο χρόνος είναι και μια περιοχή στη γλώσσα, σαν ένα τοπίο προς το οποίο κινείσαι όταν προσπαθείς να κατανοήσεις προπαντός τα μέρη του κόσμου που έχουν να κάνουν με την αλλαγή του.

Όπως όλα τα γλωσσικά τοπία έτσι και ο χρόνος δεν είναι μόνο λέξεις και γλωσσικές σημασίες. Είναι και χρώματα, ήχοι, ρυθμοί, αγγίγματα, εντάσεις, χαλαρώσεις και αρώματα.

Στην πιο απλή μορφή του είναι ο απερίγραπτος συνδυασμός αναγνώρισης και έκπληξης που προκύπτει όταν η συνείδηση συναντά την κίνηση του κόσμου. Είναι η αποδοχή τού ότι σε κάθε αλλαγή υπάρχει κάτι που μέχρι τότε δεν το είχε δει κανείς, και είναι μοναδικό και αμετάκλητο, καθώς και κάτι που πάντα μένει το ίδιο.

Ο χρόνος δεν απλουστεύεται ούτε ανάγεται σε κάτι άλλο. Δεν μπορούμε να πούμε ότι βρίσκεται μόνο στη συνείδηση μας ή μόνο στο σύμπαν, ή ότι έχει μόνο μια κατεύθυνση, ή όλες όσες μπορεί κανείς να φανταστεί. Ότι υπάρχει μόνο στα βιολογικά μας θεμέλια ή ότι είναι μονάχα μια από τις ιστορικές συμβάσεις της κοινωνίας. Ή ότι είναι μόνο ατομικός ή μόνο συλλογικός, μόνο κυκλικός, μόνο γραμμικός, σχετικός, απόλυτος, καθορισμένος, εξαπλωμένος σε ολόκληρο το σύμπαν, μόνο τοπικός, μόνο αόριστος, απατηλός, πραγματικός, μετρήσιμος, μη μετρήσιμος, προσιτός ή απλησίαστος. Ο χρόνος είναι όλα αυτά.

Για το άτομο φυσικά η ζωή είναι κάτι αμετάκλητο. Όταν τα

προβλήματά σου είναι τόσο μεγάλα, που μαζεύονται το ένα πάνω στο άλλο, και στο τέλος βλέπεις μόνο τον εαυτό σου, και καμιά φορά ούτε καν αυτόν, τότε η ζωή ξεφεύγει μέσα από τα χέρια σου σαν άμμος.

Αν όμως ξεπεράσεις τον εαυτό σου, επειδή για παράδειγμα σε βοήθησε το παιδί να το κατορθώσεις, τότε νιώθεις την επανάληψη, τότε καταλαβαίνεις ότι δεν είσαι παρά ένας ασήμαντος κρίκος σε μια αλυσίδα παντοδύναμων εναλλαγών, ότι τελικά δεν έχεις σημασία, όχι επειδή δεν αξίζεις, κανείς δε λέει κάτι τέτοιο, είσαι μικρός και μαζί σημαντικός, αλλά επειδή οι μεγάλες επαναλήψεις είναι πολύ μεγαλύτερες και πολύ πιο σημαντικές από σένα.

Αν η συνείδησή σου βλέπει μόνο τον εαυτό της, τότε βλέπει μόνο τον αμετάκλητο χρόνο, που δεν ξαναγυρνά. Αν όμως δει την οικογένεια, τους συγγενείς, τα παιδιά, τις γεννήσεις και τη συμβίωση με τους άλλους ανθρώπους, τότε βλέπει τις επαναλήψεις, τότε ο χρόνος είναι πιο πολύ ένα πεδίο, ένας κάμπος, μια ήπειρος όπου μπορείς να ταξιδέψεις, παρά μια κλεψύδρα, όπου ο χρόνος τρέχει και τελειώνει.

Τώρα είναι νύχτα και έχω ξυπνήσει, το παιδί έχει πετάξει από πάνω του το πάπλωμα, δεν ξέρω αν το έκανε επειδή ζεστάθηκε ή φοβήθηκε μη τυχόν το στρώμα τη φυλακίσει. Σκέπασα μονάχα τα πόδια της με το πάπλωμα, τουλάχιστον για να μην κρυώνει, και αν πάλι δεν αντέχει άλλο, μπορεί να ελευθερωθεί αμέσως. Μετά δεν μπόρεσα να κοιμηθώ άλλο, κάθισα στο σκοτάδι και τις κοίταζα και τις δυο τους, το παιδί και τη γυναίκα. Και τότε με πλημμύρισε εκείνο το συναίσθημα. Δεν είναι λύπη ή χαρά, είναι το βάρος και η ένταση που νιώθω τώρα που μπήκα στη ζωή τους, και που ξέρω ότι αν χωριστώ από αυτούς τους ανθρώπους, θα είναι η καταστροφή μου.

Τότε προσευχήθηκα, όχι σε κάποιον συγκεκριμένα, ο

Θεός και ο Χριστός έχουν πάρει για πάντα θέση δίπλα στον Μπίελ, αλλά έστειλα την προσευχή μου έξω στο σύμπαν, εκεί που καταστρώνονται τα μεγάλα σχέδια, ακόμα και αυτά που βρίσκονται πίσω και πέρα από την εποχή του Μπίελ και τη δική μας. Προσευχήθηκα για την επιβίωσή μας. Ή τουλάχιστον για την επιβίωση του παιδιού και της γυναίκας.

Νομίζω ότι το «Ιδιωτικό Σχολείο Μπίελ» ήταν το τελευταίο σημείο σε μια επιστημονική εξέλιξη τριακοσίων χρόνων. Εκεί επιτρεπόταν μόνον ο γραμμικός χρόνος, ολόκληρη η σχολική ζωή και τα μαθήματα ήταν κανονισμένα σύμφωνα με αυτόν, τα κτίρια του σχολείου, ο γύρω χώρος, οι καθηγητές, οι μαθητές, τα μαγειρεία, τα φυτά, οι εγκαταστάσεις και η καθημερινή ζωή, ήταν μια μηχανή που βρισκόταν σε κίνηση, ένα σύμβολο του γραμμικού χρόνου.

Στεκόμασταν άκρη άκρη, είχαμε φτάσει στο όριο. Το όριο για το πόσο μπορούσε κανείς, χρησιμοποιώντας ως όργανο το χρόνο, να πιέσει την ανθρώπινη φύση.

Και εκεί, βέβαια, το πράγμα δεν μπορούσε παρά να στραβώσει.

# 8

Μετά την αντιπαράσταση με πήγανε πίσω στη «Μνήμη Λαρς Όλσεν», έμεινα εκεί δεκατέσσερις μέρες, όμως όχι στην απομόνωση. Τη δέκατη πέμπτη μέρα ήρθε η κηδεμόνας μου από το Γενικό Προεδρείο.

Μου είπε ότι το σχολείο και η αστυνομία απαιτούσαν να διεξαχθεί δικαστική έρευνα για συμμετοχή σε πράξεις βίας, και για το αν και κατά πόσο εγώ παρέσυρα έναν ή ίσως και περισσότερους συμμαθητές μου στην αυτοκτονία, είχανε ψάξει και είχανε βρει την παλιά ιστορία με τον Χούμλουμ. Εκείνη και η Προστασία του Παιδιού ήταν αντίθετοι σ' αυτό, είχαν δώσει έμφαση στην ηλικία μου, παράγραφος 15 του Ποινικού Κώδικα του 1930, ανεξάρτητα από το αποτέλεσμα της έρευνας θα κατέληγα στη Μέριμνα, σ' αυτό τους είχε επιστήσει την προσοχή.

Όσο μιλούσαμε ήμασταν μόνοι, είχε διώξει το φύλακα, ποτέ της δε με φοβήθηκε. Έδειχνε κουρασμένη, ήταν κηδεμόνας για διακόσια ογδόντα παιδιά, μου το είχε πει.

Κρατούσε το χειρότερο για το τέλος, δεν το είπε παρά μόνον όταν είχε φτάσει στην πόρτα.

«Θα πας στο Σάντμπιεργκορντ», είπε.

«Και η Καταρίνα;»

«Η κοπέλα; Και αυτή την πήραμε. Παρόλο που είναι πάνω από δεκαπέντε. "Απόσυρση της κατηγορίας υπό όρους. Παράγραφοι 723 και 723α του Ερμηνευτικού Κώδικα"».

Το Κρατικό Ίδρυμα Ανηλίκων στο Σάντμπιεργκορντ, όπου έμεναν κυρίως νέοι με μαθησιακές δυσκολίες και αργή ανάπτυξη, ήταν στο Ράουνσμποργκ, ο Άουγκουστ ήταν εκεί λίγο πριν έρθει στου Μπίελ. Εκεί έστελναν όσους θεωρούνταν πια ξεγραμμένοι ή ήταν πολύ μικροί για να πάνε σε κανονική φυλακή ή στην πτέρυγα ασφαλείας του Κρατικού Νοσοκομείου του Νυκαίμπινγκ της Σαιλλανδίας, για άτομα με ιδιαίτερα επικίνδυνες διανοητικές διαταραχές. Το Ίδρυμα είχε εξήντα τροφίμους και είχε τον ίδιο βαθμό ασφαλείας όπως το Χέρστεδβέστερ, δηλαδή φύλακες, παρατηρητήρια, εφτά μέτρα διπλό φράχτη με συρματόπλεγμα. Ωστόσο όλο και κάποιοι το έσκαγαν, ένας ή δυο κάθε φορά, όμως δεν το σχεδίαζαν ποτέ όπως στο Χίμελμπιέργκχους, έφευγαν ανοργάνωτα, και κατάφερναν να μείνουν έξω το πολύ δυο μέρες. Τη δεύτερη φορά που έγινε απόδραση, όταν ήμουν εγώ εκεί, είχαν κάνει πολλούς βιασμούς, οι ντόπιοι έκαναν διαδήλωση μπροστά στην πύλη, είχαν μαζί τους αεροβόλα και τσάπες, είχαμε ξαπλώσει στο γρασίδι για να μη μας βλέπουν και τους κοιτάζαμε, κρατούσαν πλακάτ, ένα από αυτά ζητούσε την επαναφορά της θανατικής ποινής.

Είχαμε και μάθημα σε συνεργείο για την εργασία στη βαριά βιομηχανία, ιδίως για τα μέταλλα, κανένας δεν το έπαιρνε στα σοβαρά, ούτε οι καθηγητές, κανείς δεν πίστευε ότι μπορούσαμε να τα βγάλουμε πέρα στον έξω κόσμο με κάποιον τρόπο της προκοπής. Οι μισοί από εμάς, και περισσότεροι, βρίσκονταν υπό υποχρεωτική ψυχιατρική θεραπεία, πολλούς ερχόταν και τους έκανε έλεγχο η Προστασία του Παιδιού και το τμήμα Ηθών της αστυνομίας κάθε εβδομάδα.

Δε γίνεται να είσαι καλύτερος από αυτούς που έχεις γύρω σου, τουλάχιστον όχι για πολύ. Όταν είσαι με ανθρώπους που έχουν τόσο χαμηλή ιδέα για τον εαυτό τους, λες και είναι ζώα, γίνεσαι κι εσύ ζώο. Ή και χειρότερος, γιατί τουλάχιστον τα ζώα δε μισούν τον εαυτό τους.

Κόβαμε δίσκους από ατσάλι, έρχονταν περασμένοι με μίνιο, σε σχήμα τετράγωνο, ενάμισι επί ενάμισι μέτρο, και πάχος είκοσι πέντε χιλιοστά· τους κόβαμε με ένα μεγάλο δισκοπρίονο πάνω στην ακονόπετρα, έτσι που δεν μπορούσαμε να φοράμε προστατευτικό κάλυμμα, ο χώρος γύρω από τα χέρια μας γέμιζε σπίθες. Μια μέρα είχα βγάλει τα γάντια μου, είχα σηκώσει τα μανίκια της φόρμας μου και είχα αρχίσει να κόβω με γυμνά χέρια· τα θραύσματα της σιδερένιας λίμας έκαναν στο χέρι μου ένα έγκαυμα που έμοιαζε με μαύρο σκουλήκι και έφτανε μέχρι τον αγκώνα, μύριζε καμένη σάρκα, στην αρχή δεν κατάλαβα τίποτα, δεν είχα συναίσθηση του εαυτού μου, κάποιος άλλος μέσα είχε πάρει τη θέση μου. Για να νιώσω την αναισθησία που είχε απλωθεί πάνω μου.

Εκείνο το βράδυ δεν κάθισα στη σάλα που ήταν η τηλεόραση, κάθισα στην τουαλέτα και έγραψα ένα γράμμα στην κηδεμόνα μου, της έγραψα ότι ήταν ανάγκη να τη δω και, αν γινόταν, να έρθει το συντομότερο δυνατό.

Ήρθε την επόμενη εβδομάδα. Δεν υπήρχε γυναικείο προσωπικό στο Σάντμπιεργκορντ, καθώς διέσχιζε την αυλή βγαίνανε στα παράθυρα, κατέβαζαν τα παντελόνια τους και της φωνάζανε.

Ήμασταν στο δωμάτιο για τους επισκέπτες, είπε στο φύλακα να βγει έξω.

«Θέλω να με υιοθετήσουν», είπα εγώ.

Στην αρχή εκείνη έμεινε κόκαλο.

«Είσαι δεκατεσσάρων χρονών», μου είπε.

Αν τα ορφανά παιδιά δεν τα έπαιρναν για υιοθεσία όσο ήταν ακόμα μωρά, είτε γιατί δεν ήταν όμορφα είτε γιατί έδιναν την εντύπωση ότι ήταν διανοητικά καθυστερημένα, είτε για άλλους λόγους, δεν τους ξαναμιλούσαν για υιοθεσία. Αλλά ούτε και εμείς οι ίδιοι κάναμε λόγο για κάτι τέτοιο.

Βασικά φοβόμαστε την οικογένεια. Ξέραμε ότι δεν ήμασταν κατάλληλοι.

Όμως τώρα είχα γνωρίσει τον Άουγκουστ και την Καταρίνα. Δε θα μπορούσα ποτέ να το εξηγήσω στη Γιοχάνα Μπουλ. Όμως έτσι και νιώσεις, έστω μια φορά, ότι κάποιος σε αγαπάει, δε θέλεις πια να βουλιάξεις.

«Το θέλω», είπα. «Πώς γίνεται;»

«Γίνεται μέσω της "Μητρικής Βοήθειας"», είπε εκείνη, «έχουν γραφείο υιοθεσιών στην Κοπεγχάγη. Ύστερα από πρόταση της επιτροπής προς τη "Μέριμνα του Παιδιού" και την ίδια τη "Μητρική Βοήθεια", εξετάζεται η κατάσταση του παιδιού και των φυσικών και θετών γονέων. Στη δική σου περίπτωση, που θα πουν ότι υπάρχουν αμφιβολίες για την ψυχική υγεία του παιδιού, θα εξεταστείς από ειδικό γιατρό και θα προσκομισθεί βεβαίωση από το "Ινστιτούτο Κληρονομικότητας", για να δουν αν έχεις προδιάθεση για κληρονομικές ασθένειες, όλα αυτά τα ορίζει το υπόμνημα αριθμός 262 του 1960. Και δε μιλάμε για τις δυσκολίες που υπάρχουν για να βρεις κάποιον να σε πάρει. Η "Μητρική Βοήθεια" έχει σύσκεψη κάθε εβδομάδα, όπου συμμετέχουν ψυχίατρος, ψυχολόγος, παιδίατρος, νομικός και κοινωνική λειτουργός. Θα προσκομίσουν και βεβαιώσεις από τα ιδρύματα όπου ήσουν πριν. Ιδιαίτερα η βεβαίωση από εκεί που ήσουν τελευταία, δηλαδή το "Ιδιωτικό Σχολείο Μπίελ", θα παίξει καθοριστικό ρόλο. Γι' αυτό καλύτερα να το ξεχάσεις».

Δεν μπορούσες να πάρεις τηλέφωνο από το Σάντμπιεργκορντ, κάποιοι τρόφιμοι που είχαν κακοποιήσει και βασανίσει μικρά κοριτσάκια, συνέχιζαν να τηλεφωνούν στα σπίτια των κοριτσιών ακόμα και αφότου είχαν τεθεί υπό περιορισμό, έπειτα από αυτό σφράγισαν όλα τα τηλέφωνα, τώρα μπορούσες να τηλεφωνήσεις μόνο από έναν κλειδωμένο τηλεφωνικό θάλαμο, ενώ ένας φύλακας άκουγε όλα όσα έλεγες.

Τηλεφώνησα στο «Ιδιωτικό Σχολείο Μπίελ», το σήκωσε η γραμματέας, όταν είπα το όνομά μου σώπασε τελείως.

Ζήτησα συγγνώμη για την ενόχληση, όμως υπήρχαν κάποια πράγματα στο δωμάτιό μου που δεν τα είχα πάρει και τα χρειαζόμουν. Εκείνη μου είπε ότι θα μου τα έστελνε. Ναι, είπα εγώ, αλλά υπάρχει και κάτι που θέλω να πω σχετικά μ' εκείνο που συνέβη τότε· θα μπορούσα να μιλήσω με κάποιον υπεύθυνο;

Ήρθε ο Φρέδχοϊ. Πάρκαρε το *Ρόβερ* του στην αυλή, κανείς δεν του φώναξε. Στο δωμάτιο για τους επισκέπτες ήταν πολύ σύντομος, γι' αυτόν είχα πάψει πια να υπάρχω.

Ενόσω ήμουν στην απομόνωση, μου είχαν στείλει τα δικά μου ρούχα, δυο παντελόνια, δυο πουκάμισα κοτλέ, εσώρουχα, κάλτσες, ένα πουλόβερ, ένα αδιάβροχο. Αυτά που μου έφερε ο Φρέδχοϊ ήταν διάφορα προσωπικά αντικείμενα που είχαν μείνει στο ντουλάπι μου, παντόφλες, λαστιχένια παπούτσια, φόρμα γυμναστικής, σάκα και κασετίνα, έπρεπε να είναι και κάτι μίκι μάους και μια ρακέτα του πινγκ πονγκ μάρκας *Στίγκα*· δεν τα είχε φέρει, εγώ δεν έκανα λόγο γι' αυτά, θα τα είχαν κλέψει την επομένη που με πήρανε από εκεί, καθώς και το περιεχόμενο της κασετίνας, που τώρα δεν είχε τίποτα μέσα. Δεν είπα τίποτα ούτε για τη ραφή της σάκας μου που την είχανε ξηλώσει, όποιος και να ήταν, είχε προσπαθήσει να τη διορθώσει, αν και αρκετά αδέξια, έτσι δεν είπα τίποτα. Ακόμα, ο Φρέδχοϊ μου έφερε τρία βιβλία, ήταν τα μόνα που ο μαθητής έπρεπε να αγοράσει μόνος του, γι' αυτό και ήταν δικά μου, μου τα είχε πληρώσει η Κοινωνική Πρόνοια, τα είχε αγοράσει μεταχειρισμένα, ήταν η *Βιολογία δημοτικού και γυμνασίου*, η *Μικρή χλωρίδα* και το *Βιβλίο τραγουδιών*.

Ο Φρέδχοϊ με είχε σηκώσει στον πίνακα περισσότερες φορές από ό,τι θυμόμουν. Ή πάλι καθόμουν και τον άκουγα να μας διαβάζει για τους μεγάλους εγκληματίες. Ήμουν εκεί και τη μέρα που η Άννε-Ντόρτε Φέλντσλεβ βρήκε τον Άξελ στη χαρτοθήκη. Παρ' όλα αυτά με κοίταζε με όχι και τόσο ευχάριστη διάθεση.

Δεν υπήρχε αδιαφορία στο βλέμμα του, υπήρχε αντιπάθεια.

«Θέλω να με υιοθετήσουν», είπα εγώ. «Δεν μπορώ να μείνω εδώ, θα μου στρίψει. Θα μπορούσε το σχολείο να μου δώσει μια σύσταση που να λέει ότι είμαι κατάλληλος για οικογένεια;»

Εκείνος άνοιξε την πόρτα, ο φύλακας μπήκε μέσα και υπέγραψε εκ μέρους μου μια απόδειξη ότι παρέλαβα τα ρούχα και τα βιβλία μου· αν ήσουν υπό την επίβλεψη της Μέριμνας Παιδιού δεν μπορούσες να υπογράψεις ο ίδιος πριν κλείσεις τα δεκάξι. Ο Φρέδχοϊ περίμενε μέχρι να φύγει και να κλείσει την πόρτα, και ύστερα απάντησε.

«Κανείς δε λέει ότι έχεις κακό χαρακτήρα», είπε. «Το μόνο που θέλουν όλοι είναι να σε δουν να στρώνεις. Μιλήσανε γι' αυτό στο σχολείο. Και η κηδεμόνας σου, αλλά και η Προστασία του Παιδιού και η αστυνομία, συμφωνούν ότι εδώ είναι το καλύτερο μέρος για σένα».

Το είπε με μεγάλη μαεστρία. Σαν να μην είχε εκείνος καμιά συμμετοχή, αλλά μονάχα τον βάλανε να μου μεταφέρει το μήνυμα.

«Προσωπικά σε καταλαβαίνω», μου είπε. «Όμως ύστερα από αυτό που έγινε, νομίζω ότι δε γίνεται να βάλουμε κάποιον από το σχολείο να συστήσει να φύγεις από εδώ».

Περίμενα να νυχτώσει, την ημέρα δεν υπήρχε μέρος όπου να μπορείς να είσαι μόνος σου. Κοιμόμασταν σε θαλάμους με τρία κρεβάτια ο καθένας· όταν τους άλλους δυο τους πήρε ο ύπνος, εγώ πήγα στη τουαλέτα.

Οι τουαλέτες ήταν όπως στο Μπουντρούμι, είχαν καλοριφέρ και το φως ήταν αναμμένο όλη νύχτα. Η πόρτα δεν κλείδωνε, όμως υπήρχε ησυχία.

Έκοψα τη ράχη του *Βιβλίου τραγουδιών*, είχα πάρει από το συνεργείο μια καινούργια λεπίδα για ένα μαχαίρι τύπου Στάνλεϋ, ακόμα και μ' αυτό μου πήρε πολλή ώρα, φαινόταν ότι το δέσιμο ήταν φτιαγμένο έτσι που να κρατήσει δέκα και είκοσι χρόνια, μπροστά οι προηγούμενοι ιδιοκτήτες είχανε γράψει τα ονόματά τους και τη χρονιά, η πρώτη φορά ήταν τον 1960. Μέσα στα φύλλα όπου ήταν γραμμένα τα τραγούδια είχα βάλει τα χαρτιά που πριν από πολύ καιρό είχα πάρει από το κλειδωμένο συρτάρι του Μπίελ· ήταν ακόμα γερά κολλημένα και άθικτα.

Την επόμενη νύχτα έγραψα στην κηδεμόνα μου, μου πήρε τη μισή νύχτα, της έγραψα με λεπτομέρειες ότι είχα ανάγκη να βγω έξω ένα απόγευμα, μόνο για λίγες ώρες, για να δω πού ήταν θαμμένος ο Άουγκουστ· θα μπορούσε να γίνει;

Δεν πήρα απάντηση. Όταν πέρασε μια βδομάδα, την πήρα τηλέφωνο στο γραφείο της, από τη φωνή της κιόλας κατάλαβα ότι κάτι τέτοιο ήταν αδύνατο.

«Είναι θαμμένος στους τάφους των αγνώστων, στο νεκροταφείο Μπίσπεμπιεργκ», μου είπε. «Είναι απόφαση της οικογένειάς του, δεν υπάρχει τίποτα να δεις».

«Το έχω ανάγκη έτσι κι αλλιώς», είπα εγώ.

Ο φύλακας στεκόταν και με κοίταζε, πολύ σπάνια σου έδιναν άδεια να βγεις έξω, μονάχα με τη συγκατάθεση του κηδεμόνα και της «Μέριμνας» και με αστυφύλακα για συνοδεία.

«Δεν έχεις συναίσθηση της θέσης σου», είπε εκείνη. «Σε έξι μήνες και βλέπουμε».

Την άλλη μέρα της έστειλα ακόμα ένα γράμμα, της έγραφα ότι αν μου έβγαζε τρεις φωτοτυπίες από τις κόλλες που της είχα εσωκλείσει, θα της χρωστούσα αιώνια ευγνωμοσύνη, θα μπορούσε να μου τις στείλει με φάκελο του Γενικού Προεδρείου;

Το γράμμα της ήρθε δυο μέρες αργότερα, ίσως θέλησε να επανορθώσει που δεν μπόρεσε να μου εξασφαλίσει άδεια να βγω έξω, έτσι πιστεύω, μ' αυτή τη μικρή χάρη που μου έκανε θέλησε να μου ζητήσει να τη συγχωρέσω.

Κανονικά όλα τα γράμματα ανοίγονταν και εξετάζονταν πριν σου τα δώσουν, μήπως έκρυβαν μέσα ναρκωτικά, όμως επειδή είχε στείλει επίσημο φάκελο, μου τον έδωσαν χωρίς να τον ανοίξουν. Το επόμενο βράδυ έφυγα για λίγη ώρα από το Ίδρυμα.

Ήταν Παρασκευή, είχαμε γιορτή, είχαμε και ορχήστρα, είχαν προσκαλέσει το «Κέντρο Προσαρμογής Νεανίδων» του Ράουνσμποργκ. Ήρθαν δεκαπέντε κορίτσια και μαζί τους είκοσι δασκάλες και βοηθοί, ήταν η πρώτη φορά στην ιστορία του ιδρύματος που έρχονταν εκεί κορίτσια, ήταν ένα δείγμα των νέων παιδαγωγικών τάσεων της εποχής.

Όλη τους η προσοχή ήταν στραμμένη στην αίθουσα όπου γινόταν η γιορτή, εκεί όπου έπαιζαν μουσική, και πρόσεχαν μήπως κάποιος πιει ή παραβιάσει άλλους κανόνες. Δε φαντάζονταν ότι εκείνη την ώρα κάποιος θα προσπαθούσε να φύγει από το σχολείο.

Η πύλη είχε φύλακα, όμως δεν ήταν πρόβλημα, κανονικά υπήρχαν φώτα στο φράχτη, αλλά είχανε πάρει τους προβολείς για να φωτίσουν τη σκηνή, όλα ήταν βυθισμένα στο σκοτάδι, είχα το χρόνο που χρειαζόμουν.

Υπήρχε πόρτα και στον εσωτερικό και στον εξωτερικό φράχτη, και οι δυο ήταν εφοδιασμένες με ένα απλό λουκέτο, που ενισχυόταν από μια αλυσίδα, για σιγουριά είχα πάρει μαζί μου ένα μικρό τρυπάνι από το συνεργείο και τα έκοψα.

Από το Ίδρυμα βγήκα στον αυτοκινητόδρομο του Καλουντμπόργκ και έκανα οτοστόπ, θα ήταν μεγάλο ρίσκο να πάρω λεωφορείο, το Ίδρυμα είχε κάνει συμφωνία με τον Οργανισμό Συγκοινωνιών της Δυτικής Σαιλλανδίας να αναφέρουν στο Ίδρυμα όλους όσους έμοιαζαν με τρόφιμοι και έπαιρναν το λεωφορείο κοντά στο Ράουνσμποργκ.

Οι δυο πρώτοι που με πήρανε ήταν εντάξει, ο τρίτος όμως όχι, όταν θέλησε να μου βάλει χέρι, του είπα: «Θα χώσω το δάχτυλο στο λαιμό μου και θα ξεράσω στο αμάξι σου». Αυτό τον έκανε να τραβηχτεί, συνήθως το κόλπο πιάνει. Με κατέβασε στην οδό Ώλεκιστεβαϊ, από εκεί συνέχισα με τα πόδια, έχοντας δίπλα μου τη λίμνη Ντάμχους.

Δεν έκανε κρύο, μάλλον ζέστη θα έλεγα, όλη την ημέρα είχε φως, και παρόλο που τώρα είχε σκοτεινιάσει, το φως δεν είχε εξαφανιστεί, αλλά το είχε θαρρείς τυλίξει η νύχτα. Έτσι το έβλεπα. Βέβαια πάντα υπάρχουν στη ζωή σου λευκές νύχτες, αλλά έρχεται κάποια στιγμή που το λες στον εαυτό σου για πρώτη φορά, για μένα αυτή η στιγμή ήταν εκείνη η νύχτα.

Η πύλη του πάρκου ήταν κλειστή, όχι όμως και η μικρή αυλόπορτα, καθώς ανέβαινα πέρασα από την αποθήκη υλικού, την είχαν ξαναχτίσει και ήταν φρεσκοβαμμένη, επίσης τα δέντρα που ήταν πιο κοντά ήταν ακόμα καμένα, κατά τ' άλλα δε φαινόταν τίποτα.

Στο βοηθητικό κτίριο όλα τα φώτα ήταν σβηστά, ακόμα και στα δωμάτια του Φλάκενταμ και της νέας επιθεωρήτριας, στο κυρίως κτίριο μόνο ένα φως ήταν αναμμένο, πάνω πάνω, στο διαμέρισμα του Μπίελ.

Είχαν βάλει καινούργια κλειδαριά στην πόρτα, δοκίμασα με το αντίγραφο του κλειδιού που είχα φτιάξει τότε, δεν ταίριαζε, τότε την τρύπησα με το τρυπάνι, στην άκρη του τυμπάνου και της κυλινδροδόχης, ούτε πέντε λεπτά δε μου πήρε. Καθώς ανέβαινα από τη σκάλα, δοκίμασα μερικές από τις πόρτες των διαδρόμων, όλες οι κλειδαριές είχαν αλλαχτεί.

Ήταν φανερό ότι τις αλλάξανε ύστερα απ' αυτό που συνέβη με μας. Τις αλλάξανε θαρρείς για να ξεχάσουνε πιο εύκολα και να κάνουνε μια καινούργια αρχή.

Ανέβηκα μέχρι τον πέμπτο και άνοιξα την πόρτα του διαδρόμου με το τρυπάνι, από εκεί μπήκα στην αίθουσα ωδικής, πέρασα από του Ντέλινγκ, που ανοίγει τις πύλες του πρωινού, και από εκεί μπήκα από την πορτούλα μέσα στο γραφείο του Μπίελ, εκεί απ' όπου εκείνος ερχόταν κάθε πρωί, έμπαινε μέσα και ανέβαινε στο βήμα.

Το δωμάτιο ήταν όπως το ήξερα. Όμως η ξύλινη κασετίνα είχε τώρα και το κλειδί της, την άνοιξα και έβαλα μέσα το χέρι μου, ήταν άδεια. Ήταν εκεί μόνο για ομορφιά, τα χαρτιά τα είχανε πάει σε πιο ασφαλές μέρος, ήταν έξυπνη κίνηση, ποτέ δεν κατάλαβα γιατί τα φύλαγαν εκεί, που ήταν τόσο εκτεθειμένα.

Κάθισα στο γραφείο του, όχι στη δική του καρέκλα, αλλά στην άλλη, που την είχε για τους μεγάλους που τον επισκέπτονταν, είχε χερούλια και κάλυμμα. Τα χαρτιά τα είχα στο παπούτσι μου, ανάμεσα στο εσωτερικό μέρος της σόλας και τον πάτο του παπουτσιού, τα έβγαλα και τα έβαλα πάνω στο γραφείο. Είχε αρκετό φως και έτσι μπορούσα να τα διαβάσω. Από το φεγγάρι, τα αστέρια και την ανταύγεια της μέρας που ήταν τυλιγμένη μέσα στη νύχτα.

Ήταν δυο κόλλες Α4, πυκνογραμμένες, γεμάτες κατά τα τρία τέταρτα, με μαύρο μελάνι, ο γραφικός χαρακτήρας ήταν του Μπίελ, έγραφε με πένα και μαύρο μελάνι.

Το χαρτί ήταν φτιαγμένο αποκλειστικά από κουρέλια. Αυτό δεν το καταλάβαινες, ήταν σαν κανονικό χαρτί, όμως πιο χοντρό, αυτό μας το είχαν πει. Ο Μπίελ είχε πει πως ήταν σημάδι της παρακμής του καιρού μας ότι η ποιότητα του χαρτιού γινόταν όλο και χειρότερη. Για τα έγγραφα ξεχωριστής σημασίας, όπως απολυτήρια, ενδεικτικά, συστάσεις και παρατηρήσεις για δασκάλους και μαθητές, το σχολείο χρησιμοποιούσε χαρτί που ήταν φτιαγμένο μόνο από κουρέλια και είχε πάνω του υδατόσημο, τόσο στα πρωτότυπα όσο και στα αντίγραφα, που μαζί με τις απαντήσεις των εξετάσεων φυλάσσονταν σύμφωνα με την εντολή του υπουργείου Παιδείας στο αρχείο τουλάχιστον δέκα χρόνια αφότου ο εν λόγω μαθητής είχε φύγει από το σχολείο, επειδή δεν ξεθωριάζουν, είχε πει ο Μπίελ.

Όταν πήρα την κόλλα και την κράτησα κοντά στο παράθυρο, είδα το υδατόσημο, τα κοράκια του Όντιν, τον Χούγκιν και τον Μούνιν.

Πάνω από τα κοράκια κυλούσαν αράδες γραμμένες με μαύρο μελάνι, ήταν αριθμοί, γράμματα και σύμβολα, σ' ολόκληρη την κόλλα δεν υπήρχε ούτε μια λέξη που να είχε γραφτεί ολόκληρη. Οι αριθμοί ήταν σίγουρα ημερομηνίες, δίπλα σε κάθε ημερομηνία υπήρχαν ένα σωρό γράμματα και ένα σύμβολο, μια λοξή γραμμή ή ένας σταυρός, ή, πολύ σπάνια, ένας κύκλος. Η πρώτη ημερομηνία ήταν η 4η Αυγούστου 1970.

Σε κάποια άλλη στιγμή της ζωής μου δε θα καταλάβαινα γρυ από εκείνη τη λίστα, θα την έβλεπα και δε θα μπορούσα να βγάλω άκρη και μετά θα την ξεχνούσα. Έβγαινε καθαρά πάντως ότι είχε να κάνει με τα δυο τελευταία σχολικά έτη, η πρώτη ημερομηνία ήταν λίγο μετά την πρώτη μέρα του περσινού σχολικού έτους. Πέρα απ' αυτό δεν έβγαινε νόημα. Ωστόσο εγώ την είχα καταλάβει, από τη στιγμή που την είδα για πρώτη φορά κάτω από τις άγραφες κόλλες από κουρελόχαρτο, ενώ ο Άουγκουστ καθόταν στη καρέκλα μισοκοιμισμένος, όταν ήταν ακόμα ζωντανός.

Την είχα καταλάβει επειδή ήρθε στα χέρια μου σε μια στιγμή που συνέχεια σκεφτόμουν το χρόνο. Που θυμόμουν όλες τις ημερομηνίες που άργησα στο μάθημα ή που δεν έκανα τα μαθήματά μου στην ώρα μου, που είχα δει την Καταρίνα στην αυλή και που ήρθε στο σχολείο ο Άουγκουστ και άρχισε, για κακή του τύχη, να κάνει αισθητή την παρουσία του.

Όλα αυτά προσπάθησα να τα θυμηθώ, επειδή αυτό κάνεις όταν ο χρόνος απειλεί να σου το σκάσει, προσπαθείς να τα θυμηθείς όλα για να τον κρατήσεις και να μη σου φύγει. Μέσα στην αγωνία μου ήρθαν στο μυαλό μου πολλές ημερομηνίες, και μερικές έμειναν εκεί και δεν έφευγαν. Στο χαρτί του Μπίελ είδα και τα δικά μου αρχικά, τα γνώρισα αμέσως, γιατί βρίσκονταν δίπλα στις δυο ημερομηνίες που με φώναξαν στο γραφείο του. Ακόμα, είδα τα αρχικά του Άουγκουστ και της Καταρίνα, καθώς και πόσες φορές είχαν πάει στο γραφείο του, τις δυο φορές που είχε χρειαστεί η Καταρίνα, για να καταλάβει τον Μπίελ, να δει πού ήταν ο τηλεφωνικός πίνακας και να υπολογίσει πού είχαν το ρολόι.

Δίπλα στο όνομα του Άουγκουστ, το δικό της και το δικό μου, υπήρχε πάντα μια λοξή γραμμή, εκτός από μια ημερομηνία, την 9η Σεπτεμβρίου, σ' εκείνη την ημερομηνία το όνομά μου είχε δίπλα του ένα σταυρό, ήταν η πρώτη και μοναδική φορά που με χτύπησε ο Μπίελ, μα είχε σημειώσει ότι άργησα έξι φορές σε είκοσι μέρες.

Δίπλα στα αρχικά είχε σημειώσει την τάξη που πήγαινε ο μαθητής, βρήκα τα αρχικά Κ.Σ., τα αρχικά του Κάρστεν Σάττον, ήταν σημειωμένος αρκετές φορές, ήταν κάτι σαν ρεκόρ, και κάθε φορά είχε δίπλα του ένα σταυρό. Ξέραμε ότι δεν τον φωνάζανε στο γραφείο χωρίς να του δώσουνε τουλάχιστον μια ανάποδη.

Τον διώξανε αρχές Δεκεμβρίου του 1970, για εκείνη την ιστορία με το διαλυτικό και όσα επακολούθησαν. Την προηγούμενη μέρα τον είχα δει να βγαίνει από το γραφείο του Μπίελ, πρώτη φορά τον έβλεπα να κλαίει, δεν πίστευα καν ότι ήταν ικανός γι' αυτό. Ο Μπίελ είχε μια μικρή βέργα από φάιμπεργκλας, που την έπαιρνε μαζί του όταν χρειαζόταν να δείξει κάτι πάνω στους παγκόσμιους χάρτες, είχε λαβή από φελλό, σαν καλάμι του ψαρέματος, την προτιμούσε από τη σκληρή ξύλινη βέργα που υπήρχε στις τάξεις, κάποιος είπε ότι είχε χρησιμοποιήσει αυτή την ειδική βέργα πάνω στον Σάττον.

Εκείνη τη μέρα, δίπλα στα αρχικά του Σάττον, το Κ.Σ., και την τάξη του, τη β' λυκείου, ήταν σημειωμένος ένας κύκλος.

Όταν ήρθα στο σχολείο, έλεγαν ότι είχε γίνει μια υπόδειξη από το υπουργείο Παιδείας να διδάσκεται στο σχολείο η σεξουαλική αγωγή. Οι καθηγητές είχαν συμφωνήσει να μη συμμορφωθούν με αυτή την υπόδειξη, ο Μπίελ το είχε πει στα ίσα, αντί γι' αυτό άφηναν στην κρίση τού κάθε διδάσκοντα να θίγει αυτό το θέμα, όποτε έκρινε ότι είχε θέση στο μάθημα.

Αυτό σήμαινε ότι ποτέ δεν έθιξαν άμεσα το θέμα. Όμως γίνονταν διάφοροι υπαινιγμοί, στο μάθημα του Μπίελ, την ελληνική μυθολογία, όταν μας έλεγε για το Δία και όσους ή όσες είχε βιάσει, και πιο πολύ στο μάθημα του Φρέδχοϊ, όταν για παράδειγμα μας διάβαζε για εκείνον που σκότωνε τις γυναίκες του. Ο Φρέδχοϊ ήταν που μας είπε και για τα σημάδια αυνανισμού στα ημερολόγια του Χανς Κρίστιαν Άντερσεν.

Αυτά ήταν μυστικά σύμβολα. Κάθε φορά που ο Χανς Κρίστιαν Άντερσεν τον έπαιζε, έβαζε στο ημερολόγιό του και από ένα σημάδι.

Μοιάζανε θαρρείς με τα σημάδια που έβαζε ο Μάδβιγκ.

Ο Στούους, ο καθηγητής των λατινικών, είχε σπουδάσει, όπως και ο Μπίελ, στο πανεπιστήμιο και είχε ανώτερα προσόντα, το να τον έχει μια τάξη καθηγητή φανέρωνε πολλά για το επίπεδό της. Έκανε μάθημα μόνο στο λύκειο, δίδασκε και γαλλικά, όμως καμιά φορά ερχόταν και σε μας ως αντικαταστάτης. Δε θυμόταν το όνομα ούτε ενός μαθητή, ούτε σε ποια τάξη βρισκόταν, ωστόσο ένιωθες ότι αν τον άφηνες ήσυχο δεν ήθελε το κακό σου.

Μας είχε πει για τον Μάδβιγκ, ο Μάδβιγκ ήταν Δανός φιλόλογος και σχολικός πολιτικός του περασμένου αιώνα, οι εργασίες του στα ελληνικά και τα λατινικά δόξασαν το όνομα της Δανίας σε όλο τον κόσμο. Ο Στούους έλεγε ότι ο Μάδβιγκ δεν είχε πάει ποτέ στην Ελλάδα, και μόνο μια φορά στην Ιταλία, φαινόταν ότι τον ενδιέφεραν όχι τόσο οι χώρες ή οι άνθρωποι, αλλά οι νεκρές γλώσσες. Είχε ένα μεγάλο λεξικό της αρχαίας ελληνικής, το είχαμε ακόμα, σ' αυτό έβαζε μια μπλε τελίτσα δίπλα σε μια λέξη, όταν την έψαχνε για πρώτη φορά, και μια κόκκινη τελίτσα, αν αναγκαζόταν να την ψάξει δεύτερη φορά. Σ' ολόκληρο το λεξικό δεν υπήρχαν παρά ελάχιστες κόκκινες τελίτσες.

Ο Χανς Κρίστιαν Άντερσεν και ο Μάδβιγκ κρατούσαν και οι δυο τους μυστικούς λογαριασμούς. Το καταλάβαινες με την πρώτη, ωστόσο είναι δύσκολο να πει κανείς τι ακριβώς κατέγραφαν. Πρέπει να ήταν κάτι που είχε να κάνει με ντροπή, αγάπη, χρόνο, έλεγχο και ανάμνηση. Και ίσως και με κάποια ευχαρίστηση για την κατάθεση της αδυναμίας τους, της αρρώστιας τους. Μια κρυφή ηδονή που ένιωθαν όταν ποθούσαν μοναχικά, όταν ξεχνούσαν ή θυμόντουσαν μοναχικά.

Η λίστα του Μπίελ ήταν ένας μυστικός λογαριασμός για το πόσους μαθητές είχε τιμωρήσει. Με την ημερομηνία και τη μορφή της τιμωρίας. Υπήρχαν τρεις τρόποι, το χαρτί κατέγραφε τρεις μορφές τιμωρίας: την προφορική επίπληξη, το απλό χαστούκισμα και κάτι ασυνήθιστο, που συμβολιζόταν με έναν κύκλο, τον ξυλοδαρμό.

Όταν ζήτησαν εξηγήσεις από τον Μπίελ, επειδή είχε πονέσει το δεξί αφτί του Γιες Γιέσεν και ο γιατρός τού είχε πει πως υπήρχαν ενδείξεις ότι το έξω ους είχε κακοποιηθεί, και επειδή περίμεναν έξι εβδομάδες μέχρι να τον πάνε στο Κέντρο Υγείας, ο Μπίελ τούς είπε ότι ήταν κάτι αυθόρμητο. Αν ένας μαθητής έτρωγε χαστούκι, αυτό ήταν κάτι που γινόταν ξαφνικά, χωρίς να το είχε σκεφτεί πιο πριν. Συμφωνούσε και εκείνος ότι δεν ήταν η καλύτερη λύση, όμως έπειτα η ατμόσφαιρα καθάριζε, όπως είπε, και αν ρωτούσαν τα παιδιά, σίγουρα θα έλεγαν ότι προτιμούσαν αυτό παρά κάποια πιο μακρόπνοα μέτρα.

Ωστόσο είχε κρατήσει λογαριασμό. Μέσα του ένιωθε την ανάγκη να κάνει μια γενική εκτίμηση, να δει μια απόδειξη για το πώς σχετίζονταν ο χρόνος και η τιμωρία στη δική του ζωή. Ίσως για να σιγουρευτεί ότι δε χτυπούσε πολύ συχνά τα παιδιά ή ίσως για να ξέρει καλύτερα ποιοι μαθητές το χρειάζονταν πιο πολύ, ή ίσως απλώς και μόνο από ανάγκη να βάλει τάξη στο χρόνο, ή και από ένα είδος απόλαυσης, ή ίσως και για όλους αυτούς τους λόγους συγχρόνως.

Τα σημάδια του Χανς Κρίστιαν Άντερσεν, οι τελίτσες του Μάδβιγκ, τα σύμβολα του Μπίελ. Κάτι που είχε να κάνει με χρόνο, βελτίωση, έλεγχο, ανάμνηση. Και απόλαυση.

Λες και ένα κομμάτι της φύσης τους προσπαθούσε να περιορίσει το άλλο. Να ασκήσει πάνω του κάποιον έλεγχο.

Με τα σημάδια τους διέτρεχαν κάποιον κίνδυνο, ιδίως ο Μπίελ. Λες και ένα κομμάτι του εαυτού του ήθελε να γίνει μια αποκάλυψη.

Λες και αυτή η αποκάλυψη ήταν μέρος του σκοπού.

Στα δημοτικά και τα γυμνάσια της Δανίας απαγορεύεται να χτυπάνε τους μαθητές, και τότε απαγορευόταν, απαγορεύτηκε μετά από τις εγκυκλίους του υπουργείου Παιδείας της 14ης Ιουνίου 1967 για τα μέτρα καλής λειτουργίας των σχολείων, εγκυκλίους που αντικατέστησαν εκείνη του 1929 (ενισχύθηκε το 1945) για τη σωματική επαφή, όπου τονιζόταν ότι οι δάσκαλοι και οι καθηγητές πρέπει να αγγίζουν τους μαθητές όσο γίνεται λιγότερο, για να μην υπάρξει παρεξήγηση, και κατά προτίμηση να φιλοδωρούν τους μαθητές μόνο με μια ξεγυρισμένη σφαλιάρα.

Τα ιδιωτικά σχολεία στη Δανία υπέκειντο στο γενικό σχολικό νόμο της Δανίας, πάνω από το ογδόντα τοις εκατό των εξόδων λειτουργίας τους το πλήρωνε το κράτος. Με το να εφαρμόζεται συχνά η σωματική τιμωρία στους μαθητές, το σχολείο, και ιδιαίτερα ο Μπίελ, διέτρεχαν κίνδυνο, αυτό πρέπει να το ήξεραν. Οι μαθητές δεν το ήξεραν ούτε οι γονείς, το σχολείο ήταν κλειστό στον έξω κόσμο, ό,τι συνέβαινε εκεί μέσα το ξέραμε μόνο εμείς που πηγαίναμε σ' αυτό. Και ακόμα κι εμείς βρισκόμασταν σε κάποια άγνοια. Για όσα γίνονταν στο γραφείο του Μπίελ, στο γραφείο του Φρέδχοϊ και στις ώρες της Κάριν Έροε δε μιλούσαμε, αφορούσαν μόνο το δάσκαλο και το μαθητή.

Τον κάλεσα από το σύστημα ενδοεπικοινωνίας.

Ήταν ένα γκρίζο κουτί, το είχα δει και παλιά χωρίς να του δώσω ιδιαίτερη σημασία, δεν ήταν μεγαλύτερο από ένα τηλέφωνο. Είχε ραβδώσεις για να μιλάς και να ακούς, καθώς και αριθμημένα κουμπιά, εξήντα τρία τον αριθμό, τόσο μικρά που μόλις φαίνονταν. Πάνω στο τραπέζι ήταν μια λίστα γραμμένη στη μηχανή, που αντιστοίχιζε σε κάθε αριθμό και μια αίθουσα, έμοιαζε να υπάρχουν κουμπιά για όλες τις αίθουσες του σχολείου.

Από τη συσκευή έβγαιναν τρία καλώδια, το πρώτο κατέληγε σε μια πρίζα, ήταν για το ρεύμα, το δεύτερο σε ένα κουτί στον τοίχο, μάλλον συνέδεε τα μεγάφωνα όλου του σχολείου, το τρίτο ακολουθούσε το πάτωμα κατά μήκος του υαλοπίνακα, ανέβαινε παράλληλα προς την πόρτα και περνούσε μέσα από τον τοίχο. Από το διάδρομο θα ανέβαινε στο ταβάνι διασχίζοντας λοξά τον τοίχο και θα έφτανε στο ρολόι με εκκρεμές μάρκας Bürk, απ' όπου θα ξεκινούσε η ώθηση όταν θα χτυπούσε για μέσα ή για έξω.

Όταν εγκατέστησαν τα μεγάφωνα, ο Μπίελ είπε μόνο ένα πράγμα, ήταν για την πρωινή προσευχή, είπε ότι τα ηλεκτρονικά κουδούνια βγάζουν πιο ευχάριστο ήχο.

Δίπλα στο νούμερο 23 της λίστας έγραφε: «Ιδιωτικό διαμέρισμα». Το πάτησα, το κουμπί έμεινε μέσα, όμως δεν έγινε τίποτα. Πάνω πάνω ήταν δύο διακόπτες, ένας σκούρος και ένας πιο ανοιχτός. Όταν πάτησα τον ανοιχτόχρωμο, βρέθηκα στο διαμέρισμα του Μπίελ.

Στην αρχή δεν ακουγόταν σχεδόν τίποτα, μόνο ένα βούισμα, ωστόσο ήξερα ότι βρισκόμουν στο σπίτι του.

Δεν μπορούσα να φανταστώ πώς ήταν εκεί μέσα, κανείς δεν είχε πάει ποτέ εκεί, αυτό που μου ερχόταν στο νου ήταν τα μεγάλα δωμάτια και το φως. Η αίσθηση ότι ήταν ένα σπίτι, ακόμα και τώρα που τα παιδιά του είχαν μεγαλώσει, αυτή η αίσθηση παρέμενε. Είχε τρία παιδιά, και τα τρία δάσκαλοι, χλομά και σιωπηλά, θαρρείς πως δεν τους έβλεπε το φως. Όμως ήταν τα παιδιά του. Αφουγκραζόμουν και βρισκόμουν σε μια οικογένεια.

Τότε ακούστηκε ο ήχος που κάνει η πορσελάνη όταν ακουμπάει πάνω σε άλλη πορσελάνη, ένα φλιτζάνι πάνω στο πιατάκι, το τσάι του, σχεδόν μέσα στο αφτί μου. Ύστερα έβηξε ελαφρά. Ήταν μόνος του, το καταλάβαινα. Δεν είχε ιδέα ότι τον άκουγα. Έτσι ήταν φτιαγμένη η συσκευή, μπορούσες να ακούσεις τους άλλους χωρίς να σε ακούνε εκείνοι. Έτσι θα καθόταν κι εκείνος και θα έστηνε αφτί να ακούσει τι γινόταν στις τάξεις.

Πάτησα το σκούρο κουμπί και μια πράσινη λαμπίτσα άναψε κάτω από τις ραβδώσεις.

«Με συγχωρείτε», είπα.

Στην αρχή απλώθηκε σιωπή. Μετά τον ένιωσα να έρχεται πολύ κοντά στο μικρόφωνο.

«Πέτερ», είπε.

Ήταν στα αλήθεια άψογος. Σχεδόν καμιά αντίδραση, είχε σκύψει ήσυχα ήσυχα το κεφάλι του και είχε σηκώσει στους ώμους του τη δύσκολη κατάσταση.

«Ελπίζω να μην ενοχλώ», είπα εγώ.

«Μόνος σου είσαι;»

Σ' αυτή την ερώτηση δεν του απάντησα.

«Έχω ένα έγγραφο που θα ήθελα να καταθέσω», είπα.

Ήρθε λίγο αργότερα, ήταν μόνος του, φορούσε τιράντες. Το ίδιο γκρι παντελόνι όπως πάντα και άσπρο πουκάμισο, αλλά χωρίς σακάκι. Είχε πάρει το ρολόι του από το σακάκι και το είχε βάλει στο παντελόνι, φαινόταν η αλυσίδα του.

Στάθηκε απ' έξω. Μάλλον ποτέ δεν του είχε συμβεί να μπαίνει ο ίδιος από την πόρτα και κάποιος άλλος να τον περιμένει.

Άναψε το φως, τα μάτια του έπεσαν αμέσως πάνω στο χαρτί, όλο τον καιρό το ήξερε ότι θα ήταν αυτό.

«Φέρ' το εδώ», είπε.

Του έδωσα τη λίστα. Εκείνος τη δίπλωσε και την έσκισε, την ξαναδίπλωσε και την ξαναέσκισε και έβαλε τα κομματάκια στην τσέπη του.

«Εσύ μου έσκισες την τσάντα;» είπα. Εκείνος δε μου απάντησε, η σιωπή του απαντούσε από μόνη της.

Του έδωσα πάλι τη λίστα.

«Είναι αντίγραφα», του είπα, «φωτοτυπίες, το πρωτότυπο το ξανάβαλα μόλις τώρα στο παπούτσι μου, στο σπίτι έχω και άλλες φωτοτυπίες».

Εκείνος περίμενε, με τεταμένη την προσοχή του.

«Αν το δουν αυτό στο Γενικό Προεδρείο», είπα, «μαζί με μια εξήγηση, θα μιλήσουν με το υπουργείο Παιδείας. Θα μιλήσουν μ' εσένα και με το σχολικό συμβούλιο και με το σύλλογο γονέων. Και μετά θα αρχίσουν να ανακρίνουν όλους τους μαθητές που είναι στη λίστα, θα φτάσουν στον Κάρστεν Σάττον και ακόμα πιο πίσω, στον Γιες Γιέσεν, θα ανακρίνουν κι εμένα, θα γίνουν ένα σωρό αντιπαραστάσεις, θα γίνει καταστροφή, πώς μπορούμε να το αποφύγουμε;»

Ήταν αδύνατο να το συλλάβει κανείς. Όλη του τη ζωή είχε δουλέψει και είχε αγωνιστεί γι' αυτό το σχολείο, το έλεγαν και τα απομνημονεύματά του, και ένιωθε πάντα ότι βρισκόταν σε συμφωνία με το χρόνο και τις αιώνιες αξίες. Μέσα του ήξερε ότι ήθελε το καλό. Ωστόσο είχε καταλήξει εδώ.

Κανείς δεν μπορούσε να πει ποιος έφταιξε, ακόμα και σήμερα δεν το ξέρω, ακόμα και για τη Διεύθυνση θα ήταν αδύνατο να βρει την άκρη του νήματος και να καταλογίσει ευθύνες.

Έμοιαζε τσακισμένος. Πολλές φορές είχε μιλήσει για το Θεό. Όμως νομίζω ότι ποτέ πιο πριν δεν είχε νιώσει τόσο καθαρά να τον κρατάει αιχμάλωτο ένα σχέδιο και ένας σκοπός μεγαλύτερος από αυτόν τον ίδιο.

Στεκόταν αντιμέτωπος με αυτό που πάντα έλεγε ότι ήταν το πιο φριχτό πράγμα, η απόκρυψη και η αμφιβολία. Δεν άντεχα να τον κοιτάζω. Πίστευε ότι είχε αγωνιστεί για το καλό σε όλη του τη ζωή. Και ωστόσο...

«Θέλω να με υιοθετήσουν», είπα εγώ. «Η "Μητρική Βοήθεια" θα ζητήσει μια σύσταση από το σχέδιο. Θα ήθελα να είναι όσο καλύτερη γίνεται».

Εκείνος δεν είπε λέξη, έκανε στροφή και έφυγε, με άφησε μόνο μου. Έμεινα εκεί μόνο μια στιγμή και κοίταζα έξω τον ουρανό. Μετά έφυγα, ήταν άλλωστε το γραφείο του, δεν είχα κανένα δικαίωμα να βρίσκομαι εκεί.

ΤΕΛΟΣ

*Διαβάστε*
*επίσης...*

ΕΡΙΚ ΦΟΣΝΕΣ ΧΑΝΣΕΝ –
**ΨΑΛΜΟΙ ΣΤΟ ΤΕΛΟΣ ΤΟΥ ΤΑΞΙΔΙΟΥ**
*Μετάφραση: Μαρία Αγγελίδου από τα νορβηγικά*

Στις 10 Απριλίου 1912, το πιο μεγάλο, το πιο πολυτελές, το πιο σύγχρονο και ασφαλές πλοίο της εποχής ξεκινάει το παρθενικό του ταξίδι από το λιμάνι του Σάουθαμπτον στην Αγγλία με προορισμό τη Νέα Υόρκη.

Πρωταγωνιστές είναι η τέχνη και ο άνθρωπος, είναι οι επτά μουσικοί, μέλη της ορχήστρας του πλοίου, που μέχρι την τελευταία στιγμή δίνουν την ψυχή τους, προτού τα παγωμένα νερά του ωκεανού κλείσουν πάνω από το πληγωμένο σκαρί. Μέσα από την ιστορία καθενός από τους επτά μουσικούς ξεδιπλώνεται ένας κόσμος μαγευτικός, ένας κόσμος όπου η αγάπη, ο έρωτας, η ανθρωπιά και η τέχνη πλέκουν το μύθο με δεξιοτεχνία περισσή.

ΝΑΓΚΙΜΠ ΜΑΧΦΟΥΖ –
**ΜΕΡΕΣ ΚΑΙ ΝΥΧΤΕΣ ΤΗΣ ΑΡΑΒΙΑΣ**
*Μετάφραση: Πέρσα Κουμούτση*

Μέσα από την υπέροχη ατμόσφαιρα του παραμυθιού, από τη μακρινή, ονειρεμένη Ανατολή, ο Μαχφούζ, αυτός ο σπουδαίος μάστορας της γραφίδας, φέρνει κοντά μας με το δικό του αξεπέραστο τρόπο, τη Σαχραζάτ και τις ιστορίες της. Αυτές που κράτησαν άγρυπνο το σουλτάνο για χίλιες και μία νύχτες, αυτές που τον άλλαξαν και από θηρίο ανήμερο τον έκαναν άνθρωπο με μυαλό και αισθήματα.

Ο Μαχφούζ δίνει καινούργια ζωή σ' αυτό το αραβικό αριστούργημα. Οι πλούσιοι και ο λαός γνωρίζουν καλά τη θέση τους, η θελκτική οδαλίσκη με τα υπέροχα ερωτικά της προσόντα παρασύρει στον όλεθρο τους άντρες που σέρνονται στα πόδια της. Το καλό τζίνι βοηθά τους ερωτευμένους, το κακό τζίνι βγάζει στην επιφάνεια τη διαφθορά που επικρατεί στις κεφαλές του τόπου. Όλα μα όλα είναι αφάνταστα επίκαιρα και σήμερα στη ζωή μας.

*Ο Ναγκίμπ Μαχφούζ έγραψε ένα σπουδαίο μυθιστόρημα, πολύχρωμο και αστραφτερό όσο και οι ιστορίες που του το ενέπνευσαν.*

ΝΑΓΚΙΜΠ ΜΑΧΦΟΥΖ –
**ΤΑ ΠΑΙΔΙΑ ΤΟΥ ΓΚΕΜΠΕΛΑΟΥΙ**
*Μετάφραση: Πέρσα Κουμούτση*

*Ο ΜΑΧΦΟΥΖ, ο υπέροχος Μαχφούζ, και πάλι κοντά μας.*

Με τις ιστορίες του να ξετυλίγονται σαν απαλό σύννεφο στον αυγινό αέρα. Με τους γνώριμους ήχους του να γεννούν την πιο αιθέρια μουσική. Με τις λέξεις να ζωγραφίζουν μόνες τους τον πιο γοητευτικό πίνακα, με χρώματα γλυκά, βαθιά σαν του απομεσήμερου. ΤΑ ΠΑΙΔΙΑ ΤΟΥ ΓΚΕΜΠΕΛΑΟΥΙ δεν είναι μόνο ο Άντχαμ και ο Ιντρίς, ο Γκάμπαλ και ο Ρεφάα. Τα παιδιά του Γκεμπελάουι είμαστε εσείς κι εμείς, είναι τα παιδιά της ερήμου, και τα παιδιά του ουρανού, τα παιδιά της σκληρής και απάνθρωπης, καφτερής άμμου και τα παιδιά της μοσχομυρισμένης αυλής και των ανθισμένων γιασεμιών. Κι ο Γκεμπελάουι δεν είναι απλώς ένας συνηθισμένος άνθρωπος. Είναι ο πατέρας, ο παππούς, ο Θεός, ο Πλάστης. Ο Γκεμπελάουι είναι η πηγή και η αρχή των πάντων. Είναι, στ' αλήθεια, ένα σύμβολο που περνάει ανέγγιχτο μέσα από γενιές και γενιές για να φθάσει κάποτε εκεί που πραγματικά ανήκει: στις ψυχές των ανθρώπων.

*Ένα βαθιά φιλοσοφημένο βιβλίο που δίνει απαντήσεις στα αιώνια ερωτήματα.*

ΝΑΓΚΙΜΠ ΜΑΧΦΟΥΖ – **Η ΤΡΙΛΟΓΙΑ ΤΟΥ ΚΑΪΡΟΥ**

Ο ΔΡΟΜΟΣ ΚΟΝΤΑ ΣΤΟ ΠΑΛΑΤΙ
*Μετάφραση: Μαρία Χωρεάνθη, Μερόπη Σταυρίδου*

ΤΟ ΠΑΛΑΤΙ ΤΩΝ ΕΠΙΘΥΜΙΩΝ
*Μετάφραση: Πέρσα Κουμούτση*

ΟΙ ΔΡΟΜΟΙ ΤΟΥ ΝΕΙΛΟΥ
*Μετάφραση: Ελένη Κεκροπούλου, Μερόπη Σταυρίδου*

Η ΤΡΙΛΟΓΙΑ ΤΟΥ ΚΑΪΡΟΥ είναι η περιπέτεια της οικογένειας του Άχμαντ ελ Γκαουάντ, μαζί και η περιπέτεια ιδεών και ιδεολογιών στα χρόνια του Μεσοπολέμου, χρόνια κρίσιμα για όλη την ανθρωπότητα.

Μέσα από συνταρακτικά επεισόδια με ήρωες τα μέλη μιας οικογένειας, ο αναγνώστης παρακολουθεί την περιπετειώδη εκείνη εποχή που σημάδεψε βαθιά την κατοπινή ιστορία του κόσμου – και φυσικά της Αιγύπτου.

Ο πατέρας, αυταρχικός με την οικογένειά του αλλά γλεντζές και εύθυμος στην προσωπική του ζωή, η καταπιεσμένη σύζυγος, ευτυχής μέσα στην καταπίεσή της, οι γείτονες, οι επαγγελματίες, τα παιδιά, οι υπηρέτες, οι σύντροφοι του Άχμαντ στο πιοτό και το γλέντι.

Ο αναγνώστης θα νιώσει μια υπέροχη αχλή να τον τυλίγει, θα δει τους ήρωες να ερωτεύονται, να αποστατούν, να επαναστατούν μέσα στη γοητευτική ατμόσφαιρα του Καΐρου όπου οι ιδέες, παλιές ή καινούργιες, γεννούν συγκρούσεις και προοιωνίζονται μιαν άλλη, νέα εποχή.

ΕΝΑ ΕΡΓΟ ΣΥΝΑΡΠΑΣΤΙΚΟ,
ΠΡΑΓΜΑΤΙΚΗ ΤΟΙΧΟΓΡΑΦΙΑ ΕΝΟΣ ΟΛΟΚΛΗΡΟΥ ΚΟΣΜΟΥ.

ΝΑΓΚΙΜΠ ΜΑΧΦΟΥΖ – **Η ΑΡΧΗ ΚΑΙ ΤΟ ΤΕΛΟΣ**
*Μετάφραση: Αχμέντ Έτμαν*

Η ΑΡΧΗ ΚΑΙ ΤΟ ΤΕΛΟΣ είναι το αντιπροσωπευτικότερο έργο του Ναγκίμπ Μαχφούζ και απεικονίζει την αιγυπτιακή κοινωνία στα 1935 μέσα από τη ζωή μιας οικογένειας που αγωνίζεται να επιβιώσει μετά το θάνατο του πατέρα.

ΝΑΓΚΙΜΠ ΜΑΧΦΟΥΖ – **ΜΙΡΑΜΑΡ**
*Μετάφραση: Μαρία Χωρεάνθη*

Αλεξάνδρεια, μια πόλη μυθική. Πέντε άνθρωποι που οι συγκυρίες της ζωής τούς οδήγησαν στην εξορία, επιστρέφουν στην παρηκμασμένη αλλά εκλεπτυσμένη ατμόσφαιρα της πανσιόν ΜΙΡΑΜΑΡ. Μέσα από το βιβλίο ο συγγραφέας μας χαρίζει το σπάνιο προνόμιο να γνωρίσουμε σε βάθος την ψυχολογία ενός ολόκληρου έθνους.

ΖΑΝ-ΝΤΟΜΙΝΙΚ ΜΠΟΜΠΙ –
**ΤΟ ΣΚΑΦΑΝΔΡΟ ΚΑΙ Η ΠΕΤΑΛΟΥΔΑ**
*Μετάφραση: Μαρία Αγγελίδου*

*Κλείνοντας το μάτι στο πεπρωμένο και την ελπίδα.*

Στις 8 Δεκεμβρίου 1995, ο Ζαν-Ντομινίκ Μπομπί βρέθηκε στην κόψη του ξυραφιού. Στα σαράντα δύο του μόλις χρόνια, παράλυτος από την κορφή ως τα νύχια, χωρίς να μπορεί ούτε να μιλήσει, ούτε να σαλέψει, σχεδόν ούτε καν να αναπνεύσει. Ακόμη και οι πιο απλές χαρές της ζωής, ν' απλώσεις το χέρι, να στείλεις ένα χαμόγελο, του ήταν απαγορευμένες.

Ήταν, όμως, ζωντανός. Κι αυτό που είχε απομείνει, η ψυχή του, κατάφερε να στείλει στον έξω κόσμο ένα σημαντικότατο μήνυμα. Με το αριστερό του βλέφαρο, το μόνο μέσον που διέθετε, αυτό που τον συνέδεε ακόμη με τον κόσμο και με τη ζωή, «έγραψε» αυτό το συγκλονιστικό βιβλίο. Γράμμα το γράμμα, λέξη τη λέξη, υπαγόρευε για τρεις μήνες όσα έκρυβε στην ψυχή του, την πεταλούδα που βρισκόταν φυλακισμένη μέσα σε μια ερμητικά κλειστή γυάλινη φυλακή.

## ΝΕΟΙ ΣΥΓΓΡΑΦΕΙΣ

ΝΤΑΤΣΙΑ ΜΑΡΑΪΝΙ – **ΦΩΝΕΣ**
*Μετάφραση: Ανταίος Χρυσοστομίδης*

Ένα καλοκαιρινό βράδυ, μέσα σε μια καφτή και έρημη Ρώμη, βρίσκουν νεκρή μέσα στο διαμέρισμά της την Άντζελα Μπάρι. Το γεγονός ταράζει βαθιά τη δημοσιογράφο Μικέλα Κανόβα. Με αφορμή μια εκπομπή της στο ραδιόφωνο με θέμα τα ανεξιχνίαστα εγκλήματα εναντίον γυναικών, η Μικέλα αποδύεται σε μια υπεράνθρωπη προσπάθεια να ανακαλύψει ποιος είναι ο ένοχος.

Ένα σπουδαίο βιβλίο που δεν είναι μόνο μια πετυχημένη αστυνομική ιστορία. Είναι επίσης και ένα γοητευτικό ταξίδι στα μυστηριώδη μονοπάτια της γυναικείας ψυχής.

ΧΑΪΜΕ ΜΠΑΪΛΙ –
**ΜΗΝ ΤΟ ΠΕΙΣ ΣΕ ΚΑΝΕΝΑΝ**
*Μετάφραση: Αγγελική Βασιλάκου*

Ο Χοακίν, ένα νεαρό αγόρι, ζει με την οικογένειά του στη Λίμα του Περού. Ο πατέρας του έχει πολλά όνειρα για το γιο του. Τον θεωρεί ως συνεχιστή της οικογενειακής παράδοσης και προσπαθεί με κάθε τρόπο να του εμφυσήσει τη νοοτροπία και τους τρόπους του αρσενικού.

Ο Χοακίν πολύ γρήγορα αντιλαμβάνεται πως δεν μπορεί να ανταποκριθεί στις προσπάθειες του πατέρα του γιατί βαθιά μέσα του νιώθει να τον τραβούν πρόσωπα και καταστάσεις έξω από τις νόρμες της κλειστής κοινωνίας. Όσο τα χρόνια περνούν, ο Χοακίν συμφιλιώνεται με τη φύση του την οποία θεωρεί απλώς διαφορετική, υποφέρει όμως γιατί δεν καταφέρνει να κάνει τους γονείς του, τους οποίους πραγματικά αγαπά, να τον αποδεχθούν όπως είναι και να καταλάβουν το μερίδιο της δικής τους ευθύνης.

ΜΑΪΚΛ ΓΚΡΑΝΤ ΤΖΑΦΙ –
**Ο ΔΙΚΟΣ ΜΟΥ ΚΑΛΒΙΝ**
*Μετάφραση: Ρόζα Τραϊκόγλου*

Ο Γκόρντον Νας, ένας νέος δικηγόρος, ζει σε μια μικρή πόλη του Κάνσας με το μικρό γιο του, τον Κάλβιν. Τον μεγαλώνει μόνος του αφού η γυναίκα του αποφάσισε ξαφνικά να παραιτηθεί από την έγγαμη ζωή και τη μητρότητα αφήνοντάς τον μοναδικό υπεύθυνο για το μεγάλωμα του γιου τους. Ο Γκόρντον δείχνει στο μικρούλη πολύ περισσότερη αγάπη και κατανόηση απ' ό,τι έδειξε ποτέ σ' αυτόν ο δικός του πατέρας και γρήγορα μαθαίνει ότι το να είναι κανείς γονιός κρύβει τόσες απογοητεύσεις όσες και χαρές.

Εξαιρετικά καλογραμμένο, με λιτή αίσθηση του χιούμορ και οξεία αντίληψη της ειρωνείας, το βιβλίο αυτό θα γίνει κλασικό στο είδος του.

*Γράψτε ή τηλεφωνήστε να σας στείλουμε τον έγχρωμο κατάλογό μας.*

*Τα βιβλία αυτά, καθώς και τα άλλα των εκδόσεων ΨΥΧΟΓΙΟΣ, μπορείτε να τα αγοράσετε από τα βιβλιοπωλεία ή κατευθείαν από τη διεύθυνση:*

Εκδόσεις ΨΥΧΟΓΙΟΣ Α.Ε.
Μαυρομιχάλη 1
106 79 Αθήνα
Τηλ. 3602535 - 3618654 - 3636011
Telefax: 01/3640683